# 粤港澳大湾区产业定位与金融服务发展

徐维军　付志能　张卫国　著

科学出版社

北京

## 内容简介

本书结合粤港澳大湾区各市目标产业定位、现行金融财税政策与金融服务业发展现状，运用多种实证方法，围绕粤港澳大湾区产业定位优化、粤港澳大湾区金融服务创新、粤港澳大湾区产业与金融协同发展三大方面展开分析，提出大湾区城市群产业发展、金融财税政策、金融产业协同发展及金融服务业促进产业发展的若干政策建议。本书还探究大湾区内部产业结构差异程度，测算大湾区金融产业集群水平和各市优势城市职能，分析细分金融业的集群竞争力，比较广深港的特色金融集群竞争力水平，分析大湾区内各金融服务业与产业协同发展情况。

本书适合政府机关、金融机构、企业、高校科研人员等各界人士参阅，也可供高校本科或研究生教学使用。

---

**图书在版编目（CIP）数据**

粤港澳大湾区产业定位与金融服务发展/徐维军，付志能，张卫国著. —北京：科学出版社，2021.12
ISBN 978-7-03-059893-6

Ⅰ.①粤⋯ Ⅱ.①徐⋯ ②付⋯ ③张⋯ Ⅲ.①产业定位-区域经济发展-研究-广东、香港、澳门 ②金融-商业服务-区域经济发展-研究-广东、香港、澳门 Ⅳ.①F127.6

中国版本图书馆 CIP 数据核字（2020）第 180071 号

责任编辑：陶 璇 / 责任校对：贾娜娜
责任印制：张 伟 / 封面设计：无极书装

*科 学 出 版 社* 出版
北京东黄城根北街 16 号
邮政编码：100717
http://www.sciencep.com

**北京虎彩文化传播有限公司** 印刷
科学出版社发行 各地新华书店经销

\*

2021 年 12 月第 一 版　开本：720×1000　1/16
2021 年 12 月第 次印刷　印张：22 3/4
字数：466 000
**定价：228.00 元**
（如有印装质量问题，我社负责调换）

# 课题组信息

组　　长：徐维军
副组长：付志能　张卫国
成　　员：金　今　陈琪琪　张晓晴　黄静龙　陈树坚
　　　　　高　海　朱从淙　王玉越　陈　欣　季昱丞
　　　　　赵　琪　于孝建

# 前　言

2020年，国际局势波谲云诡。新型冠状病毒肺炎疫情在全球范围内暴发，深刻影响世界秩序和格局。根据世界银行2020年6月8日发布的《全球经济展望》报告的预测，2020年全球经济将萎缩5.2%～8%，为第二次世界大战以来最严重的经济衰退。沙特阿拉伯发动了国际原油价格战，引发全球资本市场震荡。美国股市4次熔断，全球股市经历了暴跌与巨幅震荡。处在全面建成小康社会的决胜期和脱贫攻坚战收官之年，中国在统筹疫情常态化防控工作的同时，稳步推进复工复产，政府更是采取力度空前的更加积极有为的一揽子财政政策对冲疫情影响。危中有机，本次疫情让中国经济面临诸多挑战的同时，也催生了一系列新业态、新模式，带来了加快改革开放和科技创新的新机遇。粤港澳大湾区作为我国改革开放的高地，肩负着建设成为国际一流湾区、打造国际科技创新中心的使命。在外部环境的不确定性冲击和供给侧结构性改革背景下，加快推进大湾区建设尤为重要。

粤港澳大湾区建设是习近平总书记亲自谋划、亲自部署、亲自推动的国家战略，是新时代推动形成全面开放新格局的新举措，是推动"一国两制"事业发展的新实践。粤港澳大湾区是由广州、佛山、肇庆、深圳、东莞、惠州、珠海、中山、江门九市和香港、澳门两个特别行政区组成的城市群，具有"一二三四"的特点，即一个国家、两种体制、三个关税区、四个核心城市，这是粤港澳大湾区发展的特色，也带来了资金、信息、人流等生产要素自由流通的融合障碍。粤港澳大湾区不仅包括了国际金融中心之一的香港、国内金融中心之一的深圳及区域重要金融服务枢纽广州，还集聚了以东莞、佛山为代表的中国制造业重镇，其现代产业体系的建设至关重要。在"一国两制"制度之下，粤港澳大湾区的国际化及国内外资源整合优势明显，发展潜力无穷。

一直以来，我国区域经济发展呈现这样一个规律：胡焕庸线（"黑河—腾冲线"）的东南一侧约占全国国土面积的36%，却承载了全国约94%的人口，创造了约95%的经济总量。作为中国最具创新活力的三大经济圈,京津冀、长三角、珠三角城市群都分布于胡焕庸线东南一侧。作为中国经济改革开放与发展的排头兵,珠三角城市群毗邻港澳,粤港澳三地正合力建设全球四大湾区之一的粤港澳大湾区。截至2020年,粤港澳大湾区人口规模已超过7 000万人,超过英国、法国、意大利等国家及东京、旧金山和纽约三大湾区;地区生产总值约1.6万亿美元,在国际一流大湾区中,超过旧金山大湾区,接近纽约大湾区,约占东京大湾区的3/4,地区生产总值增速更是四大湾区之最;人均地区生产总值已超过15万元,远超京津冀与长三角城市群。在国家"一带一路"倡议和《粤港澳大湾区发展规划纲要》中,中央对粤港澳大湾区赋予了五个全新的战略定位:一是充满活力的世界级城市群,二是具有全球影响力的国际科技创新中心,三是"一带一路"建设的重要支撑,四是内地与港澳深度合作示范区,五是宜居宜业宜游的优质生活圈。2020年5月中国人民银行、中国银行保险监督管理委员会、中国证券监督管理委员会、国家外汇管理局等四部门联合发布了《关于金融支持粤港澳大湾区建设的意见》,借此进一步推进金融开放创新,深化内地与港澳金融合作,加大金融支持粤港澳大湾区建设力度,提升粤港澳大湾区在国家经济发展和对外开放中的支持引领作用。

产业是湾区经济高质量增长的驱动力,是城市群经济发展的依托,是金融创新的重要推动力。金融是现代经济的核心,湾区经济的发展依赖于金融服务的全方位支持。高效的财税政策能极大促进湾区金融服务创新;推动保险机构合作与完善跨境保险服务体系,对粤港澳大湾区经济稳定增长和创新发展有着深远影响;科技金融创新发展对推动建设全球科技创新高地和新兴产业重要策源地具有重要意义;信用评级建设是促进粤港澳大湾区金融要素自由流动和金融创新及保障金融安全的重要战略支撑;人民币的跨境流通是实现大湾区金融互联互通和人民币国际化的坚实基础等。因此,本书将着眼于研究金融模式创新,紧扣突破粤港澳三地金融要素自由流动障碍和促进粤港澳大湾区产业融合发展,聚焦于研究粤港澳大湾区的金融服务体系,促进粤港澳大湾区产业发展。本书分为四篇,共十三章,各篇章具体内容如下。

第一篇为绪论,共两章,主要从背景、历史沿革、战略意义、与国内两大城市群及国外三大湾区的对比分析等角度对粤港澳大湾区进行整体描述。

第二篇为粤港澳大湾区城市群产业定位,共三章。重点基于传统行业和价值链的双重视角分析大湾区城市群的城市功能定位和产业分工格局,通过比较粤港澳大湾区现行产业基础和城市职能与《粤港澳大湾区发展规划纲要》《中共中央 国务院关于支持深圳建设中国特色社会主义先行示范区的意见》等重点政策文件的发展要求,发现大湾区各市产业现状与政策规划发展要求的差距,以此提出大湾区城市群产业结构存在的若干问题,并给出优化产业结构的建议。

第三篇为粤港澳大湾区金融服务，共四章。从金融服务业现状、金融产业集群、特色金融产业发展和金融产业政策四个角度对粤港澳大湾区金融服务进行分析，重点在于利用区位熵对粤港澳大湾区和其他国家战略城市群近十年的金融产业集群水平进行测算，针对传统金融产业和绿色金融、航运金融和科技金融等现代金融产业，构建集群竞争力评价指标体系等。

第四篇为粤港澳大湾区金融服务业促进产业发展，共四章。从现有金融服务支持产业发展的模式，粤港澳大湾区金融服务支持产业发展的经验借鉴与重点方向、不足及其改进措施，粤港澳大湾区产业集群与金融服务业发展政策建议四个角度进行阐释，重点在于构建粤港澳大湾区金融服务与产业发展之间的协同度模型，深入剖析粤港澳大湾区信用评级行业发展、粤港澳大湾区财富中心、人民币跨境流通、强化科技金融发展等问题。

目前国内外文献资料中尚无围绕粤港澳大湾区产业定位与金融服务创新融合发展进行的系统性研究。本书通过借鉴国内外相关实践经验，结合现状分析与实证研究，系统分析粤港澳大湾区的城市群产业定位、金融服务及金融服务促进产业发展三大方面，为粤港澳大湾区产业错位互补分工、金融融合发展、金融服务支持实体经济发展提供创新路径与政策建议，为促进粤港澳大湾区建设国际一流湾区、打造中国高质量发展典范献言献策。

在本书的编写过程中，七名研究生（金今、陈琪琪、张晓晴、黄静龙、陈树坚、高海、朱从淙）积极参与，主动协助本书作者并承担了部分工作，为本书的编写做出较大贡献。非常感谢黄静龙对第一章和第二章、张晓晴对第三章和第五章、朱从淙对第四章、陈树坚对第六章和第七章、陈琪琪对第八章和第九章、高海对第十章和第十三章、金今对第十一章和第十二章的数据收集、资料整理和撰写工作。非常感谢王玉越、金今、陈琪琪和张晓晴在本书校验和修改过程中提供的帮助。也非常感谢博士生陈欣、季昱丞和赵琪同学，以及于孝建副教授多次参与本书的结构设计研讨，并提出相关修改建议。他们的辛勤付出，极大地丰富了本书的素材。

此外，在本书的撰写过程中，我们也参阅了大量前人研究成果，尽可能在每篇后面给出了前人的相关文献，但由于撰写过程中参与人员较多，查阅资料广泛，加之本书编写的时间跨度较长，难免有一定的引用遗漏。如果相关文献的作者发现文中有遗漏标注，请及时告知我们，我们将及时在后续再版时订正并再次致谢。非常感谢各位前辈的卓越贡献，在他们的研究基础上，我们才有了较为系统的思考，使得本书得以成形。也非常感谢科学出版社的编辑团队的辛勤付出，有了他们的多轮细致校对，本书才得以顺利出版。最后，也非常感谢国家自然科学基金面上项目（71771091）、国家自然科学基金-广东联合基金（U1901223）、广东省哲学社会科学规划项目（GD20SQ11）、粤港澳大湾区发展广州智库 2019 年度重点课题（2019GZWTZD03）、中央高校基本科研业务费专项资金（HGWK202006、2018JDXM02）等项目的支持。

# 目　　录

## 第一篇　绪　　论

第一章　粤港澳大湾区概述 ······················································· 3
　第一节　粤港澳大湾区的背景介绍 ············································· 3
　第二节　粤港澳大湾区的历史沿革 ············································· 5
　第三节　粤港澳大湾区的战略意义 ············································· 7
第二章　粤港澳大湾区和国内外其他区域的对比分析 ··················· 11
　第一节　粤港澳大湾区与京津冀、长三角城市群的对比分析 ········· 11
　第二节　粤港澳大湾区与国际三大湾区的对比分析 ····················· 14
参考文献 ·················································································· 18

## 第二篇　粤港澳大湾区城市群产业定位

第三章　粤港澳大湾区城市群产业现状 ······································ 21
　第一节　粤港澳大湾区产业合作演变 ········································ 22
　第二节　粤港澳大湾区城市群经济与产业结构的基本概况 ··········· 24
　第三节　粤港澳大湾区城市群各市优势产业分析 ······················· 34
　第四节　粤港澳大湾区城市群产业结构差异分析 ······················· 39
第四章　粤港澳大湾区城市群产业职能 ······································ 42
　第一节　全行业视角下大湾区城市职能分析 ····························· 42
　第二节　价值链视角下大湾区城市职能分析 ····························· 53
第五章　粤港澳大湾区城市群政策定位 ······································ 68
　第一节　中央及广东省对粤港澳大湾区城市群的发展定位 ··········· 68
　第二节　粤港澳大湾区城市群现行产业结构与政策定位的差距 ····· 79

第三节　粤港澳大湾区城市群产业发展规划建议 ········· 81
第四节　粤港澳大湾区城市群重点产业发展建议 ········· 83
**参考文献** ························································· 86

# 第三篇　粤港澳大湾区金融服务

**第六章　粤港澳大湾区金融服务业现状** ······················ 89
第一节　粤港澳大湾区金融发展总体概况 ··············· 89
第二节　粤港澳大湾区银行业发展现状 ················· 92
第三节　粤港澳大湾区证券业发展现状 ················· 97
第四节　粤港澳大湾区保险业发展现状 ················· 101
第五节　粤港澳大湾区基金业发展现状 ················· 111
第六节　粤港澳大湾区信托业发展现状 ················· 116
第七节　粤港澳大湾区期货业发展现状 ················· 120
第八节　粤港澳大湾区金融配套业发展现状 ············· 130
第九节　粤港澳大湾区跨境金融产业发展 ··············· 136

**第七章　粤港澳大湾区金融产业集群** ······················· 142
第一节　金融产业集群与大湾区发展 ··················· 142
第二节　粤港澳大湾区金融产业集群水平测算与比较 ····· 144
第三节　粤港澳大湾区金融产业竞争力水平测度 ········· 150
第四节　粤港澳大湾区金融协同发展建议 ··············· 156

**第八章　粤港澳大湾区特色金融产业发展** ··················· 159
第一节　粤港澳大湾区科技金融产业发展 ··············· 159
第二节　粤港澳大湾区航运金融产业发展 ··············· 169
第三节　粤港澳大湾区绿色金融产业发展 ··············· 175
第四节　粤港澳大湾区租赁金融产业发展 ··············· 180

**第九章　粤港澳大湾区金融产业政策** ······················· 192
第一节　粤港澳大湾区金融政策定位 ··················· 193
第二节　粤港澳大湾区现行金融财税政策 ··············· 205
第三节　粤港澳大湾区金融财税政策难题及应对 ········· 212

**参考文献** ························································· 219

## 第四篇 粤港澳大湾区金融服务业促进产业发展

**第十章 现有金融服务支持产业发展的模式** 223
    第一节 现有金融服务支持产业发展的现状 223
    第二节 粤港澳大湾区现有金融服务支持产业发展的现状 239

**第十一章 粤港澳大湾区金融服务支持产业发展的经验借鉴与重点方向** 276
    第一节 国内外金融服务支持产业发展的经验借鉴与分析 277
    第二节 粤港澳大湾区金融服务支持产业发展的重点研究方向 290

**第十二章 粤港澳大湾区金融服务业促进产业发展的不足及其改进措施** 310
    第一节 推进粤港澳大湾区信用评级行业建设 310
    第二节 促进人民币跨境流通 316
    第三节 强化粤港澳大湾区科技金融发展 319
    第四节 推动跨境保险服务于实体经济发展 327
    第五节 建设粤港澳大湾区财富管理中心 332

**第十三章 粤港澳大湾区产业集群与金融服务业发展政策建议** 338
    第一节 优化粤港澳大湾区城市群产业结构的建议 338
    第二节 粤港澳大湾区金融财税政策与金融产业协同发展建议 340
    第三节 粤港澳大湾区金融服务业促进产业发展建议 345

**参考文献** 352

# 第一篇 绪 论

粤港澳大湾区是当前我国经济发展水平最高、创新要素聚集能力最强的区域之一。湾区，既是地理概念，也是经济现象，探究粤港澳大湾区的发展，离不开湾区经济这个概念，湾区经济是金融服务与科技创新深度融合发展的经济形态。回顾西方发达国家的发展历程，美国、日本等国家的湾区经济都曾为本国的经济腾飞和发展转型做出过重大贡献。著名的国际三大湾区——纽约湾区、旧金山湾区和东京湾区，都是带动全球经济发展的重要增长极和引领技术变革的领头羊。

推进粤港澳大湾区建设，是以习近平同志为核心的党中央做出的重大决策。如今，在各方面政策的支持下，打造粤港澳大湾区，推动粤港澳大湾区加快建设成具有全球影响力的城市群，已成为我国国家战略的重要组成部分。当前，粤港澳大湾区在政策支持、产业集聚、创新驱动、金融服务创新等领域具有明显优势，粤港澳大湾区有条件也有能力建设成为世界一流湾区。

本篇章为第一篇绪论，主要分为两章。第一章是粤港澳大湾区概述，主要对粤港澳大湾区的背景、历史沿革和战略意义进行详细介绍。包括粤港澳大湾区的基本信息、粤港澳大湾区的提出和历史沿革变化等，此外还将粤港澳大湾区与"一带一路"倡议进行了比较分析，并从粤港澳大湾区产业定位和金融服务的机遇与挑战视角来阐述粤港澳大湾区的战略意义，从而使读者能较为全面地认识粤港澳大湾区。

第二章将粤港澳大湾区与国内外其他区域进行了对比分析，主要包括粤港澳大湾区与国内京津冀、长三角城市群的对比分析和与国际三大湾区的对比分析。通过与国内经济实力较强的两大代表性城市群进行对比，能较为客观地了解粤港澳大湾区在国内的发展水平和发展层次；通过与国际三大湾区进行对比分析，能较为客观地理解粤港澳大湾区在全球湾区经济中的地位。阅读完此篇章，读者能详尽地了解粤港澳大湾区的发展状况和发展特点。

# 第一章　粤港澳大湾区概述

本章是粤港澳大湾区的概述分析，包括粤港澳大湾区的背景介绍、粤港澳大湾区的历史沿革和粤港澳大湾区的战略意义三节。其中背景介绍小节主要介绍粤港澳大湾区的基本信息、人才优势、基础设施建设和文化渊源等内容；历史沿革小节则主要梳理粤港澳大湾区提出的由来与发展变化的关键节点事件；战略意义小节则主要从粤港澳大湾区与"一带一路"的关联、粤港澳大湾区产业定位和金融服务的机遇与挑战两个方面展开论述。

## 第一节　粤港澳大湾区的背景介绍

粤港澳大湾区是位于我国珠江三角洲地区的城市群，包括广东省的九个相邻城市：广东省省会广州、副省级城市深圳和珠海、佛山、东莞、中山、江门、惠州、肇庆七个地级市，以及香港和澳门两个特别行政区。粤港澳大湾区是正在加速建设中的全球第四大湾区，也是当前我国人均GDP（gross domestic product，国内生产总值）最高，经济实力最强的地区之一，其总体特点可概括为"一二三四"，即一个国家、两种体制、三个关税区、四个核心城市。

截至2018年，粤港澳大湾区人口规模已突破7 000万人，超过英国、法国、意大利等国家及东京、旧金山和纽约三大湾区；经济总量约1.6万亿美元，超过韩国和俄罗斯。在国际一流大湾区中，它超过旧金山大湾区，接近纽约大湾区，约占东京大湾区的3/4。当前粤港澳大湾区生产总值增速远超其他三大湾区，发展空间大，潜力十足。据有关方面预测，到2030年粤港澳大湾区的经济总量可能接近或超过日本。

从政策优势来看，国家已经出台《粤港澳大湾区发展规划纲要》，此外，中国人民银行、中国银行保险监督管理委员会（简称银保监会）、中国证券监督管理委员会（简称中国证监会）、国家外汇管理局（简称外汇局）等四部门于2020年5月联合发布了《关于金融支持粤港澳大湾区建设的意见》，此举能进一步推进金融开放创新，深化内地与港澳金融合作，加大金融支持粤港澳大湾区建设力度，提升粤港澳大湾区在国家经济发展和对外开放中的支持引领作用。大湾区内各省市、特别行政区也正在根据《粤港澳大湾区发展规划纲要》精神制定符合各自发展实际的行动细则。2019年7月，广东省委、省政府印发了《关于贯彻落实〈粤港澳大湾区发展规划纲要〉的实施意见》和《广东省推进粤港澳大湾区建设三年行动计划（2018—2020年）》，全力支持广东融入大湾区建设。2019年6月，澳门特别行政区在澳门首份五年发展规划的基础上，编制了《澳门特别行政区五年发展规划》附件——"澳门特别行政区参与粤港澳大湾区建设"。香港特别行政区也将成立"粤港澳大湾区发展办公室"，用以统筹落实《粤港澳大湾区发展规划纲要》的相关工作。在政策优势的刺激下，粤港澳大湾区正加速融合，各城市着力发挥自身特点和优势，全力打造特色鲜明又优势互补的粤港澳大湾区经济体。

从人才优势来看，粤港澳大湾区拥有丰富的教育资源和优良的人才资源。整个粤港澳大湾区拥有超过150所高等院校，其中香港是粤港澳大湾区内的教育枢纽，香港大学、香港科技大学和香港中文大学三所高等院校在QS2020世界大学排名中跻身全球前50位，此外还有香港城市大学、香港理工大学和香港浸会大学三所高校进入全球前500名。2019年6月，香港教育局还与广东省教育厅签署了《粤港资历框架合作意向书》，以此共同推动粤港资历框架合作，探索建立大湾区各级各类教育与培训学分互认机制，推动大湾区人才交流。澳门近些年来正不断加大在高等教育方面的投入，澳门大学、澳门科技大学等高校进步明显，其中澳门大学入围QS2020世界大学排行榜全球500强。广州拥有80多所普通本专科院校，在校大学生数量超过100万人，位居全国第一位，其中中山大学和华南理工大学进入QS2020世界大学排行榜全球前500名。深圳高等教育虽然起步相对较晚，但近些年的发展成绩有目共睹。本土高校中，南方科技大学、深圳大学等发展迅猛。深圳大学6个学科进入ESI（essential science indicators，基本科学指标）世界排名前1%，成为内地高校ESI排名进步最快高校；南方科技大学建校不到六年即获批4个一级学科博士学位授权点，创下国内最短纪录，此外，南方科技大学也进入了QS2020世界大学排行榜全球500强，发展潜力巨大。教育投入方面，深圳大学、南方科技大学双双进入新一轮广东省高水平大学重点建设高校行列。哈尔滨工业大学（深圳）、香港中文大学（深圳）进入新一轮广东省高水平大学重点学科建设高校行列。深圳技术大学正式去筹，2019年正式独立招收本科生，创造了"深圳速度"。此外，珠海、佛山、东莞等城市的高等教育均实力不俗。

从基础设施来看，经过改革开放40年来的发展和积累，粤港澳大湾区在机场、港口、桥梁和高速公路等方面的建设成就有目共睹，机场数量、旅客吞吐量及港口集装箱吞吐量等指标已经处于全球领先地位。《粤港澳大湾区发展规划纲要》明确指出，"支持香港机场第三跑道建设和澳门机场改扩建，实施广州、深圳等机场改扩建，开展广州新机场前期研究工作，研究建设一批支线机场和通用机场"[①]。2018年，香港国际机场、广州白云国际机场、深圳宝安国际机场、澳门国际机场、珠海机场等大湾区五大机场客运量达到2亿多人次，货邮吞吐量超过830万吨。有关专家预测，未来几年，大湾区的客运量增长率将达到7%，是全球平均增长率的两倍[②]。港口方面，粤港澳大湾区内主要港口有香港港、广州港、深圳港、珠海港、惠州港、东莞港和中山港等。2018年，粤港澳大湾区的香港港、深圳港、广州港三大港口集装箱吞吐量共计约6700万标准集装箱，位列全球集装箱港口前十。重大桥隧方面，港珠澳大桥于2018年10月正式通车，是目前世界上最长的沉管隧道及世界跨海距离最长的桥隧组合公路；南沙大桥于2019年4月建成通车，是继港珠澳大桥之后，粤港澳大湾区又一座世界级桥梁工程。此外，世界级超大的"桥、岛、隧、地下互通"集群工程——深中通道正在加紧施工建设中。基础设施的相对完备为粤港澳大湾区经济发展奠定了坚实的基础。

从历史文化来看，粤港澳大湾区城市群山水相连、同气连枝、地缘相近、人缘相亲，同属岭南文化，在各自的发展过程中又形成了具有本地特色的不同文化，可谓是既有深厚的文化合作基础，也有多元化的价值包容。

粤港澳大湾区有底气也有实力建设成为世界一流湾区和世界级城市群，我们有理由相信，假以时日，粤港澳大湾区必将以崭新的面貌被世界重新认识。

## 第二节 粤港澳大湾区的历史沿革

粤港澳大湾区建设是习近平总书记亲自谋划、亲自部署、亲自推动的重大战略。粤港澳大湾区这一区域概念的明确经历了从研究性报告到政府工作报告，从地方政府到中央政府，从"珠江口湾区"到"湾区经济"最后到"粤港澳大湾区"的过程。虽然"粤港澳"有关合作很早便已经开始，但上升至国家级战略，只是在近年。其总体诞生历程大致可以划分为以下三个阶段。

---

① 新华社.中共中央 国务院印发《粤港澳大湾区发展规划纲要》[EB/OL]. http://www.locpg.gov.cn/jsdt/2019-02/18/c_1210062255_3.htm，2019-02-18.

② 人民网.粤港澳大湾区打造世界级机场群[EB/OL]. http://finance.people.com.cn/n1/2019/0523/c1004-31098935.html，2019-05-23.

## 一、筹备起步

自改革开放以来,粤港澳区域合作就一直存在。对于粤港澳区域而言,改革开放的发展史中相当重要的一部分就是粤港澳区域协作史。大湾区内部实际上早已在协调发展方面做了许多富有建设性的工作,这对于早期巩固改革发展成果、促进湾区经济孕育等方面都做出了重要的贡献。

早在 2009 年完成的《大珠三角城镇群协调发展规划研究》便已将"湾区发展计划"列为空间总体布局协调计划的一环,并提出四项跟进工作,即跨界交通合作、跨界地区合作、生态环境保护合作和协调机制建设。2010 年粤港澳三地政府联合制定了《环珠三角宜居湾区建设重点行动计划》,以落实上述跨界地区合作。

2015 年 9 月,国家发展和改革委员会(简称国家发改委)发布《关于在部分区域系统推进全面创新改革试验的总体方案》,其中广东被列入省级行政区之中,着眼于深化粤港澳创新合作。

## 二、孕育孵化

随着区域协作的不断演化,打破三地间交流合作障碍,促进粤港澳区域实现更高质量的发展被提上议程,粤港澳区域亟须在统一的战略规划下协调发展。这不单单是要继续协调粤港澳三地间的关系,更是要在国家战略高度上进行统一规划,至此粤港澳区域发展进入快车道。

粤港澳大湾区于 2015 年首次在国家发改委、外交部和商务部联合发布的文件《推动共建丝绸之路经济带和 21 世纪海上丝绸之路的愿景与行动》中被提及。

2016 年广东省政府工作报告明确提出,"开展珠三角城市升级行动,联手港澳打造粤港澳大湾区"。

到 2017 年两会,粤港澳大湾区的概念已经进入总理政府工作报告,"研究制定粤港澳大湾区城市群发展规划",要将粤港澳大湾区打造成为媲美世界三大湾区——纽约湾区、旧金山湾区及东京湾区的全球第四大湾区,此时的粤港澳区域发展已经上升为国家战略。

2017 年 2 月 23 日,中共中央政治局委员、时任广东省委书记胡春华,广东省省长马兴瑞在广州会见了时任香港特别行政区行政长官梁振英,双方表示全面提升合作水平,深化投资贸易、科技创新、环境保护、教育人文、自贸区建设等领域的互利合作,携手参与"一带一路"建设,不断深化粤港合作。

2017 年 7 月,在习近平主席的见证下,香港特首林郑月娥、时任澳门特首崔世安、国家发改委主任何立峰和广东省省长马兴瑞在香港共同签署了《深化粤港澳合作 推进大湾区建设框架协议》。

## 三、破茧而出

国家的大力支持、三地的积极响应，促进粤港澳大湾区实现快速融合，特别是自中央成立专项小组专题研究部署湾区发展规划事宜以来，粤港澳大湾区的发展规划日益明晰。

2017年10月，党的十九大报告明确指出，要"以粤港澳大湾区建设、粤港澳合作、泛珠三角区域合作等为重点，全面推进内地同香港、澳门互利合作"[①]。

援引自新华社每日电讯消息，2018年3月7日全国两会期间，习近平总书记在参加广东代表团审议时发表了重要讲话，强调要抓住建设粤港澳大湾区重大机遇，携手港澳加快推进相关工作，打造国际一流湾区和世界级城市群[②]。

2018年国务院成立中央决策组织"粤港澳大湾区建设领导小组"，用以推动粤港澳大湾区规划，小组由中共中央政治局常委、国务院副总理兼中央港澳工作协调小组组长韩正任组长，中共中央政治局委员兼中共广东省委书记李希和国家发改委主任何立峰任副组长，国家发改委担任统筹等执行角色。小组成员除包括港澳两地行政长官外，还包括国务院港澳事务办公室主任、中央人民政府驻香港/澳门特别行政区联络办公室主任及其他相关部委主要负责人。

2019年2月，中共中央和国务院印发《粤港澳大湾区发展规划纲要》，正式绘制出粤港澳大湾区发展蓝图，这标志着粤港澳大湾区的纲领性文件正式落地，充满无限发展想象空间的全球第四大湾区迎来了又一春。

## 第三节 粤港澳大湾区的战略意义

一直以来，我国区域经济发展呈现这样一个规律：胡焕庸线（"黑河—腾冲线"）的东南一侧约占我国国土面积的36%，却承载了我国约94%的人口，创造了约95%的经济总量。作为我国最具创新活力的三大经济圈，京津冀、长三角和

---

① 人民网-人民日报.习近平在中国共产党第十九次全国代表大会上的报告[EB/OL].http://cpc.people.com.cn/n1/2017/1028/c64094-29613660-13.html，2017-10-28.
② 新华社. 习近平参加广东代表团审议时强调——发展是第一要务人才是第一资源创新是第一动力[EB/OL].http://www.xinhuanet.com/mrdx/2018-03/08/c_137023316.htm，2018-03-08.

粤港澳大湾区都分布于胡焕庸线东南一侧。国家统计局数据显示，仅2017年，这三大城市群的经济规模就达到了35万亿元，占我国经济总量近42%。可见，区域聚集效应下，对核心城市群的研究具有非常重要的意义。

粤港澳大湾区作为我国最顶尖的三大城市群之一，其设计规划和发展建设，是涉及粤港澳三地人民共同福祉的重大战略决策，不仅有利于深化内地和港澳交流合作，对港澳参与承接国家发展战略、提升竞争力、保持长期繁荣稳定也具有深远的意义。

从承接国家战略来看，由于特殊地理位置和三地格局，粤港澳大湾区是我国"一带一路"建设的重要支撑。从产业格局来看，粤港澳大湾区正处于新旧动能转化的关键期，如何运用金融工具服务好产业发展是一个亟须解决的重大命题。

因此下文将着重从粤港澳大湾区与"一带一路"的关系和粤港澳大湾区金融行业服务实体产业经济两方面展开论述。

## 一、粤港澳大湾区与"一带一路"

2013年9月和10月，中国国家主席习近平先后提出共建"丝绸之路经济带"和"21世纪海上丝绸之路"（简称"一带一路"）的重大倡议。随后，"一带一路"的建设得到国际社会的高度关注和沿线国家的积极响应。

为更好地推动"一带一路"的发展，2015年国务院批准在广州南沙、深圳前海和珠海横琴设立自由贸易试验区；2017年"粤港澳大湾区"升级为国家战略，加强了粤港澳三地在"一带一路"建设中的示范带头作用。广东省作为粤港澳大湾区的主体、内地与"一带一路"沿线国家和地区贸易合作量最大且人文交流最密切的省份，在"一带一路"建设中发挥着排头兵的重要作用。毛艳华教授团队主编的《广东参与"一带一路"建设蓝皮书（2013-2018）》显示，在中欧班列方面，2017年广东全年开通201列，实现每周4列的常态化运营；2018年上半年，广东中欧、中亚班列发运78列，同比增长20%。在港口航运方面，广东建成万吨级以上泊位296个，开通集装箱国际班轮航线200余条，挂靠广东港口的国际集装箱班轮航线达350条，通达全球100多个国家和地区的200多个港口，与国际港口缔结友好港64对，其中与"一带一路"国家结对16对。在航空运输方面，广东航空运输与"一带一路"沿线国家联系非常紧密，2017年广东出港直飞"一带一路"沿线国家的航线共有84条，占全国出港直飞"一带一路"国家的12.8%；广东在"一带一路"沿线国家和地区执行航班近9.6万次，承运旅客约1 237万人。

当前，"一带一路"相关建设进展顺利，面对复杂多变的国内外经济形势，广东本土企业渴望"走出去"，引进海外先进的技术和资金支持，却缺乏跨国经营经验和相关渠道；港澳企业虽然熟悉国际市场，但是也面临着劳动力短缺、人力成本高昂、市场需求不稳定等诸多挑战。在这样的背景下，响应国家"一带一路"倡议，充分发挥粤港澳三地的优势，不仅能使广东争取到全球范围内更大的发展空间和机遇，而且还可以借此支持港澳地区继续保持长期稳定繁荣。

可以说，"一带一路"倡议和"粤港澳大湾区"战略是相辅相成、相互促进的。"一带一路"是立足于全球视野的重大国家战略，是有关区域经济体间高效便捷的合作路径。粤港澳大湾区在"一带一路"倡议的宏观背景下提出，为粤港澳大湾区进一步明确对外开放交流合作指明了道路。粤港澳大湾区是全球最繁忙的港口群之一，也是海上丝绸之路的重要节点，大湾区的蓬勃发展将极大地推动"一带一路"建设。而"一带一路"的发展又将为粤港澳大湾区提供良好的宏观外部市场环境和政策红利，有利于粤港澳大湾区进一步开拓"一带一路"沿线国家和地区的海外市场。

## 二、粤港澳大湾区产业定位和金融服务的机遇与挑战

粤港澳大湾区的经济发展取得举世瞩目的成就，不仅得益于其天然的地理优势，更依赖于合理的经济产业政策。金融是现代经济的核心，湾区经济的发展依赖于金融服务的全方位支持。当前粤港澳大湾区金融业步入发展快车道，如图1-1所示，仅2017年粤港澳大湾区三个梯队金融业增加值就达到了2 700亿元，其中包括香港、广州和深圳在内的第一梯队城市约为2 000亿元。金融服务在更好地找准产业定位、推动产业转型和产业协同发展等方面发挥着重要的作用。当下正是粤港澳大湾区产业升级的关键时期，《粤港澳大湾区发展规划纲要》中明确指出，要"促进泛珠三角区域要素流动和产业转移，形成梯度发展、分工合理、优势互补的产业协作体系。……充分发挥香港、澳门、深圳、广州等资本市场和金融服务功能，合作构建多元化、国际化、跨区域的科技创新投融资体系。大力拓展直接融资渠道，依托区域性股权交易市场，建设科技创新金融支持平台"[①]。此外，人民银行等四部委于2020年5月发布的《人民银行等四部门关于金融支持粤港澳大湾区建设的意见》，更是为金融促进粤港澳大湾区建设指明了方向。

---

① 新华社. 中共中央 国务院印发《粤港澳大湾区发展规划纲要》[EB/OL]. http://www.locpg.gov.cn/jsdt/2019-02/18/c_1210062255_3.htm，2019-02-18.

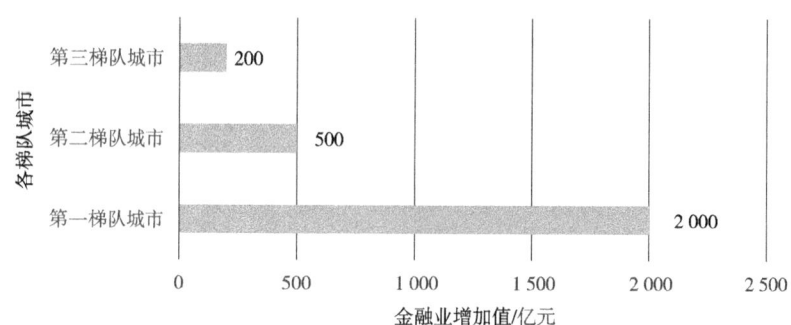

图 1-1 2017年粤港澳大湾区三个梯队金融业增加值

资料来源：粤港澳大湾区各市统计局

金融服务在更好地找准产业定位、推动产业转型和产业协同发展等方面发挥着重要的作用，在这样的背景下，粤港澳大湾区金融业势必将迎来更大的发展机遇。

当然，我们也应该看到，与国际三大湾区所处的时代、区域、政治社会背景有所不同，粤港澳大湾区在世界经济不确定性因素增加的环境下，也面临着产能过剩、供给与需求结构不均衡不匹配等突出矛盾和问题，经济增长内生动力也有待增强。金融业方面，由于湾区内珠三角九市和港澳的体制差异甚大，这给大湾区内的金融和经济发展也带来了若干障碍，大湾区的金融发展应着力克服这些障碍。

在这个机遇与挑战并存的伟大时代，如何着力从产业定位和金融服务方面为粤港澳大湾区发展提供支撑，特别是在粤港澳大湾区产业协同发展、突破粤港澳三地金融要素自由流动障碍和促进粤港澳大湾区金融一体化发展等方面有所突破，是一个亟待探索研究的关键课题。

# 第二章　粤港澳大湾区和国内外其他区域的对比分析

本章节为粤港澳大湾区和国内外其他区域的对比分析，主要包括与国内的京津冀、长三角城市群的对比分析及与国际三大湾区的对比分析。通过与国内和国外类似区域的比较分析，能帮助读者更系统全面地认识粤港澳大湾区的发展状况和发展特点。

## 第一节　粤港澳大湾区与京津冀、长三角城市群的对比分析

本小节为粤港澳大湾区与京津冀、长三角城市群的对比分析，先依次介绍京津冀城市群和长三角城市群的基本情况；再从基础经济指标方面对三大城市集群作对比分析。

### 一、京津冀城市群概述

京津冀城市群是我国首都经济圈的扩展，涵盖北京、天津和河北全境所有城市。"首都经济圈"是指以北京市为核心，通过京津、京保石、京唐秦三条轴线向周围辐射的所有城市构成的集合，包括北京、天津两个直辖市，以及河北石家庄、唐山、秦皇岛、承德、廊坊、沧州、保定和张家口八个地级市，及其所辖遵化、迁安、霸州、三河、泊头、任丘、黄骅、河间、涿州、定州、安国、高碑店、辛集、晋州、新乐十五个县级市。京津冀城市群除了"首都经济圈"以外，还包括

邯郸、邢台和衡水三个地级市，及其所辖的武安、南宫、沙河、深州四个县级市。

京津冀城市群位于我国环渤海核心地带，面积 21.6 万平方千米，人口约 1.1 亿人，以占全国 2.3%的土地面积和 8%的人口，贡献了全国约 10%的 GDP，是我国经济最具活力、开放程度最高、创新能力最强、吸纳人口最多的区域之一。

## 二、长江三角洲城市群概述

长江三角洲城市群，是我国第一大经济圈及经济中心、亚太地区重要国际门户、全球制造业中心，其雏形为 1982 年 12 月 22 日成立的上海经济区。

根据现行《长江三角洲区域一体化发展规划纲要》，长三角城市群包括以上海市，江苏省南京、无锡、常州、苏州、南通、扬州、镇江、盐城、泰州，浙江省杭州、温州、宁波、嘉兴、湖州、绍兴、金华、舟山、台州，安徽省合肥、芜湖、马鞍山、铜陵、安庆、滁州、池州、宣城为中心区的所有上海市、江苏省、浙江省、安徽省所涵盖的区域，面积 35.8 万平方千米，中心区面积 22.5 万平方千米。

长江三角洲城市群经济发达，截至 2019 年，其经济总量约占全国四分之一，是我国经济活力最强的区域之一。其科教资源丰富，区域创新能力强，拥有上海张江、安徽合肥两个综合性国家科学中心，全国约四分之一的"双一流"高校、国家重点实验室、国家工程研究中心。长三角城市群交通便利，交通干线密度较高，省际高速公路基本贯通，主要城市间高速铁路有效连接，沿海、沿江联动协作的航运体系初步形成，区域机场群体系基本建立。长三角城市群开放合作协同高效，拥有通江达海、承东启西、联南接北的区位优势，口岸资源优良，国际联系紧密，协同开放水平较高，拥有开放口岸 46 个，进出口总额、外商直接投资、对外投资分别占全国的 37%、39%和 29%，其自由贸易试验区已经探索形成了国际贸易"单一窗口"等一批可复制、可推广的改革创新成果。

国家发改委 2016 年发布的《长江三角洲城市群发展规划》为长江三角洲城市群协调发展指明了方向。2018 年 11 月 5 日，援引自新华社的新闻显示，习近平总书记在首届中国国际进口博览会上做了主旨演讲，其中提到"将支持长江三角洲区域一体化发展并上升为国家战略，着力落实新发展理念，构建现代化经济体系，推进更高起点的深化改革和更高层次的对外开放，同'一带一路'建设、京津冀协同发展、长江经济带发展、粤港澳大湾区建设相互配合，完善中国改革开放空间布局"①。2019 年 12 月 1 日，中共中央、国务院正式印发了《长江三角洲区域一体化发展规划纲要》，标志着长江三角洲区域一体化迎来了新的发展机遇。

## 三、对比分析

与国内京津冀城市群、长三角城市群对比来看，当前长三角城市群包含的城市最多，有 27 个；人口最多，超过 1.5 亿人；面积最大，是粤港澳大湾区的 4 倍；创造的地区生产总值总量最多。2018 年 GDP 数据显示，长三角城市群地区生产总值总量超过 17.8 万亿元，约占全国经济总量的 20%。但是从人均 GDP 的角度看，粤港澳大湾区则远超京津冀和长三角，在香港和澳门的拉动下 2018 年粤港澳大湾区整体人均 GDP 超过 15 万元。国内三大城市群数据对比，如表 2-1 所示。

表 2-1 国内三大城市群数据对比

| 项目 | 京津冀城市群 | 长三角城市群 | 粤港澳大湾区 |
|---|---|---|---|
| 城市数量 | 13 | 27 | 11 |
| 2018 年人口/万人 | 11 270 | 15 000 | 7 000 |
| 面积/万平方千米 | 12 | 22.5 | 5.6 |
| 2018 年地区生产总值/万亿元 | 8.5 | 17.8 | 10.86 |
| 2018 年人均地区生产总值/万元 | 7.54 | 11.86 | 15.51 |
| 城镇化率 | 64.9% | 68% | 85.2% |

资料来源：各省市统计年鉴

从产业结构角度看，长三角城市群第三产业发展较快，集群优势较强。截至 2017 年底，上海、浙江、江苏二、三产业占比均超过 95%，第三产业占比超过 50%。据王曼等学者的研究，大湾区目前整体上以服务经济为主导。粤港澳大湾区三次产业占地区生产总值比重由 2011 年的 1.5∶35.8∶62.7 调整为 2017 年的 1.2∶32.7∶66.1，第二产业占比缓慢下降，第三产业占比逐年提升。具体到城市层面，产业发展的阶段也有所不同，香港、澳门以第三产业为主，第三产业占比均在 90% 以上；广州、深圳呈现典型的"三二一"型产业结构，第三产业占据较大的比重；东莞、珠海、江门、中山第二产业和第三产业占比相差不大；惠州、佛山、肇庆则是第二产业占据主导地位。京津冀城市群中北京和天津的第三产业占比超过 90%，河北以第二产业为主。从产业结构来看，三大城市群都处于由第二产业向第三产业转移的进程中。

---

① 新华社. 习近平在首届中国国际进口博览会开幕式上的主旨演讲（全文）[EB/OL]. http://www.xinhuanet.com/politics/leaders/2018-11/05/c_1123664692.htm，2018-11-05.

## 第二节 粤港澳大湾区与国际三大湾区的对比分析

本节为粤港澳大湾区与国际三大湾区的对比分析，首先简述国际三大湾区的基本情况，然后从基础经济社会指标出发，将粤港澳大湾区与国际三大湾区进行对比分析，并总结归纳出粤港澳大湾区相对于国际三大湾区的发展优势和存在的不足之处。

### 一、全球三大湾区概述

"世界三大湾区"是指全球经济实力最强的东京湾区、纽约湾区和旧金山湾区。三大湾区各有特色，但均具备开放的经济结构、高效的资源配置能力、强大的集聚外溢功能和发达的国际交往网络等优点。放眼当今世界，湾区经济已经成为带动全球经济增长的重要引擎和引领技术变革的领头羊。

#### （一）东京湾区

东京湾区聚集了日本 1/3 的人口、2/3 的经济总量、3/4 的工业产值，是日本最大的工业城市群和国际金融中心、交通中心、商贸中心和消费中心。在东京湾的沿岸，横滨港、东京港、千叶港、川崎港、木更津港、横须贺港六个港口首尾相连，形成马蹄形港口群，年吞吐量超过 5 亿吨。在庞大港口群的带动下，东京湾地区逐步形成了京滨、京叶两大工业地带，钢铁、石油化工、现代物流、装备制造和高新技术等产业十分发达。东京湾区有全世界最密集的轨道交通网，湾区内 80%～90%通勤客运依赖轨道交通。日本年销售额在 100 亿元以上的大企业有 50%设于湾区，三菱、丰田、索尼等一大批世界五百强企业的总部均设于此地。

#### （二）纽约湾区

位于美国东海岸的纽约湾区是世界金融的核心中枢，坐拥世界上最大的天然港口之一纽约港，其金融业、奢侈品、都市文化等都具有世界性的影响力。纽约湾区的核心城市纽约市是全球商业和经贸的枢纽，与伦敦和香港并列为世界三大金融中心。纽约曼哈顿是 CBD（central business district，中央商务区）的发源地，是美国的经济和文化中心，也是联合国总部大楼的所在地。纽约湾区的华尔街是世界金融的心脏，拥有纽约证券交易所和纳斯达克证券交易所及高盛、摩根士丹利等数千家金融、证券、期货、保险和外贸机构。

（三）旧金山湾区

旧金山湾区位于美国西海岸，环境优美、科技发达，拥有全球闻名的硅谷和斯坦福、加州伯克利等20多所世界著名大学。湾区内，旧金山有着发达的金融和商业，同时也有发达的旅游产业和会展服务。以奥克兰为中心的东湾则主要是重工业，如金属加工、炼油和海运等，硅谷地区则是高科技企业的聚集地。旧金山湾区拥有30家财富世界500强企业，数量仅次于纽约湾区，谷歌、苹果、Facebook等互联网巨头和雪佛龙、可口可乐等著名企业均在此设立全球总部。

## 二、对比分析

与旧金山、纽约、东京三大湾区相比，粤港澳大湾区现已成为占地面积最大、人口最多、地区生产总值增速最快、港口集装箱和机场旅客吞吐量最大的湾区，并形成了以金融、航运、电子、制造业和互联网为主要特色的完备产业体系。

从表2-2中可以看到，粤港澳大湾区陆地面积5.6万平方千米，分别是纽约湾区、东京湾区、旧金山湾区的2.6倍、1.5倍和3.1倍。粤港澳大湾区常住人口分别是纽约湾区、东京湾区、旧金山湾区的3.5倍、1.6倍和9.2倍。依托世界级空港群和港口群，粤港澳大湾区进出口贸易总额、集装箱吞吐量、旅客吞吐量等在全球湾区中独占鳌头。

表2-2 四大湾区主要数据对比

| 指标名称 | 粤港澳大湾区 | 东京湾区* | 纽约湾区* | 旧金山湾区* |
|---|---|---|---|---|
| 面积/万平方千米 | 5.60 | 3.68 | 2.15 | 1.79 |
| 城市数量/个 | 11 | 10 | 31 | 12 |
| 人口/万人 | 7 116 | 4 407 | 2 032 | 776 |
| 地区生产总值/万亿美元 | 1.64 | 1.99 | 1.72 | 0.84 |
| 地区生产总值占所在国家比重 | 11.23% | 40.74% | 8.89% | 4.34% |
| 地区生产总值增速 | 8.0% | 3.6% | 3.5% | 2.7% |
| 第三产业比重 | 66% | 82.3% | 89.4% | 82.8% |
| 港口集装箱吞吐量/万TEU | 7 650 | 807 | 671 | 242 |
| 机场旅客吞吐量/亿人次 | 2.02 | 1.26 | 1.32 | 0.81 |
| 主要产业 | 金融、创新科技、航运、制造业 | 汽车、石化、金融 | 金融、房地产、医疗保健 | 科技创新、专业服务 |

*为2017年数据，由于未查得其他三大湾区最新数据，因此以2017年数据替代
资料来源：《2019年广东统计年鉴》，《2019香港统计刊》，《2018年澳门统计年鉴》，农银国际发布《农银国际政策透视：粤港澳大湾区金融业发展探析》

随着创新要素加速流动,粤港澳大湾区正加速形成具有全球影响力的国际科技创新中心。广州和深圳是粤港澳大湾区基础研究创新市场和试验发展创新市场的双中心。世界知识产权组织发布的《2019全球创新指数报告》披露,中国深圳-香港蝉联全球第二大创新集群,超过了美国硅谷的圣何塞-旧金山创新集群,排名在日本东京-横滨之后。2019《财富》世界500强榜单公布,129家中国企业入围,其中20家来自粤港澳大湾区。大湾区企业排名整体提升,共15家企业排名上升,其中7家企业排名比去年提升30位以上。如此高发展水平的创新活动,是由以民营企业为主力的"塔形双创体系"驱动的。现如今,以民营企业为主体的创新活动构建了试验发展创新市场为主的创新市场体系。

此外粤港澳大湾区还拥有世界级的金融实力。2019年9月19日,由英国智库Z/Yen集团与中国(深圳)综合开发研究院共同编制的第26期《全球金融中心指数报告(GFCI26)》显示,香港继续保持金融中心地位,位列全球第三,深圳跻身全球前十大金融中心,排名全球第九。在金融科技细分领域排名中,广州、深圳、香港均进入金融科技中心前十名,分列第四名、第五名和第七名。香港拥有香港交易及结算所有限公司(简称港交所)和全球最大的人民币离岸金融中心,深圳拥有成熟运作的中小板和创业板,与此同时,广州正在加速规划建设广州期货交易所、碳排放权交易所、上海证券交易所南方中心和粤港澳国际商业银行等金融机构,澳门正筹建湾内第三间证券交易所,全力打造人民币离岸市场的纳斯达克。粤港澳大湾区将来的金融发展潜力不可小觑。

当然,与其他三大湾区相比,现阶段粤港澳大湾区也存在不少不足之处,主要表现在以下几方面:

(1)经济发展阶段仍相对滞后。从国际湾区经济发展的一般规律来看,湾区经济的演变阶段为:港口经济、工业经济、服务经济和创新经济。粤港澳大湾区内部各城市发展有较大差异,总体上仍处于港口经济和工业经济阶段。珠三角地区制造业非常发达,广州、东莞、珠海等城市正处于工业经济向服务经济迈进的阶段,而香港、深圳等城市已出现创新型经济特征。

(2)国际影响力有待增强。全球公认的三大世界级湾区中,纽约湾是世界金融中心、文化娱乐中心、媒体中心和政治中心;旧金山湾则是世界科技创新中心和美国西海岸的金融、交通中心等;东京湾则是世界级金融中心、商业中心和高端制造中心。粤港澳大湾区内,除香港具有较强的国际影响力,整体而言,湾区国际化营商、全球辐射力等方面仍有较大的发展空间。

(3)要素资源流动仍较困难。国际三大湾区拥有统一的制度环境和统一的市场体系,能够维系市场公平竞争环境,维护市场秩序,促进商品和要素的流通。

受制于体制、政策等因素，粤港澳大湾区目前还没有形成三地统一的市场体系，粤港澳大湾区要想实现更高水平的发展，迫切需要创新协作协同机制。与此同时，粤港澳大湾区内部还存在城市间无序发展、地域区域间发展不平衡、产业定位不清晰等问题。

# 参 考 文 献

毛艳华. 2018. 广东参与"一带一路"建设蓝皮书（2013-2018）[M]. 广州：广东人民出版社.

人民网. 2019-05-23. 粤港澳大湾区打造世界级机场群[EB/OL]. http://finance.people.com.cn/n1/2019/0523/c1004-31098935.html.

深圳晚报. 2019-12-24. 粤港澳大湾区创新报告发布[EB/OL]. http://www.gov.cn/xinwen/2019-12/24/content_5463729.htm.

王曼. 2019-10-21（015）. 粤港澳大湾区产业结构的现状、问题及建议[N]. 中国计算机报.

新华社. 2018-03-08. 习近平参加广东代表团审议时强调——发展是第一要务人才是第一资源创新是第一动力[EB/OL]. http://www.xinhuanet.com/mrdx/2018-03/08/c_137023316.htm.

新华社. 2018-11-05. 习近平在首届中国国际进口博览会开幕式上的主旨演讲（全文）[EB/OL]. http://www.xinhuanet.com/politics/leaders/2018-11/05/c_1123664692.htm.

新华社. 2019-12-01. 中共中央 国务院印发《长江三角洲区域一体化发展规划纲要》[EB/OL]. http://www.gov.cn/zhengce/2019-12/01/content_5457442.htm.

中国金融中心信息网. 2019-09-20. 内地十城入选全球金融中心指数——GFCI26 期[EB/OL]. http://www.cfci.org.cn/html/2019/09/20/201909200948110890001500.html.

# 第二篇　粤港澳大湾区城市群产业定位

《粤港澳大湾区发展规划纲要》提出，要把大湾区打造成全球先进制造业和现代服务业的高地，绘制了大湾区建设世界级城市群的蓝图。作为新时代中国特色社会主义区域建设的重大战略规划及"一带一路"的重要战略支点，粤港澳大湾区在中国新一轮改革开放中扮演着关键的角色，肩负着建设国际一流湾区的使命，承担着构建国际科技创新中心的重任。

地处我国对外开放前沿，粤港澳大湾区城市群经济实力强劲，分布着我国具有鲜明特色的产业集聚区。香港和澳门作为微型的外向型经济体，要素流通自由高效，现代服务业发展成熟，香港以金融保险业为专长，澳门以博彩旅游业为引领。大湾区内地九市以制造业强市闻名，具备完备的工业体系，分布着深莞惠、广佛肇及珠中江三大制造业集聚区，各市优势产业各具特色。自1978年改革开放至今，粤港澳三地在投资、商贸、民生等许多领域建立了紧密的合作联系，互相成就。随着《粤港澳大湾区发展规划纲要》的发布，三地迎来了新的发展契机，未来将进行更深层次的产业协作交流。

作为湾区经济高质量增长的引擎，产业是城市群经济发展的依托，更是金融服务创新的重要推动力。粤港澳大湾区城市群高质量发展的关键在于发挥自身产业优势，加快重点产业布局，增强城市间经济协调互动。本篇共三章，主要围绕粤港澳大湾区产业定位问题展开研究，具体内容如下。

第三章首先对粤港澳三地产业合作演变进行概述，接着通过经济指标及各市三次产业结构来分析大湾区经济与产业的基本概况，并进一步与京津冀、长三角两大城市群进行对比分析。其次，通过对粤港澳大湾区11市2018年主要行业增加值数据进行比较分析，得到大湾区各市的优势产业。最后，利用产业结构系数模型，结合制造业细分行业产值数据，测算大湾区内地九市的制造业结构相似系数，探究城市群内部制造业及服务业结构的差异程度。

第四章利用区位熵公式基于全行业和价值链视角对大湾区的城市职能和产业职能进行刻画，以此对大湾区城市的职能定位进行研究。首先基于全行业的静态视角,选取全国295个地级以上城市和港澳作为研究背景,将19个行业进行剔除、对剩余行业进行分类后,最后合并成11大类,测算得到大湾区各城市职能专业化指数,并以此分析城市群内部的优势城市职能。接下来基于价值链的动态视角,测算城市群内各城市在价值链分工中承担的研发、生产、营销和管理四类职能的专业化水平,据此分析其演变特征。

第五章重点梳理《粤港澳大湾区发展规划纲要》《中共中央 国务院关于支持深圳建设中国特色社会主义先行示范区的意见》《中共广东省委全面深化改革委员会关于印发广州市推动"四个出新出彩"行动方案的通知》《关于金融支持粤港澳大湾区建设的意见》等重要政策文件中,各市功能发展定位及未来重点布局的产业领域。通过比较大湾区现行产业基础和城市职能与政策规划的发展要求,指出大湾区各市产业现状与政策规划发展要求的差距,并提出大湾区城市群产业结构存在的若干问题。

# 第三章　粤港澳大湾区城市群产业现状

2019年2月18日，中共中央、国务院印发了《粤港澳大湾区发展规划纲要》。作为新时代中国特色社会主义区域建设的重大战略规划及"一带一路"的重要战略支点，《粤港澳大湾区发展规划纲要》提出要把大湾区打造成全球先进制造业和现代服务业的高地，绘制了大湾区建设世界级城市群的蓝图。粤港澳大湾区 11 市 2018 年地区生产总值总量达 10.98 万亿元，内部形成了以香港、深圳、广州为首，佛山、东莞紧随其后，惠州、中山、澳门、江门、珠海、肇庆奋力追赶的三个经济梯队，均为"三二一"特征的产业结构。香港以高水平的现代服务业，尤其是发达的金融保险业见长，澳门以博彩旅游业知名，珠三角九市则拥有稳固的制造业根基。从最初的以制造业为主导的"前店后厂"模式，过渡到基于 CEPA（Closer Economic Partnership Arrangement，《关于建立更紧密经贸关系的安排》）框架的自由服务贸易合作，再到以湾区经济为载体的融合阶段，粤港澳三地经过多年的经济分工协作，已构筑了良好的产业合作基础。而《粤港澳大湾区发展规划纲要》的出台为进一步深化粤港澳大湾区城市间的分工合作注入了新动力，也对城市群产业整体协作提出了新要求。

本章首先对粤港澳三地产业三个阶段的合作演变进行概述，再通过经济指标如大湾区生产总值、各市生产总值及各市三次产业结构来分析粤港澳大湾区经济与产业的基本概况，并与京津冀和长三角城市群进行对比分析。另外，结合粤港澳大湾区 11 市 2018 年主要行业增加值数据分析得出各市优势产业。进一步利用产业结构系数模型，结合制造业 31 个细分行业产值数据，对大湾区内地九市的制造业产业结构相似程度进行测算，探究大湾区城市间制造业及服务业结构的差异程度。

## 第一节 粤港澳大湾区产业合作演变

广东是中国改革开放的前沿,借助港澳这两个国际性窗口,在40余年的光景中实现了经济的腾飞,连续30年占据中国GDP总量第一的位置。粤港澳三地的发展不仅得益于优越地理位置,还取决于三地紧密的经贸合作,可谓相辅相成,彼此成就。从1978年的改革开放至今,粤港澳三地产业合作大致经历了三个阶段,一是基于要素禀赋的"前店后厂"模式,二是基于CEPA框架的自由服务贸易合作,三是以湾区经济为载体的融合阶段。不同的产业合作阶段体现了特定的发展合作需求,表现出不同的合作模式与合作机制,阶段关系层层递进,借以实现三地产业的升级调整。

以制造业为主导的"前店后厂"模式(1978—2002年)。珠三角毗邻港澳,率先享受到改革开放政策的红利,与港澳展开了频繁的经济往来。20世纪70年代末,亚洲"四小龙"中的香港与澳门经济繁荣,由于劳动力短缺、租金成本高等因素,工业化发展陷入了困境。与此同时,珠三角地区经济发展虽然相对落后,但是拥有大量廉价的劳动力和充足的土地空间,凭借天时地利人和的优势,珠三角地区自然成为港澳转移劳动密集型制造业的首选之地。所谓"前店后厂"是指港澳利用海外贸易窗口优势,承接海外订单,进行市场推广和对外销售,珠三角地区进行产品的加工、制造和装配,同时港澳向珠三角地区提供零配件、资金、技术、管理、设计等支持。

1978年9月首家港资企业"太平洋手袋厂"在东莞设立,随后出现了大批在珠三角地区投资建厂的港澳资企业,75%以上的香港制造业产品都在珠三角地区生产,80%~90%的香港玩具企业、钟表企业、塑胶企业和电子企业都在珠三角地区设厂[①]。1979~1999年,广东省累计利用外资金额为1 107亿美元,其中实际利用港澳资金金额761亿美元,占广东省累计利用外资金额的70%。在港澳的带动下,珠三角地区步入了工业化发展的快车道,产业结构发生了巨大的改变,由第一产业为主导向第二产业为主导转变。

"前店后厂"这种自发性的市场协调机制既促进了珠三角地区制造业的产业集聚,又为港澳转型服务业腾出发展空间,奠定了服务业高度发展的基调。一方面,历经20多年的发展,珠三角地区成了我国规模最大、最具特色的产业集聚区

---

① 资料来源:粤开证券《粤港澳大湾区制造业如何转型升级》研究报告。

域之一，东西两岸形成了差异化的产业布局，产生了以深莞惠、广佛肇、珠中江为代表的三大产业集聚区域，其中以深圳为核心的深莞惠地区主要以电子信息制造业为主，以广州为核心的广佛肇地区和以珠海为核心的珠中江地区主要以装备制造、家电制造、建材制造为主。另一方面，港澳特别是香港的工业比重不断萎缩，工业化经济流于边缘化发展状态，与之相反的是服务业成为港澳经济增长的中流砥柱，香港形成了以金融、旅游、贸易物流、专业服务为主导的服务业结构，而澳门形成了以博彩业为主导的单一服务业结构。

基于 CEPA 框架的自由服务贸易合作（2003—2015 年）。进入 21 世纪，许多国家地区采取签署经贸协议等方式促使国家间互通有无。随着 2001 年中国加入世界贸易组织，粤港澳三地均面临更激烈的市场竞争压力，产业转型升级迫在眉睫。"前店后厂"模式已不能满足三地经济合作的现实需求，需要构建整体上的战略合作框架使自由松散的经济联系变得更为规范紧密。在这样背景下，2003 年内地与港澳签订了 CEPA 协议，开启了自由化的服务贸易合作阶段，港澳将金融、营销、物流、信息、咨询等生产性服务业带入珠三角地区，既助推了珠三角制造业的技术升级，带动其服务业水平的提升，也拓展了港澳服务业发展的市场空间，巩固了港澳服务业在国际上的地位。2003~2015 年，广东第三产业比重从 48.8%提升至 50.8%。2015 年珠三角地区第三产业产值占广东的 93%，其中广州和深圳服务业比重提升幅度较显著，分别由 57.54%提升至 67.11%、由 48.9%提升至 58.8%。2003~2015 年香港服务输出累计金额为 65 543 亿港元，其中出口至内地的累计金额为 23 525 亿港元，占香港服务贸易累计对外输出总额的 35%。

以湾区经济为载体的融合阶段（2016 年至今）。2008 年全球金融危机后，国际局势波谲云诡，外部不确定性增大，全球贸易保护主义兴起，以城市群为主体的区域经济发展日益成为国家竞争力的体现。处于经济新常态发展阶段的中国，改革开放进入了深水区，需要寻找新的增长动力。珠三角地区面临制造业转型升级的困境，港澳产业空心化也制约着本地区科技产业的发展。制度带来资金流、物流、人流等生产要素自由流通障碍，站在新一轮改革开放的起点上，如何推进粤港澳三地实现一盘棋的运作，成为当下需要重点关注的问题。2019 年 2 月中共中央、国务院出台了《粤港澳大湾区发展规划纲要》，粤港澳三地建设上升为国家战略，赋予了三地经济社会活动新的发展内涵，开启了融合发展的阶段。从最初的"前店后厂"模式过渡到基于 CEPA 框架的自由服务贸易合作，再到如今以湾区经济为载体的融合阶段，粤港澳三地产业合作都把握住时代潮流，扩大其合作效益。

## 第二节 粤港澳大湾区城市群经济与产业结构的基本概况

产业是湾区经济高质量增长的驱动力,与城市群功能存在耦合效应。本节在分析大湾区经济发展基本情况的基础上,剖析大湾区整体及其各市的三次产业结构,并与长三角城市群、京津冀城市群进行对比。

### 一、粤港澳大湾区经济发展基本概况

粤港澳大湾区是新时代推动形成全面开放新格局的新尝试,也是推动"一国两制"事业发展的新实践,具备构建世界级湾区的基础。大湾区拥有优越的区位优势,地处我国沿海开放前沿,背靠广阔的泛珠三角发展腹地,坐拥香港、广州、深圳等国际化航空枢纽和重要港口,占据"一带一路"倡议的发展先机;凭借雄厚的经济基础作支撑,三地产业体系完备,珠三角工业体系完备,集群效应显著,香港、澳门服务业发达,均是活跃的外向型经济体,产业各具特色;集聚创新要素,强化实施创新的发展战略,塑造了充满活力的双创环境,拥有香港科技大学、中山大学、华南理工大学等名牌高校及高水平的科研机构、重点实验室等,汇聚了丰富的教育和科研资源。自改革开放以来,粤港澳在金融、制造、医疗、教育、生态等领域开展了多层次的交流合作。

从粤港澳大湾区城市群整体经济总量来看(图3-1),粤港澳大湾区城市群经济实力强劲,经济总量逐年攀升,经济发展水平远高于全国。包括香港、澳门、广州、深圳、佛山、东莞、惠州、珠海、中山、江门、肇庆在内的11市土地面积约5 600万平方千米,不到我国国土面积的0.6%,却吸纳了全国5%的人口。2018年大湾区常住人口达到7 018.37万人,人均GDP相当于全国人均GDP的2倍(图3-2),创造了全国12%的经济总量。地区生产总值保持了10年的连续增长,年均地区生产总值增速达到9%,2017年其经济总量首次超过了10万亿元,2018年地区生产总值达到10 972亿元,从2009年到2018年,经济总量翻了一番。全国17个10亿级城市中广东占了3席,分别是广州、深圳和佛山,广东也是中国首个经济总量突破十万亿元的省份。2019年美国《财富》发布的世界500强企业名单中,129家中国企业入围榜单,来自粤港澳大湾区的企业有20家(表3-1),占中国入选企业数量的16%,其中珠三角九市有13家,香港有7家,基本覆盖

了大湾区现代产业体系的重要领域,其中民营企业占据重要的地位,中国平安保险集团深耕于金融保险领域,华为是电子通信行业的佼佼者,腾讯是互联网科技的巨头,广汽集团致力于汽车高端制造业领域,等等。

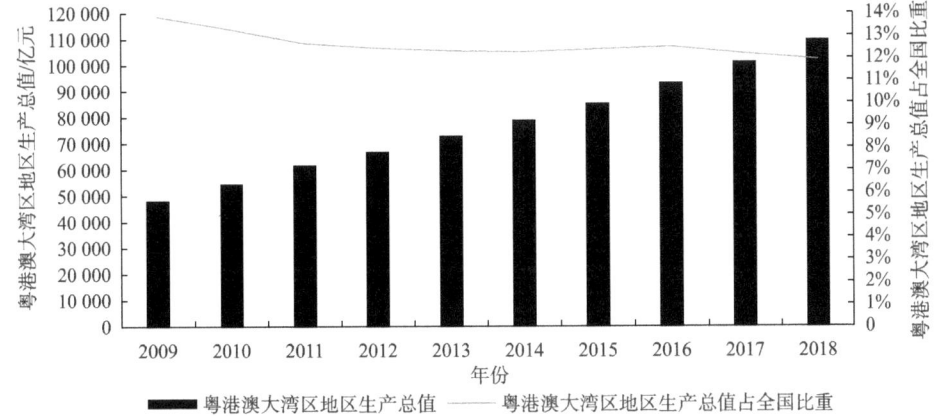

图 3-1　2009~2018 年粤港澳大湾区经济总量及占全国比重的变化示意图

资料来源:Wind 金融数据库

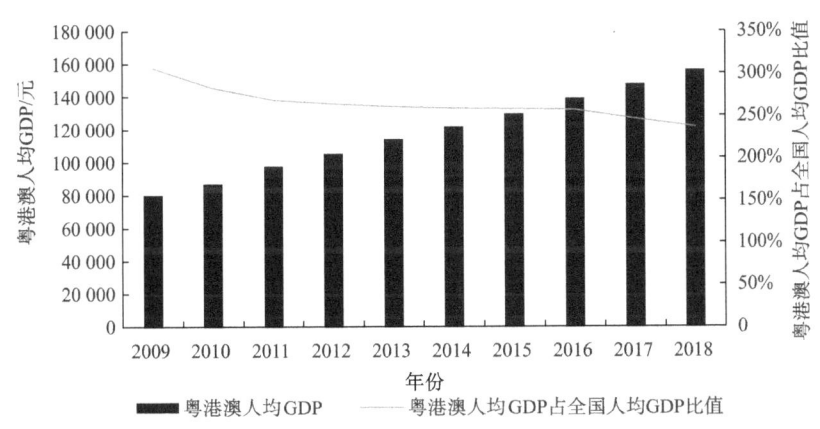

图 3-2　2009~2018 年粤港澳大湾区人均 GDP 及占全国人均 GDP 比值

资料来源:Wind 金融数据库

表 3-1　2019 年世界 500 强企业中粤港澳大湾区入围企业名单

| 企业名称 | 总部所在城市 | 世界 500 强排名 | 行业 |
| --- | --- | --- | --- |
| 中国平安保险 | 深圳 | 29 | 人寿与健康保险 |
| 华为 | 深圳 | 61 | 网络、通信设备 |
| 中国华润 | 香港 | 80 | 综合商业 |
| 南方电网 | 广州 | 111 | 公共设施 |

续表

| 企业名称 | 总部所在城市 | 世界500强排名 | 行业 |
|---|---|---|---|
| 正威国际 | 深圳 | 119 | 金属产品 |
| 恒大集团 | 深圳 | 138 | 房地产 |
| 碧桂园 | 佛山 | 177 | 房地产 |
| 招商银行 | 深圳 | 188 | 商业银行 |
| 广汽集团 | 广州 | 189 | 车辆与零部件 |
| 联想 | 香港 | 212 | 计算机、办公设备 |
| 腾讯 | 深圳 | 237 | 软件服务 |
| 招商局 | 香港 | 244 | 互联网服务和零售 |
| 万科企业 | 深圳 | 254 | 房地产 |
| 怡和集团 | 香港 | 280 | 专业零售 |
| 雪松控股 | 广州 | 301 | 贸易 |
| 美的集团 | 佛山 | 312 | 电子、电器设备 |
| 长江和记实业 | 香港 | 352 | 专业零售 |
| 友邦保险集团 | 香港 | 388 | 人寿与健康保险 |
| 格力电器 | 珠海 | 414 | 电子、电器设备 |
| 中国太平洋保险集团 | 香港 | 451 | 人寿与健康保险 |

资料来源：财富中文网 http://www.fortunechina.com/

从当前粤港澳大湾区城市群中各市的经济发展程度来看，粤港澳大湾区城市内部划分为三个比较明显的经济梯队，区域内部经济发展不均衡，经济发展差距悬殊。香港、深圳和广州组成了大湾区城市群的第一经济梯队，各城市经济总量均超过2万亿元，创造了大湾区65.6%的经济生产总值，遥遥领先于其他八个城市。佛山和东莞构成了大湾区城市群的第二经济梯队，各城市经济总量均超过8000亿元，两市为大湾区贡献了16.6%的经济总量。惠州、澳门、中山、珠海、江门和肇庆形成了大湾区城市群的第三经济梯队，各城市经济总量均低于5000亿元，六市总计仅占大湾区经济规模的17.8%。可以明显地看出，相邻经济梯队间的经济总量都相差一倍多。澳门是大湾区人均GDP最高的城市（图3-3），其2018年人均GDP达到551 130元，远远超过大湾区内其余城市。其次香港人均GDP为334 185元，约为澳门人均GDP的60%。珠三角九市中深圳人均GDP最高，为189 568元，是香港人均GDP的57%，广州人均GDP为155 491元，肇庆是人均GDP最低的城市，为53 267元，约相当于澳门的十分之一，深圳的三分之一，经济发展滞后地区的人均GDP水平有待提升。由此可见，大湾区地区收入水平差异悬殊，城市群内部区域发展的不协调，在很大程度上阻碍了大湾区城市群的高质量建设。

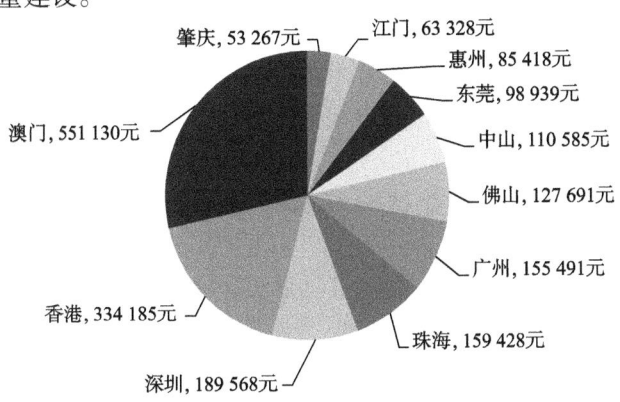

图 3-3 2018 年粤港澳大湾区各市人均 GDP
资料来源：Wind 金融数据库

从粤港澳大湾区城市群各市十年经济总量的动态发展来看（图 3-4），粤港澳大湾区城市群的城市经济格局由一超两强逐渐发展为三强并进。广州和深圳的经济获得了快速的增长，两市生产总值分别由 2009 年的 9 138.21 亿元、8 201.32 亿元增长至 2018 年的 22 859.35 亿元、24 221.98 亿元，总量翻了一番，尤其是深圳在 2018 年首次超越香港，一跃成为大湾区经济总量最高的城市。粤港澳大湾区的经济格局由最初以香港一元为中心，逐步演变为深圳、广州和香港三足鼎立的经

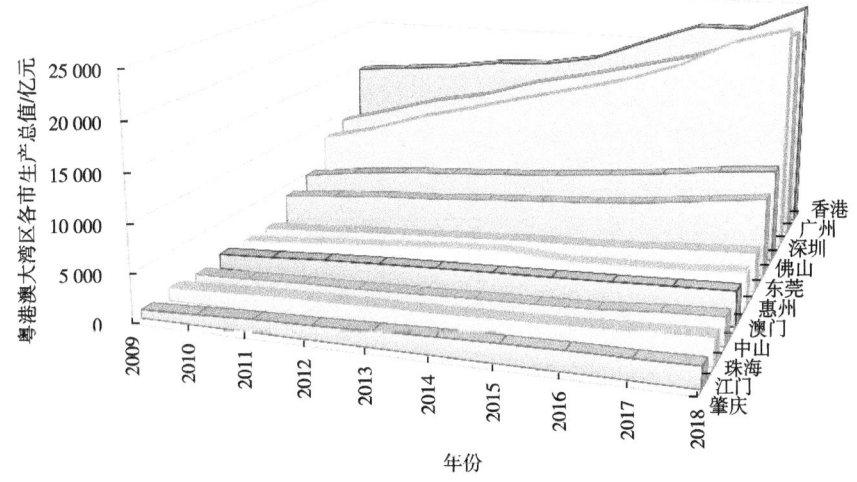

图 3-4 2009~2018 年粤港澳大湾区城市群各市经济总量变化示意图
资料来源：Wind 金融数据库

济格局。相对于第一梯队经济总量的快速上升，由于资源禀赋、政策倾斜等不同，加上自身经济基础和产业结构的差异，第二和第三梯队城市主要依托于第一梯队城市发展，经济发展总体来说属于稳中求进，跃升幅度不明显，也从侧面反映出第二、第三梯队城市经济发展仍具有很大的上升空间。

## 二、粤港澳大湾区产业结构基本概况

《粤港澳大湾区发展规划纲要》提出要深化供给侧结构性改革，着力培育发展新产业、新业态、新模式，支持传统产业改造升级，加快发展先进制造业和现代服务业，瞄准国际先进标准提高产业发展水平，促进产业优势互补、紧密协作、联动发展，培育若干世界级产业集群，构建具有国际竞争力的现代产业体系。《粤港澳大湾区发展规划纲要》明确了粤港澳大湾区城市群建设的国家重大战略地位，是CEPA之后粤港澳交流合作的又一次深化，是扩大改革开放、以城市群的高质量发展改善区域发展不平衡的重大战略谋划，它成为新常态时期下中国经济增长的新引擎。

从粤港澳大湾区城市群2009~2018年三次产业产值占地区生产总值比重来看（表3-2），大湾区整体上呈现"三二一"的产业结构，其中第一产业比重不断降低，第二产业比重先升后降，第三产业比重总体上升，成为第一大产业。2018年整个大湾区第三产业的产值达到71 247.13亿元，占地区生产总值比重达到66.12%；第二产业的产值为35 236.22亿元，占地区生产总值比重达到32.70%；第一产业的产值为1 271.43亿元，仅占地区生产总值的1.18%。湾区经济发展一般历经"港口经济—工业经济—服务经济—创新经济"四个阶段，目前粤港澳大湾区还处在工业经济向服务经济转型的阶段。

表3-2 2009~2018年粤港澳大湾区三次产业产值及占地区生产总值比重变化（单位：亿元）

| 年份 | 第一产业 | 第二产业 | 第三产业 |
| --- | --- | --- | --- |
| 2009 | 743.08<br>（1.47%） | 16 685.78<br>（32.91%） | 33 267.71<br>（65.62%） |
| 2010 | 829.6<br>（1.45%） | 19 611.05<br>（34.27%） | 36 783.22<br>（64.28%） |
| 2011 | 944.47<br>（1.48%） | 22 328.43<br>（34.90%） | 40 710.29<br>（63.63%） |
| 2012 | 1 003.77<br>（1.46%） | 23 521.55<br>（34.33%） | 43 999.93<br>（64.21%） |
| 2013 | 1 081.34<br>（1.46%） | 25 485.12<br>（34.33%） | 47 670.2<br>（64.21%） |
| 2014 | 1 088.19<br>（1.36%） | 27 572.91<br>（34.46%） | 51 355.07<br>（64.18%） |

续表

| 年份 | 第一产业 | 第二产业 | 第三产业 |
|---|---|---|---|
| 2015 | 1 136.8（1.33%） | 28 949.23（33.81%） | 55 534.33（64.86%） |
| 2016 | 1 225.63（1.32%） | 30 534.54（32.81%） | 61 293.08（65.87%） |
| 2017 | 1 212.46（1.21%） | 33 266.6（33.17%） | 65 820.91（65.62%） |
| 2018 | 1 271.43（1.18%） | 35 236.22（32.70%） | 71 247.13（66.12%） |

资料来源：Wind 金融数据库

从粤港澳城市群各城市的产值来说，"三二一"和"二三一"的产业结构并存（图3-5和图3-6），同一产业的城市间规模差距较大，这也说明了城市间存在较大的产业互补。具体来说，香港、澳门、广州、深圳、东莞、中山、肇庆以第三产业为主导，佛山、珠海、惠州、江门以第二产业为主导。其中，香港、广州和深圳的第三产业规模均超万亿元，2018年分别为21 419亿元、16 402亿元、14 238亿元，远远高于其余城市；肇庆、江门、珠海的第三产业规模较低，2018年分别为1 079亿元、1 291亿元、1 431亿元，不足广深港的十分之一。深圳第二产业规模最大，接近10 000亿元，2018年产值为9 962亿元。广州、佛山和东莞的第二产业规模次之，澳门和肇庆的第二产业基础最为薄弱，2018年产值分别为150亿元、775亿元，不到深圳的2%；肇庆由于第二产业总量很小，凸显其第三产业占优。

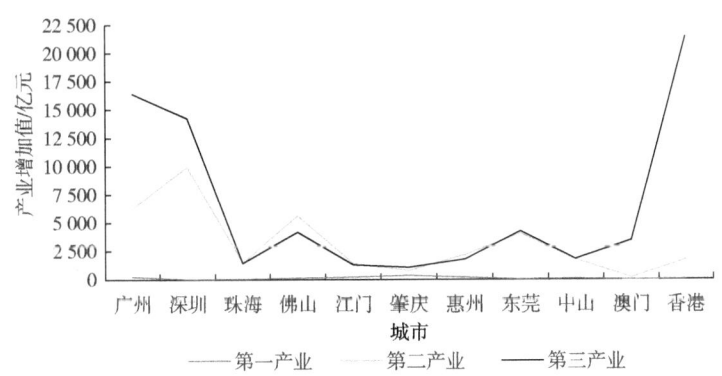

图3-5　2018年粤港澳大湾区城市群各市三次产业产值

资料来源：Wind 金融数据库

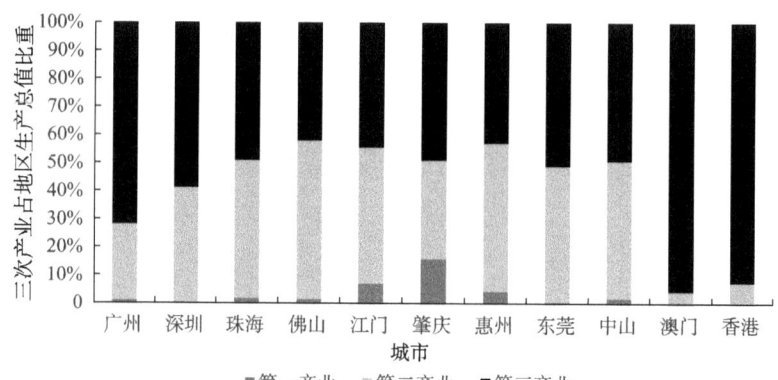

图 3-6  2018 年粤港澳大湾区三次产业地区生产总值占比
资料来源：Wind 金融数据库

从粤港澳大湾区城市群各市三次产业占比的动态演化来看（表 3-3），十年来，港澳第三产业占比一直保持在 90%左右的高位，其中澳门的占比最高，2018 年达到 95.71%；大湾区内地九市稳步提升，其中广州和深圳的占比较高，2018 年分别达到 71.75%和 58.78%，佛山一直以来都是大湾区第三产业占比最低的城市，2018 年为 42.04%。与此相对应的是，大湾区各市第二产业结构比例趋于减小，佛山成为大湾区第二产业占比最高的城市，地区生产总值占比从 2008 年的 65.60%减少为 2018 年 56.50%，下滑了近十个百分点，澳门、香港的第二产业占比在大湾区中排在末尾，2013 年以来均在 10%以下。大湾区城市的第一产业结构比例除肇庆外，均在 10%以下，肇庆 2018 年第一产业占比高达 15.80%，并呈现逐渐降低的趋势。

表 3-3  2008 年、2013 年和 2018 年粤港澳大湾区各市三次产业占比情况

| 城市 | 第一产业占比 | 2018年第一产业占比排序 | 第二产业占比 | 2018年第二产业占比排序 | 第三产业占比 | 2018年第三产业占比排序 |
| --- | --- | --- | --- | --- | --- | --- |
| 广州 | 2.10%/1.48%/0.98% | 7 | 38.90%/33.90%/27.27% | 9 | 59.00%/64.62%/71.75% | 3 |
| 深圳 | 0.10%/0.00%/0.09% | 10 | 48.90%/43.43%/41.13% | 7 | 51.00%/56.62%/58.78% | 4 |
| 珠海 | 2.90%/2.59%/1.72% | 4 | 54.70%/51.08%/49.19% | 3 | 42.4%/46.33%/49.09% | 7 |
| 佛山 | 2.20%/1.98%/1.45% | 6 | 65.60%/61.92%/56.50% | 1 | 32.20%/36.10%/42.04% | 11 |
| 江门 | 8.01%/7.94%/6.95% | 2 | 57.60%/50.70%/48.55% | 6 | 34.30%/41.41%/44.50% | 9 |
| 肇庆 | 22.7%/15.81%/15.80% | 1 | 36.70%/47.65%/35.18% | 8 | 40.60%/36.54%/49.02% | 8 |
| 惠州 | 7.00%/5.10%/4.29% | 3 | 58.90%/57.89%/52.68% | 2 | 34.10%/37.00%/43.03% | 10 |
| 东莞 | 0.30%/0.30%/0.30% | 8 | 52.80%/45.88%/48.65% | 5 | 46.90%/53.75%/51.05% | 5 |
| 中山 | 3.10%/2.53%/1.70% | 5 | 60.40%/45.47%/49.00% | 4 | 36.50%/42.00%/49.30% | 6 |
| 澳门 | 0.16%/0.11%/0.12% | 9 | 12.17%/3.73%/4.18% | 11 | 87.67%/96.16%/95.71% | 1 |
| 香港 | 0.11%/0.09%/0.06% | 11 | 6.95%/3.73%/7.31% | 10 | 92.94%/96.16%/92.62% | 2 |

注：从左向右依次为 2008 年数据、2013 年数据、2018 年数据
资料来源：Wind 金融数据库

## 三、中国三大城市群经济与产业结构比较

城市群集聚了全国各地区的资金流、物流、人流和信息流等要素，凝聚了区域经济发展的动力与活力，既是促进我国经济持续发展的现代化先行区，也是提升全球竞争力的重要空间载体。经过20世纪80年代初的萌芽、90年代初的快速成长和21世纪初的持续发展，中国城市群通过改革开放40多年来的布局，已具雏形（表3-4），已然成为当前中国区域经济发展的主体形态，形成了以广州、深圳、香港、澳门为核心的粤港澳大湾区、以上海为中心的长三角城市群及以北京、天津为核心的京津冀城市群的三大"龙头"城市群，支撑新常态经济背景下区域及全国经济高质量增长。

表3-4 中国19个城市群规划国务院批复情况

| 文件名称 | 批复时间 |
| --- | --- |
| 长江中游城市群发展规划 | 2015年 |
| 京津冀协同发展规划纲要 | 2015年 |
| 哈长城市群发展规划 | 2016年 |
| 中原城市群发展规划 | 2016年 |
| 成渝城市群发展规划 | 2016年 |
| 长江三角洲城市群发展规划 | 2016年 |
| 北部湾城市群发展规划 | 2017年 |
| 关中平原城市群发展规划 | 2018年 |
| 呼包鄂榆城市群发展规划 | 2018年 |
| 兰州—西宁城市群发展规划 | 2018年 |
| 粤港澳大湾区发展规划纲要 | 2019年 |

资料来源：恒大研究院

从经济规模来说（图3-7），长三角城市群经济体量远大于粤港澳大湾区和京津冀城市群，2018年长三角城市群地区生产总值为221 233.32亿元，占全国经济总量的24%，是粤港澳大湾区经济总量的2倍。京津冀城市群地区生产总值为78 963.52亿元，约为长三角城市群经济总量的三分之一。从经济增速来说，三大城市群地区生产总值增速都经历了先提升后收缩再回升的阶段。其中，长三角城市群经济增速最高，增速相比其他两个城市群恢复更快且呈持续上扬态势，2018年长三角城市群地区生产总值增速达到13.29%，10年来年平均增速大约为11%。由于河北经济增速缓慢、天津经济增速断崖式滑落，京津冀城市群增速处于萎缩状态，2018年地区生产总值增速降为负值，减至-2.01%，比粤港澳大湾区少了将近15个百分点。

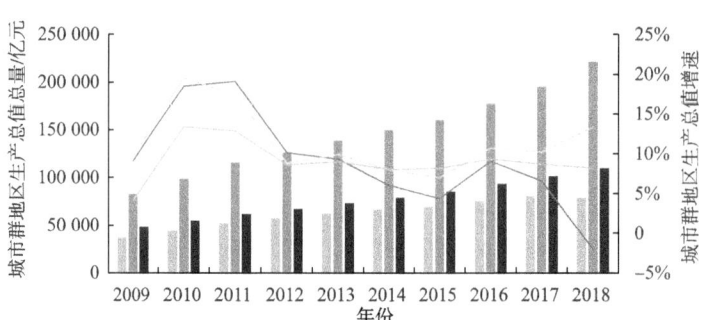

图 3-7 2009~2018 年中国三大城市群地区生产总值总量及增速

资料来源：Wind 金融数据库

从人均 GDP 来说（图 3-8），三大城市群人均 GDP 都高于全国水平，其中粤港澳大湾区人均 GDP 位居三大城市群之首，2018 年长三角城市群人均 GDP 为 98 172.86 元，京津冀城市群人均 GDP 为 70 064.61 元，分别相当于粤港澳大湾区人均 GDP 的五分之三、二分之一。粤港澳大湾区人均 GDP 呈现直线式增长，长三角城市群人均 GDP 近四年来增长速度加快，京津冀城市群人均 GDP 增长反而放缓，甚至在 2018 年时增速跌至零以下。

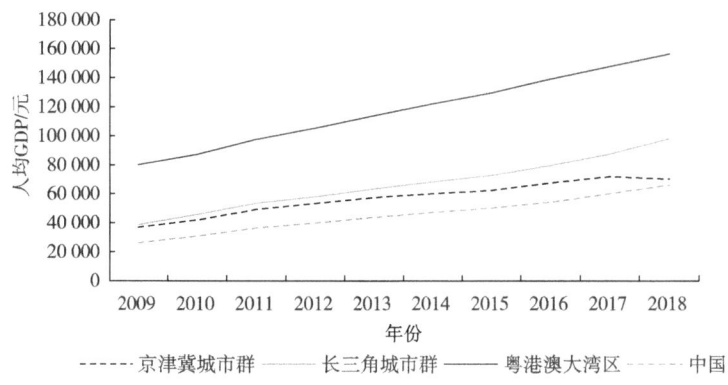

图 3-8 2009~2018 年中国三大城市群人均 GDP 变化

资料来源：Wind 金融数据库

从第二产业的角度来说（图 3-9），长三角城市群第二产业产值最高，2018 年为 91 873.89 亿元，是粤港澳大湾区的 2.6 倍，是京津冀城市群的 3.5 倍；第二产业占地区生产总值比重也是最高，2018 年占地区生产总值比重为 42%。粤港澳大湾区产值位列第二，2018 年第二产业产值为 35 236.22 亿元，占地区生产总值比重达到 32.70%。京津冀城市群第二产业规模最小，2018 年产值为 25 991.11 亿元，占地区生产总值比重33%。三大城市群的第二产业占比都在持续减少,粤港澳大湾区和长三角城市群的产业规模逐步扩大,而京津冀城市群的产业规模略有收缩之势。

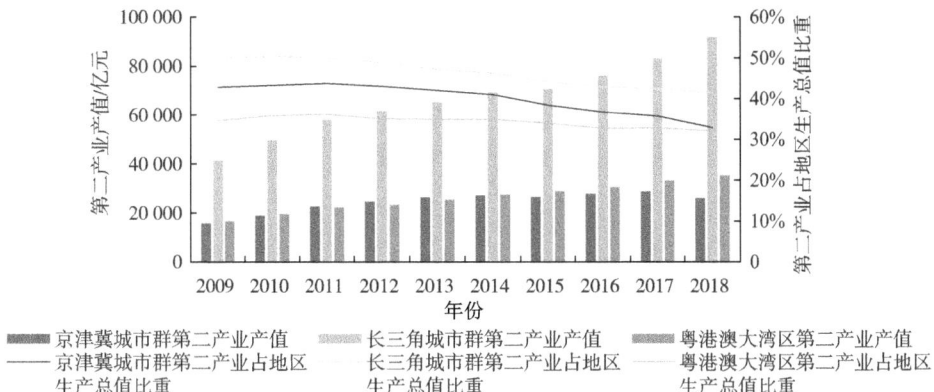

图3-9 中国三大城市群第二产业产值及占地区生产总值比重

资料来源:Wind金融数据库

从第三产业角度来说(图3-10),长三角城市群第三产业产值规模最大,2018年为120 502.85亿元,是粤港澳大湾区产业规模的1.7倍、京津冀城市群产业规模的2倍,它的第三产业占比却是最小,2018年占地区生产总值比重为54%。粤港澳大湾区第三产业占比稳定在66%左右,整体来说是三个城市群中第三产业占比最高的城市群。京津冀城市群2018年第二产业产值下滑导致第三产业占比跃升至三大城市群之首,达到了69%。三大城市群中,粤港澳大湾区第三产业占比总体在下降,长三角城市群和京津冀城市群的占比在缓慢提升。

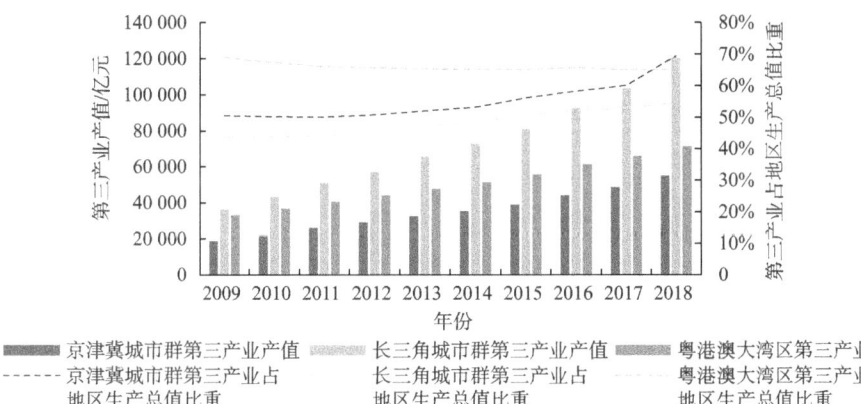

图3-10 中国三大城市群第三产业产值及占地区生产总值比重

资料来源:Wind金融数据库

由以上分析可知，长三角城市群产业结构较为均衡，京津冀城市群和粤港澳大湾区主要以第三产业为引领。长三角城市群仍是当前我国经济发展最具活力的区域，粤港澳大湾区增长潜力最大，京津冀城市群区域一体化进程还有待进一步发力。

## 第三节 粤港澳大湾区城市群各市优势产业分析

湾区经济的高质量增长得益于良好的产业发展，明确各市优势产业既是本市经济发展的根基，也是城市间产业协作的立足点。粤港澳大湾区城市经济发展差异较大，产业优势各不相同，结合各市产业统计数据，本节对大湾区 11 市优势产业进行探究。

香港产业结构以现代服务业为主导，其中进出口贸易、批发及零售，运输、仓库、邮政及速递服务，金融及保险，地产、专业及商用服务为四大支柱行业，生产性服务业优势显著。参考金奕（2018）的做法将香港服务业划分为流通性服务业、生产性服务业和生活性服务业三类。如表 3-5 所示，2013~2018 年，生产性服务业比重最高，呈逐年上升趋势，2018 年为 8 738 亿港元，占地区生产总值比重达 31.86%，其次是流通性服务业，占比 26.42%。进出口贸易、批发及零售业是香港占地区生产总值比重最高的服务业，但占比在不断下降。作为国际金融中心之一，香港金融保险业比重 6 年来稳步上升，2018 年达到 18.40%，是香港占比第二高的服务业。运输、仓库、邮政及速递服务，地产、专业及商用服务占比保持稳定，2018 年分别为 5.79% 和 10.17%。制造业比重持续收缩，占地区生产总值比重仅为 1% 左右。

表 3-5 2013~2018 年香港主要行业增加值（百万港元）及占地区生产总值比重

| 年份 | 制造业 | 流通性服务业 | | 生活性服务业 | | 生产性服务业 | | |
| --- | --- | --- | --- | --- | --- | --- | --- | --- |
| | | 进出口贸易、批发及零售 | 运输、仓库、邮政及速递服务 | 住宿及膳食服务 | 公共行政、社会及个人服务 | 资讯及通信 | 金融及保险 | 地产、专业及商用服务 |
| 2013 | 27 838（1.17%） | 522 889（21.92%） | 133 635（5.60%） | 81 187（3.40%） | 417 273（17.49%） | 74 245（3.11%） | 391 839（16.43%） | 255 130（10.70%） |
| 2014 | 27 726（1.13%） | 529 323（21.60%） | 137 467（5.61%） | 83 004（3.39%） | 427 375（17.44%） | 77 127（3.15%） | 412 725（16.84%） | 260 076（10.61%） |
| 2015 | 27 301（1.09%） | 523 575（20.86%） | 142 049（5.66%） | 81 425（3.24%） | 438 193（17.46%） | 80 234（3.20%） | 437 765（17.44%） | 261 850（10.43%） |

续表

| 年份 | 制造业 | 流通性服务业 | | 生活性服务业 | | 生产性服务业 | | |
|---|---|---|---|---|---|---|---|---|
| | | 进出口贸易、批发及零售 | 运输、仓库、邮政及速递服务 | 住宿及膳食服务 | 公共行政、社会及个人服务 | 资讯及通信 | 金融及保险 | 地产、专业及商用服务 |
| 2016 | 27 181（1.06%） | 526 604（20.54%） | 146 298（5.71%） | 81 842（3.19%） | 451 229（17.60%） | 83 563（3.26%） | 456 262（17.79%） | 269 093（10.49%） |
| 2017 | 27 299（1.03%） | 548 636（20.60%） | 153 359（5.76%） | 83 507（3.14%） | 465 492（17.48%） | 86 891（3.26%） | 482 191（18.11%） | 274 822（10.32%） |
| 2018 | 27 646（1.01%） | 573 515（20.91%） | 158 732（5.79%） | 86 773（3.16%） | 479 184（17.47%） | 9 0162（3.29%） | 504 598（18.40%） | 279 063（10.17%） |

资料来源：香港统计局

澳门产业结构以单一服务业为主体，博彩业占据澳门地区生产总值的半壁江山（表3-6）。近6年来，服务业比重在94%上下浮动，2018年占比为95.71%，其中生活性服务业占地区生产总值比重超过了65%。2018年，博彩业占地区生产总值比重相比于2013年滑落了大约13个百分点。其余服务业比重虽小，但总体趋于上升，其中银行、保险及退休基金业和不动产业务上升较快，较2013年分别上升了2.66个百分点、2.46个百分点。制造业严重萎缩，比重仅为0.5%左右。

表3-6　2013~2018年澳门主要行业增加值（百万澳门元）及占地区生产总值比重

| 年份 | 制造业及采矿业 | 服务业 | | | | | | |
|---|---|---|---|---|---|---|---|---|
| | | 博彩业 | 批发零售业 | 酒店、饮食业 | 银行、保险及退休基金 | 不动产业务 | 租赁及企业服务 | 公共行政、社会及个人服务 |
| 2013 | 1 642（0.40%） | 258 966（63.03%） | 21 686（5.28%） | 19 312（4.70%） | 16 201（3.94%） | 29 251（7.12%） | 13 620（3.31%） | 20 012（4.87%） |
| 2014 | 1 845（0.42%） | 254 051（58.41%） | 22 500（5.17%） | 22 069（5.07%） | 19 886（4.57%） | 36 666（8.43%） | 16 193（3.72%） | 22 265（5.12%） |
| 2015 | 2 166（0.61%） | 171 107（47.94%） | 19 958（5.59%） | 19 836（5.56%） | 22 198（6.22%） | 36 298（10.17%） | 14 041（3.93%） | 24 274（6.80） |
| 2016 | 2 160（0.61%） | 166 158（46.60%） | 18 932（5.31%） | 21 048（5.90%） | 24 407（6.85%） | 37 611（10.55%） | 16 613（4.66%） | 25 030（7.02%） |
| 2017 | 2 259（0.57%） | 194 943（48.96%） | 22 743（5.71%） | 23 942（6.01%） | 25 766（6.47%） | 41 578（10.44%） | 18 504（4.65%） | 26 248（6.59%） |
| 2018 | 2 394（0.55%） | 220 841（50.46%） | 25 480（5.82%） | 27 453（6.27%） | 28 897（6.60%） | 41 941（9.58%） | 20 718（4.73%） | 27 943（6.38%） |

资料来源：澳门统计局

借鉴李汉青等（2018）的分类方法将大湾区内地九市制造业的31个细分行业划分为劳动密集型、资本密集型、技术密集型和资源密集型四大类（表3-7），计算结果如表3-8所示。

表 3-7 制造业按照要素密度划分

| 制造业要素分类 | 制造业 2 位行业代码及行业名称 |
|---|---|
| 劳动密集型制造业 | 13：农副食品加工业；14：食品制造业；15：酒、饮料和精制茶制造业；17：纺织业；18：纺织服装、服饰业；19：皮革、毛皮、羽毛及其制品和制鞋业；21：家具制造业；22：造纸和纸制品业；23：印刷和记录媒介复制业；24：文教工美、体育和娱乐用品制造业；41：其他制造业；43：金属制品、机械和设备修理业 |
| 资本密集型制造业 | 16：烟草制品业；20：木材加工和木、竹、藤、棕、草制品业；28：化学纤维制造业；31：黑色金属冶炼和压延加工业；32：有色金属冶炼和压延加工业 |
| 技术密集型制造业 | 26：化学原料和化学制品制造业；27：医药制造业；34：通用设备制造业；35：专用设备制造业；36：汽车制造业；37：铁路、船舶、航空航天和其他运输设备制造业；38：电气机械和器材制造业39：计算机、通信和其他电子设备制造业；40：仪器仪表制造业 |
| 资源密集型制造业 | 25：石油加工、炼焦和核燃料加工业；29：橡胶和塑料制品业；30：非金属矿物制品；33：金属制品业；42：废弃资源综合利用业 |

表 3-8 2018 年珠三角主要行业增加值（亿元）及占地区生产总值比重

| | 行业 | 广州 | 深圳 | 珠海 | 佛山 | 惠州 | 东莞 | 中山 | 江门 | 肇庆 |
|---|---|---|---|---|---|---|---|---|---|---|
| 制造业 | 烟酒食品加工业 | 496.12（2.17%） | 149.87（0.62%） | 30.64（1.05%） | 191.12（1.92%） | 23.39（0.57%） | 110.79（1.34%） | 39.04（1.07%） | 151.1（5.21%） | 28.13（1.28%） |
| | 纺织皮革制鞋业 | 154.42（0.68%） | 141.28（0.58%） | 17.51（0.60%） | 343.61（3.46%） | 49.38（1.20%） | 281.55（3.40%） | 83.04（2.29%） | 75.54（2.60%） | 34.05（1.55%） |
| | 造纸印刷文娱制造业 | 111.67（0.49%） | 239.67（0.99%） | 21.24（0.73%） | 193.85（1.95%） | 34.89（0.85%） | 393.55（4.75%） | 72.2（1.99%） | 90.5（3.12%） | 34.73（1.58%） |
| | 石化塑胶制造业 | 631.54（2.76%） | 337.24（1.39%） | 122.25（4.19%） | 436.56（4.39%） | 518.79（12.64%） | 321.61（3.88%） | 120.67（3.32%） | 122.9（4.24%） | 58.23（2.64%） |
| | 矿物及金属冶炼制品业 | 182.89（0.80%） | 289.55（1.20%） | 69.14（2.37%） | 978.75（9.85%） | 92.23（2.25%） | 356.81（4.31%） | 105.71（2.91%） | 177.79（6.13%） | 228.49（10.38%） |
| | 通用设备制造业 | 293.66（1.28%） | 191.4（0.79%） | 69.57（2.39%） | 278.92（2.81%） | 21.07（0.51%） | 127.46（1.54%） | 73.98（2.04%） | 28.9（1.00%） | 14.71（0.67%） |
| | 专用设备制造业 | 73.98（0.32%） | 395.56（1.63%） | 31.12（1.07%） | 196.46（1.98%） | 8.89（0.22%） | 141.49（1.71%） | 24.86（0.68%） | 12.93（0.45%） | 13.43（0.61%） |
| | 汽车制造业 | 1 194.74（5.23%） | 157.92（0.65%） | 28.26（0.97%） | 216.77（2.18%） | 51.42（1.25%） | 73.11（0.88%） | 41.55（1.14%） | 41.25（1.42%） | 27.61（1.25%） |
| | 电气机械和器材制造业 | 172.59（0.76%） | 530.3（2.19%） | 211.09（7.24%） | 1 044.51（10.51%） | 125.21（3.05%） | 318.62（3.85%） | 201.76（5.55%） | 111.63（3.85%） | 15.56（0.71%） |
| | 计算机、通信和其他电子设备制造业 | 370.7（1.62%） | 5 585.81（23.06%） | 203.65（6.99%） | 179.77（1.81%） | 639（15.57%） | 1 374.27（16.60%） | 160.4（4.42%） | 76.45（2.64%） | 39.93（1.81%） |

续表

| | 行业 | 广州 | 深圳 | 珠海 | 佛山 | 惠州 | 东莞 | 中山 | 江门 | 肇庆 |
|---|---|---|---|---|---|---|---|---|---|---|
| 服务业 | 批发和零售业 | 3 294.76 (14.41%) | 2 508.70 (10.36%) | 277.85 (9.53%) | 685.24 (6.90%) | 415.42 (10.12%) | 931.22 (11.25%) | 348.04 (9.58%) | 209.18 (7.21%) | 208.86 (9.49%) |
| | 交通运输、仓储和邮政业 | 1 577.95 (6.90%) | 733.26 (3.03%) | 62.37 (2.14%) | 429.26 (4.32%) | 89.72 (2.19%) | 265.66 (3.21%) | 79.09 (2.18%) | 97.95 (3.38%) | 107.35 (4.88%) |
| | 住宿和餐饮业 | 458.11 (2.00%) | 419.48 (1.73%) | 61.16 (2.10%) | 78.54 (0.79%) | 95.92 (2.34%) | 148.24 (1.79%) | 40.49 (1.11%) | 40.44 (1.39%) | 63.63 (2.89%) |
| | 金融业 | 2 079.46 (9.10%) | 3 067.21 (12.66%) | 210.04 (7.21%) | 439.22 (4.42%) | 216.18 (5.27%) | 511.45 (6.18%) | 209.85 (5.78%) | 146.61 (5.05%) | 84.32 (3.83%) |
| | 房地产业 | 1 899.28 (8.31%) | 2 080.42 (8.59%) | 168.22 (5.77%) | 811 (8.16%) | 348.17 (8.49%) | 586.67 (7.09%) | 266.02 (7.32%) | 165.79 (5.72%) | 140.54 (6.38%) |
| 农业 | — | 223.44 (0.98%) | 22.09 (0.09%) | 50.09 (1.72%) | 144.45 (1.45%) | 175.98 (4.29%) | 25.04 (0.30%) | 61.59 (1.70%) | 201.69 (6.95%) | 347.86 (15.80%) |

资料来源：《2019年广东统计年鉴》

广州服务业最为发达，2018年占地区生产总值比重高达72%。现行产业结构以汽车制造业、石化塑胶制造业、批发和零售、交通运输、仓储和邮政业和金融业为主导（表3-8，下同）。汽车制造业创造了1 194.74亿元产值，占地区生产总值的5.23%。作为国际商贸中心，其批发和零售业增加值稳居珠三角首位，2018年贡献了3 294.76亿元，占比14.41%。作为全国综合交通枢纽，其交通运输、仓储和邮政业产值1 577.95亿元，占据整个珠三角物流运输产值的45.84%。金融业规模仅次于深圳。

深圳的先进制造业、高技术制造业和金融业发展遥遥领先于整个珠三角地区。2018年先进制造业和高技术制造业占规模以上工业产值比重分别为72.1%和67.3%，其中计算机、通信和其他电子设备制造业占地区生产总值比重达23.06%，为5 585.81亿元，专用设备制造业、电气机械和器材制造业实力也很强劲。服务业中金融业在珠三角地区来说最为发达，为其地区生产总值提供12.66%，共3 067.21亿元产值。

珠海以计算机、通信和其他电子设备制造业，电气机械和器材制造业，批发和零售业及金融业为主导，2018年产值分别为203.65亿元、211.09亿元、277.85亿元、210.04亿元。佛山的电气机械和器材制造业发展最为突出，2018年产值1 044.51亿元，占地区生产总值的10.51%；其次是矿物及金属冶炼制品业，占本市生产总值比重的9.85%，达978.75亿元；纺织皮革制鞋业规模也相当大，为343.61亿元。这三种产业规模都位列珠三角九市第一，劳动密集型制造业规模仅次于东莞（表3-9），2018年产值为866.09亿元。东莞最大的支柱行业为计算机、通信和其他电子设备制造业，2018 年产值 1 374.27 亿元，占地区生产总值的 16.60%。批发和零售业比重也较高，为本地区生产总值的 11.25%。劳动密集型制造业规模最大，2018 年产值高达 926.53 亿元。惠州制造业的支柱行业与深圳类似，高技术和先进制造业的工业占比都仅次于深圳，最大的支柱行业为计算机、通信和其他电子设备制造业，2018 年贡献了本市最大的产业产值 639 亿元，占地区生产总值比为 15.57%。其石化塑胶制造业规模为仅次于广州，产值为 518.79 亿元，占地区生产总值的 12.64%。

中山的计算机、通信和其他电子设备制造业，电气机械和器材制造业比重较大，以技术密集型产业为主导。江门的烟酒食品加工业、矿物及金属冶炼制品业、农业对经济贡献较大，制造业偏重劳动密集型和技术密集型产业。肇庆以矿物及金属冶炼制品业和农业为两大支柱产业，制造业结构倾向于资源密集型产业。

表3-9　2018年大湾区内地九市制造业增加值（单位：亿元）

| 行业 | 广州 | 深圳 | 珠海 | 佛山 | 惠州 | 东莞 | 中山 | 江门 | 肇庆 |
| --- | --- | --- | --- | --- | --- | --- | --- | --- | --- |
| 劳动密集型 | 726.32 | 566.65 | 87.60 | 866.09 | 143.78 | 926.53 | 241.18 | 339.67 | 117.80 |
| 资本密集型 | 208.01 | 70.08 | 48.16 | 292.40 | 14.98 | 46.98 | 14.39 | 24.32 | 46.44 |
| 技术密集型 | 2 553.18 | 7 213.91 | 704.78 | 2 204.07 | 1 077.21 | 2 185.12 | 609.74 | 407.33 | 152.48 |
| 资源密集型 | 531.56 | 551.81 | 70.55 | 1 035.46 | 389.69 | 575.02 | 152.34 | 203.88 | 238.42 |

资料来源：《2019年广东统计年鉴》

通过对大湾区各市细分行业数据的比较分析，汇总得到各市优势产业（表3-10）。

表3-10　粤港澳大湾区城市群各市优势产业

| 城市 | 优势产业 |
| --- | --- |
| 香港 | 金融及保险、进出口贸易、地产和商用服务、运输仓库邮政及速递服务 |
| 澳门 | 博彩业 |
| 广州 | 批发和零售、金融、物流运输、汽车制造业和石化 |
| 深圳 | 先进制造业、高技术制造业和金融业 |
| 佛山 | 电气机械和器材制造业、矿物及金属冶炼制品业和纺织皮革鞋业 |
| 珠海 | 电气机械和器材制造业、批发和零售、计算机通信和其他电子设备制造业、金融业 |
| 惠州 | 计算机通信和其他电子设备制造业、石化 |
| 东莞 | 计算机通信设备和其他电子设备制造业、批发和零售业 |
| 中山 | 电气机械和器材制造业、计算机通信和其他电子设备制造业、纺织皮革制鞋业 |
| 江门 | 烟酒食品加工业、农业、矿物及金属冶炼制品业 |
| 肇庆 | 农业和矿物及金属冶炼制品业 |

## 第四节 粤港澳大湾区城市群产业结构差异分析

大湾区内地九市制造业基础厚实,在全国具有领先优势,港澳服务业高度发达,具有国际化标准,推进两者协同发展是实现产业转型升级、增强大湾区竞争力的有效路径。本节从定性和定量的角度分析大湾区内部制造业和服务业的结构差异。

### 一、粤港澳大湾区制造业结构趋同性分析

粤港澳大湾区制造业体量庞大,主要聚集在珠三角地区,2018年制造业总产值达到111 625.56亿元,具有厚实的基础和全国领先的优势。大湾区产业体系完备,核心竞争力显著。珠江东岸的电子信息业是粤港澳大湾区最具竞争力的特色优势产业,分布着5 700多家电子行业企业,对粤港澳大湾区工业增长贡献极大,如华为一家企业占广东省规模以上工业增加值的比重超过了8%。珠江西岸的先进装备制造业带,作为广东省重点推行的产业升级战略举措,在2015~2018年累计增加值达到11 471亿元,年均增长达到11.8%。作为石化产业大省,广东拥有一批石化基地,广州、深圳、惠州、珠海等大湾区城市均包括在内,其中惠州是全国七大国家级石化基地。生物医药产业是广东加快推进的战略新兴产业,广东专门印发《关于加快推进生物医药产业发展的实施意见》,力争到2022年实现生物医药产业规模近万亿元,重点培育主营业务收入超千亿元的企业1家,超100亿元企业10家,超亿元企业100家,销售额超100万元的单个品种达到1 000个以上,形成一批具有较高知名度和影响力的粤产生物医药品牌。大湾区制造业集群优势明显,至2019年,广东有三个行业已形成了万亿元的规模,分别是电子信息4.31万亿元、石化1.51万亿元、家电制造1.49万亿元。

分析粤港澳大湾区产业结构,绕不开对大湾区制造业结构的考察。选取《2019年广东统计年鉴》制造业31个细分行业产值数据,按以下公式计算大湾区内地九市的制造业结构相似系数:

$$S_{ij} = \sum (x_{ik} x_{jk}) / \sqrt{\left(\sum x_{ik}^2 \sum x_{jk}^2\right)}$$

式中,$S_{ij}$为$i$、$j$两个城市制造业结构相似系数;$x_{ik}$、$x_{jk}$分别为$i$、$j$两个城市$k$部门占制造业总产值的比重。$0 \leq S_{ij} \leq 1$,当$S_{ij} = 1$时,说明两个城市的工业结构完

全相同；当 $S_{ij}=0$ 时，说明两个城市的工业结构完全不同。如果两个城市的制造业结构相似系数高，则表明两者制造业结构趋同，存在重复建设和产业同构的问题；如果两个城市的制造业结构系数较低，表明两者制造业结构同构性较弱，互补性较强。

从表 3-11 可知，大湾区内地九市制造业结构相似系数均值为 0.590，总体来说城市间产业结构差异较大，产业同构性不明显。具体来说，深圳与惠州（0.939）、深圳与东莞（0.990）、珠海与惠州（0.806）、珠海与中山（0.951）、佛山与中山（0.860）、惠州与东莞（0.938），这些城市的产业结构相似系数较高，同构性明显。深圳与佛山（0.284）、深圳与江门（0.374）、深圳与肇庆（0.290）、佛山与惠州（0.352）等城市的产业结构相似系数较低，制造业分工协作程度低，区域间产业分工协作有待进一步加强。

表 3-11　2018 年粤港澳大湾区内地九市制造业结构相似系数

| 城市 | 广州 | 深圳 | 珠海 | 佛山 | 惠州 | 东莞 | 中山 | 江门 | 肇庆 |
| --- | --- | --- | --- | --- | --- | --- | --- | --- | --- |
| 广州 | 1.000 | | | | | | | | |
| 深圳 | 0.408 | 1.000 | | | | | | | |
| 珠海 | 0.508 | 0.758 | 1.000 | | | | | | |
| 佛山 | 0.416 | 0.284 | 0.752 | 1.000 | | | | | |
| 惠州 | 0.487 | 0.939 | 0.806 | 0.352 | 1.000 | | | | |
| 东莞 | 0.411 | 0.990 | 0.778 | 0.342 | 0.938 | 1.000 | | | |
| 中山 | 0.479 | 0.671 | 0.951 | 0.860 | 0.696 | 0.715 | 1.000 | | |
| 江门 | 0.463 | 0.374 | 0.694 | 0.784 | 0.501 | 0.458 | 0.742 | 1.000 | |
| 肇庆 | 0.365 | 0.290 | 0.402 | 0.638 | 0.362 | 0.356 | 0.499 | 0.778 | 1.000 |

注：由于港澳制造业占地区生产总值比重都非常小，不到 2%，且行业数据统计口径与珠三角九市的有所不同，此处只考虑珠三角九市

## 二、粤港澳大湾区服务业结构分析

《粤港澳大湾区发展规划纲要》里提出，要加快发展现代服务业，将粤港澳大湾区建设成为现代服务业基地，具体来说，一是，要建设国际金融枢纽，增强香港、广州、深圳和澳门的金融地位；二是，要大力发展绿色金融、融资租赁、科技金融等特色金融产业；三是，推进金融市场互联互通，逐步扩大大湾区内人民币跨境使用规模和范围；四是，要构建现代服务业体系，促进商务服务、流通服务等生产性服务业向专业化和价值链高端延伸发展，健康服务、家庭服务等生活性服务业向精细和高品质转变，以航运物流、旅游服务、文化创意、人力资源服务、会议展览及其他专业服务等为重点，构建错位发展、优势互补、协作配套

的现代服务业体系。

从纽约湾区、旧金山湾区、东京湾区此世界三大湾区的发展演化历程易知，大湾区的形成通常都经历港口经济、工业经济、服务经济、创新经济四个阶段。目前粤港澳大湾区正处于工业经济转向服务经济阶段，强大的现代服务业既是大湾区经济强劲发展的重要推动力，也是促进大湾区产业转型升级的重要推动力。发达的生活性服务业和生产性服务业是其步入创新经济的重要砝码。

生产性服务业是指为保持工业生产过程的连续性，促进工业技术进步、产业升级和为提高生产效率提供保障服务的服务行业。生产性服务业依附于制造业企业而存在，贯穿于企业生产的上游、中游和下游环节，以人力资本和知识资本作为主要投入品，把日益专业化的人力资本和知识资本引进制造业，是二、三产业加速融合的关键环节，主要包括研发设计与其他技术服务，货物运输、仓储和邮政快递服务，信息服务，金融服务，节能与环保服务，生产性租赁服务，商务服务，人力资源管理与培训服务，批发经纪代理服务这几类。生活性服务业直接向居民提供物质和精神生活消费产品及服务，用于解决消费者生活中（非生产中）的各种需求，主要包括商贸服务、文化产业、旅游业、健康服务、法律服务、家庭服务、体育产业、养老服务、房地产业。

从粤港澳大湾区内部的服务业结构来看，香港是国际金融、航运、贸易中心和航空国际枢纽，是全球最自由的经济体之一；澳门是世界旅游休闲中心和中国与葡语国家商贸合作服务的平台，两者是粤港澳大湾区服务业高度发达的两个城市，服务业占地区生产总值比重高达90%以上。尤其是香港的高端生产性服务业，如金融保险业、咨询行业、财会、法律、广告、物流运输、工业设计等都具备国际化的高水平。与之相反，大湾区内地九市虽然是我国经济外向度最高的地区，但它们的比较优势更多体现在工业上。九市服务业整体表现为伴随港口经济和工业经济发展起来的批发和零售、餐饮、仓储运输等传统服务业，现代服务业发展较为落后，尤其是对制造业影响最重大的生产性服务业。2018年广东省生产性服务业增加值为24 665亿元，而珠三角九市2018年制造业增加值就为111 363.15亿元，大湾区内地九市当前的现代服务业远不能满足制造业生产的需求。现代服务业发展离不开高素质的专业化人才做支撑，提供良好的生活环境方能吸引人才。营造和谐的社会环境，建设以教育、医疗卫生、生态环境、社会保障、文化娱乐等为主的公共服务体系是大湾区现代服务业发展的关键。

# 第四章　粤港澳大湾区城市群产业职能

　　本章基于全行业的静态视角和价值链的动态视角，利用区位熵公式测算并分析大湾区 11 市的职能，分析得出大湾区 11 市目前的城市功能定位。

　　基于全行业视角的城市职能测算。选取全国 295 个地级以上城市和港澳作为研究对象。根据《国民经济行业分类》行业分类标准，将 19 个行业剔除、将剩余行业进行分类后，合并成 11 大类，分别为能源采掘、制造、建筑、商业、交通、信息软件、金融房地产、租赁商务、科研、文娱、其他服务。根据区位熵公式计算得到大湾区各城市职能专业化指数，并以此分析城市群内部的优势城市职能。

　　基于价值链视角的产业职能测算。选取粤港澳大湾区 11 市为研究对象，利用区位熵公式，测算城市群内各城市在价值链分工中承担的研发、生产、营销和管理四类职能的专业化水平，进行演化特征分析。

## 第一节　全行业视角下大湾区城市职能分析

　　城市群的一体化建设涉及各个城市的功能定位，本节将从 18 个行业的全行业角度及四种专业化职能的价值链视角出发，探究大湾区城市的优势城市职能。

### 一、数据来源与研究方法

　　对应分析法是研究城市基本职能特征的分析方法，是一种降维分析，其原理是主成分分析。借助 SPSS 软件，以各行业就业人数为变量，分别以粤港澳大湾区 11 市为样本进行对应分析，将粤港澳城市-行业分工的结果反映在因子平面的点聚图上。城市职能点距离原点近，表明该职能点是城市的一般化职能；反之则是城市的专业化职能。城市职能点和城市点近，表示城市具有该职能特征。在不同年间，当城市职能点向原点移动时，表示城市职能由专业化走向综合化；当城市职能点远离原点移动时，表示城市职能趋于专业化。

区位熵 $LQ_{ij}$ 是测算城市职能专业化的常见方法。当 $LQ_{ij}$ 大于 1 时，该行业具有比较优势，为城市的基本职能，具有外向辐射力和服务功能；当 $LQ_{ij}$ 小于 1 时，说明该行业缺乏比较优势，为城市的非基本职能，为本市服务。本章采用此方法来分析粤港澳大湾区各市城市职能专业化特征。

$$LQ_{ij} = \frac{e_{ij}/e_i}{E_j/E} \quad (i=1,2,3,\cdots,n)$$

式中，$e_{ij}$ 为 $i$ 城市 $j$ 行业部门从业人员数量；$e_i$ 为 $i$ 城市所有行业部门从业人员总数；$E_j$ 为该区域 $j$ 行业部门从业人员总数；$E$ 为该区域所有行业部门从业人员总数。

选取 2009 年和 2017 年为研究时间点，各行业从业人员数量的数据分别来自 2011 年和 2018 年的《中国城市统计年鉴》《香港统计年刊》《澳门统计年鉴》，以香港、澳门、广州、深圳、佛山、东莞、珠海、惠州、江门、中山、肇庆 11 市为研究对象。根据《国民经济行业分类》（GB/T4754—2017）行业分类标准，参考曾春水等（2018）学者的做法，剔除非主要城市职能的农、林、牧、渔，将 18 个行业合并成 11 大类，分别为能源采掘（采矿业，电力、热力、燃气及水的生产和供应业）、制造、建筑、商业（批发和零售业，住宿和餐饮业）、交通、信息软件、金融房地产（金融业，房地产业）、租赁商务、科研、文娱、其他服务（水利、环境和公共设施管理业，居民服务、修理和其他服务业，教育，卫生和社会工作，公共管理、社会保障和社会组织）。港澳行业归类参照以上职能分类标准[①]。

## 二、11 类城市职能演化分析

从就业人口总数来说（图 4-1 和图 4-2），2009 年粤港澳大湾区城镇人口就业数为 1 037.27 万人，2017 年城镇人口就业总数达到 1 808.39 万人，就业规模扩大了 1.74 倍。从城市就业人口总数来看，广州、深圳和香港是就业人口集聚的三大中心城市，深圳的城镇就业人口增长幅度最大，佛山和东莞这两个分别靠近广州

---

① 香港缺失水利、环境和公共设施管理业，公共管理、社会保障和社会组织的行业数据，澳门缺失科研和水利、环境和公共设施管理业的行业数据。

和深圳的城市，对就业人口的吸引力也明显增强了，港澳就业人口增长迟缓，其余外边缘城市对就业人口的吸引力明显较弱，就业规模增长也相对缓慢。从职能分类来说，制造业职能是吸纳就业最多、就业人口比例提升幅度最大的职能，由2009年的355.44万人攀升到2017年的791万人，其次是商业、建筑、租赁商务、金融房地产等职能。深圳和东莞吸纳了大湾区一半以上的制造业就业人员，同时深圳也是信息软件、租赁商务、科研职能从业人员的集聚地；香港的商业和金融房地产行业职能规模是大湾区之最。从动态角度来看，东莞取代了广州，成为大湾区制造业就业人数第二大城市；广州制造业职能的从业人员数量明显减小。值得注意的是，大湾区科研职能的就业人口增长较为迟缓。

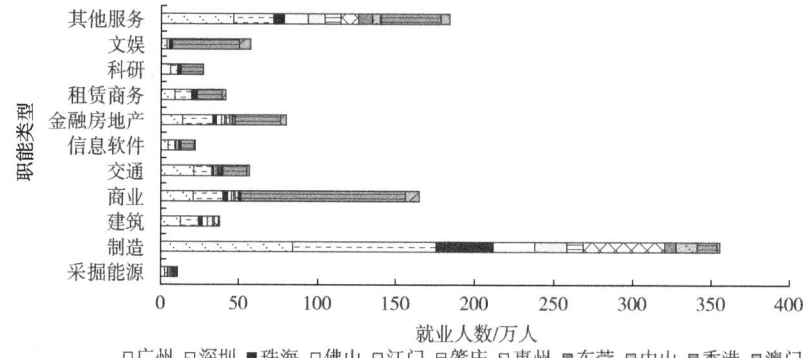

图 4-1　2009 年粤港澳大湾区 11 类城市职能就业人员分布

资料来源：各地区 2010 年统计年鉴

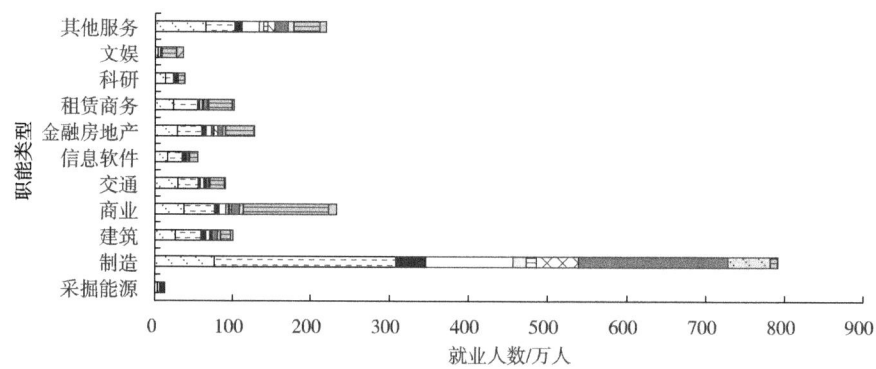

图 4-2　2017 年粤港澳大湾区 11 类城市职能就业人员分布

资料来源：各地区 2018 年统计年鉴

# 第四章 粤港澳大湾区城市群产业职能

运用 SPSS 软件中的对应分析功能,画出 2009 年和 2017 年粤港澳大湾区 11 个城市的 11 类职能分工的点聚图,如图 4-3 和图 4-4 所示。总体来看,粤港澳大湾区主要承担制造业职能,服务职能也显著增强,特别是商业、交通、信息软件、科研、文娱职能逐渐向专业化职能转化。经过改革开放 40 多年的发展,粤港澳大湾区已经形成了完备的产业集群,既有珠三角基础雄厚、产业链完善、领衔全球的制造业基地,又有国际金融中心、航运中心、贸易中心的香港和作为葡语系国家交流平台的澳门,以及与国际接轨的现代服务业。三地制造业与服务业的有机结合,一方面,以港澳的现代服务业和广阔的对外平台促进珠三角制造业产业升级改造,另一方面,珠三角的制造业又可以反哺港澳的实体经济,弥补港澳产业空心化,带动港澳经济多元化发展,优化大湾区产业结构,促使大湾区实现经济的持续健康稳步增长。随着粤港澳大湾区建设规划的进一步落地实施,以及"一带一路"倡议的加速推进,科技创新叠加制度创新将释放未来大湾区发展的新动能,未来大湾区制造业和服务业的专业职能会继续加强。

从分工点聚图中还可以看出,大湾区城市群内部各市职能有着明显的分化。"双转移"战略的实行,使得珠三角地区的劳动密集型产业向粤东西两翼、粤北西山区转移,广深两大中心城市的产业溢出效应越来越明显。佛山、肇庆等地承接了广州的传统工业企业如汽车制造业。广州制造业职能不断地削弱,以信息软件、交通、科研等为主导的服务职能更加显著,城市职能更加综合化。东莞、惠州、中山等地接纳了从深圳迁移出来的高端电子信息产业,如东莞松山湖集聚了华为、VIVO、OPPO、大疆等研发中心,惠州和中山集聚了伯恩光

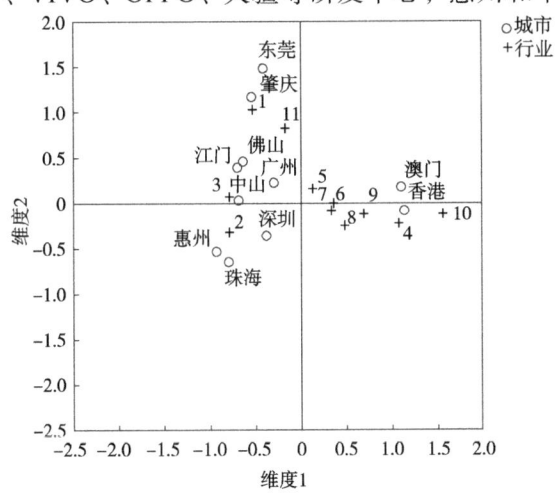

图 4-3 2009 年粤港澳大湾区城市职能分工点聚图

数字 1~11 代表 11 类城市职能分别为采掘能源、制造、建筑、商业、交通、信息软件、金融房地产、租赁商务、科研、文娱及其他服务

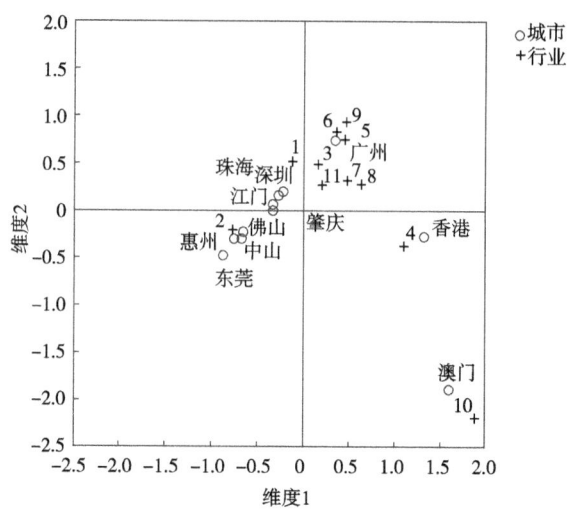

图 4-4  2017 年粤港澳大湾区城市职能分工点聚图

数字 1~11 代表 11 类城市职能分别为采掘能源、制造、建筑、商业、交通、信息软件、
金融房地产、租赁商务、科研、文娱及其他服务

学、TCL 等组装制造企业,既拓宽了深圳先进制造业和高技术产业发展的腹地,又带动了外围城市产业的转型升级。这种扩散效应既提升了广深的城市职能,又进一步促成了东莞、惠州、中山等非中心城市制造业产业集群的壮大,强化了制造的优势职能。香港和澳门则分别在商业和娱乐职能的专业化发展道路上继续深化。

通过区位熵公式测算出了 2009 年、2017 年粤港澳大湾区 11 类城市职能的专业化指数,如表 4-1 所示。整体来说,中心城市的租赁商务、科研职能的区位熵均大于 1,具有比较优势;除肇庆外,节点城市在制造业上有比较优势;港澳的工业职能处于劣势地位,服务专业化水平高;珠三角九市制造业职能明显,服务职能内部差异较大,且总体专业化水平较低。各城市职能演变如下:

表 4-1  2009 年、2017 年粤港澳大湾区城市职能专业化指数

| 城市 | 采掘能源 | 制造 | 建筑 | 商业 | 交通 | 信息软件 | 金融房地产 | 租赁商务 | 科研 | 文娱 | 其他服务 |
| --- | --- | --- | --- | --- | --- | --- | --- | --- | --- | --- | --- |
| 广州 | 1.089/ 1.472 | 1.097/ 0.535 | 1.541/ 1.442 | 0.576/ 0.923 | 1.694/ 1.867 | 0.992/ 1.687 | 0.791/ 1.271 | 0.988/ 1.346 | 1.070/ 2.023 | 0.286/ 1.445 | 1.169/ 1.419 |
| 深圳 | 0.883/ 0.707 | 1.330/ 1.141 | 1.595/ 1.266 | 0.604/ 0.663 | 1.030/ 1.149 | 1.007/ 1.389 | 1.243/ 0.975 | 1.295/ 1.223 | 0.809/ 1.067 | 0.144/ 0.773 | 0.717/ 0.564 |
| 珠海 | 0.829/ 1.074 | 1.932/ 1.150 | 1.109/ 1.506 | 0.338/ 0.654 | 0.483/ 0.707 | 0.654/ 1.256 | 0.562/ 0.989 | 0.382/ 0.693 | 0.247/ 0.766 | 0.131/ 0.520 | 0.694/ 0.872 |

续表

| 城市 | 采掘能源 | 制造 | 建筑 | 商业 | 交通 | 信息软件 | 金融房地产 | 租赁商务 | 科研 | 文娱 | 其他服务 |
|---|---|---|---|---|---|---|---|---|---|---|---|
| 佛山 | 2.069/1.188 | 1.377/1.525 | 1.696/0.558 | 0.274/0.404 | 0.433/0.531 | 1.193/0.293 | 0.756/0.594 | 0.291/0.342 | 0.345/0.537 | 0.085/0.330 | 1.519/0.946 |
| 江门 | 1.918/1.949 | 1.424/1.096 | 2.333/1.462 | 0.253/0.540 | 0.472/0.629 | 0.588/0.352 | 0.634/0.893 | 0.283/0.328 | 0.261/0.346 | 0.065/0.474 | 1.459/1.586 |
| 肇庆 | 2.478/3.877 | 1.142/0.960 | 1.038/0.847 | 0.269/0.493 | 0.585/0.528 | 0.617/0.340 | 0.465/0.751 | 0.397/0.161 | 0.367/0.368 | 0.170/0.605 | 2.182/2.360 |
| 惠州 | 1.071/1.291 | 2.059/1.537 | 0.991/0.309 | 0.149/0.282 | 0.267/0.403 | 0.235/0.242 | 0.388/0.867 | 0.241/0.130 | 0.227/0.308 | 0.088/0.462 | 0.867/1.140 |
| 东莞 | 3.316/0.443 | 0.959/1.783 | 0.183/0.483 | 0.238/0.334 | 0.532/0.246 | 0.543/0.347 | 1.251/0.342 | 0.283/0.404 | 0.348/0.323 | 0.153/0.312 | 2.403/0.495 |
| 中山 | 1.563/1.561 | 1.660/1.568 | 0.559/0.833 | 0.233/0.478 | 0.591/0.356 | 0.415/0.275 | 0.783/0.655 | 0.268/0.322 | 0.399/0.252 | 0.200/0.371 | 1.262/0.697 |
| 香港 | 0.368/0.523 | 0.128/0.073 | 0.000/0.763 | 2.326/3.040 | 1.020/1.282 | 1.483/1.254 | 1.339/1.796 | 1.418/1.879 | 1.931/1.409 | 2.730/2.052 | 0.754/1.171 |
| 澳门 | 0.631/0.385 | 0.157/0.039 | 0.096/1.533 | 1.697/2.109 | 0.961/0.890 | 0.334/0.221 | 1.440/0.426 | 2.027/1.456 | 0.000/0.000 | 4.282/4.141 | 0.993/3.101 |

注：上为2009年数据，下为2017年数据

香港的服务优势职能显著，2017年服务业职能如商业（3.040）、交通（1.282）、信息软件（1.254）、金融房地产（1.796）、租赁商务（1.879）、科研（1.409）、文娱（2.052）的区位熵都大于1，其中商业、金融房地产和租赁商务这三项职能的专业化水平在大湾区层面来说最为突出。2009~2017年，商业、交通、金融房地产的区位熵数值增大，信息软件、科研、文娱职能区位熵指数下降，制造业区位熵数值下降幅度将近43%。香港是世界最自由的经济体，服务业主导了90%以上的经济活动，是全球第八大商品输出地，全球第十五大服务输出地。它有全球最繁忙的国际航空货运机场，2018年国际机场货物吞吐量突破510万公吨，是世界最繁忙的货柜港之一，2018年货柜吞吐量居全球第七。香港也是全球最活跃的资本市场之一，在2019年全球金融中心指数（global financial centers index，GFCI）中排名第三，仅次于伦敦和纽约，2018年金融服务业为本地贡献了18%的生产总值。在香港交易所（简称港交所）挂牌的上市公司达2 315家，股票市值达29.9万亿港元，位列全球第五，IPO（initial public offerings，首次公开募股）集资额2 865亿港元，位列全球第一。同时，香港也是全球最大的离岸人民币业务枢纽，人民币实时支付结算日均交易额达10 101亿元，突破万亿元大关[①]。随之而来的问题也日趋明显，作为重点培育的未来主导产业，文

---

① 资料来源于香港经贸研究：http://research.hktdc.com/sc/.

化及创意产业、医疗产业、教育产业、创新科技创业、检测及认证产业、环保产业六大优势产业近年发展却没有取得较好的成效（表 4-2），高度发达的服务业明显挤占了实体产业发展的空间，产业空心化进一步限制了创新产业发展，创新科技产业增长率从 2013 年的 9.8%下降到了 2016 年的 2.2%[①]。

表 4-2　2008~2016 年香港六大优势产业占地区生产总值比重

| 产业 | 2008 | 2009 | 2010 | 2011 | 2012 | 2013 | 2014 | 2015 | 2016 |
| --- | --- | --- | --- | --- | --- | --- | --- | --- | --- |
| 文化及创意产业 | 3.9% | 4.0% | 4.5% | 4.7% | 4.9% | 5.1% | 5.0% | 4.7% | 4.5% |
| 医疗产业 | 1.3% | 1.5% | 1.5% | 1.4% | 1.5% | 1.5% | 1.6% | 1.7% | 1.7% |
| 教育产业 | 1.0% | 1.0% | 1.0% | 1.1% | 1.1% | 1.2% | 1.2% | 1.2% | 1.2% |
| 创新科技产业 | 0.6% | 0.7% | 0.7% | 0.7% | 0.7% | 0.7% | 0.7% | 0.7% | 0.7% |
| 检测及认证产业 | 0.3% | 0.3% | 0.3% | 0.3% | 0.3% | 0.3% | 0.3% | 0.3% | 0.3% |
| 环保产业 | 0.3% | 0.3% | 0.3% | 0.3% | 0.3% | 0.3% | 0.4% | 0.3% | 0.3% |
| 六大产业地区生产总值占比 | 7.4% | 7.9% | 8.3% | 8.5% | 8.7% | 9.1% | 9.2% | 8.9% | 8.9% |

资料来源：钟韵，王静田. 香港第三次产业转型中的创新科技产业发展[J]. 华南师范大学学报（社会科学版），2017，(3)：20-25, 189.

澳门在建筑（1.533）、商业（2.109）、租赁商务（1.456）和文娱（4.141）职能上具有比较优势，其中文娱职能区位熵在大湾区排第一，凸显其博彩旅游业的蓬勃发展。2009~2017 年，其商业职能在不断增强，金融房地产和租赁商务职能在减弱，金融房地产由专业化职能转为非专业化职能，制造职能几乎不存在。围绕着打造"世界旅游休闲中心"，建设"中国与葡语国家商贸合作服务平台"、构建"以中华文化为主流、多元文化共存的交流合作基地"发展定位，近年来澳门经济适度多元化取得一定成效，新兴产业呈现良好的发展态势，但博彩业一业独大的局面仍存在（图 4-5 和图 4-6）。

广州是多职能核心城市，是广东省的政治、经济、科技、教育和文化中心，是华南地区的区域性中心城市、综合交通枢纽。由表 4-1 可见，其建筑（1.442）、交通（1.867）、信息软件（1.687）、金融房地产（1.271）、租赁商务（1.346）、科研（2.023）、文娱（1.445）的区位熵都大于 1，优势职能由 2009 年 6 个增加到 2017 年 9 个。其中，制造转为非优势职能，增加了信息软件、金融房地产、租赁商务和文娱四个优势职能，可知广州重点发展交通、商业、金融房地产、租赁商务、信息软件、科研等专业化职能，向着更具竞争力的商贸中心和国家中心城市迈进。2018 年中国社会科学院财经院发布的《中国城市竞争力第 17 次报告》中，广州

---

[①] 资料来源于南方都市报：http://dy.163.com/v2/article/detail/EN3Q2KJ105129QAF.html.

第四章 粤港澳大湾区城市群产业职能 ·49·

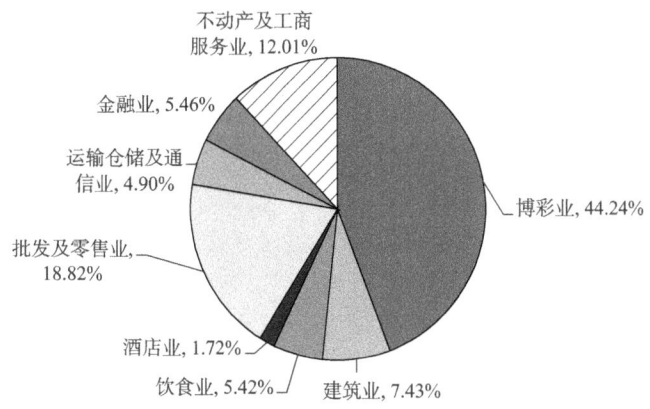

图 4-5 2018 年澳门博彩业及主要非博彩行业收益比重
资料来源：《2019 年澳门统计年鉴》

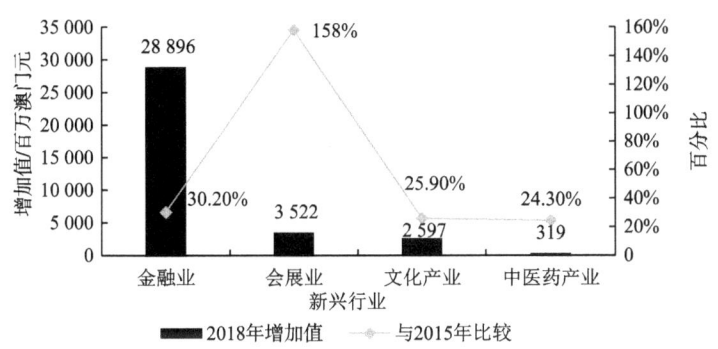

图 4-6 2018 年澳门新兴产业增加值及与 2015 年的比较
资料来源：《2016 年澳门统计年鉴》《2019 年澳门统计年鉴》

在 293 个城市的综合竞争力排名中位列第三，交通中心指数居全国第一。2018 年白云国际机场旅客吞吐量达 6 972 万人次，位居全国第三位；广州港口货物吞吐量达 6.13 亿公吨，货柜吞吐量达 2 192 万标准箱；跨境电商进出口业务规模稳居全国第一。2019 年广州跨境电商进出口总值达到 385.9 亿元，创下历史新高，稳居全国第一。与此同时，汽车、电子制造业、石油化工制造业三大传统制造业增速放缓，2018 年三大支柱产业产值增长 4.0%（图 4-7）。值得注意的是，2017 年广州确立了 IAB（information technology、artificial intelligence、biopharmaceutical，新一代信息技术、人工智能、生物医药）与 NEM（new energy、materials，新能源、新材料）的发展战略，2018 年 10 月广州市政府印发了《广州市建设国际科技产业创新中心三年行动计划（2018—2020 年）》，预计到 2020 年末，战略性新兴产业总量突破 1.5 万亿元，新兴产业步入加速发展的新阶段。2018 年广州战略性新兴产业实现增加值 4 090.98 亿元，占地区生产总值比重 17.9%，IAB 产业增加值同比增长 9%左右，占地区生产总值比重 6.4%，NEM 企业主营业务收入均增 15%以上①。截至 2019 年，广州"独角兽"创新企业共计 13 家（图 4-8），主要集中在战略性新兴产业，三分之一属于人工智能领域②。广州产业结构正在持续优化，以 IAB 和 NEM 为引领的新兴产业不断释放经济高质量增长的新动能。

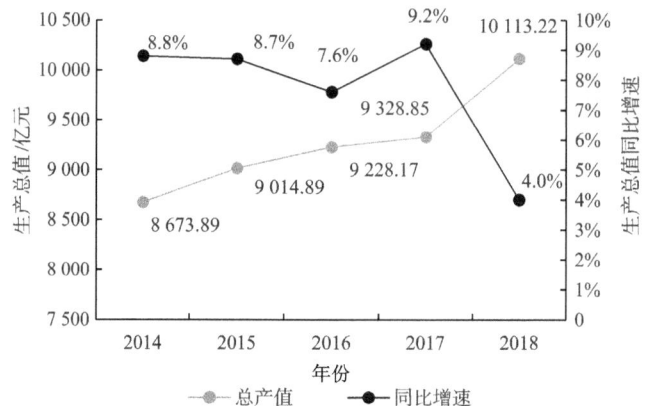

图 4-7　2014~2018 年广州三大支柱产业总产值及同比增速

资料来源：《2019 年广州统计年鉴》

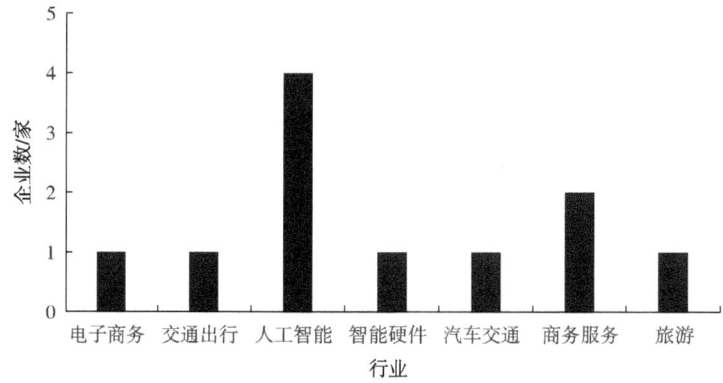

图 4-8　截至 2019 年广州"独角兽"创新企业产业分布

资料来源：广州日报

深圳是改革开放和现代化建设的排头兵，自 1980 年设立经济特区以来，实现了一系列飞跃式的进步，创造了举世瞩目的"深圳速度"，跻身世界科技创新的

---

① 资料来源：《2019 年中国广州经济形势分析与预测》https://baijiahao.baidu.com/s?id=1648080。
② 资料来源：广州日报 http://news.dayoo.com/gzrbrmt/201912/27/158543_53000382.htm。

前列,2019年又成了国家重点支持建设的社会主义先行示范区(中共中央国务院,2019),致力于建设成为全球创新创意的策源地,强化了其作为大湾区建设的核心引擎地位。由城市职能测算表可见,深圳在制造(1.141)、建筑(1.266)、交通(1.149)、信息软件(1.389)、租赁商务(1.223)、科研(1.067)等方面专业化职能较为突出,金融房地产的职能指数有所下降,科研优势不断增强,朝着先进制造业和现代服务业的"双轮"驱动发展方向不断迈进。2018年中国社会科学院发布了《中国城市竞争力第17次报告》,深圳在293个城市的综合竞争力排名中名列榜首,城市综合发展水平始终保持在高位。产业结构仍在持续升级优化,2018年金融业、物流业、文化产业和高新技术产业四大支柱产业增加值总额15 465.94亿元(图4-9),为地区生产总值的63.85%,2016~2018年年均增速达到11.39%,其中金融业增长速度一直在收缩,特别是2017年骤降到5.7%,主要是楼市降温和保险业管控加强所致。诚然此举也是为了完善金融监管,促进金融赋能实体经济,使产业后续高质量发展能够获得新动力。作为我国首个以城市为基本单元的国家自主创新示范区和首个国家知识产权示范城市,深圳率先建立起"以企业为主导、市场为导向、政产学研资相结合"的创新综合生态体系,使得其科技创新迅猛发展,集聚了一大批如华为、中兴、腾讯、大疆等高新技术企业,形成了以信息技术为主导的战略新兴产业集群。2018年战略新兴产业增加值9 155.18亿元(图4-10),较上年增长9.1%,占地区生产总值的37.97%,领先全国;高新技术企业10 988家,仅次于北京,截至2019年深圳拥有21家独角兽企业,仅次于北京和上海,其中三分之一属于智能硬件。随着大湾区建设的推进,全球创新创意之都的定位将进一步展现科技创新建设的"深圳速度"。

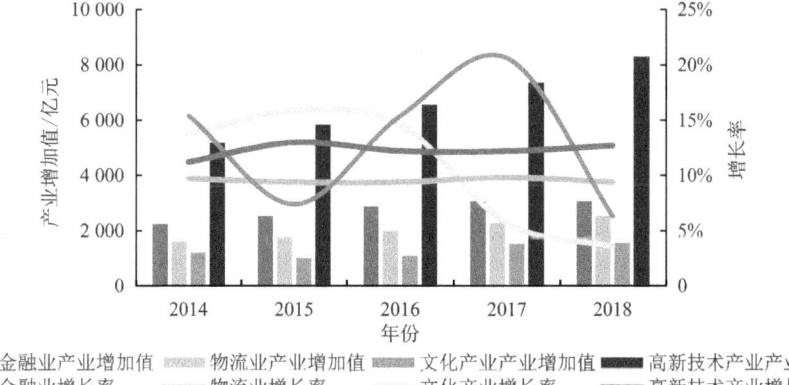

图4-9　2014~2018年深圳四大支柱产业增加值及增长率

资料来源:2015~2019年深圳统计年鉴

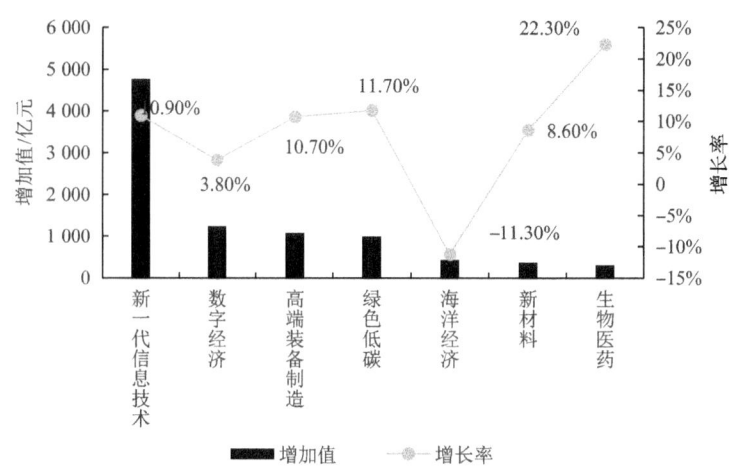

图 4-10　2019 年深圳七大战略新兴产业增加值及增长率
资料来源：《2019 年深圳统计年鉴》

珠海的基本职能是制造（1.150）、建筑（1.506）、信息软件（1.256）等，信息软件职能由非专业化职能转化为专业化职能，职能优势明显提升，但其专业化水平同广州、深圳和香港相比仍然存在差距。佛山、江门、惠州、东莞及中山主要以制造为主导职能，其中东莞的制造职能优势得到极大的强化，一跃成为大湾区制造专业化指数最高的一个城市，主要是承接了深圳外迁的制造业。肇庆首要职能为采掘能源（3.877），除此以外，包括制造业在内的其他职能都发展得相对落后。除珠海的服务职能总体上有明显提升外，其他节点城市变化不大。

通过区位熵指数对大湾区 11 市的专业化职能进行测算，分析得到如表 4-3 所示的结果。

表 4-3　粤港澳大湾区城市群各市专业化职能

| 城市 | 专业化职能 |
| --- | --- |
| 香港 | 商业、交通、信息软件、金融房地产、租赁商务、科研、文娱 |
| 澳门 | 商业、租赁商务和文娱 |
| 广州 | 商业、交通、信息软件、金融房地产、租赁商务、科研、文娱 |
| 深圳 | 制造、商业、交通、信息软件、金融房地产、租赁商务 |
| 佛山 | 制造 |
| 珠海 | 制造、商业、信息软件、金融、房地产、租赁商务 |
| 惠州 | 制造 |
| 东莞 | 制造 |
| 中山 | 制造 |
| 江门 | 制造 |
| 肇庆 | 采掘能源 |

## 第二节 价值链视角下大湾区城市职能分析

价值链是城市职能研究更聚集的分析。主要针对第二产业和第三产业，分为四种职能，分别是生产职能、研发职能、营销职能、管理职能。通过本节研究，可以得到时间纵轴方向和空间横轴方向的演变过程，进一步了解城市在城市群中的定位，同时展示城市之间的职能互补和协作性。

### 一、数据来源及方法

研究所需要的2008～2017年从业人员数据来源于2009～2018年的《中国统计年鉴》《香港统计年刊》及《澳门统计年鉴》。根据《国民经济行业分类》（GB/T4754—2017），就业部门由19个类别组成，但由于城市群提供服务的主要是第二和第三产业，因此第一产业（农业、林业、畜牧业和渔业）在研究中被剔除。将其余18个类别中6个类别根据Bade等（2004）分类合并为4个职能专业，分别是生产、研发、营销和管理职能（表4-4）。香港和澳门行业归并参见以上分类标准。由于缺失澳门科学研究、技术服务和地质勘查的就业数据，因此没有将澳门的研发职能纳入本研究中。

表4-4 粤港澳大湾区专业化职能产业分类

| 职能 | 产业分类 | 产业 |
| --- | --- | --- |
| 生产 | 采矿业 | 第二产业 |
|  | 制造业 |  |
|  | 电力、热力、燃气及水生产和供应业 |  |
| 研发 | 科学研究、技术服务和地质勘查业 | 第三产业 |
| 营销 | 批发和零售业 | 第三产业 |
| 管理 | 租赁和商务服务业 | 第三产业 |

注：行业分类标准依据2017年《国民经济行业分类》（GB/T4754—2017）

在以往的城市功能分类研究中，纳尔逊分类等方法被广泛用于衡量产业的功能强度。一个城市从事一项职能的劳动力比例也许是衡量职能扩展的最佳方法之一，但它不能准确地确定强度水平，因为它在用于城市间比较时没有考虑到不同城市大小的影响。同样，主成分分析和聚类分析也被广泛应用于对各个城市的功能进行分类，但不能定量地确定特定城市某一功能的专业化程度。区位熵可以衡量一个城市的功能专业化水平，确定一个城市在城市群内部是否具有比较优势，或者某个城市群是否具有特定的专业化特征。表4-5给出了基于Duranton和Puga（2005）及张晓涛等（2019）的城市功能的区位熵（$LQ_i$）计算公式。

区位熵的取值范围在（0，+∞）之间，指数>1表示某个产业在特定城市群的比重高于整个城市群的平均水平，说明该产业为特定城市群的优势产业，具有专业化特征；若指数<1，则该职能为城市相对弱势产业。

**表4-5 专业化职能区位熵指数公式及说明**

| 职能 | 区位熵公式 | 解说 |
|---|---|---|
| 生产职能 | $LQ_{iP} = \dfrac{e_{iP}/e_i}{E_P/E}$ | 式中，$LQ_{iP}$表示$i$城市生产职能的专业化指数；$e_{iP}$为$i$城市所有产业的生产从业人数；$e_i$为$i$城市的从业人员总数；$E_P$为城市群所有产业的生产从业人员总数；$E$为城市群的从业人员总数。 |
| 研发职能 | $LQ_{iR} = \dfrac{e_{iR}/e_i}{E_R/E}$ | 式中，$LQ_{iR}$表示$i$城市研发职能的专业化指数；$e_{iR}$为$i$城市所有产业的生产从业人数；$e_i$为$i$城市的从业人员总数；$E_R$为城市群所有产业的生产从业人员总数；$E$为城市群的从业人员总数。 |
| 营销职能 | $LQ_{iM} = \dfrac{e_{iM}/e_i}{E_M/E}$ | 式中，$LQ_{iM}$表示$i$城市营销职能的专业化指数；$e_{iM}$为$i$城市所有产业的生产从业人数；$e_i$为$i$城市的从业人员总数；$E_M$为城市群所有产业的生产从业人员总数；$E$为城市群的从业人员总数。 |
| 管理职能 | $LQ_{iA} = \dfrac{e_{iA}/e_i}{E_A/E}$ | 式中，$LQ_{iA}$表示$i$城市管理职能的专业化指数；$e_{iA}$为$i$城市所有产业的生产从业人数；$e_i$为$i$城市的从业人员总数；$E_A$为城市群所有产业的生产从业人员总数；$E$为城市群的从业人员总数。 |

## 二、大湾区专业化职能演变分析

图4-12至图4-15显示了11个城市在生产、研发、营销和管理职能方面的专业化指数结果。核心城市与外围城市的专业化水平存在明显差异。在研发、营销、管理等知识密集型功能中，四大核心城市在城市群中排名前4位（表4-6）。

**表4-6 2017年粤港澳大湾区专业化职能水平排名**

| 城市 | 研发职能 | 排名 | 生产职能 | 排名 | 营销职能 | 排名 | 管理职能 | 排名 |
|---|---|---|---|---|---|---|---|---|
| 广州 | 1.73 | 2 | 0.58 | 9 | 1.00 | 3 | 1.56 | 2 |
| 深圳 | 0.91 | 3 | 1.19 | 5 | 0.70 | 4 | 1.42 | 4 |
| 珠海 | 0.62 | 4 | 1.15 | 5 | 0.54 | 7 | 0.76 | 5 |
| 佛山 | 0.46 | 5 | 1.60 | 4 | 0.45 | 9 | 0.40 | 7 |
| 江门 | 0.30 | 7 | 1.17 | 6 | 0.58 | 5 | 0.38 | 8 |

续表

| 城市 | 研发职能 | 排名 | 生产职能 | 排名 | 营销职能 | 排名 | 管理职能 | 排名 |
|---|---|---|---|---|---|---|---|---|
| 肇庆 | 0.31 | 6 | 1.06 | 8 | 0.58 | 6 | 0.19 | 10 |
| 惠州 | 0.26 | 9 | 1.61 | 3 | 0.30 | 11 | 0.15 | 11 |
| 东莞 | 0.28 | 8 | 1.85 | 1 | 0.35 | 10 | 0.47 | 6 |
| 中山 | 0.21 | 10 | 1.65 | 2 | 0.50 | 8 | 0.37 | 9 |
| 香港 | 2.53 | 1 | 0.08 | 10 | 3.30 | 1 | 1.49 | 3 |
| 澳门 | — | — | 0.05 | 11 | 1.41 | 2 | 1.69 | 1 |

十年来,城市群的18个城市产业从业人员总数从2008年的995万人增加到1976万人,几乎翻了一番。2008年,香港吸引城市从业人员最多,占24.28%,2017年,深圳吸收能力最大,占23.48%。东莞从2008年的2.13%增长到2017年的12.26%,增幅最大。

制造业、批发和零售业在城市工业就业人数中所占比例最大。2012~2013年,生产职能就业人数激增(图4-11),主要由深圳、东莞和佛山贡献,而近年来,就业人数逐渐减少。在研发职能和营销职能部门就业人数增加的同时,与2008年和2017年的数据相比,就业人数所占比例有所下降,生产职能和管理职能部门所占比例则相反。

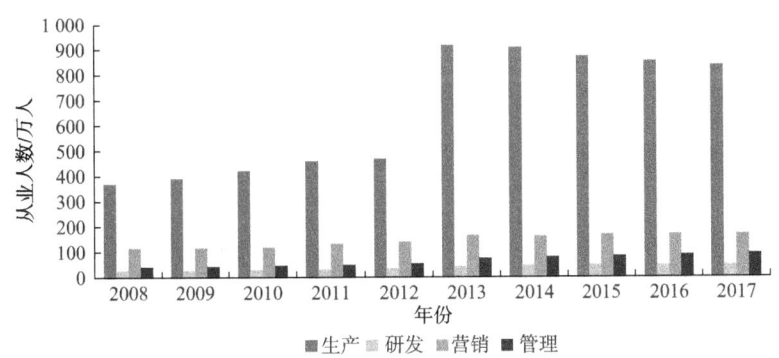

图4-11 2008~2017年粤港澳大湾区四类专业化职能从业人员分布
资料来源:2009~2018年各市统计年鉴

（一）生产职能

2008~2017年粤港澳大湾区生产职能专业化指数,如图4-12所示。这一职能包括来自第二产业的三个行业(采矿,制造,生产和分配电、热、气和水)。东莞、中山、惠州、佛山位居前4位,均以《粤港澳大湾区发展规划纲要》确定的高端装备、电子信息、智能制造为发展目标。2008~2012 年，11 个都市的专业化指数相对稳定。2012 年，国际经济政治环境面临不确定性和波动性，中国经济面临挑战。除了佛山和东莞以外，工业产业的增长明显放缓。相反，2012 年东莞生产职能飙升主要围绕市政府"加快转型升级、建设幸福东莞、实现高水平崛起"的战略目标。香港和澳门的专业化指数分别排在第 10 位和第 11 位，区位熵结果与珠江三角洲的九个城市相差甚远。

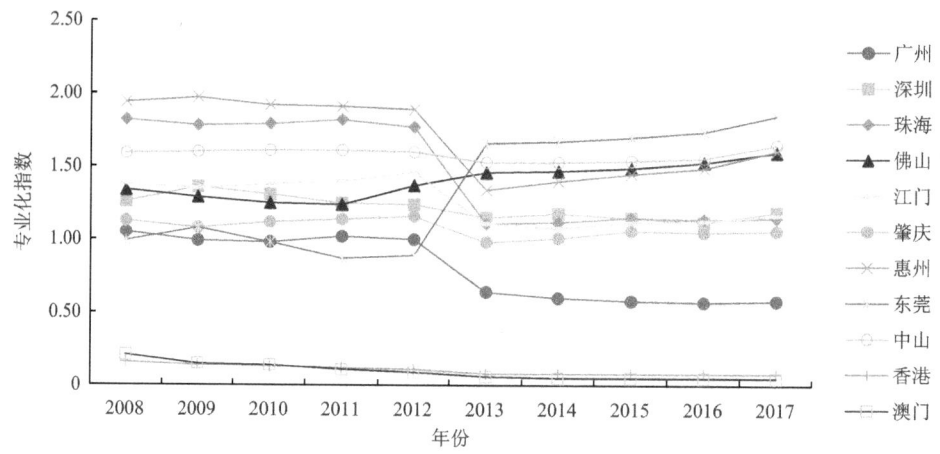

图 4-12　2008~2017 年粤港澳大湾区生产职能专业化指数

（二）研发职能

由于澳门独特的产业结构，即使在过去的十年，澳门在科学研究领域的发展仍然不足，因此没有统计从事科学研究、技术服务和地质勘查业的人数。但近年来，考虑到城市规模与人口比例，澳门发展了四个国家重点实验室，这是一项前所未有的创新，因此，科研领域的规模应该会有所增长。三个核心城市，广州、深圳和香港在这一职能的专业化指数中排名前三，这符合城市发展规划大纲中的城市定位。只有香港和广州的专业化指数在 1 以上，这显示了两个城市在这一职能的主导地位。

从粤港澳大湾区历年的研发职能专业化指数中可以看出，研发职能前三的城市分别是香港、广州和深圳，这个结果也较为符合粤港澳大湾区核心城市的定位。从历年的数据横向对比看，大部分年份里，各个城市的研发职能专业化指数相对保持稳定，各个城市研发职能专业化指数保持相对稳定并不代表各个城市研发水平没有提升，这样的结果说明粤港澳大湾区内各个城市研发能力格局相对稳定。图 4-13 中也显示了 2014 年的数据有一次较大幅度的下滑，这可能与国家积极推行供给侧结构性改革和国际外贸出口政策波动有关系。随着产业的逐步调整,可以看到随后的年份研发职能指数又逐渐恢复到了之前的水平。

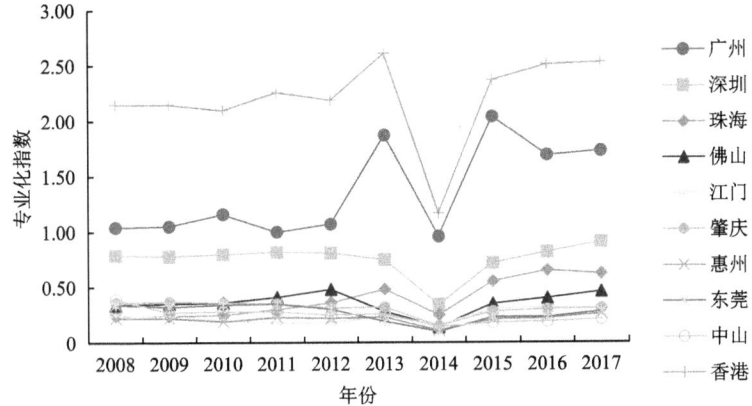

图 4-13 2008~2017 年粤港澳大湾区研发职能专业化指数

（三）营销职能

在营销职能方面,增长不显著。批发和零售业是香港的重点产业之一,香港的专业化指数在 2017 年排在第一位,与其他城市差距较大（图 4-14）。其余两个核心城市广州和深圳分别排名第三和第四。排在前两位的城市专业化指数高于 1.00,8 个外围城市的平均区位熵为 0.50,与核心城市相比较为薄弱。从《粤港澳大湾区发展规划纲要》提出的核心城市职能定位来看,核心城市重点发展第三产业,而外围城市发展主要以第二产业为主导,因此外围城市要积极借助核心城市的营销职能,以此促进自身第二产业的发展,实现产业上的互补增长。

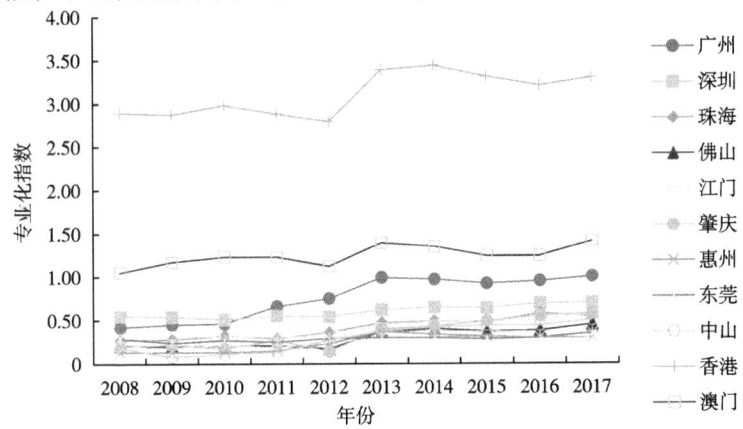

图 4-14 2008~2017 年粤港澳大湾区营销职能专业化指数

## （四）管理职能

管理职能选取的数据指标为租赁和商务服务业。总体来看，管理职能的区位熵结果并没有遵循特定的规律与趋势。四个核心城市的专业化指数高于1，而7个外围城市的专业化指数低于1（图4-15）。国际化程度越高，城市越发达，社会分工越细，租赁和商务服务业专业化指数就越大。商业服务提供给公司和客户之间的商务具有高度的互动，通常以知识为中心，知识密集型行业具有高度的专业性。粤港澳大湾区管理职能方面目前存在的问题是增长相对缓慢。除核心城市以外，粤港澳大湾区城市群发展还是以制造业为主，虽然制造业发展快速，服务业所占比重却仍然相当小，这方面还有不小的进步空间。

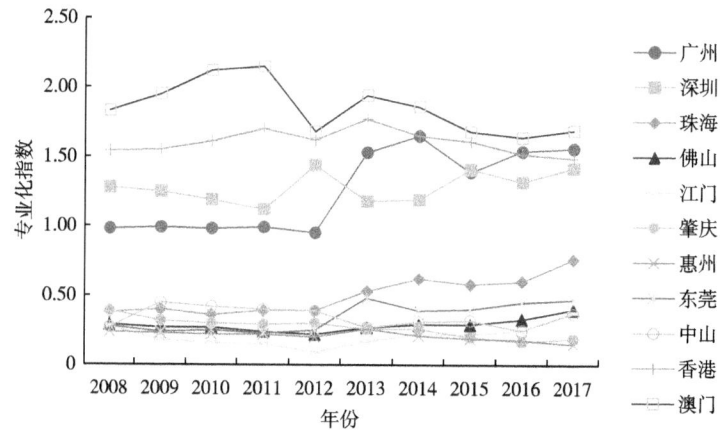

图4-15 2008~2017年粤港澳大湾区管理职能专业化指数

## 三、大湾区城市职能定位研究

价值链的概念为大湾区提供了一个合适的垂直整合系统，可以精确地促进大湾区的产业发展。每个城市都应该在两个或两个以上的产业中占优势，从而避免过度依赖单一产业，进而推动产业转型和发展。对各城市的职能定位进行研究，可以有效地促进粤港澳大湾区产业协同发展。

每个城市都应在两个或两个以上的产业中具有比较优势，以防止过度依赖单一产业，这也有利于产业转型和发展。因此，通过分析可以详细考察十年研究期间各城市职能定位的变化。

具体而言,本部分使用上一小节的区位熵数据结果和以各城市《国民经济和社会发展统计公报》数据为基础,以价值链视角为切入点,对粤港澳大湾区各个城市的职能定位情况进行逐一分析,以期更好地促进大湾区经济的协同发展。

基于从业人数的区位熵结果反映出城市职能的最新特征,而资本是重要的生产要素,社会固定资产投资的方向可以推断城市的职能定位,提供相应的发展方向。本部分选取 2008 年、2012 年和 2017 年的结果(图 4-16)作为研究点,从就业率的角度分析各市在四种专业化职能演化上的趋势,以期在确定职能取向趋势方面提供不同的见解。

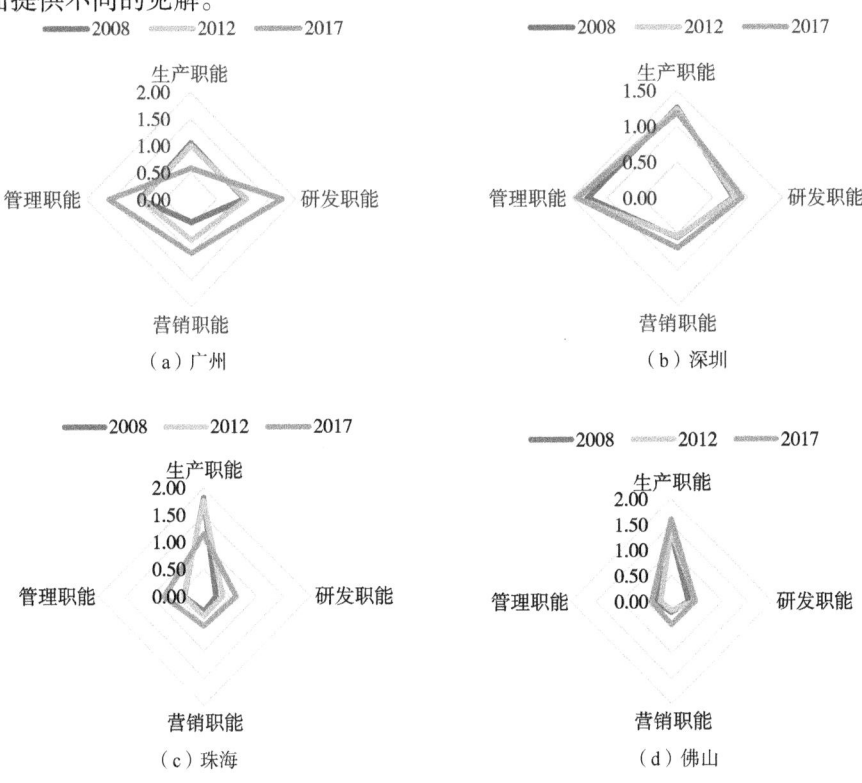

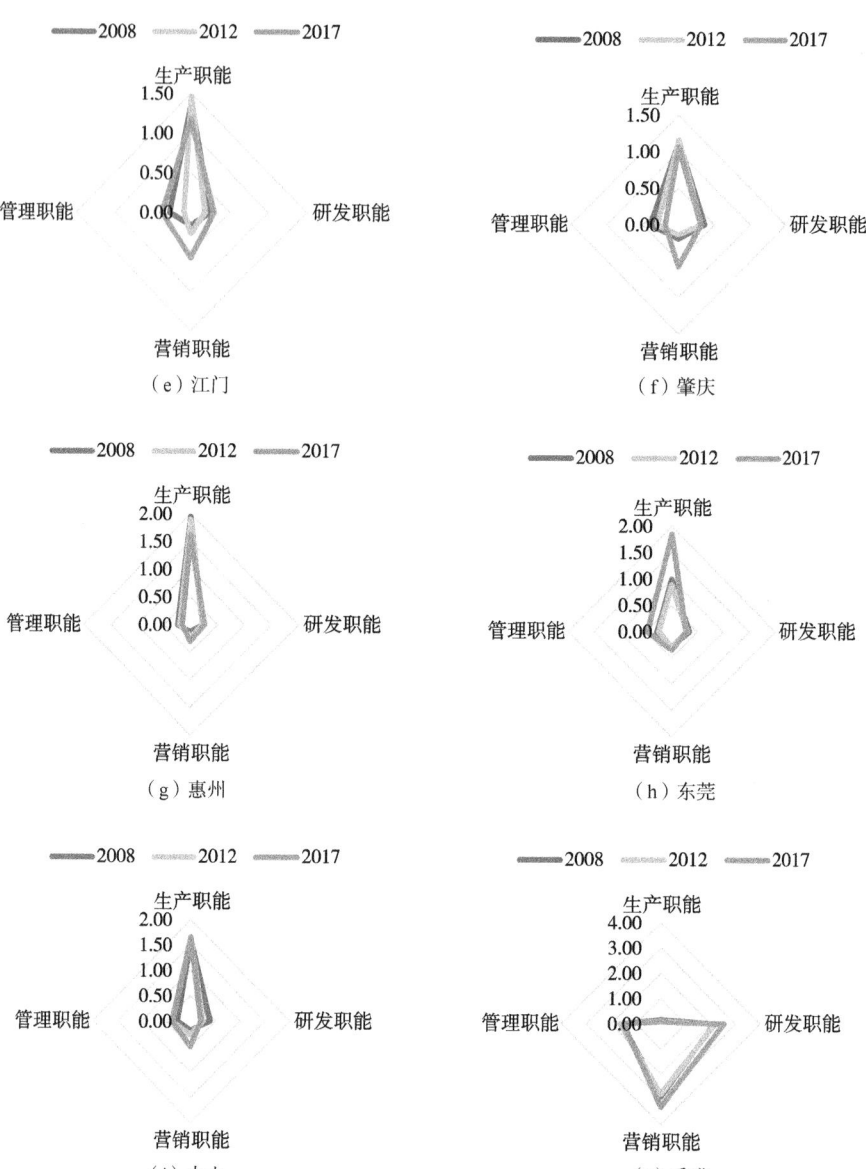

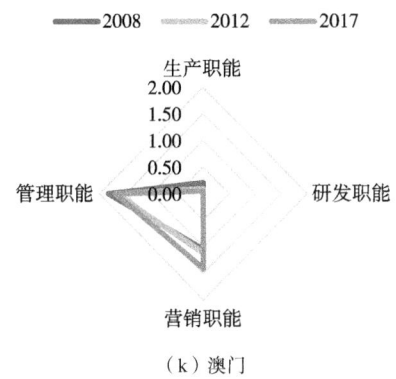

(k) 澳门

图 4-16 粤港澳大湾区专业化职能演化趋势

图 4-16 为 2008 年、2012 年、2017 年粤港澳大湾区城市群职能分工定位演变。珠三角九市固定资产投资，如表 4-7 所示。

表 4-7 2012 年、2017 年珠三角九市固定资产投资

| 城市 | 年份 | 生产职能 | | 研发职能 | | 营销职能 | | 管理职能 | |
|---|---|---|---|---|---|---|---|---|---|
| | | 固定资产投资/亿元 | 同比增长 | 固定资产投资/亿元 | 同比增长 | 固定资产投资/亿元 | 同比增长 | 固定资产投资/亿元 | 同比增长 |
| 广州 | 2012 | 614.35 | 18.8% | 59.29 | −18.0% | 120.34 | −5.8% | 42.12 | 48.3% |
| | 2017 | 736.26 | 3.1% | 50.30 | −23.5% | 111.48 | −38.2% | 224.65 | 7.4% |
| 深圳 | 2012 | 486.27 | 3.5% | 12.54 | −24.9% | 23.96 | 2.9% | 51.86 | 165.7% |
| | 2017 | 915.89 | 32.4% | 83.39 | 20.7% | 30.66 | 33.6% | 135.49 | 73.1% |
| 珠海 | 2012 | 186.65 | 22.9% | 2.96 | 225.3% | 3.51 | 70.4% | 4.26 | −87.5% |
| | 2017 | 336.77 | 17.1% | 14.68 | 106.1% | 6.30 | −50.4% | 49.96 | 28.5% |
| 佛山 | 2012 | 841.60 | 16.4% | 7.44 | 173.5% | 97.62 | 19.2% | 22.80 | 30.8% |
| | 2017 | 1 690.71 | 15.5% | 7.30 | 45.6% | 32.64 | −39.6% | 50.57 | 54.8% |
| 江门 | 2012 | 506.57 | 11.3% | 9.19 | −39.2% | 9.58 | 60.8% | 1.29 | −90.2% |
| | 2017 | 784.52 | 13.0% | 45.76 | 127.9% | 23.74 | −22.6% | 35.16 | 211.1% |
| 肇庆 | 2012 | 421.47 | 33.5% | 1.59 | 893.8% | 24.51 | 85.4% | 3.34 | −15.7% |
| | 2017 | 628.96 | −12.3% | 7.97 | 160.5% | 29.18 | −39.7% | 10.63 | −10.7% |
| 惠州 | 2012 | 350.80 | 10.9% | 3.21 | −3.3% | 29.88 | 5.4% | 7.34 | −7.0% |
| | 2017 | 784.45 | −3.6% | 1.28 | −59.0% | 30.72 | 21.2% | 11.77 | 180.9% |
| 东莞 | 2012 | 414.67 | 18.1% | 9.91 | 27.8% | 19.54 | −26.0% | 2.57 | −65.6% |
| | 2017 | 647.09 | 14.4% | 20.82 | 20.2% | 19.31 | 7.9% | 6.12 | 138.1% |
| 中山 | 2012 | 307.37 | 16.4% | 4.09 | −28.9% | 30.72 | 245.2% | 24.17 | −2.7% |
| | 2017 | 327.72 | −0.5% | 4.21 | −65.3% | 33.14 | 38.7% | 8.95 | −1.5% |

资料来源：广东统计年鉴

由于各市职能强度有差别，根据每个职能专业化结果将粤港澳大湾区十一市

分为三个梯队。强度较大的分为第一梯队，较弱的分为第三梯队（表4-8）。

表4-8 城市职能梯队

| 类型 | 生产职能 | 研发职能 | 营销职能 | 管理职能 |
| --- | --- | --- | --- | --- |
| 第一梯队 | 东莞、中山、惠州、佛山 | 香港、广州、深圳 | 香港、澳门、广州、深圳 | 香港、澳门、广州、深圳 |
| 第二梯队 | 深圳、江门、肇庆 | 珠海、佛山、江门、肇庆、惠州、东莞、中山 | 珠海、佛山、江门、肇庆、惠州、东莞、中山 | 珠海、佛山、江门、肇庆、惠州、东莞、中山 |
| 第三梯队 | 广州、香港、澳门 | | | |

（一）生产职能

根据表4-8，2017年生产职能第一梯队的有东莞、中山、惠州及佛山，从业人数处于上升阶段。第二梯队的有深圳、江门、肇庆，第三梯队的有广州、香港、澳门，从业人数处于下降阶段。产业结构表明，核心城市已经转向知识密集型行业，并将制造业转移到惠州、东莞等城市。

《东莞市城市总体规划（2016-2030年）》明确东莞"国际制造名城，现代生态都市"的城市发展目标。《粤港澳大湾区发展规划纲要》更是指出，以深圳、东莞为核心在珠江东岸打造具有全球影响力和竞争力的电子信息等世界级先进制造业产业集群。2018年，东莞规模以上工业实现增加值3 904.57亿元，先进制造业、高技术制造业增加值占比分别达到52.3%和38.9%。东莞支柱产业之一的电子信息制造业对规模以上工业的增长贡献率由2017年的55.9%涨至2018年的60.6%。作为广深科技创新走廊的主要城市之一及广东省制造业供给侧结构性改革创新试验区，东莞联合支持深圳建设先行示范区，已经形成了"深圳研发、东莞制造"的局势。东莞设有一个国家级开发区（松山湖高新技术产业开发区）和三个省级开发区（东莞粤海装备技术产业园、东莞生态产业园及东莞水乡新城开发区）。由于深圳的土地和接纳从业人数有限，许多研发设施转移到东莞，如华为将部分部门从深圳迁到东莞松山湖产业园，并形成"华为效应"，影响大疆、OPPO、VIVO等高科技技术企业落户，从而达成集群的目标。

佛山依托珠江西岸良好的生态环境在制造业方面取得了举世瞩目的发展，"绿水青山就是金山银山"，进一步优化城市功能和全方位提升城市品质有助于吸引更多国内外投资。其生产专业化指数在10年期间稳步上升。从2012年到2017年，佛山固定资产投资翻了一倍，是大湾区制造业投资最多的城市。佛山南海区拥有超200亿元的制造业集群，覆盖汽车制造、机械装备等多个产业制造领域。目前南海区正着力构建"两高四新"（高技术制造业、高品质服务业、新能源产业、新材料产业、新型生物医药产业、新一代电子信息产业）的现代体系。同时，三水区制造业基础厚实，是全国重要的汽车零部件生产基地。"花都—三水"位于广佛合作的最北段，汽车产业是花都和三水联合打造的重点产业，也是广州为数不多的制造业行业，着力打造珠三角北部重要的先进制造业基地。

惠州的产业结构一直保持着生产职能具有优势的状态［图 4-16（g）］。惠州资源丰富，产业鲜明，主要支柱产业是传统制造业，如食品、纺织行业，应加速推动传统产业结构，同时向以创新驱动为核心的高新技术产业体系转型。惠州紧邻深圳，可承接深圳的高端产业和创新资源积极外溢，同时依托深圳创新资源优势，加快创新平台建设。

中山是先进制造业城市和现代服务业基地，是广东省产业集群升级创新试点城市，主要是劳动密集型和资源密集型制造业（包括电子和通信设备制造业）和传统产业（如家用电器制造业和纺织服装业）。《粤港澳大湾区发展规划纲要》提出支持中山推进生物医疗科技创新，推动产业转型，进一步提升生物医药产业的科创能力。

珠三角九市在制造业方面各有侧重，体现出合理分工互补的状态。表 4-9 展示各市的核心制造企业和结合自身优势的智能制造示范项目。

**表 4-9 珠三角九市高新技术产业发展**

| 城市 | 核心制造业 | 2019 年广东制造业 100 强数量 | 2019 年广东制造业 100 强的举例 | 2017 广东智能制造试点示范项目（51 个） | 2017 广东智能制造试点示范项目的举例 | 2019 广东智能制造试点示范项目（57 个） | 2019 广东智能制造试点示范项目的举例 |
|---|---|---|---|---|---|---|---|
| 广州 | 汽车，石化，电子，电气机械及器材制造，交通运输 | 25 | 广汽，广州医药，巨轮智能装备 | 12 | 广日电梯智能制造，个性化定制家具大规模智能制造 | 14 | 绿色高性能子午线轮胎智能，变压器智能制造 |
| 深圳 | 电子信息，生物医药，新能源，新材料 | 27 | 华为，正威，比亚迪 | 8 | 移动终端智能制造，人形智能机器人 | 16 | 新一代网络通信智能制造，新型高效节能散热模组机器人智能 |
| 佛山 | 家具，家电，灯饰，陶瓷，机械设备 | 18 | 美的，海信科龙电器，格兰仕 | 7 | 高分子环保管道建材智能工厂，动力锂电池极片制造智能化成套生产装备及完整解决方案 | 2 | 中药配方颗粒数字化示范，智能制造在针织行业 |

续表

| 城市 | 核心制造业 | 2019年广东制造业100强数量 | 2019年广东制造业100强的举例 | 2017广东智能制造试点示范项目（51个） | 2017广东智能制造试点示范项目的举例 | 2019广东智能制造试点示范项目（57个） | 2019广东智能制造试点示范项目的举例 |
|---|---|---|---|---|---|---|---|
| 东莞 | 电子信息，电气机械，家具，纺织，造纸，玩具，化工，食品饮料 | 7 | 玖龙纸业，市富之源饲料蛋白开发 | — | — | 1 | 道路运输装备智能化制造 |
| 惠州 | 数码，石化，服装，制鞋，水泥，汽车及零部件 | 4 | TCL集团，中海壳牌石油化工，高盛达科技 | 4 | 高精密铸件数字化车间建设，建筑钢结构智能制造 | 2 | 印制线路板智能制造 |
| 中山 | 医药，电子，电器，化工，五金，灯饰，服装，家具 | 1 | 鹰唛食品 | 2 | 企业互联网+工业机器人智能制造装备，风电大数据智能服务和管理 | 1 | 药品智能包装生产 |
| 江门 | 汽车，摩托车，船舶，麦克风，五金卫浴，纺织，电子信息，石化，印刷，新材料，制鞋 | — | — | 1 | 柔性印制电路制造流程智能 | 1 | 雅图仕智能印刷工厂 |
| 珠海 | 电子信息，家电电器，生物医药，石油化工，机械制造，电力能源 | 3 | 格力电器，纳思达，粤裕丰钢铁 | 4 | 小家电产品智能制造与生产管理，压缩机智能制造 | 9 | 数字多媒体智能终端智能，汽车先进驾驶辅助系统智能制造 |
| 肇庆 | 汽车零部件，电子信息，农产品，金属加工，食品饮料，化工 | 2 | 鸿图科技，飞南资源利用 | 2 | 水泥生产智能制造建设，互感器企业智能制造 | 2 | 唯品会华南物流智能物流服务和管理，互感器厂智能 |

资料来源：广东省工业和信息化厅、德勤研究

## （二）研发职能

研发职能的第一梯队由核心城市香港、广州、深圳组成，第二梯队由剩余外围城市组成。

大湾区制造业升级和融入全球创新网络意味着必须提升基础研究能力。研发是经济增长的主要动力，是创新的标志，是技术进步的重要推动力。《粤港澳大湾区发展规划纲要》表示要强化香港金融对科技创新的助推作用。2017年，香港研发支出总额达184.5亿元，比2016年增长8%。同期国内生产总值增长7%。因此，

国内研发支出占国内生产总值的比例从 2016 年的 0.79%小幅上升至 2017 年的 0.80%。科研创新投入的增加，体现在产业从业人数比例的增加。研发职能专业化指数从 2008 年的 2.15 提高到 2017 年的 2.53。

广州研发基础雄厚，拥有 9 个国家级开发区、4 个省级开发区，重点发展新一代信息技术、人工智能及生物技术。广州市政府、广汽集团分别与腾讯签署战略合作框架协议，从多个方面打造"智慧城市"；广药集团与科大讯飞正式签署战略合作协议，探索"医药+智能"发展新模式，合力打造智慧医疗服务体系；广州白云区政府和华为共同签署云计算产业战略合作协议，未来在白云区打造新一代信息产业集群。同时广州拥有多个青年创新创业基地，为粤港澳青年提供各式各样的支援，推动青年创新创业。此外，广东与香港将在广州南沙自贸区建立粤港深度合作区和自由贸易试验区以推动粤港深度合作、建设粤港科技创新转化平台。2017 年广州科研职能固定资产投资在珠三角地区排名第二位，仅次于深圳。专业指数从 2008 年的 1.04 提升到 2017 年的 1.73。

深圳依托大湾区东岸主要知识密集型产业带的制造业，其中包括发展互联网、人工智能、科技创新等新兴产业和高新技术产业。2018 年深圳市国家高新技术企业新增 5 407 家，位居全国第二，仅次于北京，是广东省内第一，同时高水平人才和数字人才流入与流出比远高于大湾区内其他城市，表明大湾区内其他城市的人才在向深圳集中。深圳的科研成果体现在应用方面，深圳拥有腾讯等综合性公司，在人工智能基础层、技术层和应用层均有部署，提升了其在人工智能方面的整体发展水平。深圳近年来固定资产投资从 2012 年的 12.54 亿元上升到 2017 年的 83.39 亿元，居珠三角地区首位。

（三）营销职能

营销职能第一梯队由核心城市香港、澳门、广州、深圳组成。第二梯队由剩余城市组成。

2008 年全球金融危机和随之而来的经济衰退无情地打击了各个行业。由于经济前景不明朗，加上美国及其他海外市场的阻碍，香港批发贸易在 2009 年下跌 2.6%。在零售业方面，2009 年上半年香港零售销售收入总额呈下降趋势，而上一次类似的现象要追溯到 2003 年非典时期。随着 2009 年下半年香港经济持续增长，以及内地实施多项便利措施，香港入境旅游情况得到改善，香港旅游业在下半年出现复苏的迹象。2010 年第四季度零售总额增长 19.4%。批发和零售业拥有最大的劳动人口数，结果显示其专业化指数从 2008 年的 2.89 上升到 2017 年的 3.30。

澳门已发展成为以第三产业为主的典型外向型经济体。澳门一直将博彩业作为其主要业务，并高度依赖旅游业。为减少博彩业独特的产业结构对经济可持续发展的负面影响，2008年，在中央政府的支持下，澳门实施了相当多元化的经济政策，致力于发展非博彩业相关产业如批发和零售业。澳门整体行业增加值总额由2016年实质下跌0.7%转为2017年实质上升9.1%，主要原因是第三产业各行业表现理想，其中批发及零售业和博彩及博彩中介业的增加值总额分别实质上升21.9%及16.2%。2013年，博彩业和非博彩业按当年生产者价格计算的增加值总额分别为1 981.5亿元和911.4亿元（按2013年澳门元对人民币的年均汇率折算）。在非博彩业中，前两大相关产业是批发和零售服务业，占当年生产者价格增加值的35.99%，租赁和商务服务业占18.21%。

鉴于这一时期广州大力发展批发和零售业，天河路、北京路商业区人口消费密度加大，电子商务的迅猛发展也增加了广州商品的市场份额。2012年，香港、澳门、台湾对广州批发和零售业对外投资增长40.2%，外资企业增加33%。2012年和2017年广州批发和零售业固定资产投资位于首位，2017年广州投资比投资第二多的东莞多78.84亿元。

（四）管理职能

管理职能第一梯队由核心城市香港、澳门、广州、深圳组成。第二梯队由剩余外围城市组成。

目前粤港澳大湾区整体阶段属第二产业向第三产业转变，除了核心城市在第三产业从业人数相对多一些，外围城市在第三产业从业人数较少。目前国内还没有世界级管理咨询企业，许多商务服务业企业是外企。通过区位熵可见，每年的专业化指数有波动，反映国内生产性服务业较弱，在国际竞争中明显处于劣势。加速发展租赁和商务服务业是香港、澳门、广州、深圳相对发达城市解决中端制造业转移出去后"产业空心化"的选择，是大湾区产业结构升级转变的重要路径。除中山以外，珠三角地区在租赁和商务服务业的固定资产投资从2012年到2017年增长幅度都比较显著，而中山在2017年的投资对比2012年约减少至2012年的三分之一。2017年外围城市如江门、惠州、东莞在租赁和商务服务业中的投资额同比增长超过百分之一百，体现出这几个城市对知识密集型行业的重视。广州、深圳固定资产投资和管理职能专业化指数在珠三角九市排名前两位。由于未能获取澳门租赁和商务服务业的固定资产投资数据，暂且使用生产者价格按生产法计算的增加值及产业结构，可以更准确地反映澳门各个行业整体经济结构所占的比重，以生产者价格按生产法计算的本地生产总值在投入-产出分析方面，较以基本价格按生产法计算的本地生产总值有更高的参考作用。2017年租赁和商务服务业的增加值是 14 781.79 百万元（按 2017 年澳门元平均汇率折算），排在博彩业、批发和零售业、银行业之后。

## 四、结论

本部分从价值链视角对特定产业进行归类，利用传统区位熵和产业从业人员数据，对粤港澳大湾区城市群 11 市 2008~2017 年的分工格局演变趋势进行分析，结果发现：

第一，粤港澳大湾区城市群 10 年来吸纳就业能力显著增强，制造业，特别是高技术制造业和先进制造业成为城市群现代产业的支柱产业，而传统制造业有所减少。大湾区整体处于产业价值链的中上游。

第二，作为世界级城市区，粤港澳大湾区科学研究、技术服务和地质勘查业、批发和零售业、租赁和商务服务业等第三产业在不断优化提升，同时第二产业在大部分城市的比重下降明显，呈现出产业结构进化和特定制造业成熟发展的趋势。

第三，大湾区城市群的专业化分工格局演变在强化，表现为反映职能强度的专业化指数与城市定位取向相符。2012~2017 年，大湾区的职能分工变化较大。东莞和中山是截至 2017 年的十年期间制造业增长幅度最大的城市，协同五个外围城市在不同制造业互助。

进一步结合各城市产业发展基础和固定资产投资方向，从区域协作和互补性对其职能定位展开研究，以实现制造业内部的错位发展：广州市应加强科学研究、技术服务和地质勘查业，在较好的基础上进一步强化科学研究，同时在营销职能方面与香港拉近距离，从而保持较高竞争力度；深圳可以结合科研和先进制造业及高技术制造业，强化知识密集型职能；香港主要以科研职能、营销职能及管理职能为主，批发和零售业有很强的能力；澳门的产业发展较单薄，可以在有优势的博彩业方面形成产业链下游，形成"一条龙"发展；珠海应加快发展电子设备制造业和批发与零售业；佛山在电气机械和器材设备制造业上最为突出；东莞以计算机、通信和其他电子设备制造业为支柱，其劳动密集型制造业规模最大；惠州在计算机、通信和其他电子设备制造业领域发展迅速；中山以传统制造业的纺织业为主；江门在传统轻工业食品加工业方面做出较大贡献；肇庆以金属及金属冶炼品业的重工业制造为主。

# 第五章　粤港澳大湾区城市群政策定位

本章首先梳理《粤港澳大湾区发展规划纲要》《关于金融支持粤港澳大湾区建设的意见》《中共中央 国务院关于支持深圳建设中国特色社会主义先行示范区的意见》《广东省推进粤港澳大湾区建设三年行动计划（2018-2020年）》《关于构建"一核一带一区"区域发展新格局 促进全省区域协调发展的意见》及《中共广东省委全面深化改革委员会关于印发广州市推动"四个出新出彩"行动方案的通知》等指导性的政策文件中有关大湾区各城市的战略定位及未来重点发展产业的相关内容。其次，通过对大湾区现行产业基础、城市职能与政策规划的发展要求进行对比分析，发现各市产业现状与政策规划发展要求之间存在的差距，最后提出大湾区城市群产业结构存在的若干问题，并给出相应的对策建议。

## 第一节　中央及广东省对粤港澳大湾区城市群的发展定位

《粤港澳大湾区发展规划纲要》是2019年2月中共中央、国务院印发实施，旨在深化内地与港澳合作，提升粤港澳大湾区在国家经济发展和对外开放中的支撑引领作用，支持香港、澳门融入国家发展大局，远期展望到2035年的纲领性文件。纲要指出要将粤港澳大湾区建设成为充满活力的世界级城市群、具有全球影响力的国际科技创新中心、"一带一路"建设的重要支撑、内地与港澳深度合作示范区、宜居宜业宜游的优质生活圈。

《中共中央 国务院关于支持深圳建设中国特色社会主义先行示范区的意见》是2019年8月发布的，旨在探索中国特色社会主义现代化强国新路径，深入创新驱动发展战略,更好地实施粤港澳大湾区战略,强化核心引擎功能,规划至2035年的指导性文件。意见指出要将深圳建设成为以创新驱动为发展战略的高质量发展高地、拥有国际一流法治化营商环境的法治城市示范,拥有高水平的公共文化服务体系和现代文化产业体系的城市文明典范、拥有优质均衡的公共服务体系和全覆盖可持续的社会保障体系的民生幸福标杆、拥有国家先进生态环境水平的可持续发展先锋。

《广东省推进粤港澳大湾区建设三年行动计划(2018-2020年)》由广东省推进粤港澳大湾区建设领导小组于2019年7月印发,旨在明确广东省在推进大湾区建设过程中大湾区内地九市及部门的重点任务和责任分工。三年行动计划针对《粤港澳大湾区发展规划纲要》提出了八大目标:优化提升空间发展格局、建设国际科技创新中心、构建现代化基础设施体系、协同构建具有国际竞争力的现代产业体系、推进生态文明建设、建设宜居宜业宜游的优质生活圈、加快形成全面开放新格局及共建粤港澳合作发展平台,制定了详尽的"任务书"及保障措施。

《关于构建"一核一带一区"区域发展新格局 促进全省区域协调发展的意见》是2019年7月广东省委和省政府印发的,旨在缩小粤东粤西粤北地区与珠三角地区差距,促进广东省区域协调发展的文件。"一核"指珠三角地区,包括广州、深圳、珠海、佛山、惠州、东莞、中山、江门及肇庆;"一带"指沿海经济带,包括珠三角沿海7市和东西两翼地区7市,东翼以汕头为中心,包括汕头、汕尾、揭阳和潮州,西翼以湛江市为中心,包括湛江、茂名、阳江;"一区"指北部生态发展区,包括韶关、梅州、清远、河源、云浮。"一核一带一区"实施以功能区为引领的区域协调发展战略,强化珠三角地区特别是核心城市广州、深圳、珠海对东西两翼和北部生态地区的辐射带动作用,以期在区域经济、基本公共服务、基础设施通达、人民基本生活水平、生态环境上实现区域的协调发展。

《中共广东省委全面深化改革委员会关于印发广州市推动"四个出新出彩"行动方案的通知》是由2019年10月广东省委印发,旨在以同等力度推动广州在综合城市功能、城市文化综合实力、现代服务业、现代化国际化营商环境四个方面上出新出彩,实现老城市新活力,充分发挥好粤港澳大湾区和深圳先行示范区"双区驱动效应",强化广深"双核联动",为"一核一带一区"区域发展提供有力支撑的文件。通知包含了《广州市推动综合城市功能出新出彩行动方案》《广州市推动城市文化综合实力出新出彩行动方案》《广州市推动现代服务业出新出彩行动方案》及《广州市推动现代化国际化营商环境出新出彩行动方案》四份详细行动方案和任务清单。

《关于金融支持粤港澳大湾区建设的意见》是2020年4月中国人民银行、银保监会、中国证券监督管理委员会(简称证监会)、外汇局联合发布,旨在推进粤港澳大湾区金融开放创新，深化内地与港澳金融合作，提升粤港澳大湾区在国家经济发展和对外开放中的引领作用，为建设富有活力和国际竞争力的一流湾区和世界级城市群提供有力的金融支撑。该文件从促进粤港澳大湾区跨境贸易和投融资便利化、扩大金融业对外开放、促进金融市场和金融基础设施互联互通、提升粤港澳大湾区金融服务创新水平、切实防范跨境金融风险五个方面提出26条具体的措施。

本节将结合《粤港澳大湾区发展规划纲要》《关于金融支持粤港澳大湾区建设的意见》《中共中央 国务院关于支持深圳建设中国特色社会主义先行示范区的意见》《广东省推进粤港澳大湾区建设三年行动计划（2018-2020年）》《关于构建"一核一带一区"区域发展新格局 促进全省区域协调发展的意见》和《中共广东省委全面深化改革委员会关于印发广州市推动"四个出新出彩"行动方案的通知》这一系列纲领性与指导性的政策文件，归纳分析粤港澳大湾区重点发展领域、各市定位及重点布局产业的政策支持。

## 一、《粤港澳大湾区发展规划纲要》中的重点发展领域

《粤港澳大湾区发展规划纲要》是推进粤港澳大湾区建设的纲领性文件，是制定《中共中央 国务院关于支持深圳建设中国特色社会主义先行示范区的意见》《广东省推进粤港澳大湾区建设三年行动计划（2018-2020年）》《关于构建"一核一带一区"区域发展新格局 促进全省区域协调发展的意见》《中共广东省委全面深化改革委员会关于印发广州市推动"四个出新出彩"行动方案的通知》遵循的政策。因此本小节将对纲要中涉及粤港澳大湾区重点发展领域的产业支持政策内容进行系统梳理，其重点发展的领域包括建设国际科技创新中心、加快基础设施互联互通、构建具有国际竞争力的现代产业体系、推进生态文明建设、建设宜居宜业宜游的优质生活圈、紧密合作共同参与"一带一路"建设及共建粤港澳合作发展平台，具体内容如表5-1所示。

表5-1 《粤港澳大湾区发展规划纲要》中重点发展领域的归纳

| 重点发展领域 | 涉及的政策内容 |
| --- | --- |
| 建设国际科技创新中心 | 1.深化粤港澳创新合作，构建开放型融合发展的区域协同创新共同体；<br>2.集聚国际创新资源，打造高水平科技创新载体和平台；<br>3.强化知识产权保护和运用，开展知识产权证券化试点，大力拓展直接融资渠道，允许符合条件的创新型科技企业进入香港上市集资平台，优化创新制度和政策环境。 |
| 加快基础设施互联互通 | 1.提升珠三角港口群国际竞争力，建设世界级机场群，畅通对外综合运输通道，构筑大湾区快速交通网络，力争实现大湾区主要城市间1小时通达；<br>2.构建新一代信息基础设施，建成智慧城市群；<br>3.优化能源供应结构，强化能源储运体系；<br>4.完善水利基础设施，完善水利防灾减灾体系。 |

续表

| 重点发展领域 | 涉及的政策内容 |
| --- | --- |
| 构建具有国际竞争力的现代产业体系 | 1.加快发展先进制造业,推动互联网、大数据、人工智能和实体经济深度融合,大力推进制造业转型升级和优化发展,建设具有国际竞争力的先进制造业基地;以珠海、佛山为龙头建设珠江西岸先进装备制造产业带,以深圳、东莞为核心在珠江东岸打造具有全球影响力和竞争力的电子信息等世界级先进制造业产业集群;大力发展智能制造装备和产品,支持装备制造、汽车、石化、家用电器、电子信息等优势产业做强做精;加快制造业绿色改造升级,打造绿色供应链;<br>2.培育壮大战略性新兴产业,推动新一代信息技术、生物技术、高端装备制造、新材料等发展壮大为新支柱产业;培育壮大新能源、节能环保、新能源汽车等产业,形成以节能环保技术研发和总部基地为核心的产业集聚带;积极发展数字经济和共享经济;<br>3.加快发展现代服务业,建设国际金融枢纽;大力发展特色金融产业;有序推进金融市场互联互通,逐步扩大大湾区内人民币跨境使用规模和范围;构建现代服务业体系,促进商务服务、流通服务等生产性服务业向专业化和价值链高端延伸发展,健康服务、家庭服务等生活性服务业向精细和高品质转变;大力发展第三方物流和冷链物流,建设国际物流枢纽;<br>4.大力发展海洋经济,共同建设现代海洋产业基地,构建现代海洋产业体系。 |
| 推进生态文明建设 | 1.实行最严格的生态环境保护制度,打造生态防护屏障;<br>2.加强环境保护和治理,重点整治珠江东西两岸污染,实施珠三角九市空气质量达标管理;<br>3.创新绿色低碳发展模式,推进低碳试点示范;推动大湾区开展绿色低碳发展评价;培育发展新兴服务业态,加快节能环保与大数据、互联网、物联网的融合。 |
| 建设宜居宜业宜游的优质生活圈 | 1.打造教育和人才高地,扩大学位供给,进一步完善跨区域就业人员随迁子女就学政策;支持各类职业教育实训基地交流合作,共建一批特色职业教育园区;支持珠三角九市借鉴港澳吸引国际高端人才的经验和做法,创造更具吸引力的引进人才环境,开展外籍创新人才创办科技型企业享受国民待遇试点,建立国家级人力资源服务产业园;<br>2.共建人文湾区,塑造湾区人文精神,共同推动文化繁荣发展,加强粤港澳青少年交流,推动中外文化交流互鉴;<br>3.构筑休闲湾区,构建文化历史、休闲度假、养生保健、邮轮游艇等多元旅游产品体系,丰富粤港澳旅游精品路线,开发高铁"一程多站"旅游产品,建设粤港澳大湾区世界级旅游目的地;<br>4.完善区域公共就业服务体系,建设公共就业综合服务平台,完善有利于港澳居民特别是内地学校毕业的港澳学生在珠三角九市就业生活的政策措施,拓宽港澳居民就业创业空间。 |
| 紧密合作共同参与"一带一路"建设 | 1.打造具有全球竞争力的营商环境,支持珠三角九市加快建立与国际高标准投资和贸易规则相适应的制度规则;加强粤港澳司法交流与协作,推动建立共商、共建、共享的多元化纠纷解决机制;完善国际商事纠纷解决机制,建设国际仲裁中心;建立健全行业协会法人治理结构;加快珠三角九市社会信用体系建设;<br>2.提升市场一体化水平,落实CEPA框架下对港澳开放措施,提升投资便利化水平;扩大内地与港澳专业资格互认范围;研究为符合条件的珠三角九市人员赴港澳开展商务、科研、专业服务等提供更加便利的签注安排,研究制定港澳与内地车辆通行政策和配套交通管理措施;<br>3.携手扩大对外开放,共同参与"一带一路"建设,深化与相关国家和地区基础设施互联互通、经贸合作及人文交流;全面参与国际经济合作,携手开拓国际市场。 |
| 共建粤港澳合作发展平台 | 1.优化提升深圳前海深港现代服务业合作区功能,强化前海合作发展引擎作用;加强法律事务合作;建设国际化城市新中心; |

续表

| 重点发展领域 | 涉及的政策内容 |
|---|---|
| 共建粤港澳合作发展平台 | 2.打造广州南沙粤港澳全面合作示范区，携手港澳建设高水平对外开放门户，强化与周边地区在城市规划、综合交通、公共服务设施等方面的一体化衔接，构建"半小时交通圈"；共建创新发展示范区，强化粤港澳联合科技创新，共同将广州南沙打造为华南科技创新成果转化高地；建设金融服务重要平台，着力发展航运金融、科技金融、飞机船舶租赁等特色金融，研究探索在广东自贸试验区内设立粤港澳大湾区国际商业银行；<br>3.推进珠海横琴粤港澳深度合作示范，配合澳门建设世界旅游休闲中心，高水平建设珠海横琴国际休闲旅游岛。 |

## 二、各市发展定位与重点布局产业领域

本节将结合《粤港澳大湾区发展规划纲要》(简称纲要)、《关于金融支持粤港澳大湾区建设的意见》(简称意见)、《中共中央 国务院关于支持深圳建设中国特色社会主义先行示范区的意见》(简称先行示范区)、《广东省推进粤港澳大湾区建设三年行动计划（2018-2020年）》(简称三年行动计划)、《关于构建"一核一带一区"区域发展新格局 促进全省区域协调发展的意见》(简称一核一带一区)、《中共广东省委全面深化改革委员会关于印发广州市推动"四个出新出彩"行动方案的通知》(简称四个出新出彩)这一系列纲领性与指导性的政策文件，归纳分析中国粤港澳大湾区重点发展领域、各市定位及重点布局产业的政策支持，如表5-2所示。

《粤港澳大湾区发展规划纲要》对大湾区各市的城市功能予以了清晰的定位，提出要巩固香港金融中心地位，打造澳门为世界旅游休闲中心，强化广州国家中心城市和国际商贸中心的功能，打造深圳为创新创意之都，支持珠海、佛山、惠州、中山、江门、肇庆发挥自身优势和强化与中心城市的互动合作，建设成为重要节点城市。纲要也强调了三地金融市场互联互通，加强生产性、生活性服务业及其他专业服务业的合作发展。现将中央及广东省对大湾区九市的城市功能定位及重点产业做了如表5-3所示的归纳总结。

**表5-2 大湾区各市城市功能定位与重点发展产业的政策内容梳理**

| 城市 | 城市功能定位 | 重点发展产业 | 政策文件 | 涉及的政策内容 |
|---|---|---|---|---|
| 香港 | 国际金融中心、航运和贸易中心、国际航空枢纽 | 金融 | 纲要 | 1.强化全球离岸人民币业务枢纽地位、国际资产管理中心及风险管理中心功能，建设亚太区国际法律及争议解决服务中心<br>2.打造服务"一带一路"建设的投融资平台<br>3.打造大湾区绿色金融中心，建设国际认可的绿色债券认证机构<br>4.扩大香港与内地居民和机构进行跨境投资的空间，稳步扩大两地居民投资对方金融产品的渠道 |

续表

| 城市 | 城市功能定位 | 重点发展产业 | 政策文件 | 涉及的政策内容 |
|---|---|---|---|---|
| 香港 | 国际金融中心、航运和贸易中心、国际航空枢纽 | 金融 | 意见 | 5.支持香港机构投资者按规定在大湾区募集人民币资金投资香港资本市场<br>6.支持香港开发更多离岸人民币、大宗商品及其他风险管理工具<br>7.支持内地与香港、澳门保险机构开展跨境人民币再保险业务<br>8.支持香港私募基金参与大湾区创新型科技企业融资，允许符合条件的创新型科技企业进入香港上市集资平台，将香港发展成为大湾区高新技术产业融资中心<br>9.支持丝路基金及相关金融机构在香港、澳门设立分支机构<br>10.支持内地企业在香港设立资本运作中心及企业财资中心，开展融资、财务管理等业务，提升风险管控水平<br>11.支持香港交易所前海联合交易中心建成服务境内外客户的大宗商品现货交易平台<br>12.开展港澳居民代理见证开立个人Ⅱ、Ⅲ类银行结算账户试点<br>13.支持港澳居民购买粤港澳大湾区内地银行销售的理财产品<br>14.支持港澳银行的内地分支机构为大湾区建设提供贷款服务<br>15.支持港澳保险公司依法取得人民币合格境外机构投资者（RQFII[①]）资格<br>16.支持港澳保险公司依法取得合格境外机构投资者（QFII[②]）资格<br>17.支持港澳私募基金参与粤港澳大湾区创新型企业融资<br>18.鼓励符合条件的创新型企业赴港澳融资、上市<br>19.支持港澳发展离岸人民币业务，支持香港开发更多离岸人民币、大宗商品及其他风险管理工具<br>20.支持广东地方法人金融机构在香港发行绿色金融债券及其他绿色金融产品<br>21.支持香港打造粤港澳大湾区绿色金融中心，建设国际认可的绿色债券认证机构<br>22.支持香港发展特色金融产业<br>23.便利港澳居民在内地使用移动电子支付工具进行人民币支付<br>24.支持内地非银行支付机构在港澳扩展业务<br>25.支持香港保险业在粤港澳大湾区内地设立保险售后服务中心<br>26.支持丝路基金及相关金融机构在香港、澳门设立分支机构<br>27.支持港澳保险机构在前海、南沙、横琴设立经营机构 |
| | | 航运物流 | | 1.支持香港发展船舶管理及租赁、船舶融资、海事保险、海事法律及争议解决等高端航运服务业<br>2.依托香港金融和物流优势，发展高增值货运、飞机租赁和航空融资业务等 |
| | | 旅游 | 纲要 | 1.支持新建香港故宫文化博物馆、西九文化区戏曲中心等重点文化项目<br>2.支持香港成为国际城市旅游枢纽及"一程多站"示范核心区，建设多元旅游平台<br>3.有序推动香港、广州、深圳国际邮轮港建设<br>4.探索开通香港—深圳—惠州—汕尾海上旅游航线 |
| | | 新兴产业 | | 1.大力发展创新及科技事业，培育新兴产业<br>2.推进"广州—深圳—香港—澳门"科技创新走廊建设<br>3.支持港深创新及科技园等重大创新载体建设<br>4.支持香港成为区域知识产权贸易中心<br>5.支持香港物流及供应链管理应用技术、纺织及成衣、资讯及通信技术、汽车零部件、纳米及先进材料等五大研发中心及香港科学院、香港数码港建设<br>6.支持东莞与香港合作开发建设东莞滨海湾地区，集聚高端制造业总部、发展现代服务业，建设战略性新兴产业研发基地 |

---

① RQFII，RMB qualified foreign institutional investor.

② QFII，qualified foreign institutional investor.

续表

| 城市 | 城市功能定位 | 重点发展产业 | 政策文件 | 涉及的政策内容 |
|---|---|---|---|---|
| 澳门 | 世界旅游休闲中心、中葡商贸合作平台 | 旅游 | 纲要 | 1.支持澳门发挥东西方多元文化长期交融共存的特色,加快发展文化产业和文化旅游,建设中国与葡语国家文化交流中心<br>2.支持澳门建设世界旅游休闲中心,在澳门成立大湾区城市旅游合作联盟,推进粤港澳共享区域旅游资源,构建大湾区旅游品牌,研发具有创意的旅游产品,共同拓展旅游客源市场,推动旅游休闲提质升级<br>3.支持澳门与邻近城市探索发展国际游艇旅游,合作开发跨境旅游产品,发展面向国际的邮轮市场<br>4.探索开通澳门与邻近城市、岛屿的旅游路线<br>5.推进珠海横琴粤港澳深度合作示范 |
| | | 金融 | 纲要 | 1.支持澳门打造中国—葡语国家金融服务平台,建立出口信用保险制度,建设成为葡语国家人民币清算中心<br>2.研究探索建设澳门—珠海跨境金融合作示范区<br>3.支持澳门发展租赁等特色金融业务<br>4.研究在澳门建立以人民币计价结算的证券市场、绿色金融平台、中葡金融服务平台<br>5.支持内地与香港、澳门保险机构开展跨境人民币再保险业务 |
| | | | 意见 | 6.开展港澳居民代理见证开立个人Ⅱ、Ⅲ类银行结算账户试点<br>7.支持港澳居民购买粤港澳大湾区内地银行销售的理财产品<br>8.支持港澳银行的内地分支机构为大湾区建设提供贷款服务<br>9.支持港澳保险公司依法取得人民币合格境外机构投资者(RQFII)资格<br>10.支持港澳保险公司依法取得合格境外机构投资者(QFII)资格<br>11.支持港澳私募基金参与粤港澳大湾区创新型企业融资<br>12.鼓励符合条件的创新型企业赴港澳融资、上市<br>13.支持港澳发展离岸人民币业务<br>14.支持广东地方法人金融机构在澳门发行绿色金融债券及其他绿色金融产品<br>15.支持澳门打造中国—葡语国家金融服务平台,建立出口信用保险制度,建设成为葡语国家人民币清算中心,承接中国与葡语国家金融合作服务,支持澳门发展租赁等特色金融业务,推动建设澳门—珠海跨境金融合作示范区<br>16.便利港澳居民在内地使用移动电子支付工具进行人民币支付<br>17.支持内地非银行支付机构在港澳扩展业务<br>18.支持澳门保险业在粤港澳大湾区内地设立保险售后服务中心<br>19.支持澳门在符合条件的情况下加入亚洲基础设施投资银行,支持丝路基金及相关金融机构在香港、澳门设立分支机构<br>20.支持港澳保险机构在前海、南沙、横琴设立经营机构 |

续表

| 城市 | 城市功能定位 | 重点发展产业 | 政策文件 | 涉及的政策内容 |
|---|---|---|---|---|
| 澳门 | 世界旅游休闲中心、中葡商贸合作平台 | 贸易 | 纲要 | 1.研究探索建设澳门—珠海跨境金融合作示范区<br>2.支持澳门加快建设葡语国家食品集散中心<br>3.支持横琴与澳门联手打造中拉经贸合作平台,搭建内地与"一带一路"相关国家和地区的国际贸易通道,推动跨境交付、境外消费、自然人移动、商业存在等服务贸易模式创新 |
| | | 中医药 | | 1.支持澳门中医药科技产业发展平台建设<br>2.支持澳门、香港分别发挥中药质量研究国家重点实验室伙伴实验室和香港特别行政区政府中药检测中心优势,与内地科研机构共同建立国际认可的中医药产品质量标准<br>3.支持横琴粤澳合作中医药科技产业园等重大创新载体建设 |
| | | 会展 | | 支持澳门培育一批具有国际影响力的会议展览品牌 |
| 广州 | 国家中心城市、国际商贸中心、综合交通枢纽 | 贸易 | 纲要 | 1.支持广州南沙建设全球进出口商品质量溯源中心<br>2.支持广州南沙与港澳合作建设中国企业走出去综合服务基地和国际交流平台 |
| | | | 四个出新出彩 | 3.全面提升口岸保障服务能力,加快发展新型贸易方式,提高跨境电商便利化水平<br>4.提升国际会展服务能力,探索"新业态+会展"模式<br>5.推进高端专业服务业与国际标准对接,积极争取扩大穗港澳专业服务资格互认范围<br>6.推动商贸业态创新发展,策划推进一批文商旅融合发展的特色夜间经济集聚区,打造国际知名的"广州之夜"品牌 |
| | | 金融 | 纲要 | 1.建设区域性私募股权交易市场,建设产权、大宗商品区域交易中心<br>2.建设绿色金融改革创新试验区,研究设立以碳排放为首个品种的创新型期货交易所<br>3.打造广州南沙粤港澳全面合作示范区,建设金融服务重要平台 |
| | | | 意见 | 4.依托广州绿色金融改革创新试验区,建立完善粤港澳大湾区绿色金融合作工作机制。充分发挥广州碳排放权交易所(简称广碳所)的平台功能,搭建粤港澳大湾区环境权益交易与金融服务平台<br>5.研究设立广州期货交易所<br>6.在粤港澳大湾区内地统一实施资本项目收入支付便利化试点<br>7.在粤港澳大湾区内地开展本外币合一的跨境资金池业务试点<br>8.支持大湾区内地银行向港澳地区的机构或项目发放跨境贷款<br>9.支持内地非银行金融机构与港澳地区开展跨境业务<br>10.推进合格境内有限合伙人(QDLP①)、合格境内投资企业(QDIE②)试点<br>11.支持内地私募股权投资基金境外投资<br>12.支持境外银行在粤港澳大湾区内地同时设立分行和子行<br>13.鼓励外资在粤港澳大湾区内地投资入股信托公司等金融机构<br>14.支持在大湾区内地设立外资控股的证券、基金、期货公司<br>15.支持在粤港澳大湾区内地设立外资控股的人身险公司<br>16.支持设立外资保险集团、再保险机构、保险代理和保险公估公司<br>17.支持粤港澳大湾区内地银行与外部创投机构合作 |

---

① QDLP,qualified domestic limited partner.

② QDIE,qualified domestic investment enterprise.

续表

| 城市 | 城市功能定位 | 重点发展产业 | 政策文件 | 涉及的政策内容 |
|---|---|---|---|---|
| 广州 | 国家中心城市、国际商贸中心、综合交通枢纽 | 金融 | 三年行动计划 | 18.加快建设广州国际金融城 |
| | | | 四个出新出彩 | 19.探索促进私募股权交易的便利举措，加快建设民间金融街、国际金融城<br>20.放宽银行、证券、保险行业外资股比限制，扩大外资金融机构在穗业务范围；争取大湾区飞机租赁业务创新政策试点，携手香港共建全球飞机租赁中心；利用"一带一路"国际金融平台拓宽项目投融资渠道，携手港澳建设中国企业"走出去"综合服务基地；支持保险机构与港澳合作开发跨境机动车保险和跨境医疗保险产品；在CEPA框架下，争取在广州设立港澳保险公司内地保险服务机构和港资独资证券公司、基金公司等金融机构<br>21.争取国家支持开展知识产权金融创新及知识产权证券化试点<br>22.与深圳证券交易所（简称深交所）合作共建广州科技金融路演中心<br>23.建设创投风投集聚地，鼓励与港澳资本联合成立创投基金，建立适应科技成果转化需求的信贷、保险机制 |
| | | 先进制造和战略新兴产业 | 纲要 | 1.推进"广州—深圳—香港—澳门"科技创新走廊建设<br>2.联合香港、澳门、广州、深圳等打造战略性新兴产业集群<br>3.支持中新广州知识城、南沙庆盛科技创新产业基地等重大创新载体建设<br>4.打造广州南沙粤港澳全面合作示范区，共建创新发展示范区 |
| | | | 三年行动计划 | 5.支持中新广州知识城开展国家知识产权运用和保护综合改革试验 |
| | | | 四个出新出彩 | 6.建设穗港智造特别合作区，与佛山共建万亿级产业集群<br>7.壮大新一代信息技术、人工智能、生物医药、新能源、新材料、高端装备、绿色低碳、海洋经济等战略性新兴产业，培育新能源汽车、超高清视频及新型显示等世界级先进制造业集群<br>8.打造国家服务型制造示范城市和全球定制之都 |
| | | 交通 | 纲要 | 1.增强广州、深圳国际航运综合服务功能<br>2.提升广州和深圳机场国际枢纽竞争力，推进广州、深圳临空经济区发展<br>3.加快构建以广州、深圳为枢纽，高速公路、高速铁路和快速铁路等广东出省通道为骨干，连接泛珠三角区域和东盟国家的陆路国际大通道 |
| | | | 四个出新出彩 | 4.共建大湾区世界级机场群，支持广州建设世界级高铁枢纽，支持广州建设世界级都市数字交通体系 |
| 深圳 | 全国性经济中心城市、世界创新创意之都、综合性国家科学中心 | 金融 | 纲要 | 1.支持深圳建设保险创新发展试验区，推进深港金融市场互联互通和深澳特色金融合作，开展科技金融试点，加强金融科技载体建设<br>2.推进金融开放创新，拓展离岸账户（OSA①）功能<br>3.支持国际金融机构在深圳前海设立分支机构 |
| | | | 意见 | 4.在粤港澳大湾区内地统一实施资本项目收入支付便利化试点<br>5.在粤港澳大湾区内地开展本外币合一的跨境资金池业务试点<br>6.支持大湾区内地银行向港澳地区的机构或项目发放跨境贷款<br>7.支持内地非银行金融机构与港澳地区开展跨境业务<br>8.推进合格境内有限合伙人（QDLP）和合格境内投资企业（QDIE）试点 |

---

① OSA，offshore account.

续表

| 城市 | 城市功能定位 | 重点发展产业 | 政策文件 | 涉及的政策内容 |
|---|---|---|---|---|
| 深圳 | 全国性经济中心城市、世界创新创意之都、综合性国家科学中心 | 金融 | 意见 | 9.支持内地私募股权投资基金境外投资<br>10.支持境外银行在粤港澳大湾区内地同时设立分行和子行<br>11.鼓励外资在粤港澳大湾区内地投资入股信托公司等金融机构<br>12.支持在大湾区内地设立外资控股的证券、基金、期货公司<br>13.支持在粤港澳大湾区内地设立外资控股的人身险公司<br>14.支持设立外资保险集团、保险代理、再保险机构及保险公估公司<br>15.支持粤港澳大湾区内地银行与外部创投机构合作 |
| | | | 先行示范区 | 16.研究完善创业板发行上市、再融资和并购重组制度，创造条件推动注册制改革<br>17.支持在深圳开展数字货币研究与移动支付等创新应用<br>18.促进与港澳金融市场互联互通和金融（基金）产品互认<br>19.在推进人民币国际化上先行先试，探索创新跨境金融监管<br>20.支持深圳试点深化外汇管理改革<br>21.探索设立国际海洋开发银行 |
| | | | 三年行动计划 | 22.推进深圳科技金融中心建设<br>23.支持在前海开展再保险产品和制度创新，研究推出巨灾债券，创新发展航运保险、物流保险、融资租赁保险、邮轮游艇保险、跨境电商保险等业务 |
| | | 先进制造和战略新兴产业 | 纲要 | 1.以深圳、东莞为核心打造世界级先进制造业产业集群<br>2.推进"广州—深圳—香港—澳门"科技创新走廊建设<br>3.支持依托深圳国家基因库发起设立"一带一路"生命科技促进联盟<br>4.联合香港、澳门、广州、深圳等打造战略性新兴产业集群<br>5.支持港深创新及科技园等重大创新载体建设 |
| | | | 先行示范区 | 6.以深圳为主阵地建设综合性国家科学中心<br>7.支持深圳建设5G、人工智能、网络空间科学与技术、生命信息与生物医药实验室等重大创新载体，探索建设国际科技信息中心和全新机制的医学科学院<br>8.加强基础研究和应用基础研究，实施关键核心技术攻坚行动，夯实产业安全基础。探索知识产权证券化，规范有序建设知识产权和科技成果产权交易中心<br>9.大力发展战略性新兴产业，在未来通信高端器件、高性能医疗器械等领域创建制造业创新中心<br>10.开展市场准入和监管体制机制改革试点，建立更具弹性的审慎包容监管制度，积极发展智能经济、健康产业等新产业新业态，打造数字经济创新发展试验区 |
| | | | 三年行动计划 | 11.加快深圳光明科学城等重点创新平台建设<br>12.打造深港科技创新合作区<br>13.依托深圳国家基因库发起设立"一带一路"生命科技促进联盟 |
| 珠海 | 珠江西岸核心城市 | 先进制造业和战略新兴产业 | 纲要 | 1.以珠海、佛山为龙头建设珠江西岸先进装备制造产业带 |
| | | | 三年行动计划 | 2.打造珠海横琴粤澳合作中医药科技产业园 |

续表

| 城市 | 城市功能定位 | 重点发展产业 | 政策文件 | 涉及的政策内容 |
|---|---|---|---|---|
| 珠海 | 珠江西岸核心城市 | 先进制造业和战略新兴产业 | 一核一带一区 | 3.支持珠海、佛山重点发展高端装备制造业和智能制造产业 |
| | | 旅游 | 纲要 | 推进珠海横琴粤港澳深度合作示范，高水平建设珠海横琴国际休闲旅游岛 |
| 佛山 | 国家制造业创新中心 | 先进制造业和战略新兴产业 | 纲要 | 1.以珠海、佛山为龙头建设珠江西岸先进装备制造产业带<br>2.支持佛山深入开展制造业转型升级综合改革试点 |
| | | | 一核一带一区 | 3.支持珠海、佛山重点发展高端装备制造业和智能制造产业 |
| | | | 三年行动计划 | 4.加快佛山三龙湾高端创新集聚区等重点创新平台建设<br>5.加快推进中国（广东）知识产权保护中心、中国（佛山）知识产权保护中心的建设与运营 |
| 惠州 | 珠江东岸现代产业枢纽 | 电子信息、石化产业 | 一核一带一区 | 1.重点发展高端电子信息和石化产业<br>2.推动湛江东海岛、茂名石化、揭阳大南海与惠州大亚湾串珠成链，打造成世界级沿海重化产业带 |
| 东莞 | 先进制造业中心 | 先进制造业和战略新兴产业 | 纲要 | 1.以深圳、东莞为核心打造世界级先进制造业产业集群<br>2.支持东莞等市推动传统产业转型升级 |
| | | | 一核一带一区 | 3.东莞重点发展智能制造和新材料产业 |
| | | | 三年行动计划 | 4.加快东莞中子科学城等重点创新平台建设 |
| 中山 | 世界级先进制造业基地、区域性综合交通枢纽 | 高端装备制造业 | 一核一带一区 | 重点发展高端装备制造业 |
| | | 健康产业 | 纲要 | 支持中山推进生物医疗科技创新 |
| 江门 | 华侨华人交流合作重要平台 | 华侨华人文化 | 纲要 | 支持江门建设华侨华人文化交流合作重要平台 |
| | | 轨道交通产业 | 一核一带一区 | 重点发展轨道交通产业 |
| 肇庆 | 粤港澳大湾区新型城市 | 新能源汽车 | 一核一带一区 | 肇庆重点发展新能源汽车 |
| | | 节能环保产业 | 一核一带一区 | 肇庆重点发展节能环保产业 |
| | | 现代农业 | 纲要 | 支持港澳参与广东出口食品农产品质量安全示范区和"信誉农场"建设，高水平打造惠州粤港澳绿色农产品生产供应基地、肇庆（怀集）绿色农副产品集散基地 |

表 5-3　中央及广东省对粤港澳大湾区城市群的发展定位

| 城市 | 城市功能定位 | 重点发展产业 | 政策依据主要来源 |
|---|---|---|---|
| 香港 | 国际金融中心、航运和贸易中心、国际航空枢纽 | 金融、航运物流、旅游、新兴产业 | 纲要、意见 |
| 澳门 | 世界旅游休闲中心、中葡商贸合作平台 | 旅游、金融、贸易、中医药、会展 | 纲要、意见 |
| 广州 | 国家中心城市、国际商贸中心、综合交通枢纽 | 金融、先进制造和战略新兴产业、交通、贸易 | 纲要、意见、四个出新出彩、三年行动计划 |
| 深圳 | 全国性经济中心城市、世界创新创意之都、综合性国家科学中心 | 金融、先进制造和战略新兴产业 | 纲要、意见、先行示范区、三年行动计划 |
| 珠海 | 珠江西岸核心城市 | 先进制造业和战略新兴产业、旅游 | 纲要、三年行动计划、一核一带一区 |
| 佛山 | 国家制造业创新中心 | 先进制造业和战略新兴产业 | 纲要、三年行动计划、一核一带一区 |
| 惠州 | 珠江东岸现代产业枢纽 | 电子信息、石化产业 | 一核一带一区 |
| 东莞 | 先进制造业中心 | 先进制造业和战略新兴产业 | 纲要、三年行动计划、一核一带一区 |
| 中山 | 世界级先进制造业基地、区域性综合交通枢纽 | 高端装备制造业、健康产业 | 纲要、一核一带一区 |
| 江门 | 华侨华人交流合作重要平台 | 华侨华人文化、轨道交通产业 | 纲要、一核一带一区 |
| 肇庆 | 粤港澳大湾区新型城市 | 新能源汽车、节能环保产业、现代农业 | 纲要、一核一带一区 |

## 第二节　粤港澳大湾区城市群现行产业结构与政策定位的差距

通过对大湾区产业现状和城市优势职能分析,对比《粤港澳大湾区发展规划纲要》中的定位,发现目前大湾区产业建设有以下三个问题亟待解决:部分城市现行产业结构未能支撑《粤港澳大湾区发展规划纲要》对其定位,制造业水平低,现代服务业与产业创新发展结合不足。

### 一、部分城市现行产业结构未达到《粤港澳大湾区发展规划纲要》对其定位

《粤港澳大湾区发展规划纲要》等重要战略规划中,佛山被定位为国家制造

业创新中心，其现行产业结构中制造业总量大，但高新技术制造业比重低，创新能力低。2017年其工业产值为5 230.53亿元，仅次于深圳和广州，但发展质量不高，传统产业占比偏高。2017年高新技术制造业、先进制造业占比仅占规模以上工业增加值的6.2%、46.9%，高新技术制造业比重为珠三角九市最低。中山定位于世界级先进制造业基地，重点发展高端装备制造业，但其先进制造业和高技术制造业的体量不大，2017年增加值分别为485.55亿元、173.39亿元。江门重点发展轨道交通业，其先进制造业和高技术制造业2017年增加值分别为384.04亿元、80.46亿元，在珠三角九市中居弱势地位。肇庆应重点发展新能源汽车，但制造业并非其优势职能，在现行的产业结构中，2017年肇庆的汽车制造业增加值为26.16亿元，在珠三角九市的汽车制造业产值规模中几近排在末位，制造业中的先进制造业和高技术制造业规模也很小，产业基础薄弱。

## 二、先进制造业创新水平不高，核心竞争力不足

2019年9月17日，习近平总书记提出中国必须搞实体经济，制造业是实体经济的重要基础[①]。《粤港澳大湾区发展规划纲要》提及要将粤港澳大湾区打造成世界级先进制造业基地，推动制造业服务化。聚焦到大湾区内地九市现行结构来看，各市制造业均面临不同程度的挑战。

广州现代产业发展缓慢，如图5-1所示，2017年高技术产业占规模以上工业增加值比重仅为13.7%，创新驱动发展新动力不足制约了产业高度化发展。深圳先进制造业外迁，研发人才外溢（南方日报，2017）。珠海经济体量小，2017年工业增加值位列珠三角倒数第二位，制约着其自身创新的能力。佛山制造业高端要素集聚不够，传统制造业比重偏高，产业同构现象严重。东莞产业结构对出口依赖程度高，2017年出口总额占地区生产总值比重达92.68%，劳动密集型产业规模最大，2017年规模为848.27亿元。惠州制造业缺少本地特色的支柱性产业。中山、江门及肇庆的劳动密集型和资源密集型制造业比重较高，其中江门和肇庆研发投入强度较低，分别为2.1%、1.5%[②]。此外，虽然各市政府都推出了发展制造业的扶持政策和具体举措，但仍存在不少打着制造业之名、行房地产开发之实的所谓工业园区项目，这是对政策扶持的严重浪费，造成了资源错配。

---

① 新华网.习近平：一定要把我国制造业搞上去[EB/OL]. http://www.xinhuanet.com/politics/2019-09/18/c_1125007778.htm，2019-09-18.

② 资料来源：《2018中国城市统计年鉴》。

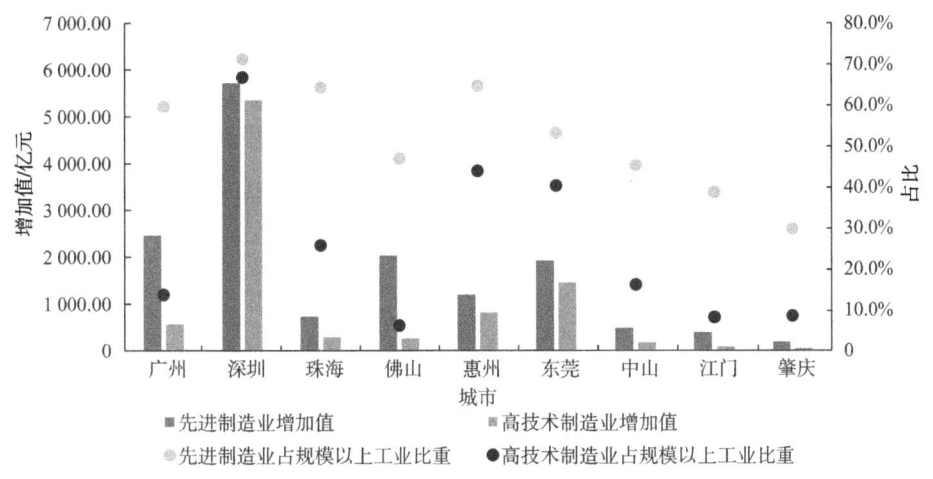

图 5-1　2017 年大湾区内地九市现代产业增加值及比重

资料来源：《2018 年广东统计年鉴》

## 三、现代服务业基础不强，对产业升级贡献有限

香港、澳门现代服务业占比均高达 90% 以上，其中香港生产性服务业占服务业比重高达 40.32%。珠三角九市服务业与港澳有所不同，一是，珠三角整体服务业的发展主要是依靠技术水平较低的传统服务业带动，缺乏物流、知识产权、金融等高端服务业，纵观 2017 年，珠三角九市批发和零售业占各地区生产总值比重绝大多数在 10% 左右，广州在该行业的比重更是高达 14.68%；二是，珠三角九市服务业水平参差不齐，广深两地 2017 年服务业产值总计 28 424.1 亿元，是其余七个城市服务业总量的 2 倍。珠三角九市中小微企业数量甚多，且普遍存在融资难和贵的问题。各市金融发展差距较大，金融资源分布较集中于广深两地，处于第二、第三经济梯队的城市金融基础薄弱，如佛山 2017 年工业增加值占地区生产总值比重为 55.65%，金融业规模仅占 4.34%，惠州、江门和肇庆三地金融业规模总计 400 亿元，不及佛山一市的规模。对于正处于转型升级期的制造业，珠三角现阶段服务业发展水平显然还不足以满足实体经济发展的需求。

## 第三节　粤港澳大湾区城市群产业发展规划建议

本章梳理了《粤港澳大湾区发展规划纲要》等重要政策文件中各功能发展定

位及未来重点布局产业领域，与前面两章进行比较，发现大湾区现行产业结构与政策定位的差距，据此提出完善产业扶持政策、优化制造业资源配置、加强服务业平台建设等建议。

## 一、完善产业扶持政策，达到《粤港澳大湾区发展规划纲要》定位目标

一是，要加大对重点产业的财税政策支持。引入龙头企业、高水平科研平台，以点带面，形成重点产业集聚区，带动中山、江门和肇庆的先进制造业和高技术制造业的项目建设、技术升级和关键技术突破，夯实产业根基。

二是，要强化产业基础配套支撑。要强化交通基础设施建设，特别是肇庆和中山，其2017年交通运输、仓储和邮政业的增加值分别为79.46亿元、97.03亿元，处于落后地位。在产业集聚区营造高效、透明的营商环境。作为广东首个营商环境改革创新实验区，广州黄埔区在优化营商环境上有着丰富的经验。借鉴黄埔区在优化审批制度、"金镶玉"等企业扶持政策方面的经验举措，中山、江门和肇庆政府在融资、用地、用能、用人等方面给予支持，进而吸引优质项目、战略性新兴企业落户。第三经济梯队城市要依托自身产业优势，提升产业配套协作能力，更好地对接核心城的产业转移，在提高核心竞争力的基础上，促进大湾区经济一体化发展。

## 二、优化制造业资源配置，加强城间协调联动

优化先进制造业的资源配置。一是，保障制造业用地，粤港澳大湾区要发展好先进制造业，各地方政府必须痛下决心，坚决遏制造业用地被直接或变相用于房地产开发的现象，切实保障制造业的用地，保障政策扶持力量真实用于制造业，引导经济资源流入制造业。二是，打造大湾区科技创新企业大数据平台，整合粤港澳创新政策、产业发展、市场需求、企业项目等信息，优化信息资源共享机制，撮合各类科技企业的生产服务合作需求，加强大湾区科技中小企业创新合作，依托广深港澳科技创新走廊实现大湾区制造业协同创新。

加强城市之间的协调联动。一是，推进粤港澳三地企业、公共技术平台、高校、科研院所围绕重点细分产业领域共建大湾区创新合作示范区。集聚高端创新要素，发挥规模经济效应。二是，鼓励城市以经济合作区的形式开展合作，如广佛肇、深莞惠、珠中江三个经济合作区；根据湾区各城市主体功能定位，优势制

造业及未来发展要求划分城市组合,构建核心城与节点城市的一体联动空间格局,携手共建先进制造业基础技术和应用技术的研发和转化平台,在城市专业化职能的基础上合理布局产学研产业链上下游,强化制造业产学研深度融合,增强核心城市的创新辐射力。三是,优化城市群制造业产业链分工,加强各市政策协调与《粤港澳大湾区发展规划纲要》衔接,重点推进第三经济梯队城市的产业基础建设,如加大对重点制造业的财税支持、引进龙头企业和高水平科研平台形成产业集聚区、充分发挥港口优势、优化营商环境、强化知识产权保护和运用,实现与核心城市制造业的互补发展,避免城市间各自为战。

### 三、加强平台建设,促进现代服务业高度化发展

在战略方向上,坚持现代服务业与先进制造业、新兴产业融合发展。依托珠江西岸先进装备制造业产业带和珠江东岸先进制造业产业集群建设粤港澳大湾区技术知识密集型现代服务业集聚区,以高技术创新驱动现代服务业持续创新。围绕信息消费、新型健康技术、高技术服务业等战略新兴产业的重点领域及其关键环节培育现代服务业新业态。融合互联网、人工智能、物联网、区块链等技术,推动服务业智能化,以现代信息技术为着力点,提升服务效率。

在具体实施上,建议加强粤港澳现代服务业合作,构建广深港澳在创意设计、软件、科技、金融、物流服务等高端服务业领域的密切合作网络,提升核心城市服务业对外输出能力。具体来说,一是,打造大湾区现代服务业综合平台,有序引入港澳金融、物流、会计审计、法律及争议解决服务、管理咨询、检验检测认证、知识产权等专业服务机构,对接港澳现代服务业的国际化标准,带动珠三角现代服务业高度化发展。二是,打造大湾区现代服务业人才供需对接平台,利用港澳国际化优势,有针对性地吸纳现代服务业重点领域所急需的管理和技术人才,建立合理科学互通互认的人才引进、考核、退出机制,完善科技创新人才社会保险、子女教育等社会保障制度。

## 第四节 粤港澳大湾区城市群重点产业发展建议

价值链是一种更为集中的用于研究第二和第三产业的城市职能分析形式,这些产业被分为生产职能、研发职能、营销职能和管理职能。通过探究价值链视角下四种职能演化分析的特点,本节提出以下两点促进大湾区城市群重点产业发展

的建议。

## 一、提升优势制造业竞争力，培育高附加值行业

大湾区经济总量很大，属于世界、中国最发达的城市群之一，但各城市也面临产业持续发展的挑战。以制造业为例，很多领域仍然处于价值链较底端，附加值较高行业占比较小。

珠三角是全球手机及零配件重要制造基地。国家统计局数据显示，2019年我国全年生产手机数量16亿部，广东产量高达7亿部，位居全国第一。我国企业普遍缺乏核心技术，且近三年手机产量逐步下降，整个产业处于价值链下游。近期各大厂商接踵推出5G手机和折叠屏手机，有望回暖。珠三角拥有多个本土手机品牌，同时也为国际品牌代工，但本土国际品牌较少，发展目标是要创造更多核心技术，应当在科学研究、技术服务业上加大投资。

大湾区的优势制造业除了手机还有很多，但只有个别领域拥有享誉国际的知名度、高技术及高附加值，如何实现更多行业转型升级不仅关乎该城市群未来经济发展，也是整个国家的挑战。珠三角地区及港澳一直是全国改革开放的前沿地带，利用大湾区发展规划在制造业转型升级会有较好的突破。

此外，在造就较高附加值制造业的同时，港澳可以在吸引投资、开拓国际市场方面发挥"超级联络人"的作用，如香港侧重研发、珠三角侧重科技推广与应用，综合利用9+2所有城市带来的优势推动制造业在全球的竞争力。

## 二、促进全球价值链高端人工智能产业发展

2017年，广东人工智能核心产业规模约260亿元，约占全国三分之一。带动机器人及智能装备等相关产业规模超2 000亿元，人工智能核心产业及相关产业规模均居全国前列。2017年，广东人工智能企业数超300家，广州、深圳是广东人工智能的主要集聚地，拥有大疆、柔宇科技、碳云智能、优必选、魅族5家人工智能领域知名企业，其中，大疆占全球消费级无人机超50%的市场份额，2017年营业收入达180亿元。

各个城市优势互补，共同构建产业生态圈。广州在研发和制造方面拥有雄厚的基础，同时拥有较强的资源（政策、资金、企业）集聚能力。深圳具备人工智能核心企业和大量创业企业，研发能力强，能够提供大量应用场景。佛山具有广东省智能制造创新示范园。香港能够吸引国际人才，并吸引内地企业与香港合作。

借助珠三角在高端新型电子信息和智能制造产业的优势,人工智能可为智能制造及其他应用环节提供支撑。香港和澳门服务业发展成熟,尤其是在医疗保健、金融、物流、零售和教育等领域,数字化程度高,人工智能落地可能性大。目前大湾区拥有最完整的机器人产业链和长期的技术积累。人工智能和机器人发展潜力较大,2017年广东拥有机器人制造重点企业156家,全省工业机器人产量20 662台,同比增长50.2%,占全国产量16%。工业机器人应用普及加快,目前大湾区的机器人产品正大量应用于装备制造(汽车)、电子信息(3C制造)、包装印刷、物流仓储等范畴,工业机器人生产和应用最多的地区是广州、佛山和东莞。大湾区在国内政务数据互联互通和开放水平方面均居全国前列,人工智能在电子政务方面的应用发展空间较大。当前大湾区正推进教育、医疗康复、养老陪护等特定应用场景的智能服务机器人研发及产业化。其中,教育陪伴机器人业务发展较为成熟,代表性企业包括深圳的优必选和寒武纪智能、广州的安望科技等。结合大湾区发展的价值链中上游产业,即制造(高新技术产业)、科研和金融业,进一步推进高附加值产业链拓展。

## 参 考 文 献

金奕. 2018. 香港产业结构演进与收入差距问题研究[D]. 暨南大学硕士学位论文.
李汉青，袁文，马明清，等. 2018. 珠三角制造业集聚特征及基于增量的演变分析[J]. 地理科学进展，37（9）：1291-1302.
南方日报. 2017-08-23. 深圳先进制造业隐患[EB/OL]. http://sz.southcn.com/content/2017-08/23/content_176582197.htm.
曾春水，申玉铭，李哲，等. 2018. 京津冀城市职能演变特征与优化对策[J]. 经济地理，38（9）：67-77.
张晓涛，易云峰，王淳朴. 2019. 价值链视角下的京津冀城市群职能分工演变：2003-2016——兼论中国三大城市群职能分工水平差异[J]. 宏观经济研究，2：116-132.
中共中央国务院. 2019-08-09. 中共中央 国务院关于支持深圳建设中国特色社会主义先行示范区的意见[EB/OL]. http://www.gov.cn/xinwen/2019-08/18/content_5422183.htm.
资本邦. 2020-01-05. 独角兽、创新企业扎堆奔赴深圳能否诞生下一个腾讯、华为[EB/OL]. http://finance.eastmoney.com/a/201908241216125062.html.
Bade F，Laaser C，Solwedel R. 2004. Urban specialization in the internet age-empirical findings for Germany [R]. Kiel Institute for World Economics No.1215.
Duranton G，Puga D. 2005. From sectoral to functional urban specialization[J]. Journal of Urban Economics，57（2）：343-370.

# 第三篇　粤港澳大湾区金融服务

金融是经济的"心脏",给产业发展提供"血液",其本源是服务于经济社会发展,以创造极其重要的经济价值。因此,本篇章将以实体经济为基础,从金融产业发展现状、金融产业集群、特色金融产业发展和金融产业政策四个角度对粤港澳大湾区金融服务进行分析。

粤港澳大湾区城市群金融业发展总体呈现平稳增长,内部形成了以香港、深圳、广州为首,佛山、东莞居后,惠州、中山、澳门、江门、珠海、肇庆居第三的三个明显的金融梯队。其中香港、广州和深圳所在的第一梯队发展势头较猛,第二、第三梯队发展进程相对缓慢。

金融产业集群作为金融业的重要组织形式,可有效促进地区经济发展,成为现代区域经济竞争力提高的骨干和中坚力量。其他三大世界级湾区都有一个颇具影响力的金融中心,并呈现出金融+优势产业的发展特点。美国纽约湾区承载世界金融的核心中枢;旧金山湾区同样也有个"旧金山金融中心",其金融服务业的集聚极大促进了其科技创新发展;东京湾区以产业金融为特色,是拥有银行类金融机构数量最多的湾区。粤港澳大湾区拥有国际金融中心香港和全国性经济中心深圳,在发展高质量、极具竞争力的金融产业集群中具有良好的基础。

粤港澳大湾区涉及粤港澳三地,具有区别于其他城市群的金融发展潜力。《粤港澳大湾区发展规划纲要》明确指出要大力发展特色金融产业,包括科技金融、绿色金融、租赁金融和跨境金融。因此,本篇将分业态分析粤港澳大湾区特色金融发展情况。

金融财税政策对促进金融产业发展具有不可忽视的作用,历来都是我国内地政府实现产业引导和升级的重要抓手之一。近年来,粤港澳大湾区各个城市都在因地制宜地制定本地区和本部门的发展规划,出台了一系列财税政策,从不同侧面提出对金融服务的需求及发展方向,以达到其金融产业布局的目标。通过奖励金融机构落户、金融人才政策、奖励金融创新等,以及对股权投资、融资租赁等诸多细分领域进行精细设计,取得了一系列成果。但同时,11市之间在金融资源的供给与需求、管理的集中与分散等方面的认识上存在较大出入，政策上的同质化可能造成不良竞争，因此，有必要对粤港澳大湾区的金融产业政策进行分析。

本篇章共有四章内容，第六章剖析粤港澳大湾区在各个金融服务业领域的发展现状，第七章测算和评价粤港澳大湾区金融产业集群水平和核心城市的金融产业竞争力水平，第八章针对《粤港澳大湾区发展规划纲要》着重分析大湾区特色金融发展情况，第九章分析粤港澳大湾区金融产业政策。

# 第六章　粤港澳大湾区金融服务业现状

本章主要从银行业、证券业、保险业、基金业、信托业、期货业、金融配套业七个金融产业入手，分析粤港澳大湾区总体金融服务业在 2008~2018 年的发展情况和大湾区内"9+2"城市各个金融服务业发展的差异。考虑到粤港澳大湾区涉及粤港澳三地的特殊性，本章第八节将从跨境视角分析跨境保险、债券跨境发行与交易、股票跨境发行与交易等跨境金融的发展情况。通过大湾区金融服务业现状的梳理为后文的分析提供参考。

## 第一节　粤港澳大湾区金融发展总体概况

2009~2018 年，粤港澳大湾区金融业增加值总量呈现平稳增长态势。如图 6-1 所示，金融业对大湾区经济的贡献每年维持在 10%左右。2018 年大湾区金融业实现增加值 11 443 亿元，占地区生产总值的 10.54%，其中珠三角九市金融业增加值为 6 964 亿元，香港金融业增加值为 4 256 亿元，澳门金融业增加值为 223 亿元。珠三角九市金融业增加值增速与全国水平趋同，而香港金融业增加值增速低于全国水平。

粤港澳大湾区内部各城市金融发展水平可以分成三个明显的梯队，以香港、深圳、广州为首，佛山、东莞居第二，惠州、中山、澳门、江门、珠海、肇庆位于第三梯队。除香港、广州和深圳金融业增加值有相对较大的增幅外，澳门和其他七个重点城市金融业增加值增长都较为低缓（图 6-2，下同）。而由于较大的汇率波动，香港在 2017 年（中美贸易战）出现大幅度下降。截至 2017 年底，粤港澳大湾区金融从业人数达到 64 万人，占全国金融就业人数的 5.4%，较

2015年同比增长8.3%。表6-1整理了粤港澳大湾区各个城市的金融业主要发展指标数据情况。

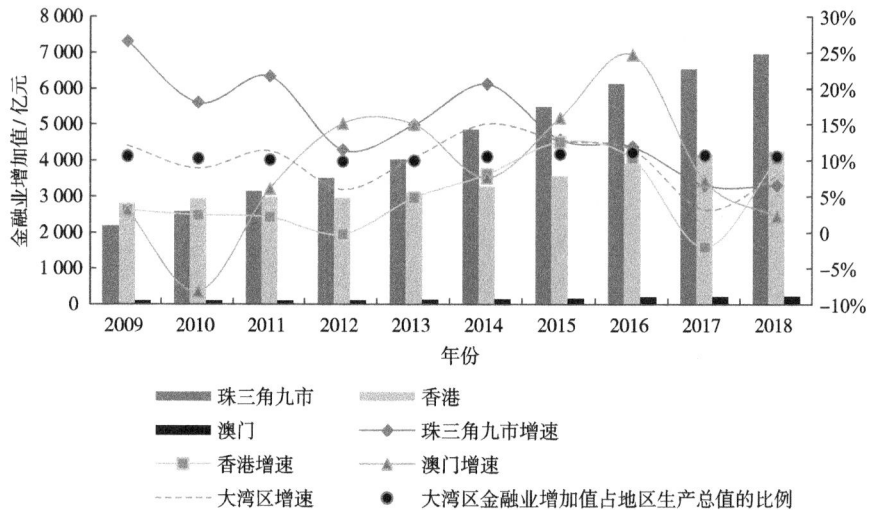

图6-1　2009~2018年粤港澳大湾区金融业增加值及增速变化趋势图

资料来源：《中国统计年鉴》、各市统计局统计年鉴、统计公报。香港、澳门金融业增加值已根据当年平均汇率换成人民币，下同

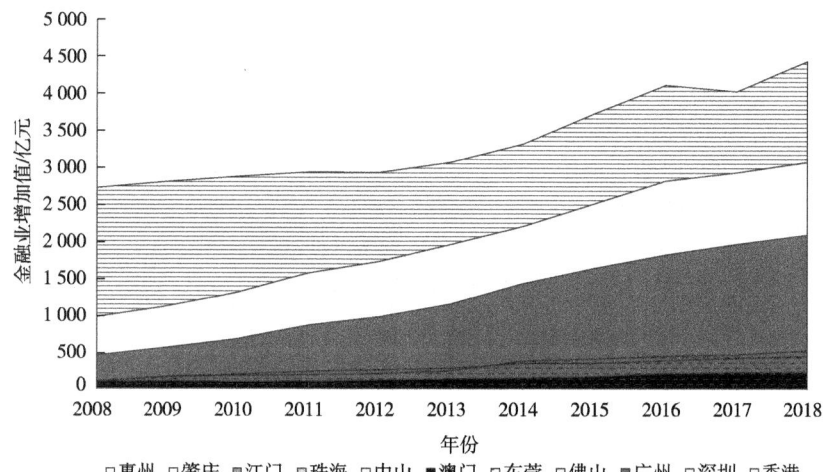

图6-2　2008~2018年粤港澳大湾区各市金融业增加值情况

资料来源：Wind数据库

## 第六章 粤港澳大湾区金融服务业现状

表 6-1  2018 年粤港澳大湾区金融业指标

| 城市/地区 | GDP/亿元 | 金融业从业人数/人 | 金融业增加值/亿元 | 金融机构本外币存款余额/亿元 | 金融机构本外币贷款余额/亿元 | 保费收入/亿元 | 上市公司市值/亿元 |
|---|---|---|---|---|---|---|---|
| 香港 | 24 968 | 233 480 | 4 150 | 115 932 | 87 827 | 4 568 | 102 416.6 |
| 澳门 | 3 582 | 11 300 | 223 | 7 169 | 4 133 | 176 | — |
| 深圳 | 24 222 | 114 846 | 3 067 | 72 550 | 52 540 | 1 192 | 53 061 |
| 广州 | 22 859 | 121 730 | 2 079 | 54 788 | 40 749 | 1 156 | 11 840 |
| 佛山 | 9 936 | 61 452 | 422 | 15 373 | 10 458 | 458 | 5 843 |
| 东莞 | 8 279 | 26 602 | 511 | 14 157 | 8 210 | 490 | 1 305 |
| 惠州 | 4 103 | 24 664 | 218 | 6 171 | 4 887 | 158 | 896 |
| 中山 | 3 633 | 21 172 | 210 | 5 930 | 4 036 | 190 | 1 277 |
| 江门 | 2 900 | 36 245 | 141 | 4 529 | 3 141 | 151 | 370 |
| 珠海 | 2 915 | 18 561 | 210 | 7 543 | 5 238 | 128 | 3 972 |
| 肇庆 | 2 202 | 12 066 | 81 | 2 496 | 1 825 | 68 | 378 |
| 合计 | 109 598 | 682 118 | 11 314 | 306 639 | 223 045 | 8 735 | 181 358 |

注：因四舍五入取值，合计存在一定偏差

资料来源：《中国统计年鉴》、各市统计局统计年鉴、统计公报、Wind 数据库。香港港币、澳门元数据已根据当年平均汇率换成人民币数据，下同。深圳、佛山、东莞、珠海、肇庆的金融业从业人数 2018 年数据未更新，故以 2017 年数据替代。珠三角九市上市公司市值数据只统计了沪深 A 股上市公司的市值，香港上市公司市值只统计了港股上市且注册地在香港的上市公司市值，澳门上市公司数据由于不便统计，故不纳入表格中

2018 年，大湾区金融机构本外币存款余额达 306 638.92 亿元（珠三角九市合计 183 537.91 亿元），同比增长 26.57%，占全国 15.74%，如图 6-3（a）所示，其中香港、澳门、珠三角九市分别占 5.95%、0.37%、9.42%；金融机构本外币贷款余额合计达 223 044.73 亿元（珠三角九市合计 131 084.22 亿元），同比增长 37.87%，如图 6-3（b）所示，香港、澳门和珠三角九市贷款余额在全国占比分别为 5.35%、0.25%和 7.99%；存贷比为 1.38。

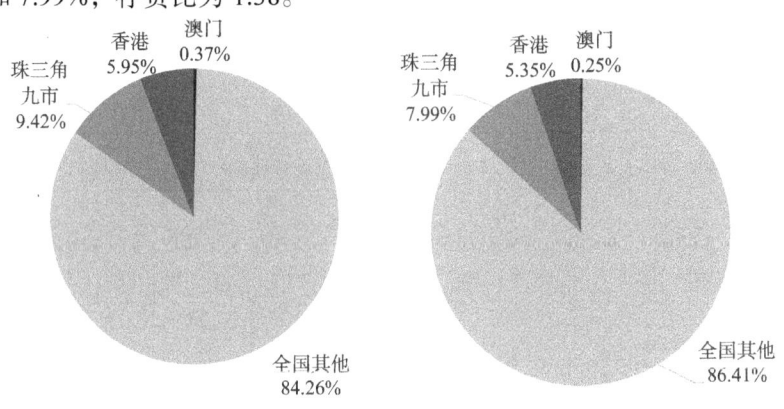

（a）存款余额　　　　　　　　　（b）贷款余额
图 6-3  2018 年粤港澳大湾区金融机构本外币存贷款余额在全国的比重情况
"全国其他"不包含中国台湾地区数据
资料来源：Wind 数据库

## 第二节 粤港澳大湾区银行业发展现状

截至 2018 年底，大湾区四大核心城市银行法人机构共有 259 家，其中香港 186 家，澳门 11 家，广州、深圳各有 25 家和 37 家（全国银行业金融机构达 4 588 家），拥有营业网点 6 186 家；大湾区银行业资产总额达 16.28 万亿元，其中广州 6.50 万亿元，同比增长 1.40%，资产规模略有增长，而深圳银行业总资产达到 8.02 万亿元，较 2017 年有小幅下降，同比下降 4.37%。

### 一、香港现状

香港作为内地和国际的"超级联系人"，是国际金融中心和全球最大的离岸人民币业务中心，也是国内外资金双向流动的优质管道和平台。截至 2020 年 1 月，香港拥有银行 194 家，资产总额达 243 316 亿港元，客户存款总量达 137 652 亿港元（表6-2）。2015~2020 年 1 月香港银行贷款及垫款情况如表 6-3 所示。

表 6-2　2015~2020 年 1 月香港银行资产负债情况（单位：亿港币）

| 年份 | 认可银行机构数 | 所有认可银行的资产及负债 | | | 所有认可银行的客户存款 | | |
|---|---|---|---|---|---|---|---|
| | | 资产（负债）总额 | 对外债权总额 | 对外负债总额 | 港币 | 外币 | 总计 |
| 2015 | 199 | 191 811 | 97 256 | 77 858 | 53 124 | 54 373 | 107 497 |
| 2016 | 195 | 206 523 | 104 792 | 83 001 | 58 091 | 59 182 | 117 273 |
| 2017 | 191 | 226 967 | 116 146 | 92 731 | 64 846 | 62 679 | 127 525 |
| 2018 | 186 | 240 427 | 125 162 | 99 230 | 67 153 | 66 711 | 133 864 |
| 2019 | 194 | 244 624 | 123 832 | 95 767 | 68 841 | 68 874 | 137 715 |
| 2020 年 1 月 | 194 | 243 316 | — | — | 69 575 | 68 077 | 137 652 |

表 6-3　2015~2020 年 1 月香港银行贷款及垫款情况（单位：亿港币）

| 年份 | 所有认可银行的贷款及垫款 | | | | 所有认可银行的资产质素 | | |
|---|---|---|---|---|---|---|---|
| | 在香港使用的贷款及垫款 | 在香港境外使用的贷款及垫款 | 贷款及垫款总额 | 其中：住宅按揭贷款 | 特定分类贷款总额 | 住宅按揭贷款拖欠比率 | 信用卡应收账款撇账率 |
| 2015 | 52 537 | 22 808 | 75 345 | 10 736 | 0.69 | 0.03 | 1.82 |
| 2016 | 56 393 | 23 841 | 80 234 | 11 187 | 0.72 | 0.03 | 1.92 |
| 2017 | 65 128 | 28 009 | 93 137 | 12 058 | 0.56 | 0.03 | 1.75 |
| 2018 | 67 755 | 29 471 | 97 226 | 13 113 | 0.51 | 0.02 | 1.51 |
| 2019 | 72 587 | 31 180 | 103 767 | 14 365 | 0.48 | 0.03 | 1.57 |
| 2020 年 1 月 | 73 176 | 31 281 | 104 457 | 14 460 | N.A. | 0.02 | N.A. |

注：N.A. 表示 not applicable

## 二、澳门现状

澳门银行业规模保持稳定小幅增长态势，2018年底澳门银行业主要指标，如表6-4所示，经许可澳门特区经营的银行机构总数29家，包括11家澳门注册银行；银行分支服务机构数213家，较2017年增长3家；员工数达6 456人，较上年增长近4%。澳门银行体系高度国际化，除本地资本外，资金来源包括中国内地、葡萄牙、中国香港、中国台湾、英国、美国及新加坡等。2020年1月最新数据显示，银行机构总数增至31家，其中12家为本地注册（包括一家邮政储金局），19家为外地注册[①]。

表6-4　2018年底澳门银行业主要数据

| 类目 | 澳门注册银行 | 分行 | 总数 |
| --- | --- | --- | --- |
| 银行数目 | 11 | 18 | 29 |
| 场所数目（总、分、支行） | 136 | 77 | 213 |
| 兑换机构数目 | 1 | 0 | 1 |
| 自动柜员机数目 | 1 036 | 728 | 1 764 |
| 员工人数 | 3 782 | 2 674 | 6 456 |

注：不包括邮政储金局及非银行信用机构

澳门银行业的资产规模保持稳定状态，如图6-4所示。截至2018年底，澳门银行业的资产规模达17 882亿澳门元，增长17.4%。其中，客户存款是银行资产结构中最大的组成部分，占比56.6%。

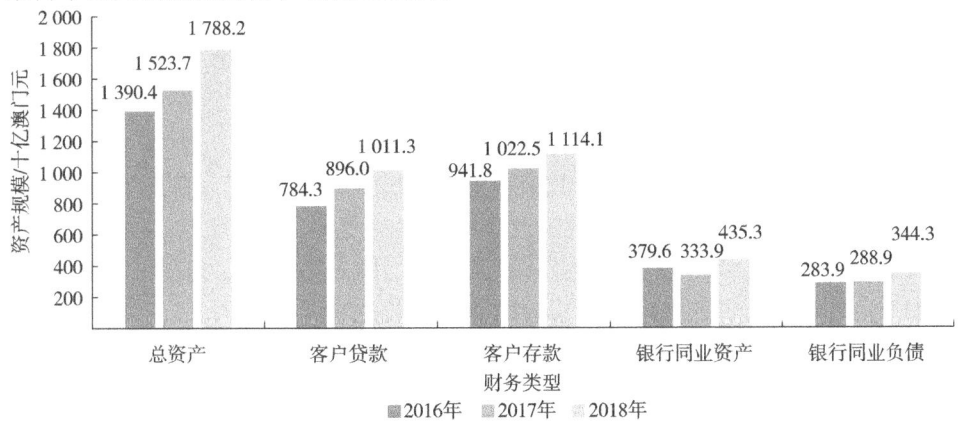

图6-4　2016~2018年澳门银行业主要财务数据

1.包括邮政储金局，但不包括非银行信用机构（下图同）；2.2018年的数据为年终结算前的初步数据（下图同）；3.数据包括本地居民和非本地居民不包括邮政储金局及非银行信用机构

---

① 本小节数据均来自澳门金融管理局。

从经营业绩上看，澳门银行业持续保持良好的盈利能力及稳健的财务状况，如图 6-5 所示。各项指标稳步增长，其中 2018 年澳门银行业营运利润达 161 亿澳门元，较上年增长 8%。

图 6-5　2014～2018 年澳门银行业主要财务情况

资料来源：澳门金融管理局

### 三、珠三角九市现状

截至 2019 年 12 月末，广州市银行业机构总资产达 7.00 万亿元，同比增长 7.7%；银行业利润 590.89 亿元，同比下降 15.9%；不良贷款余额 373.29 亿元，不良贷款率 0.88%，比年初下降 0.08 个百分点，比去年同期下降 0.08 个百分点。广州市不良贷款率比广东省（不含深圳）不良贷款率低 0.28 个百分点[①]。

深圳是华南地区证券业和股份制银行中心。截至 2019 年第一季度，银行业资产规模达 822 000 亿元，银行业存贷款余额分别为 76 929 亿元和 54 829 亿元，其中存款余额于 2019 年飙升，贷款余额稳步增长。深圳市银行业普惠金融支持力度加大。2019 年 12 月末小微企业贷款余额 1.17 万亿元，同比增长 24.24%，高于各项贷款平均增速 10.82 个百分点；民营企业贷款余额 1.87 万亿元，同比增长 19.11%，高于各项贷款平均增速 5.69 个百分点[②]。

珠海市近年来银行业贷款余额增速强劲。截至 2018 年末，珠海全市中外资银行业金融机构本外币各项存款余额 15 429 亿元，比年初增长 89%，其中住户存

---

① 广州市地方金融监督管理局. 2019 年 12 月广州金融发展情况 [EB/OL]. http://jrjgj.gz.gov.cn/tjxx/content/post_5671223.html，2020-02-20.

② 深圳市地方金融监督管理局. 2019 年深圳市金融业运行情况 [EB/OL]. http://www.jr.sz.gov.cn/sjrb/xxgk/sjtj/sjkshcxyjd/，2020-02-28.

款余额172.01亿元,增长14.8%;各项贷款余额523 824亿元,比年初增长9.0%,其中,住户贷款余额2 202.42亿元,增长2.4%;非金融企业及机关团体贷款余额2 881.85亿元,增长17.3%;境外贷款余额153.96亿元,下降23.0%。银行业金融机构本年利润(税后)108.57亿元,增长10.6%。

截至2019年9月末,珠海银行业各项贷款余额6 118.19亿元,比年初增长16.75%,高于全省3.89个百分点,增速在珠三角排名第二;各项存款余额8 258.81亿元,比年初增长13.57%,高于全省5.23个百分点,增速位列珠三角首位。截至9月末,珠海银行业存贷比达74.08%,较年初提高2.02%。珠海银行业聚焦实体经济重点领域,支持珠海市建设制造业强市,鼓励加大现代产业和高新技术企业支持力度,实现创新驱动发展。统计数据显示,现代产业贷款余额843.32亿元,同比增长12.84%;制造业贷款余额达555.93亿元,刷新历史新高,同比增长17.66%;高新技术企业贷款余额313亿元,同比增长20.48%。2019年前三季度,珠海市首次获得银行业贷款支持的企业户数超过3 000户,同比增速超过70.14%;民营企业累计获得信贷支持1 139.52亿元,贷款发放季度平均增速达到53.65%;小微企业申贷获得率达到95.35%,比年初提高1.46个百分点。9月末,珠海民营企业贷款余额1 449.56亿元,比年初增长41.12%;普惠型小微企业贷款余额390.29亿元,比年初增长33.07%[1]。

佛山银行业实力在广东省内仅次于广州、深圳,在地级市中位居第一。截至2019年末,佛山市银行业资产规模达19 900亿元,同比增长11.22%;存贷款余额分别达16 700亿元和12 300亿元,同比增长11.27%、16.58%,分别占全省的7.29%、7.25%。银行业业务结构更趋合理,2019年佛山银行业非信贷资产业务在总资产中的占比下降2.83%,在各项贷款中房地产贷款的占比下降至45.68%,控制在50%以下。银行业盈利能力明显增强,2019年佛山银行业累计实现利润268.52亿元,比上年增加41.38亿元,同比增长18.22%[2]。

东莞市银行业发展实力位居第四,近年增速较快。2019年11月末,东莞市银行业机构本外币各项贷款余额1 0052.59亿元,较年初增长20.66%,增幅较上年同期高3.55%,各项贷款比年初增量仅次于深圳和广州,期末贷款余额稳居全省第4位。分币种看,人民币贷款余额9 527.56亿元,比年初新增1 406.59亿元,同比多增290.29亿元;外币贷款余额74.69亿美元,比年初增加44.04亿美元,同比多增33.74亿美元。各项存款余额16 196.76亿元,较年初增长14.38%,增

---

[1] 港澳在线.珠海银行业运行数据显示:总资产规模首破万亿大关[EB/OL]. http://www.gangaonet.com/zhusanjiao/2019/1109/141517.html,2019-11-09.

[2] 中国银行保险报.佛山银行业保险业高质量发展助力GDP突破万亿大关[EB/OL]. http://xw.sinoins.com/2020-01/23/content_323823.htm,2020-01-23.

幅较上年同期高 0.07%，增量在广东省各市排名居第 3 位，存款总量则稳居全省第 4 位。同样分币种可以发现，人民币存款余额 15 191.77 亿元，比年初增加 1 757.82 亿元，同比减少 15.91 亿元；外币存款余额 142.96 亿美元，比年初增加 37.07 亿美元，同比多增 40.84 亿美元。分部门看，住户存款余额 6 210.57 亿元，比年初增加 606.83 亿元，同比多增 114.58 亿元；非金融企业存款余额 4 450.73 亿元，比年初增加 839.32 亿元，同比多增 408.77 亿元；机关团体存款 3 309.32 亿元，比年初增加 147.97 亿元，同比减少 399.85 亿元；财政性存款 148.59 亿元，比年初增加 35.71 亿元，同比减少 19.20 亿元；非银行业金融机构存款余额 640.66 亿元，比年初增加 62.68 亿元，同比减少 161.43 亿元①。

惠州市 2018 年第一季度金融数据显示，3 月末，广义货币（M2）余额 173.99 万亿元，同比增长 8.2%。一季度人民币贷款增加 4.86 万亿元，同比多增 6 339 亿元②。总体看，银行体系流动性合理充裕，货币信贷和社会融资规模合理增长，市场利率稳定，人民币汇率平稳运行。

中山市银行业平稳发展。截至 2018 年 12 月末，全市本外币存款余额 5 930.49 亿元，同比增长 9.54%；全市本外币贷款余额 4 036.39 亿元，同比增长 8.07%；全市不良贷款余额 30.48 亿元，占贷款比例 0.76%，比年初下降 0.2 个百分点③。截至 2020 年 2 月中实时拥有银行分行 29 家。

江门市 2018 年年末主要农村金融机构（农村信用社、农村合作银行、农村商业银行）人民币贷款余额 169 822 亿元，比年初增加 20 002 亿元。全部金融机构人民币消费贷款余额 377 903 亿元，增加 62 709 亿元，其中，个人短期消费贷款余额 87 994 亿元，增加 19 989 亿元；个人中长期消费贷款余额 289 909 亿元，增加 42 720 亿元④。

肇庆市 2018 年金融本外币存款余额 2 495.80 亿元，增长 10.4%，比上年末回落 0.3 个百分点；金融本外币贷款余额 1 825.47 亿元，增长 21.5%，比上年末提高 5.4 个百分点。住户贷款增长 31.8%，非金融企业及机关团体贷款增长 14.4%⑤。

---

① 东莞阳光网. 中国人民银行东莞市中心支行发布 2019 年 11 月金融统计数据[EB/OL]. http://www.dg.gov.cn/007330037/0600/201804/1800e7c1994e4edcbfc6a1c2bd33beab.shtml，2019-12-24.

② 惠州市金融工作局.金融运行总体稳健向实 [EB/OL]. http://jinrong.huizhou.gov.cn/pages/cms/hzrjrglj/html/019901/bfab421590a341bfbfa08fcc0c669c0a.html?cataId=570c0a75c13a4738a93a6fdf1d39e3b8，2018-05-24.

③ 中山市金融管理局. 2018 年中山市金融业运行情况 [EB/OL]. http://www.zs.gov.cn/jrb/zwgk/view/index.action?did=3030&id=506425，2019-02-15.

④ 江门市统计局. 2018 年江门国民经济和社会发展统计公报 [EB/OL]. http://www.jiangmen.gov.cn/szdwzt/jmtjj/zwgk/tjgbyfx/201903/t20190315_1850930.html，2019-03-15.

⑤ 肇庆市人民政府. 2018 年肇庆国民经济和社会发展统计公报 [EB/OL]. http://zwgk.zhaoqing.gov.cn/zq128/201904/t20190423_945443.html，2019-04-23.

## 第三节 粤港澳大湾区证券业发展现状

粤港澳大湾区证券公司综合实力不断提高。截至 2018 年末,全国 131 家证券法人公司中,珠三角九市共 28 家,在全国占比为 21.4%,其中深圳 22 家,广州 3 家,珠海、惠州、东莞各有 1 家,澳门尚未有证券法人公司落户。截至 2018 年末,珠三角九市累计培育上市公司 545 家,上市公司注册总资本达 7 068.04 亿元。图 6-6 显示了大湾区内珠三角九市证券业的基本发展情况。

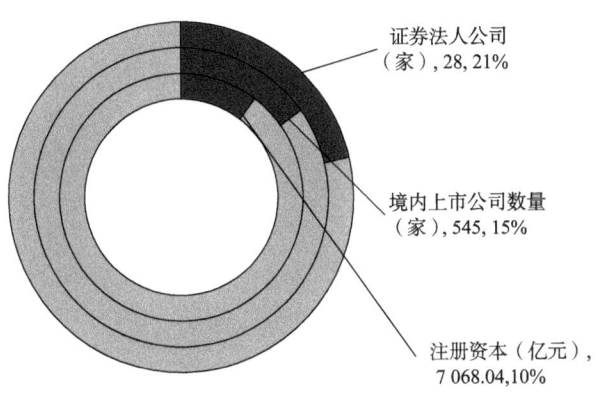

图 6-6 大湾区珠三角九市证券业在全国发展基本情况
资料来源:各市统计局统计公报、Wind 数据库

### 一、A 股上市公司数量分布

从公司数量看,截至 2019 年 4 月 30 日,A 股共有上市公司 3 610 家,其中注册地在粤港澳大湾区 9 市的上市公司共有 529 家,占广东省上市公司的 89.66%,占全部 A 股上市公司的 14.65%[①]。截至 2019 年 4 月 30 日,各省区市 A 股上市公司数量,如图 6-7 所示。

---

① 本小节涉及粤港澳大湾区的数据均来源于恒生聚源数据库。

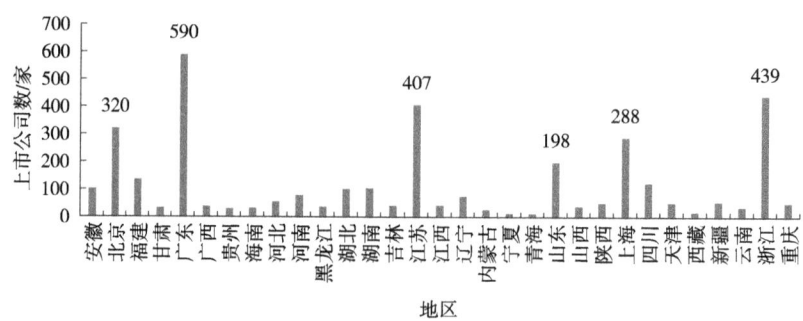

图 6-7 截至 2019 年 4 月 30 日各省区市 A 股上市公司数量
资料来源：恒生聚源数据库

从各城市分布情况来看，粤港澳大湾区内部城市分化明显。如图 6-8 所示，深圳拥有的 A 股上市公司最多，达 287 家；其次为广州，共有 A 股上市公司 99 家；佛山、珠海、东莞分别有 36 家、28 家、27 家；中山、江门、惠州、肇庆共有 A 股上市公司 52 家。

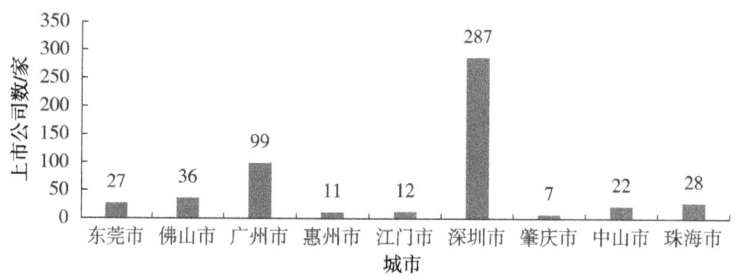

图 6-8 截至 2019 年 4 月 30 日粤港澳大湾区 9 市 A 股上市公司数量
资料来源：恒生聚源数据库

## 二、A 股上市公司市值分布

从公司市值上看，如图 6-9 所示，截至 2019 年 4 月 30 日，上海证券交易所（简称上交所）A 股上市公司总市值 33.57 万亿元，深圳 A 股上市公司总市值 21.8 万亿元，市值合计 55.37 万亿元。粤港澳大湾区 529 家上市公司总市值 9.49 万亿元，占 A 股上市公司总市值 17.1%。深圳的 A 股上市公司市值最大，达 6.14 万亿元，其次是广州、佛山，分别为 1.42 万亿元、0.77 万亿元。

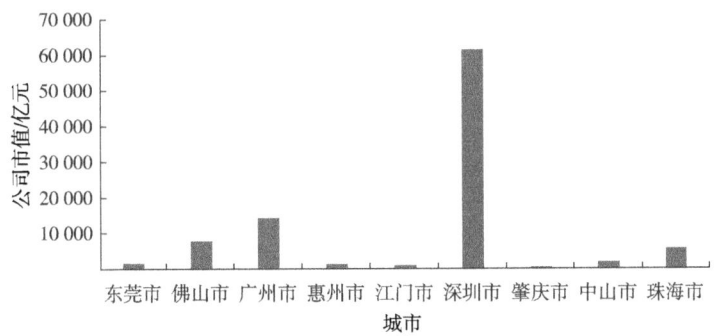

图 6-9  截至 2019 年 4 月 30 日粤港澳大湾区 9 市 A 股上市公司市值
资料来源：恒生聚源数据库

从行业分布来看，如图 6-10 所示，粤港澳大湾区 529 家上市公司，在证监会行业分类中属于制造业的企业达 341 家，占比约 64%。发达的制造业体系，健全的产业体系，为粤港澳大湾区发展人工智能、智能制造、新材料等先进技术产业奠定了坚实基础。

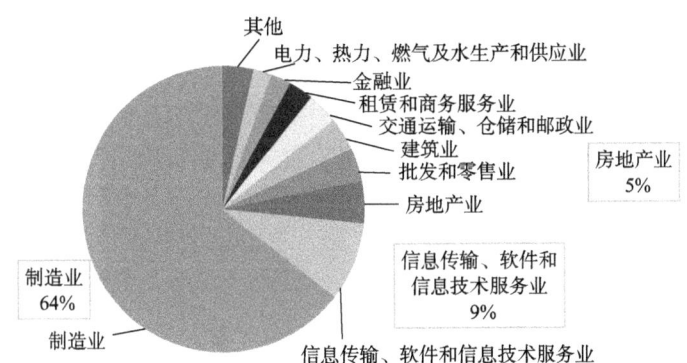

图 6-10  粤港澳大湾区 9 市 A 股上市公司所属证监会行业分布
资料来源：恒生聚源数据库

从公司结构来看，2018 年深圳交易所上市企业中有 70% 是高新技术企业、40% 属于战略新兴产业企业，而粤港澳大湾区广东 9 市在深圳上市企业中，高新技术企业占比达 80%，战略新兴产业企业达 50%，均高于市场平均水平。

## 三、A 股上市公司效益分布

从效益方面看，如图 6-11 所示，2019 年第一季度 A 股上市公司营业收入 11.29 万亿元，粤港澳大湾区 9 市 529 家 A 股上市公司营业收入 1.51 万亿元，同比增长

13.4%，其中深圳上市公司营业收入最高，达 9 509.45 亿元，其次是广州 2 180.8 亿元。

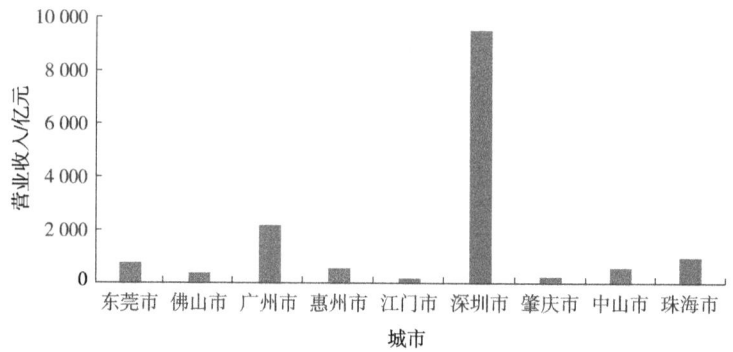

图 6-11　2019 年第一季度粤港澳大湾区九市上市公司营业收入

资料来源：恒生聚源数据库

## 四、粤港澳大湾区港股上市公司基本情况

除 A 股外，粤港澳大湾区另一重要城市香港在世界金融市场中也扮演着重要角色。如图 6-12 所示，2018 年，共有 209 家公司在香港上市，港股一级市场募集资金总额达到 4 217.75 亿港元，其中 IPO 募集资金 2 702.45 亿港元，全年 IPO 上市数量和筹资额均位居全球第一，吸引了大批优质的内地企业赴港上市。截至 2019 年 4 月 30 日，港股上市公司 2 353 家，总市值达 35.47 万亿港元。

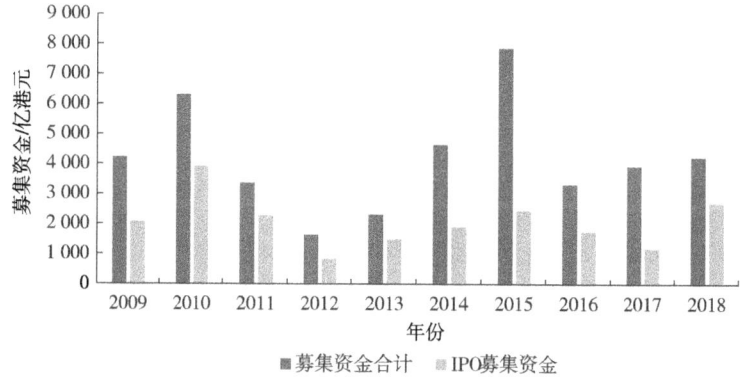

图 6-12　2009~2018 年港股一级市场证券发行规模

资料来源：恒生聚源数据库

除 A 股上市公司，粤港澳大湾区内还有不少在香港交易所上市的知名公司。

如表6-5所示，截至2019年4月30日，在港交所上市，市值规模超过1 000亿港元，且总部设立在粤港澳大湾区内的公司有9家，都是互联网、金融业、房地产、新能源汽车领域和通信行业的龙头企业，如互联网巨头腾讯控股，市值达3.69万亿港元。除1家总部落户在佛山市外，其余8家都在深圳市，分别为腾讯控股、中国平安、招商银行、万科企业、中国恒大、中信证券、比亚迪股份、中兴通讯，市值总计7.8万亿港元，占港股上市公司总市值的22%。

表6-5 截至2019年4月30日粤港澳大湾区市值超过1 000亿港元的港股上市公司

| 排名 | 证券名称 | 总市值/亿港元 | 总部地点 | 是否沪港通标的 | 是否深港通标的 | 所属行业-恒生一级 |
|---|---|---|---|---|---|---|
| 1 | 腾讯控股 | 36 939.78 | 深圳市 | 是 | 是 | 资讯科技业 |
| 2 | 中国平安 | 17 265.69 | 深圳市 | 是 | 是 | 金融业 |
| 3 | 招商银行 | 9 797.91 | 深圳市 | 是 | 是 | 金融业 |
| 4 | 万科企业 | 3 430.20 | 深圳市 | 否 | 是 | 地产建筑业 |
| 5 | 中国恒大 | 3 301.03 | 深圳市 | 是 | 是 | 地产建筑业 |
| 6 | 碧桂园 | 2 737.85 | 佛山市 | 是 | 是 | 地产建筑业 |
| 7 | 中信证券 | 2 055.03 | 深圳市 | 是 | 是 | 金融业 |
| 8 | 比亚迪股份 | 1 456.83 | 深圳市 | 否 | 是 | 消费品制造业 |
| 9 | 中兴通讯 | 1 043.98 | 深圳市 | 否 | 是 | 资讯科技业 |

资料来源：恒生聚源数据库

## 第四节 粤港澳大湾区保险业发展现状

2018年，大湾区实现累计原保费收入8 147亿元[①]，保费规模占全国19.32%。其中，珠三角九市总体财产险保费收入1 035亿元，寿险保费收入2 217亿元，意外险保费收入152亿元，健康险保费收入545亿元，合计原保费收入3 991亿元。2019年上半年，珠三角九市实现累计原保险保费收入2 704亿元，其中广州和深圳保费收入分别为786亿元和770亿元。从整个广东辖区来看，上半年保险业保费收入2 397.40亿元，同比增长21.52%，保费增速显著。如图6-13所示，在2019年上半年全国部分地区原保险费用收入的排名中，广东省位列第一，略高于江苏省，两个省份的保费收入遥遥领先于其他地区。珠三角九市各市的保费收入结构如图6-14所示。大湾区共有保险法人机构数219家，其中香港161家，澳门24家、深圳27家、广州5家、珠海2家。

---

① 澳门币和港币已按当年平均汇率转换为人民币，下同。

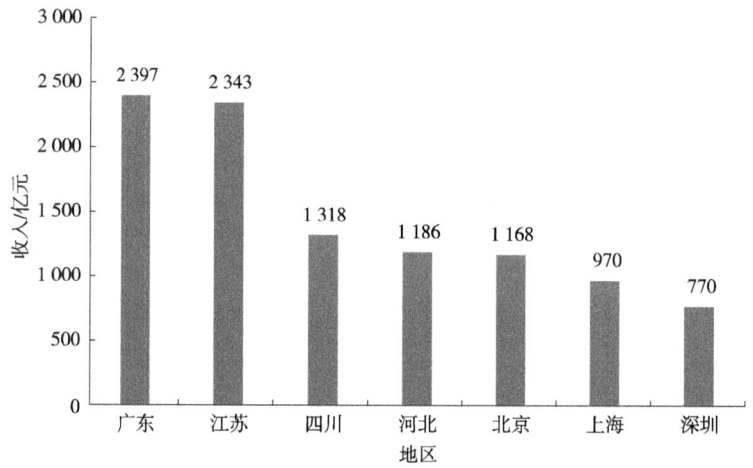

图 6-13　截至 2019 年上半年全国部分地区原保险费用收入排名
资料来源：中国银行保险监督管理委员会统计信息

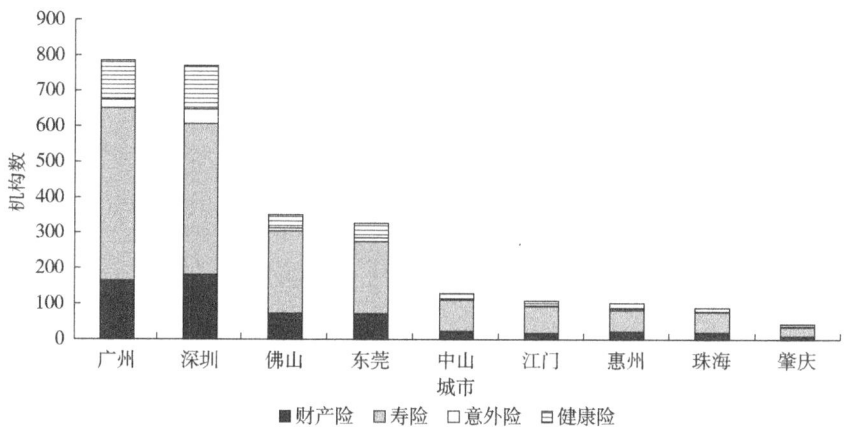

图 6-14　2019 年上半年大湾区珠三角九市保费收入及其构成
资料来源：中国银行保险监督管理委员会统计信息

从发展规模来看，香港保险业体量大、资源丰富，其发展规模占比 52.3%（表 6-6、图 6-15），其次是广州和深圳，澳门保险业发展规模仅占 2%。但从发展质量来看，澳门作为全球新兴市场中发展水平较高的地区，其保险业发展质量优于珠三角九市。

表 6-6  2018 年粤港澳大湾区保险发展指标

| 指标 | 香港 | 深圳 | 广州 | 佛山 | 东莞 | 惠州 | 中山 | 澳门 | 江门 | 珠海 | 肇庆 | 粤港澳大湾区 |
|---|---|---|---|---|---|---|---|---|---|---|---|---|
| 保费收入/亿元 | 4 568 | 1 192 | 1 156 | 458 | 490 | 158 | 190 | 176 | 151 | 128 | 68 | 8 735 |
| 保险深度 | 18.69% | 4.92% | 5.06% | 4.60% | 5.91% | 3.85% | 5.24% | 4.81% | 5.19% | 4.39% | 3.08% | 8.00% |
| 保险密度/万元 | 6.13 | 0.91 | 0.78 | 0.58 | 0.58 | 0.33 | 0.58 | 2.63 | 0.33 | 0.68 | 0.16 | 1.23 |

资料来源：保险业监管局，澳门统计局，Wind 数据库，各市统计公报

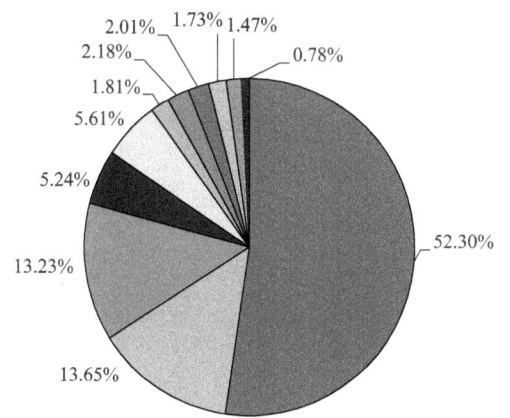

图 6-15  粤港澳大湾区保险业发展规模

资料来源：香港保险业监管局 2018 年香港保险业临时统计数字，澳门统计暨普查局，Wind 数据库，各市政府统计公报

图 6-16 更加直观地展现了香港保险业的优异表现，在珠三角九市中，深圳和广州的保险密度最高，东莞的保险深度最高。

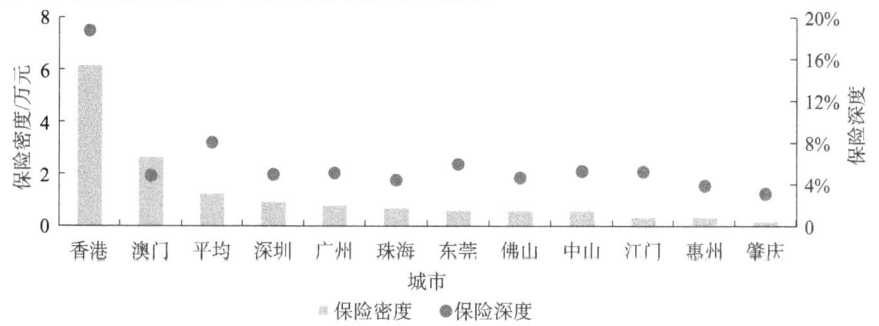

图 6-16  2018 年粤港澳大湾区保险发展水平

## 一、香港现状

香港保险业市场规模大，保险产品丰富多样，寿险占据绝对主导。香港是全

球最开放的保险市场之一,也是全亚洲保险公司最集中和保险密度最高的地方。从全球市场上看(图6-17),香港2017年保险密度为8 313美元,全球第二,亚洲第一;保险深度为17.94%,全球第三,亚洲第二,仅次于中国台湾地区的21.32%。下图为发达市场代表性国家/地区保险市场情况,可以发现,中国香港地区寿险业务占绝对主导,且总体保险深度和密度远高于英国、美国、日本等发达国家。未来香港保险业在大湾区内的互联互通,不仅有机会带动内地保险业的发展,减小差距(内地保险密度全球排名第46,保险深度全球排名第36),同时也给香港保险业务的开展带来机遇。

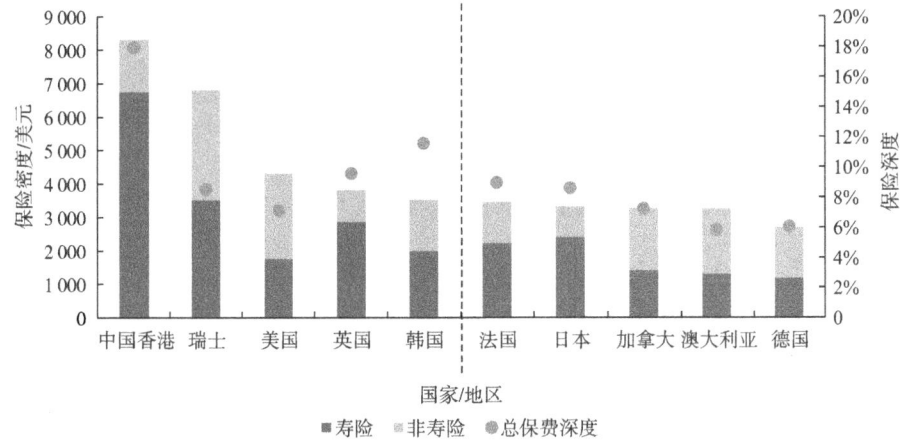

图6-17 2017年发达市场代表国家/地区保险市场情况

资料来源:瑞再《Sigma》2018年报告

香港保险的运作模式大体上与内地相似,只是在代理人资格审核和品种划分上更加细致专业。从险种来看,香港保险产品包括一般保险业务和长期保险业务。其中一般保险业务主要由意外健康险、一般法律责任险及其他偏财产类险种组成,而长期保险业务主要涵盖长期寿险业务,并以终身、投连、储蓄加以细分。图6-18为2012~2018年香港保险市场发展规模数据,可以发现,香港保险市场总规模呈逐年增长状态,长期业务是香港保险业的主要保费来源。但也应该注意到,由于中国内地对资本流出控制趋严,寿险对应的长期保险业务规模增长放缓,从而导致2017年保险市场整体增长率下滑。

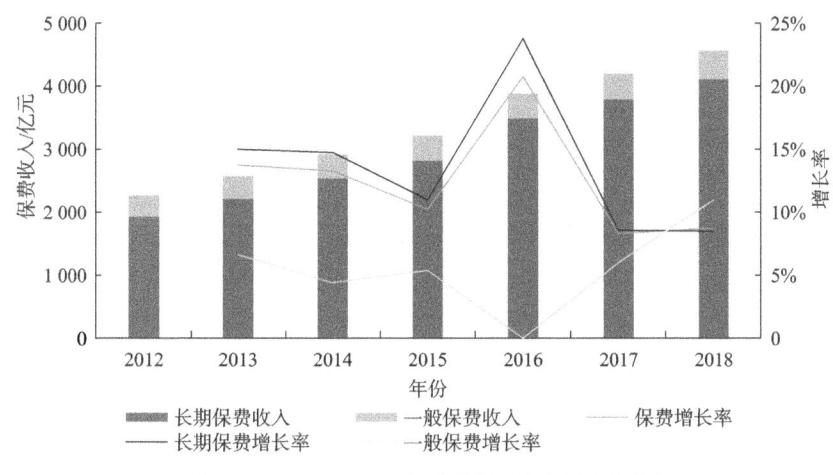

图 6-18 2012~2018 年香港保险市场发展规模

资料来源：2012~2017 年数据来自《2018 香港统计年刊》，2018 年数据来自香港保险业监管局发布的《2018 年临时统计数字摘要——香港保险业务》，图中皆已按 2019 年 2 月 8 日的汇率换算为人民币，精确到亿元

香港保险业国际化程度高，外资公司强势入驻。香港是著名的国际自由港，香港保险业从最初就是按照国际惯例进行保险市场运作的。从保险公司角度看（表6-7），根据香港保险监理会最新数据，截至 2020 年 1 月，香港共计拥有授权保险公司 162 家，其中 90 家经营一般业务，51 家经营长期业务，其余 21 家则经营综合业务。截至 2019 年 9 月 30 日，登记在册的持牌保险代理机构 2 413 家，个人代理人 78 245 人，负责人及业务代表 25 642 人。众多的专业保险代理人才为香港保险的繁荣发展打下坚实基础。香港汇聚了全亚洲最多的保险公司，每家公司都针对各个细分市场推出了各种保险产品，并且及时根据市场反应不断调整，推陈出新。香港已经成为全球重要的保险和再保险中心。

表 6-7 香港保险公司及业务类型表

| 注册地点 | 获授权保险公司数 | 获授权保险公司类型 | | |
|---|---|---|---|---|
| | | 纯长期 | 纯一般 | 综合 |
| 总数 | 162 | 51 | 90 | 21 |
| 中国香港 | 92 | 23 | 58 | 11 |
| 百慕大 | 12 | 8 | 2 | 2 |
| 英国 | 10 | 4 | 5 | 1 |
| 美国 | 9 | 4 | 5 | 0 |
| 德国 | 5 | 0 | 2 | 3 |

续表

| 注册地点 | 获授权保险公司数 | 获授权保险公司类型 | | |
|---|---|---|---|---|
| | | 纯长期 | 纯一般 | 综合 |
| 马恩岛 | 5 | 5 | 0 | 0 |
| 加拿大 | 3 | 3 | 0 | 0 |
| 卢森堡 | 3 | 0 | 3 | 0 |
| 新加坡 | 3 | 0 | 2 | 1 |
| 瑞士 | 3 | 1 | 1 | 1 |
| 中国* | 2 | 1 | 1 | 0 |
| 其他11个区域 | 15 | 2 | 11 | 2 |

资料来源：香港保险业监管局

注：*中国不含港澳台数据

香港保险业国际化程度高，其悠久而完善的保险体制吸引了大量境外优质保险公司的加盟。2018年保险公司总保费收入2 153亿港元，其中业务量前20的保险公司占据了市场80%的份额，排名前三位的友邦、保诚、汇丰三家公司分别占有17.5%、9.74%和9.02%，并且可以发现业务量排名前20位的绝大多数为外资保险公司。图6-19展现了2018年保费收入前20名公司资本来源占比，其中美国、英国的外资保险公司占比较高，而香港本土保险公司仅占10%。

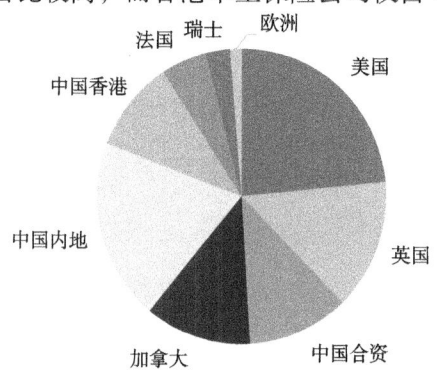

图6-19　2018年保费收入前20名公司资本来源占比

资料来源：香港保险业监管局

## 二、澳门现状

从市场规模来看，澳门保险业市场规模较大，但发展有下滑趋势，险种中寿险占据绝对主导。澳门属于新兴市场，从国际市场上看（图6-20），澳门2017年保险密度为1 552美元，全球排名27，在新兴市场中排名第二，人均保险投入较高；保险深度为 1.98%，全球排名 67，与保险密度相比较为落后，说明澳门的保险市场对地区生产总值的贡献较小，在粤港澳大湾区互通互联的过程中，有一定的发展空间。图 6-20 为新兴市场代表性国家/地区保险市场情况，可以发现，澳门地区寿险业务同样占绝对主导。

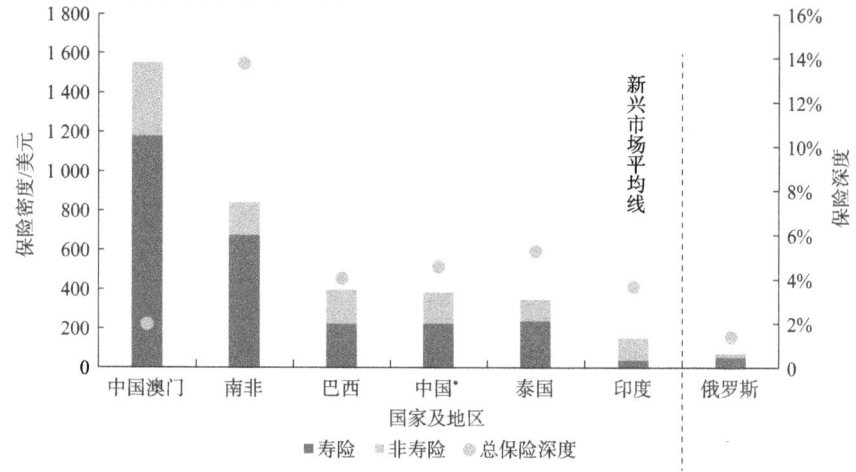

图 6-20　2017 年新型市场代表国家/地区保险市场情况

资料来源：瑞再《Sigma》2018 年报告

*中国不含港澳台数据

纵向上看，如图 6-21 所示，2012～2016 年澳门保险市场总体呈高增长趋势，自 2015 年后，增长趋势放缓，在 2017 年急剧下降，且 2018 年呈负增长趋势。进而说明澳门保险市场下滑，急需抓住时机，在粤港澳大湾区这一大背景下进一步对保险行业开拓挖掘。对比保险种类的发展，非寿险占比较小，但基本平稳增长。而寿险作为澳门保险市场的主要部分，与总体发展趋势相同。

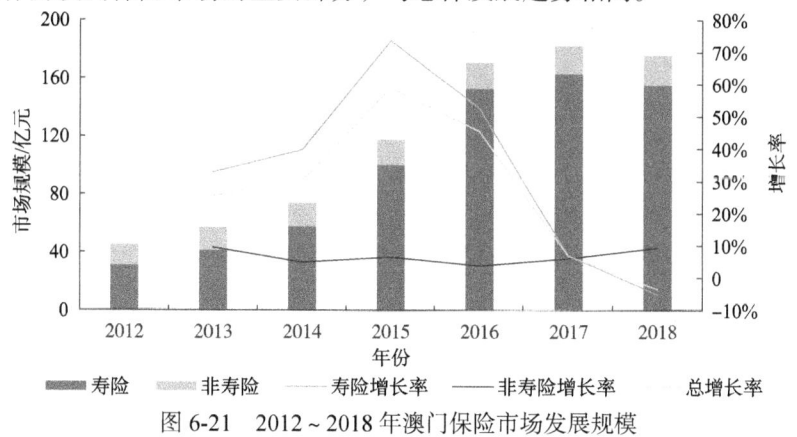

图 6-21　2012～2018 年澳门保险市场发展规模

资料来源：《2017 年澳门统计年鉴》，澳门统计暨普查局

从公司数量上看，历年公司数量持平，外资公司相对较多。如表 6-8 所示，2012 年以来澳门保险公司数量变化不大，外资企业在数量上略有优势，人寿公司与非人寿公司数量基本持平，雇员数目逐年小幅增长。

表 6-8　2012 年，2015~2017 年澳门保险公司分类情况及规模

| 年份 | 2012 | 2015 | 2016 | 2017 |
| --- | --- | --- | --- | --- |
| 保险雇员数目 | 459 | 522 | 543 | 568 |
| 保险公司数 | 23 | 22 | 23 | 24 |
| 按原属地区分类 | | | | |
| 本地 | 8 | 9 | 9 | 9 |
| 外地 | 15 | 13 | 14 | 15 |
| 按险种分类 | | | | |
| 人寿保险 | 11 | 11 | 11 | 11 |
| 非人寿保险 | 12 | 11 | 12 | 13 |

资料来源：《2017 年澳门统计年鉴》

### 三、珠三角九市现状

表 6-9 是 2018 年珠三角九市保险业发展情况。2018 年，大湾区内的珠三角九市合计实现原保险保费收入 3 989 亿元，在全国保险市场的占比已经达到了 10.49%。此外，各险种与全国总体发展步伐基本一致，相较而言意外险略高于全国水平，寿险基本持平，财产险和健康险略低。

表 6-9　2018 年珠江九市保险市场规模（按险种分）（亿元）及占比

| 地区 | 合计 | 财产保险 | 寿险 | 意外险 | 健康险 |
| --- | --- | --- | --- | --- | --- |
| 全国合计 | 38 017 | 10 770 | 20 723 | 1 076 | 5 448 |
| 广东省总量 | 4 658 | 1 270 | 2 571 | 171 | 646 |
| 珠江九市总量 | 3 989 | 1 076 | 2 217 | 152 | 544 |
| 占全国比重 | 10.49% | 9.99% | 10.70% | 14.13% | 9.99% |
| 深圳 | 1 192 | 344 | 625 | 54 | 169 |
| 广州市 | 1 155 | 290 | 656 | 43 | 166 |
| 东莞市 | 490 | 136 | 269 | 19 | 66 |
| 佛山市 | 457 | 121 | 266 | 13 | 57 |
| 中山市 | 190 | 48 | 114 | 6 | 22 |
| 惠州市 | 158 | 46 | 82 | 7 | 23 |
| 江门市 | 151 | 35 | 94 | 4 | 18 |
| 珠海市 | 128 | 34 | 76 | 4 | 14 |
| 肇庆市 | 68 | 21 | 35 | 2 | 10 |

深圳和广州为主要发展市场。深圳和广州保险规模远高于其余7市，是珠三角地区保险业的主要发展市场，东莞和佛山次之（图6-22）。此外，寿险依旧是保险市场的主要部分，但占比相对香港和澳门地区略低，财产险是珠三角九市保险市场的第二大险种（图6-23）。

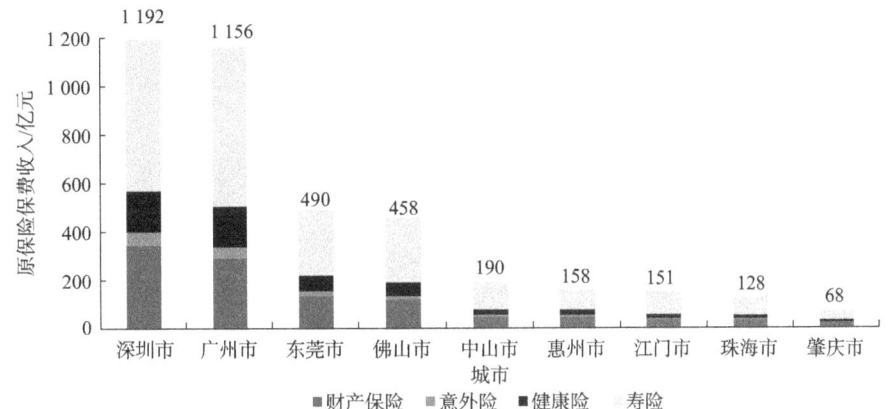

图6-22 2018年珠三角九市保险业发展情况
资料来源：广东银保监局、深圳银保监局、Wind数据库

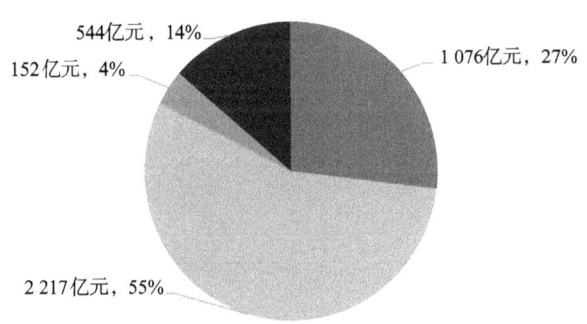

图6-23 2018年珠三角九市各险种规模及占比
资料来源：广东银保监局、深圳银保监局、Wind数据库

从发展趋势上看，图6-24展现了珠三角九市保险市场规模的发展趋势，可以发现，深圳保险市场呈现稳步高增长趋势，且在2018年超过广州，而广州保险市场在2016年后发展出现瓶颈。其余7市发展规模较小，增长平缓。

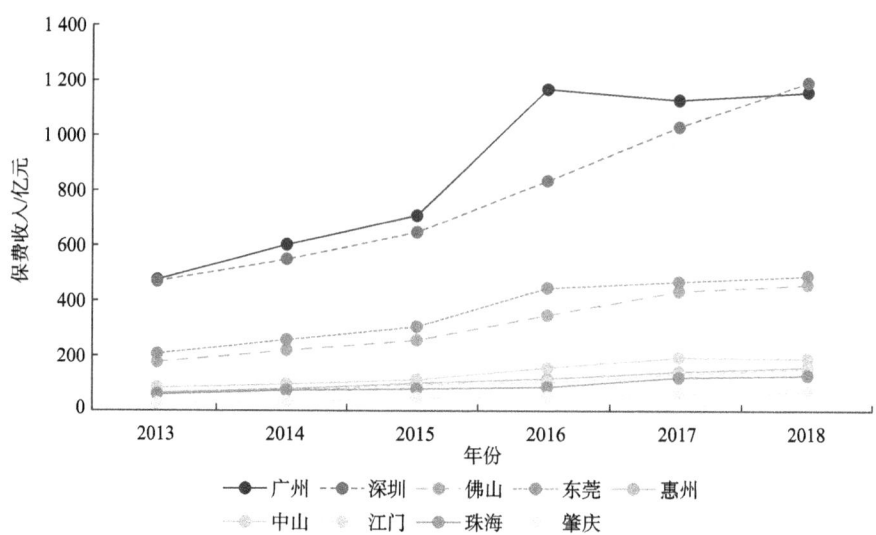

图 6-24 2013~2018 年珠三角九市保险市场规模发展趋势图

从在珠三角九市注册的保险公司上看（表 6-10），深圳市无论在保险公司、保险经纪公司还是保险代理公司上，数量均远超于排名第二的广州。注意到大部分市区都没有本地注册的保险公司，说明保险业在珠三角九市，尤其是广深以外的其他地区还有较大的发展空间。

表 6-10　2018 年珠三角九市各类保险公司数量

| 城市 | 保险公司数 | 保险经纪公司数 | 保险代理公司数 |
| --- | --- | --- | --- |
| 深圳市 | 21 | 237 | 193 |
| 广州市 | 5 | 27 | 110 |
| 珠海市 | 2 | 2 | 10 |
| 东莞市 | 0 | 1 | 18 |
| 佛山市 | 0 | 1 | 30 |
| 中山市 | 0 | 0 | 7 |
| 惠州市 | 0 | 0 | 2 |
| 江门市 | 0 | 0 | 2 |
| 肇庆市 | 0 | 0 | 1 |

资料来源：Wind 数据库

## 第五节 粤港澳大湾区基金业发展现状

粤港澳大湾区拥有私募基金（主要指PE）总部机构数量不断增加，截至2019年底总部机构数累计达4 806家。其增速呈现先增大后放缓的趋势，增速在2015年达到最大（图6-25）。从资本结构上看，本土机构占主导，占比超90%（图6-26）。

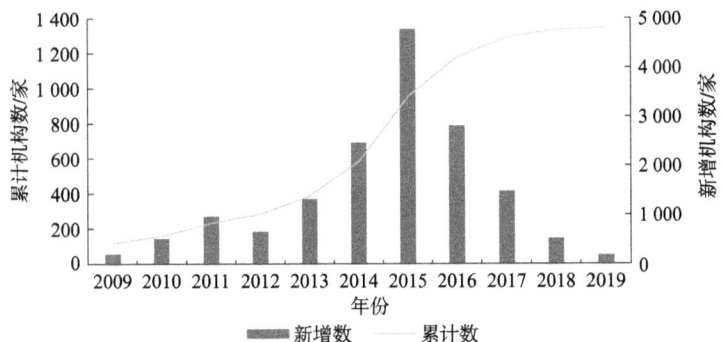

图6-25 总部位于粤港澳大湾区的基金机构（PE）资本类型分布

资料来源：私募通

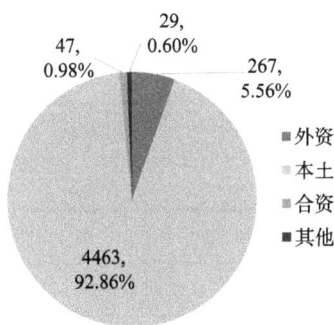

图6-26 总部位于粤港澳大湾区的基金机构（PE）资本类型分布

资料来源：私募通

图6-27和表6-11展示了粤港澳大湾区各城市私募基金发展情况。深圳私募基金机构数和管理基金数都位于粤港澳大湾区之首，占比高达70%，投资总金额不如香港。香港机构数量仅为深圳的8.5%，但投资总金额是深圳的1.5倍，达5 899.57亿元。说明香港私募基金公司相较于深圳规模更大、实力更强。

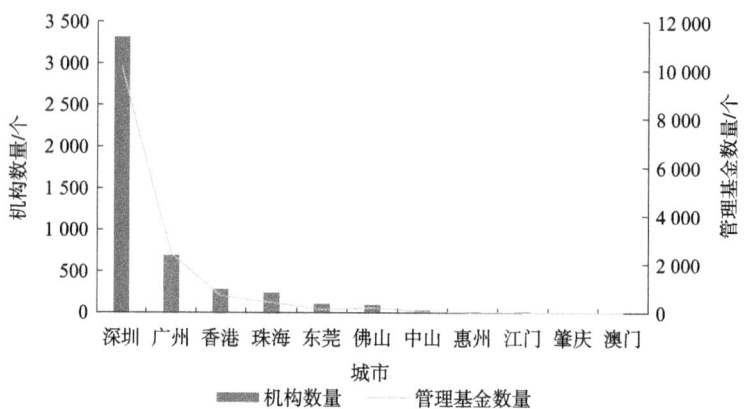

图 6-27　总部位于粤港澳大湾区的基金机构（PE）机构数量和管理基金数量
资料来源：私募通

表 6-11　总部位于粤港澳大湾区的基金机构（PE）运行情况

| 地区 | 机构数量/个 | 管理资本量/亿元 | 管理基金数量/个 | 投资总量/个 | 投资总金额/亿元 |
| --- | --- | --- | --- | --- | --- |
| 粤港澳大湾区总量 | 4 806 | 34 338.97 | 14 169 | 9 926 | 12 325.09 |
| 深圳 | 3 313 | 13 297.51 | 10 151 | 5 293 | 4 026.94 |
| 广州 | 686 | 2 819.82 | 2 427 | 1 655 | 2 105.62 |
| 香港 | 283 | 17 833.55 | 700 | 2 406 | 5 899.57 |
| 珠海 | 242 | 272.67 | 435 | 269 | 143.88 |
| 东莞 | 108 | 14.53 | 144 | 63 | 13.10 |
| 佛山 | 98 | 85.62 | 207 | 172 | 123.03 |
| 中山 | 37 | 11.67 | 64 | 20 | 5.77 |
| 惠州 | 17 | 2.70 | 24 | 40 | 6.22 |
| 江门 | 17 | 0.89 | 16 | 6 | 0.83 |
| 肇庆 | 3 | 0.01 | 0 | 0 | 0.00 |
| 澳门 | 2 | 0.00 | 1 | 2 | 0.13 |

资料来源：私募通

## 一、香港现状

香港成为越来越受欢迎的基金注册地,香港证券及期货事务监察委员会(简称香港证监会)2017年报告数据显示[①],2017年在香港注册成立的证监会认可基金数目增加7%至755只,资产净值亦增加30%至12 440亿港元。

如图6-28所示,公募基金(包括证监会认可基金及在其他司法管辖区获认可的基金)2017年占香港资产管理及基金顾问业务的38%,其次是管理账户(27%)及私人基金(16%),对冲基金和私募股权及创业基金已包括在私人基金内。

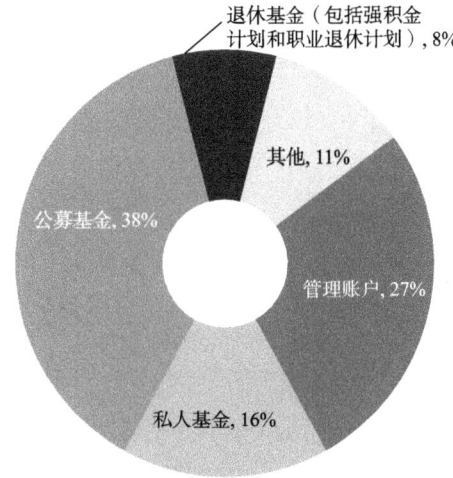

图6-28 香港资产管理及基金顾问业务

随着粤港澳大湾区的产业结构升级,以香港为中心的粤港澳大湾区势必会成为全球高端产业和富有人群的聚居地,爆发大量的资产管理和投资需求,成为全球资产管理中心。

## 二、澳门现状

澳门的财富管理客户偏向投资在流动性较高的资产类别。如图6-29所示,2017年年底,投资工具主要为资金类及存款,金额达1 107亿澳门元,占整体的62.5%;其次为证券及基金,金额达658亿澳门元,比重为37.1%[②]。

---

① 香港证券及期货事务监察委员会. 2017年资产及财富管理活动调查[EB/OL]. https://www.sfc.hk/web/TC/files/ER/PDF/2017%20Asset%20and%20Wealth%20Management%20Activities%20Survey_c.pdf, 2018-07-20.

② 澳门统计暨普查局. 2017年澳门经济适度多元发展统计指标体系分析报告[EB/OL]. https://www.dsec.gov.mo/getAttachment/abe103b0-db63-4134-bcba-8ce148a2bcb4/C_SIED_PUB_2017_Y.aspx, 2018-12-08.

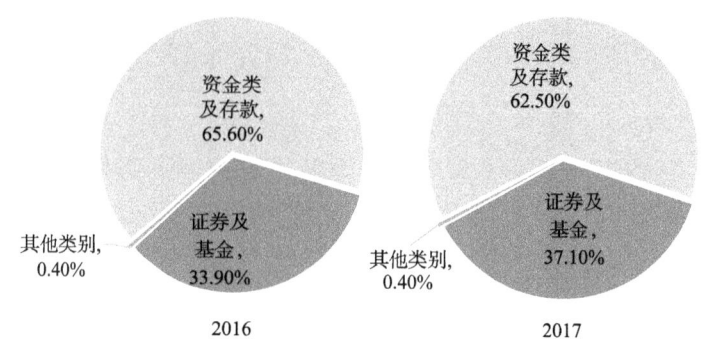

图 6-29 澳门财富管理投资资产类别占比
资料来源：澳门金融管理局

### 三、珠三角九市现状

从全国范围来看，广东省是全国私募基金机构数量最多的区域，截至 2020 年 1 月私募机构数量达 6 421 家，占全国（不含港澳台）的 25.5%。截至 2020 年 1 月，上海、北京和深圳三地集中了 13 614 家私募基金管理人，占全国私募证券投资基金管理人总数的 55.6%，管理 51 326 只私募基金，管理规模合计为 7.98 万亿元。

图 6-30 和图 6-31 分别是截至 2020 年 1 月私募基金和合伙型、公司型私募基金管理人数量和管理基金规模区域分布统计。无论从私募投资基金管理人数量还是管理规模来看，我国私募证券投资基金管理人的区域集中度均较高。上海、北京和广东的综合实力遥遥领先于我国其他中心城市，百亿级别的私募证券投资基金管理人全部出自京沪深三地。合伙型、公司型私募基金数量和规模分布相对均衡。

在广东省内，深圳是广东私募基金机构的主要集聚区，广州其次，珠海市私募基金等特色金融产业形成了良好的发展势头，成为广东省三大私募基金集聚地之一。截止到 2018 年末，广东省主要城市的基金业发展情况如下：

深圳市属国资国企主导或参与设立的各类基金共约 210 只，基金总规模超过 4 200 亿元，为不同发展阶段和融资需求的企业提供股权投资金融服务[①]。

珠海市共有股权、创业投资企业 4 595 家，在中国证券基金业协会成功登记备案的私募投资企业有 1 600 家，包括私募基金管理人 523 家（管理资金规模

---

① 深圳市人民政府金融发展服务办公室. 市金融办 2016 年工作总结和 2017 年工作计划[EB/OL]. http://www.jr.sz.gov.cn/sjrb/xxgk/ghjh/ndgzjhjzj/201707/t20170727_7999251.htm，2017-02-09.

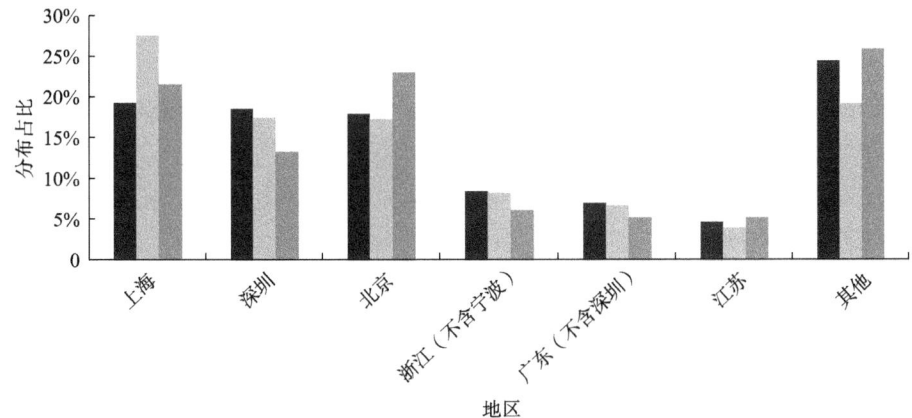

图 6-30 私募基金按注册地分布占比

资料来源：中国证券基金委员会

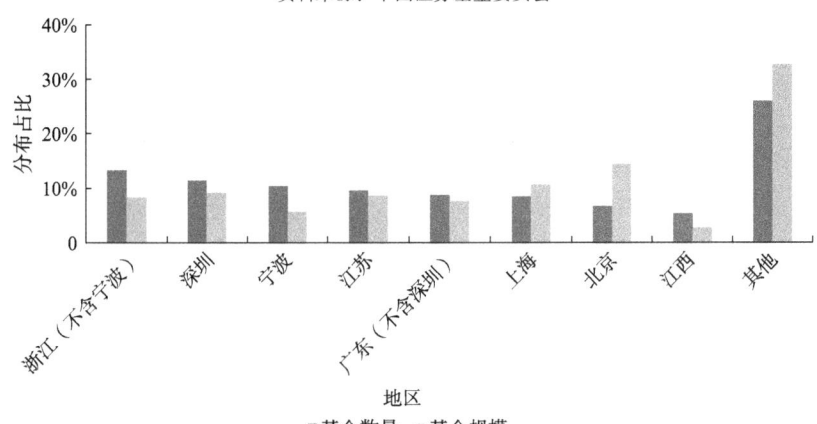

图 6-31 合伙型、公司型私募基金按注册地分布情况

资料来源：中国证券基金委员会

2 256.16 亿元)、私募基金 1 077 家（管理资金规模 2 635.71 亿元），占广东省（不含深圳）私募企业总体数量约 21%[1]。

东莞市私募基金业协会会员超过 30 家，会员所管理基金规模约 200 亿元，会员数量和基金规模不断壮大，社会影响力不断提升[2]。

---

[1] 珠海市金融工作局. 珠海正式落地 QFLP 试点将打造国际化的产业、创业投资高地[EB/OL]. http://www.zhjr.gov.cn/xxgk/gzdt/201901/t20190107_50928007.html，2019-01-07.

[2] 东莞时间网. 松山湖基金小镇半年引进资金超 300 亿交出靓丽成绩单[EB/OL]. http://news.timedg.com/2017-11/30/20634051.shtml，2017-11-30.

佛山市南海区千灯湖创投小镇内私募创投项目和管理公司达 225 个,募集资金规模超 358 亿元[①]。

中山市新增股权投资基金 10 只,基金管理机构 4 家,全市共有股权投资基金 57 只,股权管理机构 23 家,合计资金规模超过 182 亿元[②]。

江门市设立的创业引导基金已增加到 8 只,额度合计共达 9.1427 亿元,该市科技风投基金共投资项目 23 个,总投资额约 4 亿元[③]。

## 第六节 粤港澳大湾区信托业发展现状

信托理财机构在金融机构中占少数。截至 2018 年底,全国(不含港澳台,本节下同)仅有 68 家信托公司,主要分布于经济较为发达的城市(图 6-32),从事信托业的人数也并不多,至今大约为两万多人。其中,有 5 家设立于大湾区广深及东莞三地,分别是大业信托(广州)、粤财信托(广州)、华润信托(深圳)、平安信托(深圳)和东莞信托(东莞),注册资本合计 300 亿元,截至 2018 年末共有总资产 640.23 亿元,净资产 539.53 亿元,2018 年实现信托业务收入 67.43 亿元。

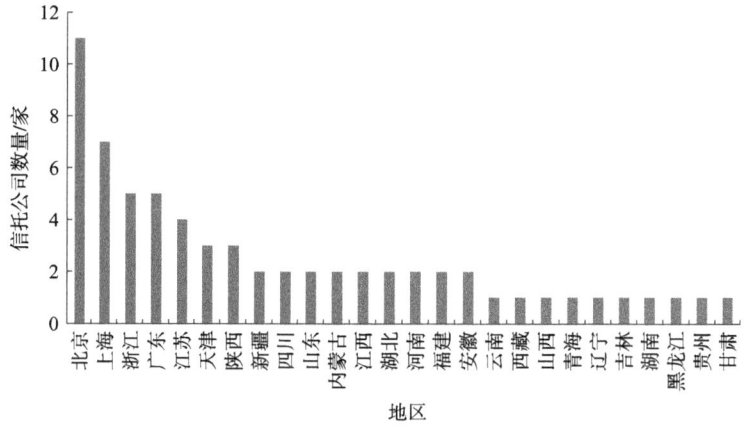

图 6-32 信托公司分布情况

资料来源:用益信托网

---

① 南方日报. 千灯湖创投小镇一周年成绩单:聚集 225 家基金机构,管理超 358 亿资金[EB/OL]. http://static.nfapp.southcn.com/content/201808/17/c1406040.html,2018-08-17.

② 中山市金融工作局. 中山多层次资本市场渐成规模[EB/OL]. http://www.zs.gov.cn/jrb/zwgk/view/index.action?did=3021&id=504524,2019-01-25.

③ 南方网. 解码江门科技创新的金融力量[EB/OL]. http://economy.southcn.com/node_550560eeza/299e230327.shtml,2019-04-23.

## 一、粤港澳大湾区信托资产规模和结构对比

如图 6-33、图 6-34 所示,深圳尽管只有两家信托公司,但规模都较大,与上海 7 家信托公司总注册资本相当,总资产与净资产亦是位于全国前列,仅次于北京和上海;从资产增长能力看,深圳与同等注册资本的上海、广州与相近注册资本的石家庄、南京、合肥等城市相比,其信托公司资产增长水平要低得多。从全国信托业务收入来看,如图 6-35 所示,2018 年大部分的信托业务收入流向了京津冀、长三角城市群。从珠三角城市群内部来看,深圳占有其中 76% 的信托业务收入。

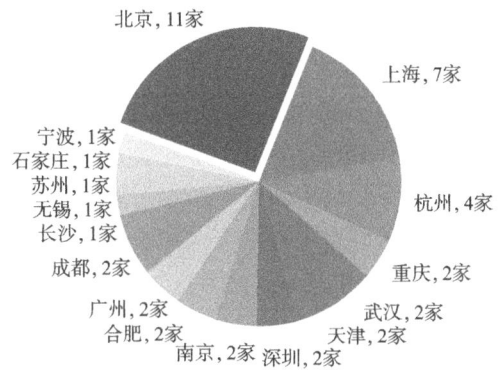

图 6-33　全国五大城市群信托公司分布情况

资料来源:用益信托网

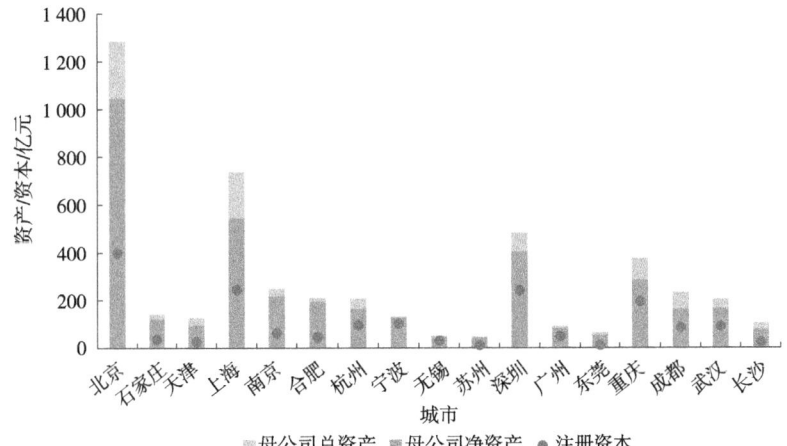

图 6-34　2018 年国内五大城市群城市信托公司基本情况

资料来源:用益信托网

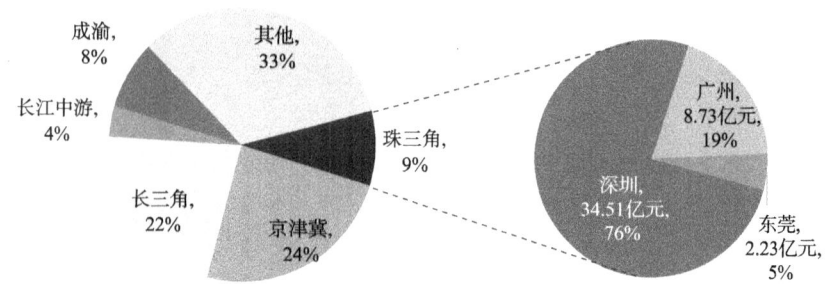

图 6-35　2018 年国内信托业务收入（亿元）分布

资料来源：用益信托网

从信托资产规模来看，2018 年度大湾区境内单一信托资产余额 242 亿元，集合信托资产规模 142 亿元，单一信托资产余额仍占大部分。但从大湾区境内信托资产余额变动情况来看，如图 6-36 所示，2013～2016 年大湾区境内信托资产余额呈增长趋势，其中从 2015 年开始单一和集合信托资产增长规模都开始放缓，与国内经济形势相应。2015 年，全球经济增长低于预期，主要经济体货币政策分化影响金融市场稳定。国内经济受结构调整、产能过剩、投资低迷等影响，增速进一步放缓。信托业在经济"新常态"背景下，面临一系列调整。随着信托行业监管法规密集发布，引导行业进一步规划，大湾区信托资产规模呈现稍降趋稳态势。

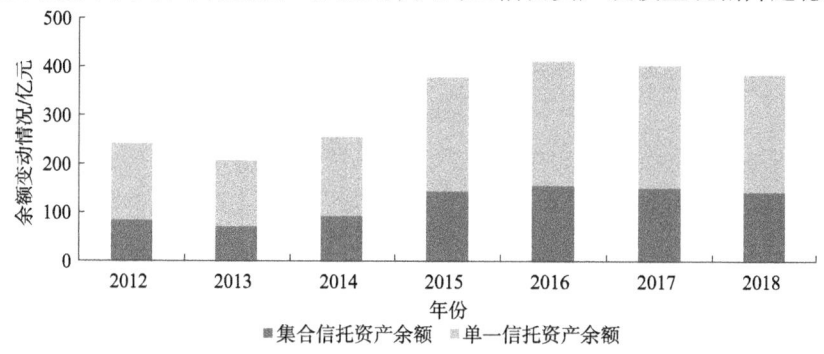

图 6-36　2012～2018 年大湾区境内信托资产余额变动情况

资料来源：用益信托网

从信托资产来源结构来看，2018 年度新增信托资产 5 441.61 亿元，其中单一信托资产 1 114.55 亿元，集合信托资产 2 068.28 亿元，财产权 2 258.78 亿元，占年度新增信托资产比重分别为 20.48%、38.01%、41.51%，财产权成为信托业务转型的主导方向。从新增信托资产来源结构变动态势来看，如图 6-37 所示，以机构客户为主导的单一资金信托占比呈下降态势，从 2012 年其占新增信托资产规模 73.15%，到 2018 年不到四分之一，其份额大幅减少；与全国信托资产来源结构变动特点略有不同，集合信托占比较为稳定，而管理财产信托占比显然上升，其中 2015 年成为信托业务转型的分水岭，财产权一举超过新增单一信托占比，体现了大湾区信托行业正快速向主动管理业务转型。

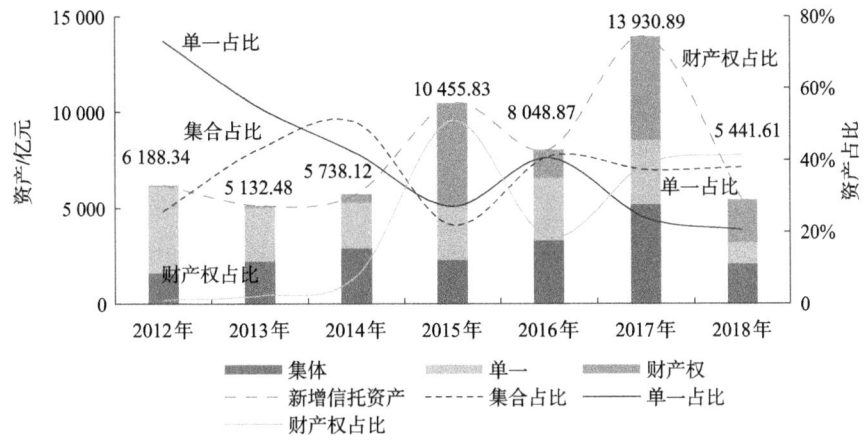

图 6-37　粤港澳大湾区境内新增信托资产及其来源结构变动态势
资料来源：用益信托网

## 二、粤港澳大湾区发行信托产品现状

从发行信托产品来看，2019 年全年粤港澳大湾区内地共发行 277 只产品，较 2018 年增加 69 只，发行规模至 597.18 亿元及以上；香港认可的投资计划中，单位信托及互惠基金共 8 808 只，房地产投资信托基金 45 只，分别较 2018 年增加 30 只和 1 只，强积金集成信托计划 120 只，较 2018 年减少 4 只。从信托产品的投资领域来看，如图 6-38 所示，与全国信托业行业整体情况不同，大湾区信托行业着重在引导资金流向金融领域和加大补齐基础产业领域短板方面下功夫，而面向工商企业领域的信托产品数量和发行规模显著减少。从信托产品投资项目所在地来看，2019 年基础产业新增信托产品主要投向了江苏、四川和重庆，面向广东工商企业的信托产品从 2018 年的深圳、广州、佛山、珠海、东莞、惠州、中山等多个城市向珠海和东莞两个城市收缩。各个信托公司的信托产品投资项目所在地也各有侧重，平安信托多项指标名列全国前茅，其投资项目遍布全国多个省市，华润信托次之，但其投资重点显然不在广东，东莞信托则相反，其信托产品投资项目所在地集中在本地及深圳、广州、佛山、惠州、中山等广东多个城市，小部分涉足长江经济带城市，可能是受限于公司经营规模，粤财信托主要投向广东和川浙区域，大业信托则主要投向河南和江苏。

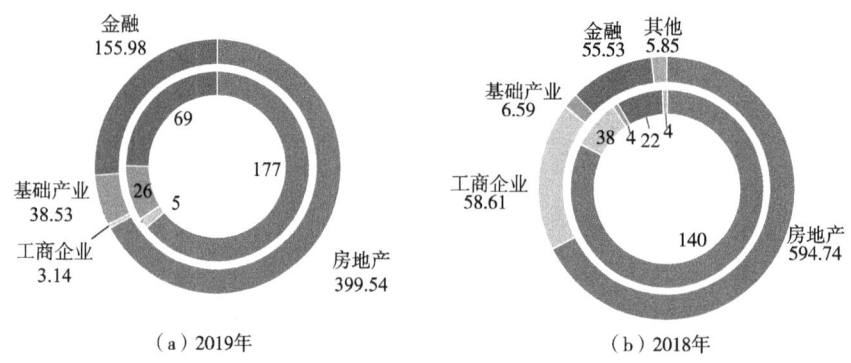

图 6-38　近两年粤港澳大湾区内地信托产品投资领域情况
内圈为信托产品发行数量（单位：只），外圈为对应信托产品发行规模（单位：亿元）
资料来源：用益信托网公开数据整理

## 第七节　粤港澳大湾区期货业发展现状

截至 2019 年末，粤港澳大湾区在粤期货公司数达 22 家，期货分公司和期货营业部数达 193 家，均位居全国（不含港澳台）第二。粤港澳大湾区有多个期货交易所，2019 年累计金融期货代理交易量 57 172 万手，代理额总额实现 111.7 万亿元，占全国全年期货代理交易额份额的 38.44%。香港期货交易所历史悠久，期货产品丰富多样，2019 年期权合约成交量 26 289 万张。澳门金融业以银行和保险业为主，尚未发现有期货经营机构设立于澳门。

### 一、总体现状

本部分将从机构概况、资本概况、风险监管指标状况、期货市场交易情况四个方面探讨粤港澳大湾区期货业在全国范围内的发展情况。

#### （一）机构概况

截至 2019 年末，正常营业并纳入中国证监会管理的期货公司共有 149 家，其中大湾区在粤的期货公司共有 22 家，占全国 14.8%，在全国省区市期货公司数量排名上仅次于上海。图 6-39 直观展示了全国 149 家期货公司的分布情况，广东显然是期货行业的三大云集地之一。

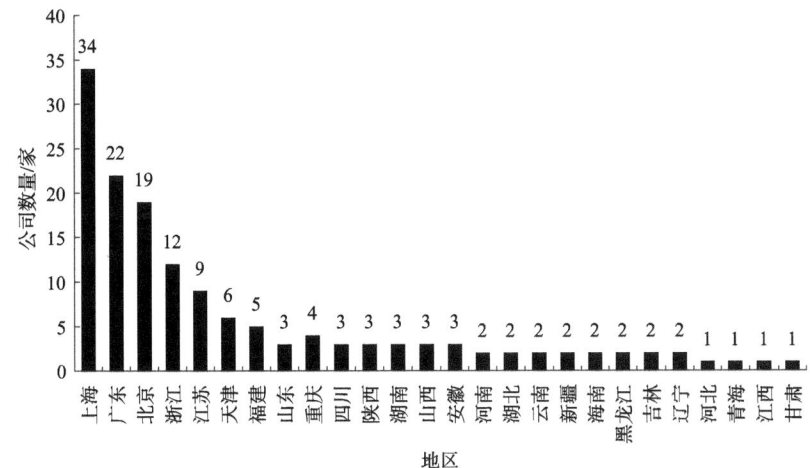

图 6-39　截至 2019 年末全国 149 家期货公司分布情况
资料来源：中国证券监督管理委员会

从期货分支机构网点分布来看，如图 6-40 所示，广东也是国内其他期货公司开展期货业务的青睐之地，截至 2019 年末共有 193 家期货分公司和期货营业部设立于广东省，数量上列居全国第二，仅次于浙江，超过上海的 181 家；从内部分布来看，广东省的期货分支机构超过九成设立于大湾区城市。香港是大湾区目前唯一具有期货交易所的核心城市，其交易所高度市场化和国际化，具有完善的期货交易机制。如图 6-41 所示，2003～2019 年香港期货交易所的持牌人和注册人数量总体来看平稳增长。

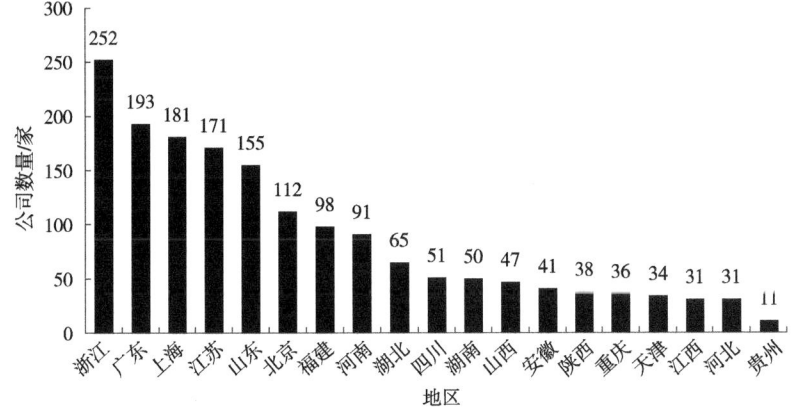

图 6-40　2019 年国内部分省市期货分支机构数量分布情况

期货分支机构包括期货分公司及期货营业部，数据采用各省市最新发布的期货营业机构数量，其中，江苏截至 2019 年 5 月 31 日，安徽 2019 年 11 月，河北 2019 年 10 月 16 日，河南 2019 年 9 月 30 日，山西 2019 年 6 月 30 日，湖北 2019 年 9 月 18 日，湖南 2019 年 3 月 15 日，重庆 2019 年 3 月 15 日，四川 2017 年 4 月，其他省市如无特别说明数据均截至 2019 年 12 月 31 日
资料来源：中国证券监督管理委员会

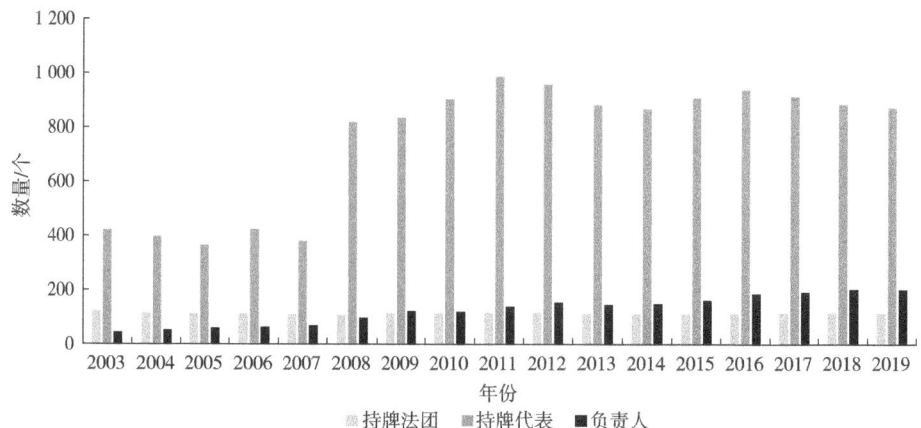

图 6-41 2003~2019 年香港期货交易所持牌人数量
资料来源：香港交易所

## （二）资本概况

截至 2017 年末[①]，大湾区 22 家期货公司净资产累计达 207.20 亿元，同比增长 21.07%，占全国 149 家期货公司净资本总额的 27.5%，行业净资本在 2010~2017 年间连续七年稳步提升（图 6-42）。

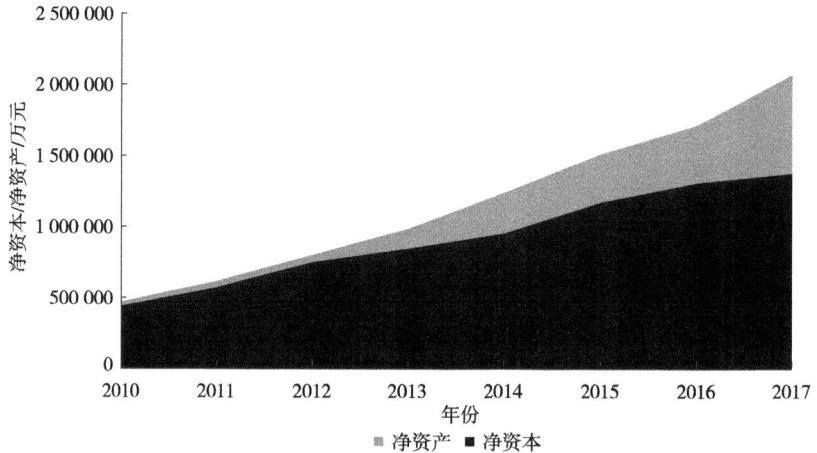

图 6-42 2010~2017 年粤港澳大湾区内地期货公司净资产及净资本
资料来源：中国期货业协会

2017 年期货公司净资本的分布情况见表 6-12，其中，14 家期货公司的净资

---

① 由于大湾区内部分期货公司并未对其 2018 年的财务信息进行披露，这里采用截至 2017 年末的数据。

本超过3亿元,较2016年增加1家。

表6-12 2017年大湾区在粤期货公司净资本分布情况变化表

| 净资本总额 | 2017年 | | 2016年 | |
| --- | --- | --- | --- | --- |
| | 公司数量/家 | 占比 | 公司数量/家 | 占比 |
| 超过3亿元 | 14 | 63.64% | 13 | 59.09% |
| 1亿~3亿元 | 3 | 13.64% | 7 | 31.82% |
| 1亿元以下 | 5 | 22.73% | 2 | 9.09% |

资料来源:中国期货业协会

(三)风险监管指标状况

2017年10月1日,中国证监会实施了最新的《期货公司风险监管指标管理办法》,进一步提高了期货行业风险监管指标体系的适应性和有效性。经测算,截至2017年末,大湾区在粤22家期货公司净资本均高于3 000万元人民币,其中五矿经易期货有限公司净资本最高,为218 795.84万元,长城期货股份有限公司最低,为4 488.5万元;净资本与净资产比例均高于40%,最低为40.02%。

(四)期货市场交易情况

各省市的期货成交额能间接地反映各省市的期货经营状况。从近三年期货成交金额的变动趋势来看,广东(含深圳)的期货成交额总体呈现增长态势,期货经营状况发展良好。2015年受我国证券市场行情影响,大量资金被吸引参与到股指期货交易中来,金融期货尤其是股指期货的成交量、成交额增幅刷新期市成交历史纪录(图6-43、图6-44),由此造成2016年金融期货交易的反跌,但也是从2016年开始,广东辖区金融期货交易连续四年保持稳中有升态势。

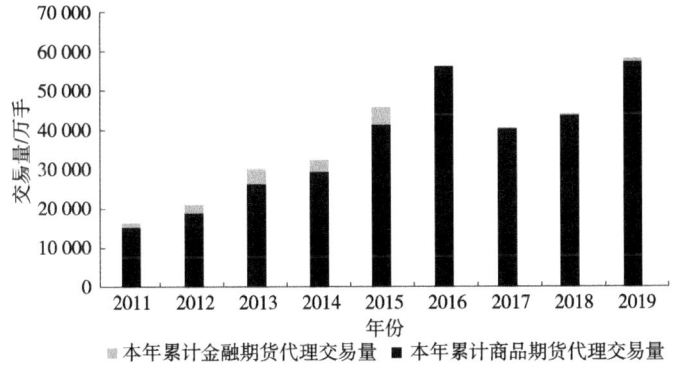

图6-43 2011~2019年广东辖区金融期货和商品期货代理交易量
资料来源:广东省地方金融监督管理局

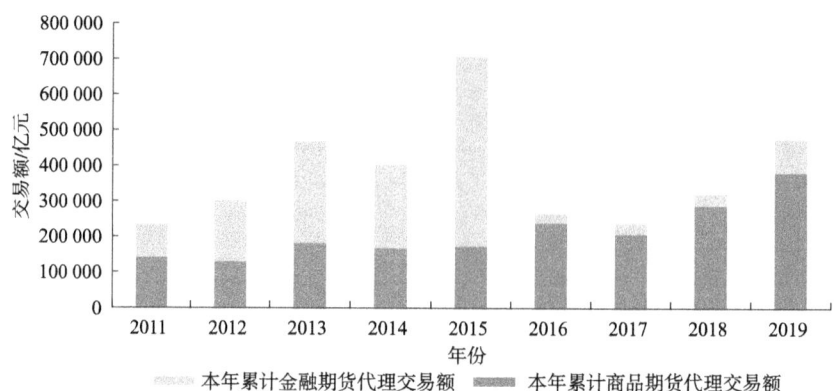

图 6-44　2011~2019 年广东辖区金融期货和商品期货代理交易额
资料来源：广东省地方金融监督管理局

2019 年，广东辖区和深圳辖区期货代理额总额实现 111.7 万亿元，占全国全年期货代理交易额份额的 38.44%，较去年增加 1.62 个百分点（图 6-45）。

图 6-45　广东辖区及深圳辖区全年累计期货代理额总额
资料来源：深圳辖区证监局、广东辖区证监局

## 二、香港现状

香港具有高度市场化、全球化的期货交易所。1977 年 5 月，香港商品交易所开业，进行原棉和原糖的期货合约交易，标志着期货市场的开启。1918 年推出黄金期货，虽然交易方式相当正规，但是由于期金交易手续较为复杂，费用也较高，一般金商仍习惯在金银业贸易场进行现货交易。黄金期货推出后，期金交易金额停滞不前，1982 年更是急剧下降。香港期货市场在 20 世纪 80 年代上半期发展并

不理想，与亚太地区金融期货发展较早的悉尼、新加坡和东京相比，香港的期货市场较为落后。1986年5月，香港首次推出香港恒生指数期货，标志着香港期货市场进入了一个新的发展阶段。此后，香港期货市场迅速发展。据美国期货业协会数据，1987年上半年香港恒指期货合约买卖成交量已超过纽约，香港成为仅次于芝加哥的世界第二大指数期货市场[1]。进入20世纪90年代后，香港金融期货市场稳步向前发展。1990年2月，香港期货交易所推出港元利率期货；1991年5月和9月，又分别推出了工商业分类指数期货及地产、金融、公用事业分类指数期货。香港的期货市场也跃居世界前列，标志着香港金融市场的金融工具更趋多元化，香港作为国际金融中心的地位进一步提高。2012年，香港交易及结算所有限公司（Hong Kong Exchanges and Clearing Limited，HKEx）以13.88亿英镑的价格收购英国伦敦金属交易所（London Metal Exchange，LME）[2]，进一步扩大自身规模并提升市场影响力。

从香港期货市场近20年的发展历程来看，香港期货市场多项指标运行状态向好，保持稳中有增走势。如图6-46所示，1998～2018年，香港的期货及期权合约成交量均在微小跌宕中向上爬升；从期货产品来看，香港期货产品丰富多样，覆盖金融、金属、能源、地产、医疗保健、信息服务业等多个领域，内地期货交易期货品类数量及规模显然与之差距明显。多类期货产品如股票期货、小型恒生指数期货等合约成交量整体呈现增长势头。值得注意的是，三个月港元利率期货产品运行并不理想，从2003年开始成交量出现萎缩，到2010年其合约成交量降至千张以下（图6-47）。期权方面，期权合约成交量发展特点与期货类似。2019年香港推出每周恒生指数期权和每周恒生中国企业指数期权。

### 三、澳门现状

澳门的金融业主要由银行和保险公司组成，目前共有金融机构84家，其中银行业包括本地银行、附属银行及分行30家、保险公司25家、1家金融公司从事有限制的银行业务、2家融资租赁公司、1家从事发行及管理电子货币储值卡业务的其他信用机构及25家金融中介服务机构。尚未发现有期货公司及期货经营机构注册于澳门。根据《粤港澳大湾区发展规划纲要》，澳门金融多元化发展方向聚焦融资租赁及绿色金融等特色金融业务。澳门正在研究建立以人民币计价结算的

---

[1] 中国证券管理监督委员会.香港资本市场发展经验[EB/OL]. http://www.csrc.gov.cn/pub/newsite/yjzx/sjdjt/zcyj/201505/t20150514_276916.html，2015-05-14.

[2] 期权网.国际期货交易所的发展现状与趋势[EB/OL]. http://qiquanwang.com/article-3540-1.html，2017-07-27.

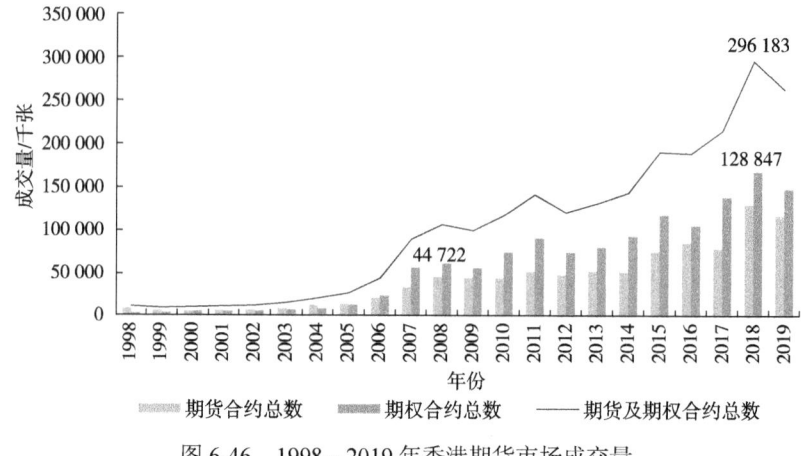

图 6-46　1998~2019 年香港期货市场成交量

资料来源：香港交易所

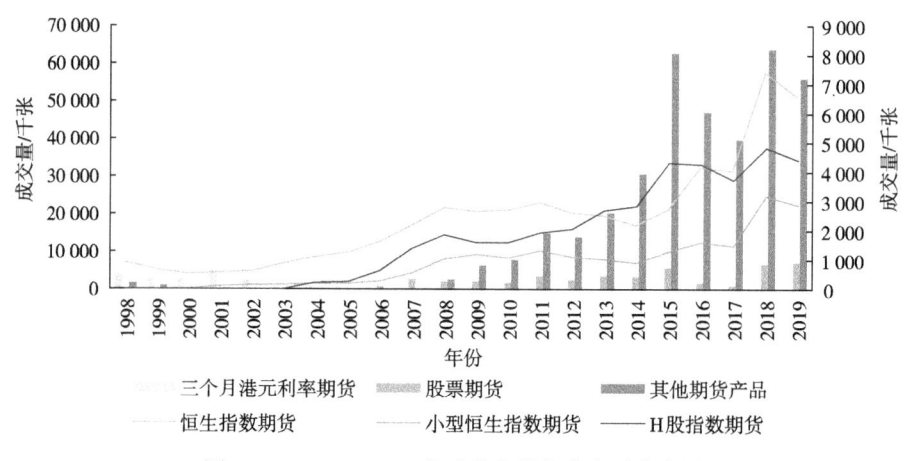

图 6-47　1998~2019 年香港各类期货产品成交量

三个月港元利率期货、股票期货及其他期货产品采用次坐标轴；折线图对应左坐标轴；柱状图对应右坐标轴

资料来源：香港交易所

证券市场，未来澳门如何结合其制度优势，是否发展期货+的证券产品值得期待。

## 四、珠三角九市现状

与内地其他省区市相比，广东期货行业多项发展指标均名列前茅。从期货经营机构数量来看，目前广东共拥有 22 家期货公司，位居全国第二，仅次于上海，全部分布于大湾区城市中，即深圳、广州和东莞。设有期货分公司及营业部 193 家，亦位居全国第二，次于江苏的 252 家，其中设于大湾区的有 176 家；其内部网点分布，如图 6-48 所示。

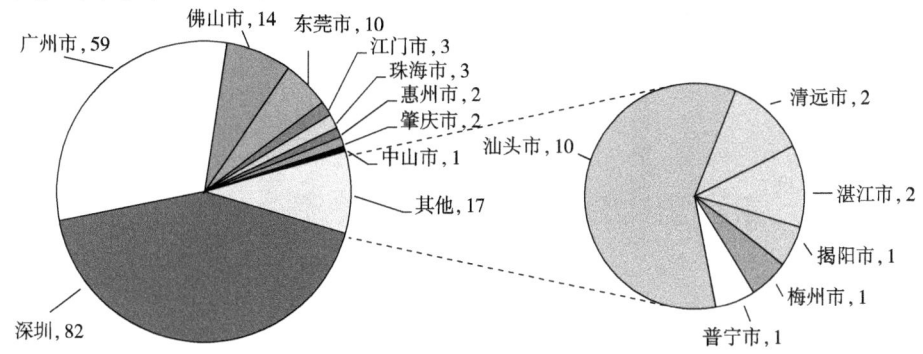

图 6-48　2019 年末广东期货分支机构网点分布情况
资料来源：广东省金融监督管理局

广州、深圳两个核心城市是期货分支机构聚集地，重点城市中佛山和东莞是主要分布点，分别有 14 家和 10 家期货分支机构，其他重点城市则呈均衡散布特点，而对于产业以轻工制造业为主的中山市，目前只有 1 家期货营业部设立其中。

以下分别重点分析深圳辖区、广州两所核心城市的期货业发展状况。

深圳方面。深圳是我国期货市场发展较早、较好的地区之一。在历届深圳市委、市政府的大力扶持和推动下，深圳期货市场不断创新发展，深圳期货业多项指标居国内前列。

从期货营业机构数量及经营基本情况来看，截至 2019 年第四季度，深圳共有期货公司 14 家，在全国各省区市辖区中排名第三，约占全国 14%，评级为 A 级的期货公司数量约占全国 1/9；期货分支机构从 2016 年的 49 家增至 82 家。截至 2018 上半年，深圳期货公司总资产超过 678 亿元，占全国期货公司总资产的七分之一。净资产超过 141 亿元，净资本超过 92 亿元，上述指标均居全国前列；深圳证券期货行业资产管理业务规模为 12.61 万亿元，较上月末下降 3.80%，证券期货行业资产管理业务规模居全国前列[①]。第 15 届中国（深圳）国际期货大会上显示，2019 年前三季度，深圳辖区内 14 家期货公司资产总额超过 850 亿元。深圳辖区期货公司及期货营业部数量，如图 6-49 所示。

---

① 深圳市地方金融监督管理局. 2018 年上半年深圳金融业发展情况[EB/OL]. http://www.jr.sz.gov.cn/sjrb/xxgk/sjtj/zxtjxx/201908/t20190813_18151602.htm，2018-08-08.

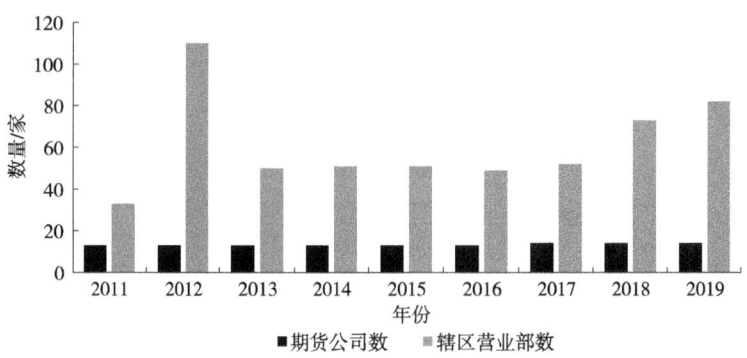

图 6-49　2011~2019 年深圳辖区期货公司及期货营业部数量

资料来源：深圳证监局

从期货交易市场来看，截至 2019 年末，深圳实现期货代理交易额 642 078.38 亿元，约占全国期货交易额 11.6%的份额。如图 6-50 所示，深圳辖区期货保证金余额呈增长趋势，截至 2019 年末，期货保证金余额达 679.61 亿元，较 2011 年长了 3.3 倍左右。2015 年受我国证券市场行情影响，大量资金被吸引参与到股指期货交易中来，金融期货尤其是股指期货的成交量、成交额增幅刷新期市成交历史纪录。2016~2019 年，深圳辖区期货代理交易额稳步增长。

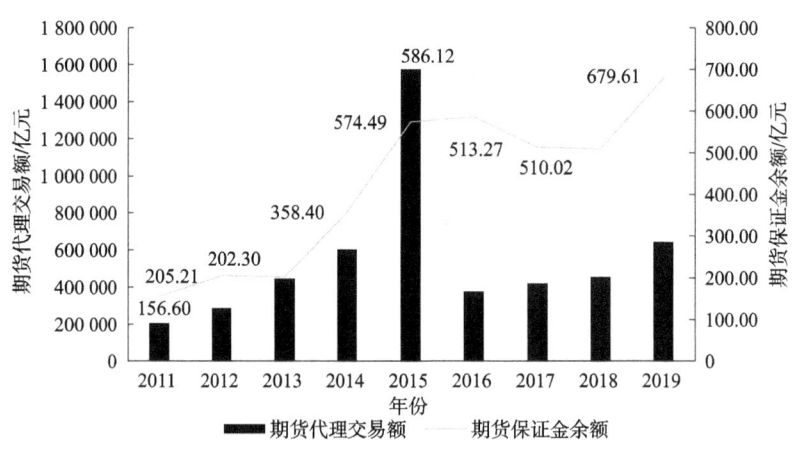

图 6-50　深圳期货市场交易情况

资料来源：深圳证监局

广州方面。广州是国内最早从事期货交易的地方，1992 年成立了中国首家期货经纪公司，此后设立华南商品期货交易所等多个期货交易所，自 1998 年对期货交易整顿后，期货交易所被全部撤销，时隔多年，2016 年广州做出设立创新性期货交易所的提案，2019 年《粤港澳大湾区发展规划纲要》对研究设立以碳排放为首个品种的创新型期货交易所作出支持表态。目前广州正在加快推进期货交易所的建设。近年来广州地区期货市场总体保持平稳运行，未发生期货公司重大风险事件，未出现风险监管指标预警情况。

一是，广州期货市场稳步发展。截至 2019 年末，注册地在广州的期货公司共有 7 家，与上年持平，约占全国期货公司的 4.7%；期货分公司和期货营业部共有 59 家，主要分布在广州天河区和越秀区，有少数几家分别设立于南沙区、海珠区和番禺区[1]。2018 年广州 7 家期货公司代理成交量为 4.24 亿手，同比增长 9.02%，成交额为 31.12 亿元，同比增长约 35.33%。图 6-51 展示了广州 2011~2018 年期货公司全年代理交易量、交易额、营业收入和净利润的表现。可以看到，在经历了 2015 年期货市场行情暴涨后，广州期货市场保持稳步增长态势。

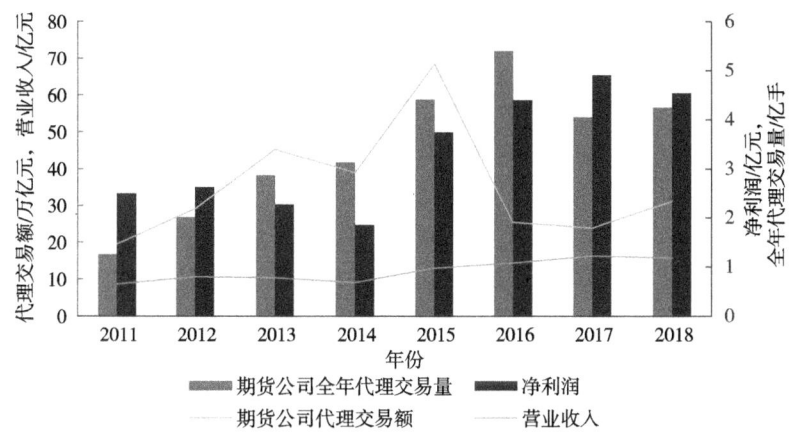

图 6-51　2011~2018 年广州地区期货市场发展情况
资料来源：广州统计局

二是，广州期货公司综合实力稳步提升。截至 2018 年底，广州市 7 家期货公司总资产为 384.74 亿元，净资产为 72.95 亿元，同比分别增长 –7.52% 和 9.29%[2]；下属分支机构 127 家，同比增长 10.43%；期货投资者开户数 20.60 万人，同比增长 10.99%；营业收入在 2011~2018 年连续八年稳中有增（图 6-51），2018 年累计实现营业收入 15.75 亿元，净利润 4.54 亿元，较 2015 年分别增长 20.87% 和 21.39%。广发期货和华泰期货两家公司排名均在全国前列，2018 年分类评价均为 A 类 AA 级，其中广发期货已连续五年被评为 A 类 AA 级。

三是，广州期货公司行业竞争能力逐步增强。广州期货公司积极拓展业务范

---

[1] 资料来源：中国证券监督管理委员会公开信息整理分析得到。
[2] 引自广州金融发展白皮书。

围,创新能力不断提升。资产管理业务方面,广州市有 6 家期货公司已开展资产管理业务。风险管理业务方面,广州市期货公司设立的风险管理子公司达到 5 家,较上年增加 1 家。广发期货、华泰期货积极"走出去",通过增资等途径增强海外公司资本实力,扩展国际业务。广发期货英国子公司 2018 年实现了扭亏为盈[①]。

## 第八节 粤港澳大湾区金融配套业发展现状

粤港澳大湾区整体服务业发展水平较高,2018 年其第三产业增加值占地区生产总值的 66.12%,其中约六分之一的贡献来自金融业。得益于大湾区金融业规模的逐年扩大和平稳发展,其金融配套服务市场潜力也得到相应的释放。广东方面,截至 2018 年末,广东租赁和商务服务业法人单位数增加至 51.42 万个,比 2013 年增加了 38.23 万个,较之增长 289.8%,占全部单位数量的 16.4%,列居全省行业第三。据全国组织机构统一社会信用代码数据服务中心,以"金融服务"对企业进行查询[②],结果显示目前广东共拥有金融服务机构 7 871 家,占全国的 18.98%,远远领先北京的 2 321 家和上海的 5 849 家。香港是国际金融中心,也是亚太地区首屈一指的专业服务中心,其金融配套服务能力不言而喻;澳门方面,随着澳门经济适度多元化的发展及成效,其金融业和租赁及商务服务业占比逐年增长,但从地区生产总值占比来看,其专业配套服务市场还有较大拓展空间。

### 一、香港现状

香港地区是亚太地区首屈一指的专业服务中心,专业服务实力雄厚,具备世界一流水平,具有按国际惯例运作和在国际市场上开展各类贸易、金融、会计、法律和其他专业服务的知识和经验。香港拥有全球最自由的经济制度,也是最开放的司法管辖区,奉行国际通行的标准,专业服务机构可以在香港获得最新的国际市场需求信息和专业服务技术信息,因此聚集了不少国外专业服务机构和专业人才,聚集效应大大增强了香港专业服务业的国际竞争力。

按照香港行业分类,金融服务和专业及工商服务均是香港的四个主要行业之一。如图 6-52 所示,两个行业贡献了香港本地生产总值的 30%左右,增加值呈平

---

① 引自广州金融发展白皮书。
② 机构名多为"金融服务有限公司"、"金融服务外包有限公司"、"金融服务中心"。

稳中稍有增长态势。

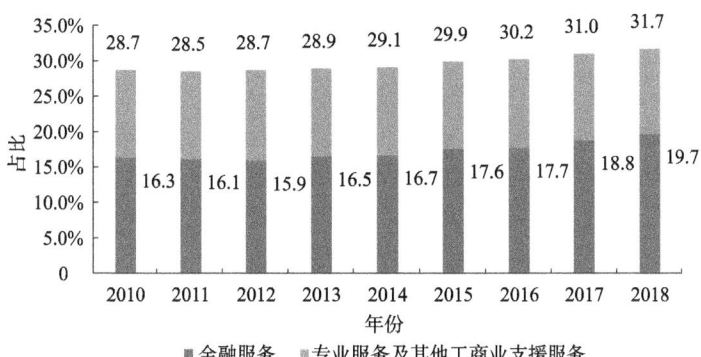

图 6-52　2010~2018 年香港金融及专业工商服务增加值占本地生产总值百分比
资料来源：香港特区政府统计处

香港的金融服务分为银行、保险和其他金融服务，其中提供非银行服务的机构具体包括投资公司、信托公司、基金公司，其他金融服务公司等。单从提供其他金融服务的增加值及在本地生产总值的占比来看，如图 6-53 所示，尽管其他金融服务增加值从 2008 年至 2018 年稳步增长，但其在本地生产总值的百分比却是近乎逐渐降低，而保险服务保持平稳姿态，略有增加，银行仍是金融服务增加值的贡献主体，且保持积极成长。

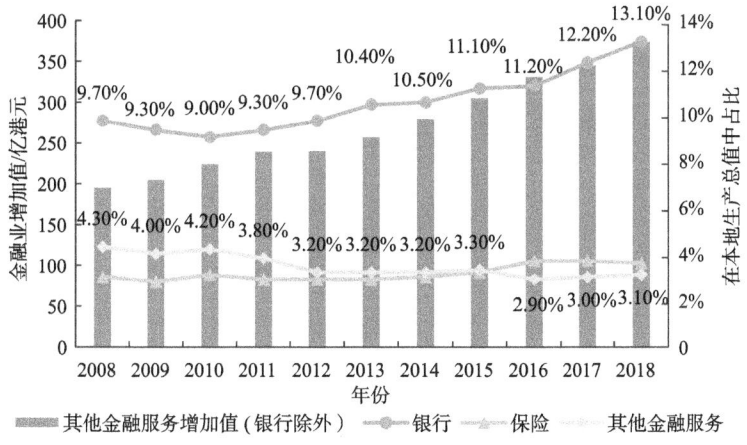

图 6-53　2008~2018 年其他金融服务增加值及其在本地生产总值中百分比情况
以基本价格计算的名义本地生产总值
资料来源：香港特区政府统计处

香港的专业服务业主要包括法律服务、会计服务、审计服务、建筑及工程活动、技术测试及分析、科学研究及发展、管理及管理顾问活动、信息科技相关服务、广告及专门设计服务等。从服务业机构数量来看，如图6-54所示，香港的专业服务机构数量众多，仅在2009年就增加2 000家，到2013年末，香港专业服务机构数量增加至24 695家，达到一定程度的饱和，此后其增势减弱，但仍以百位数增加。截至2018年末，香港共拥有从事专业、科学及技术活动的机构27 129家。图6-55显示了专业、科学及技术活动业务收益及其他收入逐年增长的趋势，盈余总额亦是逐年平稳增加，业务表现积极向好。

2018年，专业服务及其工商业支援服务增加值占本地生产总值百分比为12.4%。图6-56显示了香港四个主要行业增加值占本地生产总值百分比的相对情况，子图是专业服务及其工商业支援服务增加值的具体组成，近十多年来大约如此。截至2018年末，香港共有从事专业及其他工商服务的人员551 000人，是香港总就业人数的14.2%。

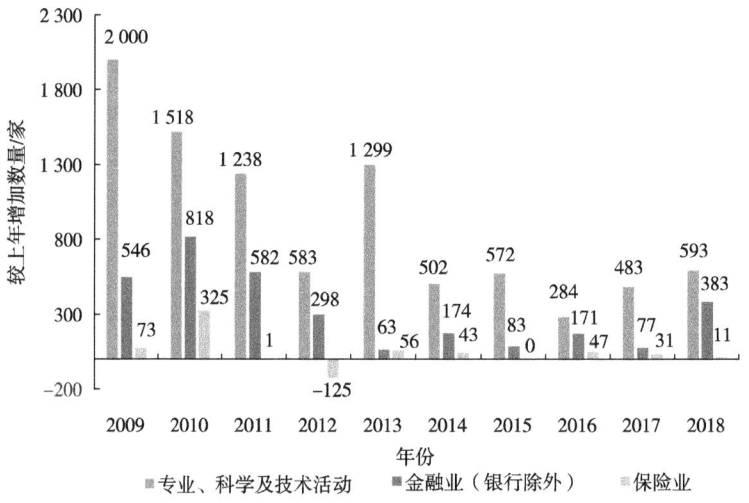

图6-54　2009～2018年香港金融业（银行除外）、保险业和专业服务业机构数较上年增加数量对比

这里金融业（除银行外）包括金融业信托、基金及相关金融工具、其他金融服务活动金融服务辅助活动（保险及退休基金除外）及基金管理；专业、科学及技术活动包括会计、簿记及核算活动、税务顾问广告及市场研究其他专业、科学及技术活动

资料来源：香港特区政府统计处

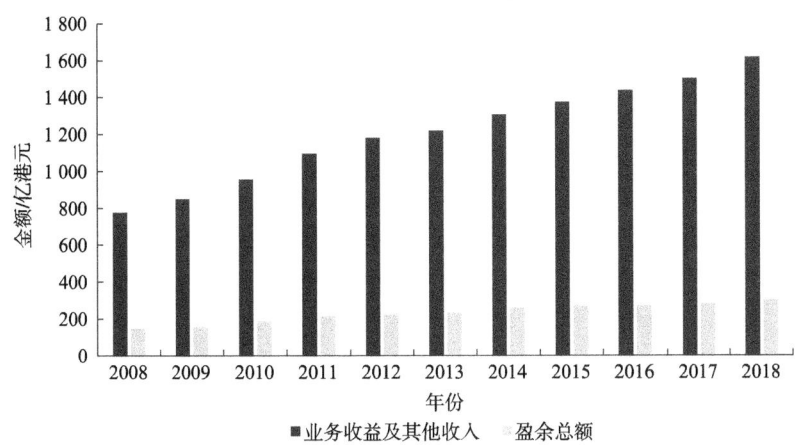

图 6-55　2008~2018年专业、科学及技术活动业务表现情况
资料来源：香港特区政府统计处

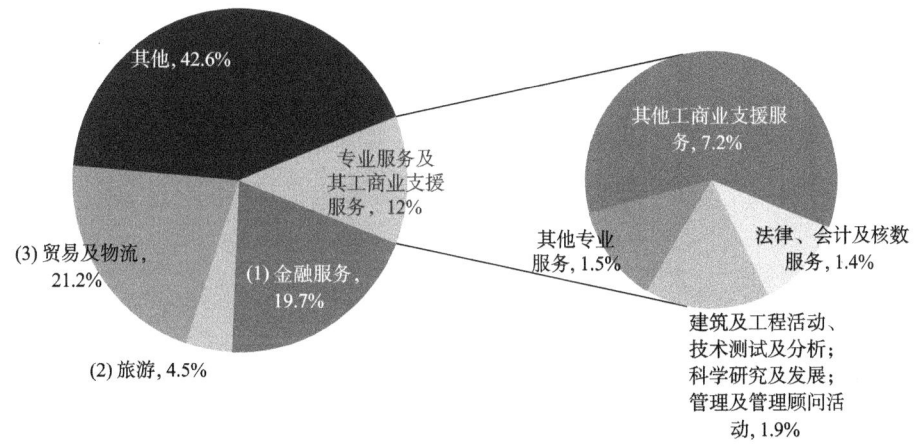

图 6-56　2018年香港专业服务及其工商业支援服务增加值占本地生产总值百分比及其组成
以基本价格计算的名义本地生产总值
资料来源：香港特区政府统计处

## 二、澳门现状

澳门目前共有金融机构84家，其中保险公司25家，提供如兑换柜台和支付服务机构的金融中介服务机构25家，另有一家金融公司从事有限制的银行业务。澳门金融机构来自不同国家和地区，包括中国、中国香港、中国台湾、葡萄牙、英国、美国等，表明澳门金融业国际化水平较高，其金融体系目标对准以葡语国家和欧洲大陆为代表的大陆法系经济体。从澳门工商服务业公司数及注册资本来

看,如图 6-57 所示,2018 年澳门新增工商服务公司 1 429 家,注册资本新增 19 989 万澳门元,2008 年到 2018 年十年间,澳门的工商服务业规模增长显著,工商公司数目共新增 5 335 家,共新增注册资本 84.62 亿澳门元。

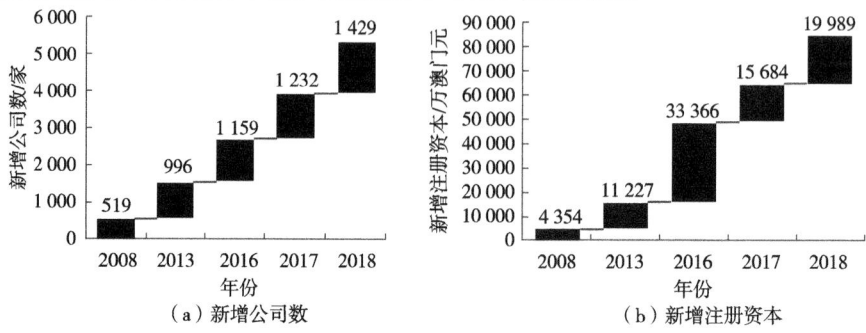

图 6-57 澳门工商服务业新增公司数目及注册资本
资料来源:《2018 年澳门统计年鉴》

澳门服务业的发展水平比较高,2012~2018 年其第三产业占地区生产总值的比重均达 90% 以上,以当年生产者价格按生产法计算,2018 年澳门第三产业占增加值总额的 95.81%。但从澳门第三产业的构成来看,澳门的金融业增加值仅占 4.31%,租赁及向企业提供的服务增加值不及 4%,分别为 28 897 百万澳门元、20 718 百万澳门元,博彩业仍占较大比重,澳门金融及其专业配套服务市场还有较大发展空间(图 6-58)。然而,从 2012 年到 2018 年连续七年的发展趋势来看,澳门博彩及博彩中介业增加值在服务业中的占比呈下降趋势,其 2018 年占比较 2012 年的 65.59% 减少了约 13 个百分点,而金融业与租赁和商务服务业占比逐年增长,澳门经济实现了一定程度的多元化发展。

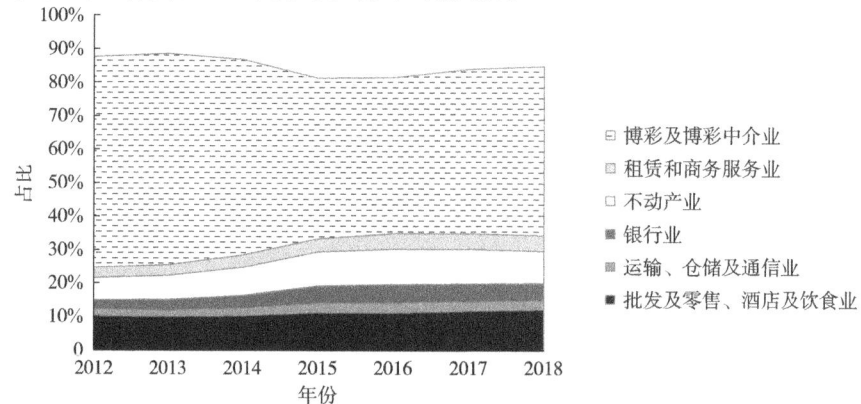

图 6-58 2012~2018 年澳门第三产业各行业占比变化情况
各行业增加值以当年生产者价格按生产法计算。堆积图各层类别从上往下依次对应图例所示行业
资料来源:澳门统计暨普查局,澳门经济适度多元发展统计指标体系分析报告

## 三、珠三角九市现状

近些年来，随着广东不断推进"放管服"改革，深化商事制度改革，优化营商环境，服务业市场主体活力不断增强，规模发展扩大，新动能持续壮大，服务业发展潜力也不断得到释放。

最近几年来，广东省第三产业法人单位占比稳步提高，从业人员实现大幅增长（表6-13）。2018年末，从事第三产业的法人单位数量为243.05万个，较2013年末提高8.9%；资产总计77.88万亿元；从业人员2 422.90万人，较2013年末提高12.1%，首次超过第二产业；年营业收入17.46万亿元。

表6-13　2018年广东省第三产业法人单位规模情况

| 项目 | 第三产业数 | 占比 |
| --- | --- | --- |
| 法人单位 | 243.05万个 | 77.7% |
| 法人单位从业人员 | 2 422.90万人 | 52.5% |
| 法人单位资产 | 77.88万亿元 | 81.3% |
| 法人单位年营业收入 | 17.46万亿元 | 49.6% |

分行业看，2018年末，租赁和商务服务业法人单位数增加至51.42万个，比2013年增加了38.23万个，较之增长289.8%，占全部单位数量的16.4%，列居全省行业第三，仅次于批发和零售业（30.9%）和制造业（18.3%）。

分区域看，第二、第三产业法人单位从业人员进一步向珠三角核心区聚集。2018年末，珠三角核心区法人单位从业人员3 837.24万人，比2013年末增加669.74万人，增长21.1%，所占比重由2013年的80.3%上升至2018年的83.2%，比2013年末提高了2.9个百分点[①]。

广州方面。2018年末，广州市现代服务业增加值实现10 907.16亿元，占第三产业增加值的66.50%，较2017年增加约800亿元（表6-14）。广州第三产业就业人数为5 465 061人，占全市就业人数的60.96%，其中从事金融业、租赁和商务服务业的分别有121 730人和359 815人；拥有商务服务企业单位2 036个，2018年实现营业收入1 974.84亿元。

---

① 引自广东省第四次全国经济普查公报解读。

表6-14 广州市2018年服务业及其现代服务业增加值占比情况

| 年份 | 地区生产总值/亿元 | 服务业增加值/亿元 | 现代服务业增加值/亿元 | 服务业增加值在地区生产总值中占比 | 现代服务业增加值在服务业增加值中占比 |
| --- | --- | --- | --- | --- | --- |
| 2017 | 21 503.15 | 15 271.69 | 10 100.93 | 71.02% | 66.14% |
| 2018 | 22 859.35 | 16 401.84 | 10 907.16 | 71.75% | 66.50% |

资料来源:《2019年广州统计年鉴》

深圳方面。按照深圳对金融业发展扶持的政策,金融配套服务机构被纳为金融机构总部的一级分支机构给予政策支持。隶属于金融机构总部单独设立的金融后台服务机构,如信息技术和数据处理中心、信用卡中心、支付结算中心、业务运营中心、客户服务中心等,以及专业从事金融服务外包业务的法人机构等金融配套服务机构,可参照金融机构总部的一级分支机构享受相关优惠政策。深圳的金融配套服务业呈现出繁荣的发展态势,金融配套服务机构以分公司的形式注册于北京、天津和江苏等地,为全国多地提供专业的金融配套服务。全国组织机构统一社会信用代码数据服务中心查询结果显示,全国以金融配套服务的关键字命名的企业及分公司共有155家[①],61家来自珠三角,而其中超过三分之二来自深圳。

## 第九节 粤港澳大湾区跨境金融产业发展

早在2003年6月,内地和香港就签署了《内地与香港关于建立更紧密经贸关系的安排》(Closer Economic Partnership Arrangement,简称CEPA),开始了两地在各方面互联互通的进程。而后粤港澳三地又在CEPA框架下相继签署补充协议及其他相关协议,逐步推进金融市场互联互通。《粤港澳大湾区发展规划纲要》也在金融市场互联互通方面进行相关的规划和部署。沪港通、深港通、债券通等产品的推出也促进了三地金融市场的互联互通。本节主要从跨境保险、跨境债券和跨境股票三方面分析粤港澳大湾区跨境金融产业发展现状。

---

① 这里以不同注册地来区分,包含分公司。

## 一、跨境保险发展现状

总体而言,香港、澳门有着丰富的保险资源,珠三角九市保险业发展相对落后。尤其是香港,作为全球最开放的保险市场之一,其保险密度和保险公司集聚度在全亚洲均处于领先地位。这些优势引发了内地居民前往香港购买保险产品的热潮,2016年内地居民前往香港购买保险金额达716亿港元,占香港新增保额比重高达40%。而后因内地资本流出管制才有所降低,但仍可见粤港澳大湾区战略的提出将有利于粤港澳三地跨境保险业的交流与发展。《粤港澳大湾区发展规划纲要》也提出要支持粤港澳保险机构合作开发创新型跨境机动车保险和跨境医疗保险产品,为跨境保险客户提供便利化承保、查勘、理赔等服务。

### (一)香港保险行业的优势和拓展需求

内地居民赴港购买保险意愿积极。近年来,内地居民投保量占香港新增保额比例在2017年以前呈逐年增长状态。2017年后,由于内地对资本流出控制趋严,内地居民投保量有所下滑(图6-59)。内地访港客在香港购买的保险产品中约95%是医疗或保障类型的保险产品,如危疾、医疗、终身人寿、定期人寿及年金等。主要原因是香港保险业的专业性和服务性都具备相当的口碑和客户基础:香港保险产品丰富多样,保障范围广;香港保险投资渠道多、保费低、收益高;香港保险业他律加自律的监管体系透明高效,法律制度完善,监管理念先进,行业竞争规范有序。

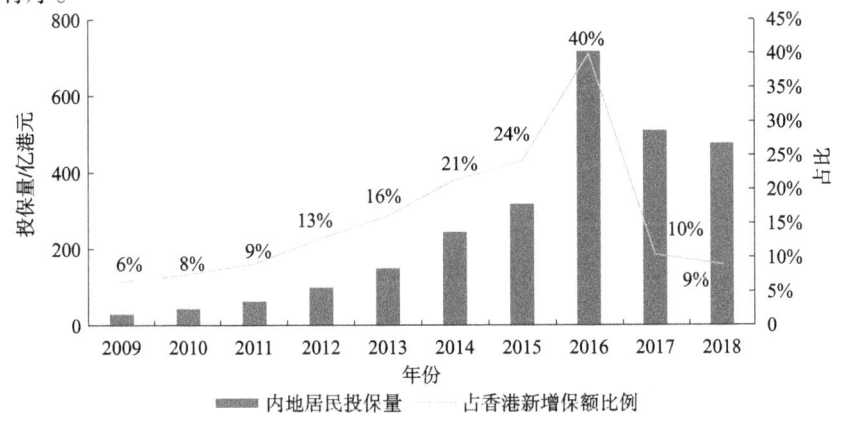

图6-59 2009~2018年内地居民赴港投保情况
资料来源:香港保险业监管局

港澳方面。香港保险积极开发内地保险市场。截至2019年6月,大湾区内地有港资保险主体 2 家,分别为友邦保险股份有限公司和汇丰人寿保险有限公司;共有港资保险营业性机构 67 家,其中友邦保险 65 家,汇丰人寿 2 家,占全国港资保险营业性机构总量的 43%[①]。澳门保险有开拓内地的需求。澳门保险业规模在 2015~2016 年增长趋势放缓,在 2017 年急剧下降,在 2018 年呈负增长趋势,亟须拓展外部市场。

### (二)跨境机动车险和医疗险迎来发展契机

三地跨境机动车险在承保、查勘及理赔方面仍需进一步完善对接。港珠澳大桥的通车促使三地交通往来更加频繁且便利,跨境车辆流动明显增加,而三地在跨境车险的投保体系、责任及损失的费率厘定、承保理赔流程、损失补偿标准等方面均存在明显的差异,均需要完善三地对接。在投保方面,三地车险存在明显差异,尤其是在保额方面差距较大(表 6-15)。

表 6-15 大湾区三地车险存在明显差异

| 项目 | 中国香港 | 中国澳门 | 珠三角九市 |
| --- | --- | --- | --- |
| 险种 | 香港汽车保险 | 澳门汽车保险 | 机动车交通事故责任强制保险 |
| 赔偿限额(保额) | 1 亿港币 | 150 万元澳门币 | 12.2 万元人民币(死亡伤残 11 万元、医疗费用 1 万元、财产损失 2 000 元) |

资料来源:平安证券研究所

## 二、债券跨境发行及交易

熊猫债方面。熊猫债是指境外和多边金融机构等在华发行的人民币债券。截至 2020 年 2 月末,熊猫债累计发行规模已达 3 821.7 亿元。图 6-60 展示了 2015 年以来粤港澳大湾区熊猫债发行规模在全国的占比,可以发现 2018 年以前,粤港澳大湾区是全国发行熊猫债的主要区域,占比超过 75%,但从 2019 年开始发行规模占比下降,这主要是香港发行规模有所下降。粤港澳大湾区熊猫债发行主体明显集中于香港,2015~2020 年 2 月,注册地或总部位于广东省的公司发行规模总计 403 亿元,而同期发债主体注册地或总部位于香港的熊猫债发行规模总计已达到 1 522.4 亿元,差距达 3.78 倍。

---

① 资料来源:中国银行保险监督管理委员会广东监管局。

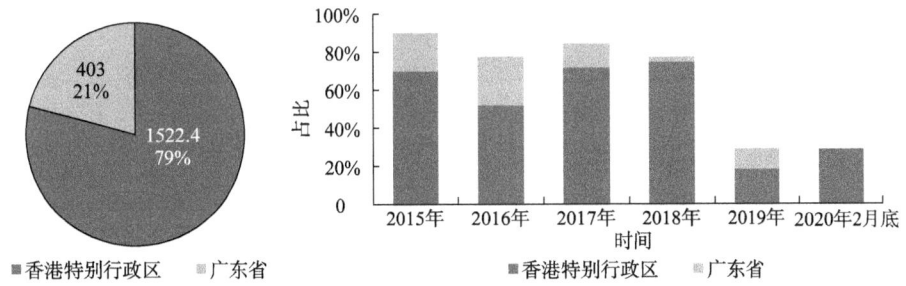

图 6-60　2015~2020 年 2 月底粤港澳大湾区熊猫债发行规模占比

资料来源：Wind 数据库

点心债方面。点心债券是在香港发行的、以人民币计价的债券。截至 2020 年 2 月底，粤港澳大湾区主体共发行点心债规模约合 305 亿元，发行主体主要集中在港澳，珠三角九市发债主体主要分布在深圳、佛山和珠海。

债券通方面。2017 年 7 月 3 日"北向通"的开通实现了境外投资者直接参与境内的债券发行认购。自开通以来，债券通发行数量不断增多，发行规模年均增长高达 77.8%。截至 2020 年 3 月 7 日，已有 1 123 只债券通过债券通发行，发行面额达 52 790 亿元（图 6-61）。发行债券类型以金融债和资产支持证券为主（2019 年分别占比 85.94%，12.52%），其发债主体已包括境内外政府机构、非金融企业、商业银行、信托资管公司等。截至 2020 年 2 月底，债券通汇集了来自全球 31 个国家和地区的 1 729 家境外机构投资者，全球排名前 100 的资产管理公司中已有 66 家完成债券通备案入市。2019 年，债券通全年总成交量为 26 333 亿元人民币，同比增长 198%；日均交易量 107 亿元，同比增幅为 199%。

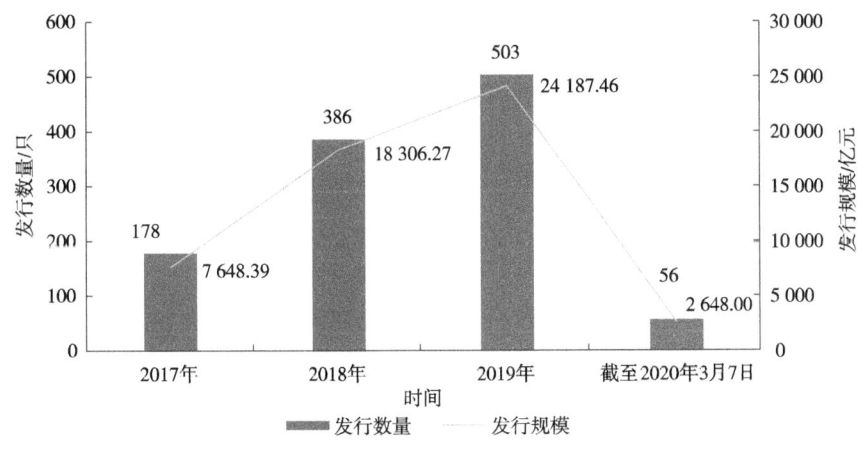

图 6-61　债券通发行数量与规模

粤港澳大湾区通过债券通发行债券情况如图 6-62 所示,可以发现其增长趋势与总体发债情况基本一致。截至 2020 年 3 月 7 日,发债主体位于粤港澳大湾区的仅有 65 只,发债规模累计 2 319 亿元,规模占比 4.4%,说明当前粤港澳大湾区企业通过债券通向境外投资者发行募资的积极性和参与度有待提高。在粤港澳大湾区内部,由于香港是国际自由港、国际金融中心,金融市场交易面向全球投资者,基本不需要通过债券通发行。因此,广东省是通过债券通发行债券的主体(图 6-63)。

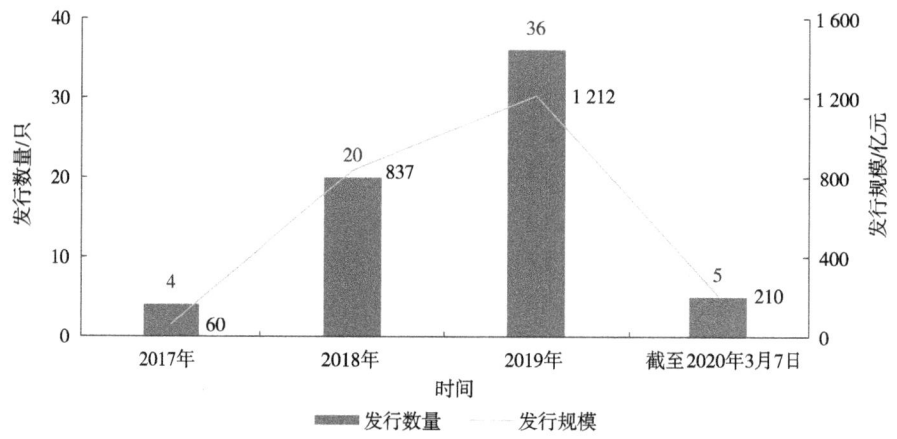

图 6-62　粤港澳大湾区通过债券通发债数量与规模

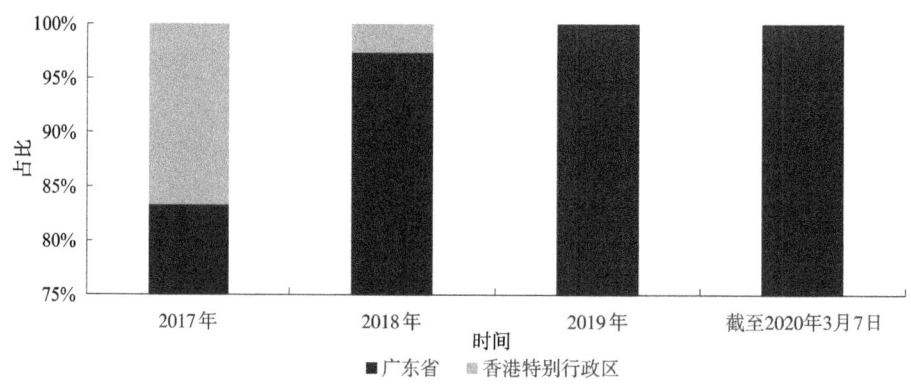

图 6-63　粤港澳大湾区通过债券通发行规模分布

## 三、股票跨境发行及交易

截至 2018 年 12 月 5 日,深港通累计成交金额 4.15 万亿元,其中深股通累计成交金额 2.87 万亿元；港股通累计成交金额 1.28 万亿元，日均成交金额自开通以来增幅巨大。其中，粤港澳大湾区股票市场互联互通机制运行良好[①]。如图 6-64 所示，截至 2018 年 9 月 15 日，大湾区广东九市的上市企业中，有 195 只深交所股票、40 只上交所股票和 70 只港交所股票通过深港通、沪港通机制进行交易。从市值来看，这些上市企业基本覆盖了大湾区广东九市全部的上市企业（企业亚洲金融智库，2018）。

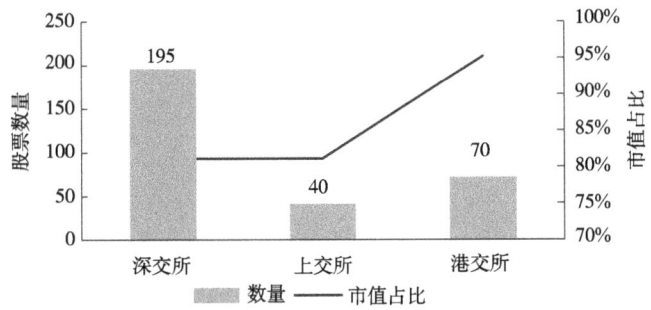

图 6-64　湾区广东九市可通过深港通、沪港通交易的股票数量及市值占比

从行业分布和企业来看，如图 6-65 所示，在北上投资中，境外投资者分别通过深股通和沪股通重点投资可选消费和金融两大领域；在南下投资中，境内投资者关注的主要有信息技术、金融、地产和可选消费等领域（企业亚洲金融智库，2018）。

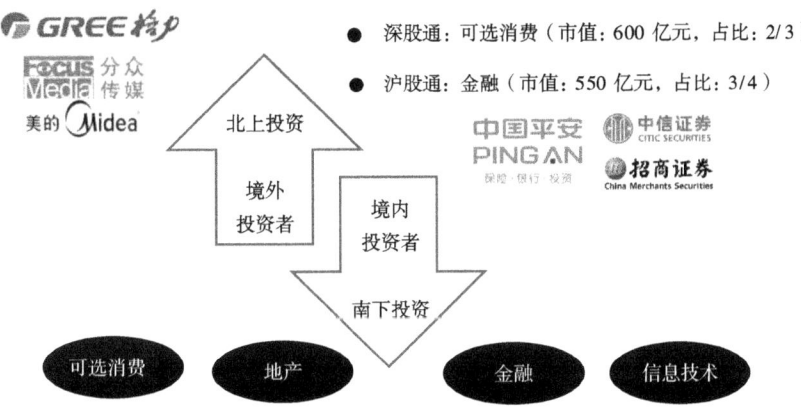

图 6-65　沪港通、深港通持股行业集中度

资料来源：企业亚洲金融智库（2018），图片为课题组绘制

---

① 资料来源：Wind 数据库。

# 第七章 粤港澳大湾区金融产业集群

本章着眼于粤港澳大湾区金融产业集群的发展,重点分析广州金融产业集群的创新发展路径选择,以推动粤港澳大湾区金融协同发展,打造具有国际竞争力的城市产业集群。

本章基于区位熵对粤港澳大湾区和其他国家战略城市群2009~2018年的金融产业集群水平进行测算,纵向探索粤港澳大湾区金融产业集群指数的时间演变规律,横向比较粤港澳大湾区金融产业集群水平相对于其他战略城市群所处的位置。在此基础上从核心城市群的角度剖析粤港澳大湾区三大核心城市的金融产业竞争力水平。同时,本章分别针对传统金融产业和绿色金融、航运金融和科技金融等现代金融产业构建了集群竞争力评价指标体系,着重测算粤港澳大湾区内香港、深圳和广州的集群竞争力水平,对广州在粤港澳大湾区内金融产业的创新发展提出路径选择,并进一步提出粤港澳大湾区核心城市间金融协同发展的思路。

## 第一节 金融产业集群与大湾区发展

随着全球经济一体化及金融国际化的快速发展,金融资源在全球范围内迅速流动,金融产业集群逐渐成为金融业的重要组织形式。金融产业集群是指金融企业及相关中介服务机构(法律、会计、咨询等)在特定地域通过正式和非正式联系而形成的相互竞争、相互合作、空间上高度集聚的企业群体。金融产业集群通过聚集大量的金融资源,展现出集聚效应、经济效应、规模效应、信息外溢效应和创新效应,极大地促进了所在地区的经济发展，成为现代区域经济竞争力提高的骨干和中坚力量。从全球范围来看，国外金融强国都有发展比较成熟的金融产业集群，并推动其形成著名的国际金融中心。在世界四大湾区中，美国纽约湾区承载世界金融的核心中枢，具备总市值最大的证券市场，相当于6个东京湾区证券市场或4.6个粤港澳大湾区证券市场，全美6大银行，世界金融、证券、期货、保险、外贸等3 000家机构总部及全美最大的500家公司和1/3以上的总部也设于此[1]；旧金山湾区同样也有个旧金山金融中心，旧金山湾区的金融业以风险投资见长，1 000多家风投公司和2 000多家中介服务机构坐落于硅谷，风投规模占全美总额的1/3，金融服务业的集聚极大促进了其科技创新发展；东京湾区以产业金融为特色，是拥有银行类金融机构数量最多的湾区，占金融机构总量比例超三成[2]。

粤港澳大湾区具有良好的金融产业集群基础，其中国际金融中心香港与全国性经济中心深圳遥相呼应。2018年，粤港澳大湾区金融业增加值达11 314亿元，占地区生产总值的10.54%，其中香港、澳门和珠三角九市金融业增加值分别为4 456亿元、223亿元和6 964亿元。金融机构本外币存款余额和贷款余额分别为306 638.92亿元和223 044.73亿元，分别占全国比重的15.74%和13.59%；四大核心城市共拥有银行法人机构259家，集聚全国的证券法人公司超过五分之一，拥有保险法人机构数219家，累计实现原保费收入8 147亿元，保费规模占全国19.32%。目前大湾区城市群内部形成了以香港、深圳、广州为首，佛山、东莞居后，惠州、中山、澳门、江门、珠海、肇庆居第三的三个明显的金融梯队。

打造具有国际竞争力的粤港澳大湾区金融产业集群具有重要意义。第一，《粤港澳大湾区发展规划纲要》极为重视粤港澳大湾区金融产业的建设，其中大量篇幅着重强调要加快金融等现代服务业发展，推进金融开放创新，有序推进金融市场互联互通。第二，金融产业集群规模效应、外溢效应和创新效应，能极大地促进区域经济发展。金融产业集群是在特定区域特别是在金融中心通过市场和非市场的连接，集聚货币资源、金融机构、金融工具等金融要素和资源，形成具有竞争力和合作性的产业集群。第三，金融体系化、集群化和金融安全是国家经济发展的基本保障。近年来，贸易保护主义、民粹主义在以美国为首的西方发达国家愈发壮大，并频频出手针对我国科技产业，大行"去全球化"之道。我国的制造业健全、产业链庞大，不惧挑战；但唯独科技和金融这两个重要领域对西方依赖性很强，尚未发展到可以自强于西方体系的程度。因此我国亟须尽快将金融产业

---

[1] 中国民商基地总部. 2020年：把握大趋势，拥抱大湾区 [EB/OL]. https://mp.weixin.qq.com/s/8fiJax1-6Cm2rhoavHq9TQ, 2019-12-31.

[2] 南方都市报. 数说世界四大湾区个体差异[EB/OL]. https://www.sohu.com/a/ 233716221_161795, 2019-06-01.

做强、促进人民币国际化、增强金融国际话语权,避免在金融领域受制于人。第四,粤港澳大湾区具备建成体系化的金融产业集聚的得天独厚的优势。在金融集群建设方面,粤港澳大湾区拥有香港这一国际金融中心,它与西方发达国家在制度、发展水平、金融产品等多方面无缝连接。粤港澳大湾区在金融创新基础、国际化和制度灵活性等诸多方面具备了得天独厚的优势,这是国内另外两大城市群所不具备的。香港更是我国最大的离岸人民币中心,对人民币国际化具有至关重要的作用。大湾区内有香港和深圳这两个重量级区域金融中心,在发展高质量、极具竞争力的金融产业集群中具有良好的基础。

## 第二节 粤港澳大湾区金融产业集群水平测算与比较

金融产业集群已经成为当今金融产业的重要组织模式,发展高水平高效率的金融产业集群能够促进一国金融业的发展乃至助力一国经济的腾飞。在对比分析全国具有代表性的金融产业集群的基础上,结合粤港澳大湾区当前的发展战略,深层探寻构成金融产业集群竞争力的各个因素,不仅有助于把握粤港澳大湾区金融产业集群竞争力的整体水平,也有利于加深对粤港澳大湾区金融产业集群竞争力水平本质原因的深层了解,为粤港澳大湾区金融产业集群竞争力的进一步提升找到突破点。首先基于区位熵测算分析五大国家战略城市群内部都市圈中心城市的金融集群水平,横向对比各中心城市尤其是粤港澳大湾区中心城市的金融集群水平,纵向分析中心城市金融集群水平的时间演化;在此基础上利用空间基尼系数对战略城市群金融产业集群水平进行指数测度,以探讨粤港澳大湾区相较于其他战略城市群的金融产业集群现状。

### 一、测算方法

针对城市群金融产业集群水平和核心城市竞争力的测算,使用的是区位熵方法。区位熵指标用于衡量某一区域要素的空间分布情况,反映某一产业部门的专业化程度。通过计算某一区域的区位熵,度量某一区域的金融产业在全国范围的分布情况。采用的区位熵公式如下:

$$LQ_{ij} = \frac{q_{ij}/q_j}{q_i/q}$$

式中,$LQ_{ij}$ 为 $j$ 地区的 $i$ 产业在全国的区位熵;$q_{ij}$ 表示 $j$ 地区的 $i$ 产业的相关测算指标；$q_j$ 表示 $j$ 地区的所有产业的相关指标；$q_i$ 表示全国范围中 $i$ 产业的相关测算指标；$q$ 表示全国所有产业的相关指标。

由区位熵的公式可以看出，$LQ_{ij}$ 的值越高，表示 $j$ 地区的 $i$ 产业在全国的区位熵越大，说明该产业在该地区的集群水平越高。一般来说，当 $LQ_{ij}>1$ 时，表示 $j$ 地区的区域经济在全国范围内是具有优势的；当 $LQ_{ij}<1$ 时，表示 $j$ 地区的区域经济在全国范围内是欠缺优势的。

## 二、测算数据选取

首先选取具有代表性的五大国家战略城市群——长三角城市群、京津冀城市群、长江中游城市群、成渝城市群和粤港澳大湾区城市群进行对比研究分析。根据中国新型城镇化研究院与北京清华同衡规划设计研究院共同发布的《2018年中国城市圈的发展研究报告》，分别选择五大国家战略城市群中所有都市圈中的中心城市的集合代表该城市群，分别是粤港澳大湾区（广州、深圳、香港、澳门），长三角城市群（上海、杭州、南京、宁波、合肥），京津冀城市群（北京、天津、石家庄），长江中游城市群（武汉、长沙、南昌）和成渝城市群（成都、重庆）；此外，根据最新有关长江三角洲的区域规划格局，在长三角城市群中增加苏锡常都市圈中心城市——苏州。

图 7-1 展示的是 2018 年五大国家战略城市群地区生产总值排名前 20 的城市对比情况。各都市圈中心城市 2009~2018 年的金融业增加值和地区生产总值如表 7-1、表 7-2 所示。

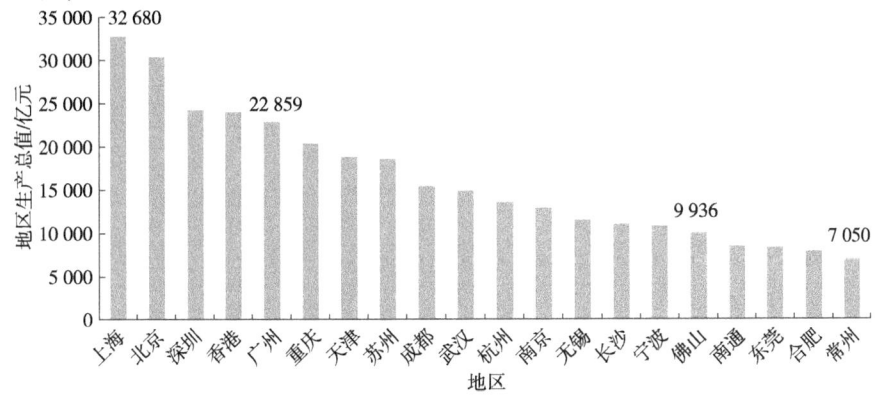

图 7-1　2018 年五大国家战略城市群地区生产总值前 20 城市对比

资料来源：香港统计年鉴，Wind 数据库。香港和澳门地区生产总值货币单位已按当年港币和澳门币对人民币平均汇率转换为人民币

表 7-1　五大国家战略城市群金融业增加值（单位：亿元）

| 城市群 | | 2009年 | 2010年 | 2011年 | 2012年 | 2013年 | 2014年 | 2015年 | 2016年 | 2017年 | 2018年 |
|---|---|---|---|---|---|---|---|---|---|---|---|
| 粤港澳 | 广州 | 551 | 671 | 856 | 971 | 1 142 | 1 422 | 1 629 | 1 820 | 1 999 | 2 079 |
| | 深圳 | 1 111 | 1 301 | 1 564 | 1 721 | 1 951 | 2 195 | 2 543 | 2 877 | 3 060 | 3 067 |
| | 香港 | 2 809 | 2 945 | 2 990 | 2 958 | 3 101 | 3 278 | 3 559 | 3 912 | 4 174 | 4 256 |
| | 澳门 | 101 | 93 | 99 | 114 | 131 | 141 | 163 | 203 | 218 | 223 |
| 长三角 | 上海 | 1 804 | 1 951 | 2 277 | 2 450 | 2 824 | 3 400 | 4 163 | 4 766 | 5 331 | 5 782 |
| | 杭州 | 518 | 606 | 744 | 791 | 879 | 882 | 941 | 988 | 1 055 | 1 297 |
| | 南京 | 342 | 420 | 552 | 722 | 846 | 959 | 1 122 | 1 242 | 1 355 | 1 473 |
| | 宁波 | 324 | 382 | 443 | 451 | 492 | 441 | 478 | 483 | 464 | 564 |
| | 合肥 | **109** | 151 | 180 | 214 | 270 | 310 | 396 | 483 | 490 | **588** |
| | 苏州 | 392 | 487 | 633 | 820 | 961 | 1 022 | 1 180 | 1 334 | 1 421 | 1 521 |
| 京津冀 | 北京 | 1 604 | 1 864 | 2 215 | 2 537 | 2 943 | 3 358 | 3 926 | 4 271 | 4 655 | 5 085 |
| | 天津 | 461 | 573 | 757 | 1 002 | 1 236 | 1 390 | 1 588 | 1 735 | 1 952 | 1 967 |
| | 石家庄 | 110 | 142 | 182 | 208 | 278 | 308 | 366 | 423 | 506 | **571** |
| 长江中游 | 武汉 | 293 | 352 | 398 | 530 | 607 | 700 | 837 | 974 | 1 098 | 1 233 |
| | 长沙 | 145 | 174 | 203 | 231 | 276 | 322 | 426 | 568 | 686 | **829** |
| | 南昌 | 103 | 118 | 139 | 158 | 210 | 248 | 297 | 356 | 352 | **426** |
| 成渝 | 成都 | 294 | 437 | 638 | 741 | 893 | 1 076 | 1 253 | 1 412 | 1 611 | 1 729 |
| | 重庆 | 390 | 497 | 705 | 916 | 1 080 | 1 225 | 1 410 | 1 643 | 1 814 | 1 939 |

注：图表中加粗数值为实际缺失数据，分别是合肥 2009 年和 2018 年的金融业增加值，以及石家庄、长沙和南昌 2018 年金融业增加值，均通过二次多项式拟合预测得到，拟合优度 $R^2$ 分别为 0.9867、0.9963、0.9976、0.992 和 0.976

资料来源：各省市统计局统计年鉴，Wind 数据库。香港和澳门金融业增加值货币单位已按当年港币和澳门币对人民币平均汇率转换为人民币

表 7-2　五大国家战略城市群地区生产总值（单位：亿元）

| 城市群 | | 2009年 | 2010年 | 2011年 | 2012年 | 2013年 | 2014年 | 2015年 | 2016年 | 2017年 | 2018年 |
|---|---|---|---|---|---|---|---|---|---|---|---|
| 粤港澳 | 广州 | 9 138 | 10 748 | 12 423 | 13 551 | 15 420 | 16 707 | 18 100 | 19 547 | 21 503 | 22 859 |
| | 深圳 | 8 201 | 9 582 | 11 506 | 12 950 | 14 500 | 16 002 | 17 503 | 19 493 | 22 490 | 24 222 |
| | 香港 | 14 628 | 15 442 | 16 028 | 16 556 | 16 924 | 17 902 | 19 265 | 21 306 | 23 081 | 24 968 |
| | 澳门 | 1 426 | 1 891 | 2 394 | 2 719 | 3 158 | 3 354 | 2 815 | 2 967 | 3 348 | 3 582 |
| 长三角 | 上海 | 15 046 | 17 166 | 19 196 | 20 182 | 21 818 | 23 568 | 25 123 | 28 179 | 30 633 | 36 012 |
| | 杭州 | 5 088 | 5 949 | 7 019 | 7 802 | 8 344 | 9 206 | 10 050 | 11 314 | 12 603 | 13 509 |
| | 南京 | 4 230 | 5 131 | 6 146 | 7 202 | 8 012 | 8 821 | 9 721 | 10 503 | 11 715 | 12 820 |

续表

| 城市群 | | 2009年 | 2010年 | 2011年 | 2012年 | 2013年 | 2014年 | 2015年 | 2016年 | 2017年 | 2018年 |
|---|---|---|---|---|---|---|---|---|---|---|---|
| 长三角 | 宁波 | 4 329 | 5 163 | 6 059 | 6 582 | 7 129 | 7 610 | 8 004 | 8 686 | 9 847 | 10 746 |
| | 合肥 | 2 102 | 2 702 | 3 637 | 4 164 | 4 673 | 5 181 | 5 660 | 6 274 | 7 213 | 7 823 |
| | 苏州 | 7 740 | 9 229 | 10 717 | 12 012 | 12 970 | 13 761 | 14 504 | 15 475 | 17 320 | 18 597 |
| 京津冀 | 北京 | 12 153 | 14 114 | 16 252 | 17 879 | 19 801 | 21 944 | 23 686 | 25 669 | 28 015 | 30 320 |
| | 天津 | 7 522 | 9 224 | 11 307 | 12 894 | 14 442 | 15 722 | 16 538 | 17 885 | 18 595 | 18 810 |
| | 石家庄 | 3 001 | 3 401 | 4 083 | 4 500 | 4 864 | 5 170 | 5 441 | 5 928 | 6 461 | 6 083 |
| 长江中游 | 武汉 | 4 621 | 5 566 | 6 762 | 8 004 | 9 051 | 10 069 | 10 906 | 11 913 | 13 410 | 14 847 |
| | 长沙 | 3 745 | 4 547 | 5 619 | 6 400 | 7 153 | 7 825 | 8 510 | 9 455 | 10 536 | 11 003 |
| | 南昌 | 1 838 | 2 200 | 2 689 | 3 001 | 3 336 | 3 706 | 4 012 | 4 396 | 4 820 | 5 275 |
| 成渝 | 成都 | 4 503 | 5 551 | 6 855 | 8 139 | 9 109 | 10 057 | 10 801 | 12 170 | 13 889 | 15 343 |
| | 重庆 | 6 530 | 7 926 | 10 011 | 11 410 | 12 783 | 14 263 | 15 717 | 17 741 | 19 425 | 20 363 |

资料来源：国家统计局，Wind 数据库。香港和澳门地区生产总值已按当年港币和澳门币对人民币平均汇率转化为人民币

## 三、粤港澳大湾区与其他城市群的金融产业集群水平比较

基于前面的数据分析，在城市群金融产业集群水平测算分析中，选择五大国家战略城市群的金融业增加值代表公式中的 $q_{ij}$；选择各城市群的地区生产总值代表公式中的 $q_j$；选择全国金融业增加值代表 $q_i$；选择全国 GDP 代表 $q$。经过测算，得到基于区位熵的五大国家战略城市群的金融产业集群指数，如表 7-3 所示。其中，京津冀城市群的金融产业集聚度最大，粤港澳大湾区稍低而次之，排名第三的长三角城市群与前者有较大差距。

表 7-3　五大国家战略城市群金融产业集群指数测度-基于区位熵

| 城市群 | 2009年 | 2010年 | 2011年 | 2012年 | 2013年 | 2014年 | 2015年 | 2016年 | 2017年 | 2018年 |
|---|---|---|---|---|---|---|---|---|---|---|
| 粤港澳 | 1.59 | 1.83 | 2.07 | 2.23 | 2.43 | 1.79 | 1.61 | 1.67 | 1.65 | 1.72 |
| 长三角 | 0.92 | 1.14 | 1.45 | 1.78 | 2.20 | 1.41 | 1.34 | 1.40 | 1.44 | 1.55 |
| 京津冀 | 0.89 | 1.17 | 1.59 | 2.14 | 2.83 | 1.62 | 1.53 | 1.57 | 1.68 | 1.84 |
| 长江中游 | 0.48 | 0.62 | 0.78 | 1.07 | 1.34 | 0.81 | 0.79 | 0.89 | 0.93 | 1.07 |
| 成渝 | 0.50 | 0.77 | 1.27 | 1.88 | 2.57 | 1.30 | 1.19 | 1.24 | 1.29 | 1.37 |

从各城市群来看，五大国家战略城市群中，2017年以前粤港澳大湾区的金融产业集群水平均遥遥领先，其次依次为京津冀城市群、长三角城市群、成渝城市群，长江中游城市群金融产业集群水平最低，且与其他四个城市群的金融产业集群水平有明显差距。

而从该五大国家战略城市群近十年来金融产业集聚水平的变动情况来看，如图7-2所示，当其他城市群金融产业集聚度缓慢爬升时，粤港澳大湾区在2009～2017年却呈现出逐渐下降的趋势，以至被京津冀城市群超过，尽管2018年有所回升，但增速显然低于京津冀城市群（这里忽略2015年出现的下滑拐点，可能由于全球经济增长低于预期，主要经济体货币政策分化影响金融市场稳定）。通过以上城市群间的横向和时间上的纵向比较，可以看到粤港澳大湾区城市群金融产业集群面临着来自其他城市群的竞争和压力。

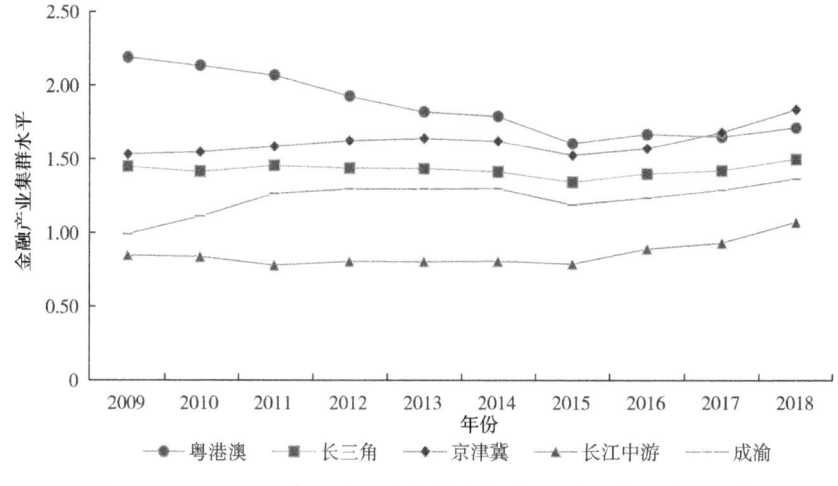

图7-2　2009～2018年五大国家战略城市群金融产业集群水平比较

## 四、粤港澳大湾区各城市金融产业集群水平测算分析

在核心城市金融产业竞争力测算分析中，选择五大国家战略城市群中各城市的金融产业增加值代表公式中的 $q_{ij}$；选择各城市的生产总值代表公式中的 $q_j$；选择整个大湾区金融增加值代表 $q_i$；选择大湾区生产总值代表 $q$。

经过测算，得到基于区位熵的粤港澳大湾区各城市金融产业集群指数，如表7-4所示。

表 7-4　2009～2018 年五大国家战略城市群都市圈中心城市金融产业集群指数

| 城市群 | | 2009 年 | 2010 年 | 2011 年 | 2012 年 | 2013 年 | 2014 年 | 2015 年 | 2016 年 | 2017 年 | 2018 年 |
|---|---|---|---|---|---|---|---|---|---|---|---|
| 粤港澳 | 广州 | 0.96 | 1.00 | 1.10 | 1.10 | 1.07 | 1.17 | 1.07 | 1.12 | 1.14 | 1.21 |
| | 深圳 | 2.17 | 2.18 | 2.16 | 2.03 | 1.94 | 1.88 | 1.69 | 1.75 | 1.63 | 1.68 |
| | 香港 | 3.07 | 3.06 | 2.97 | 2.73 | 2.64 | 2.51 | 2.16 | 2.22 | 2.27 | 2.36 |
| | 澳门 | 1.14 | 0.79 | 0.66 | 0.64 | 0.60 | 0.58 | 0.69 | 0.83 | 0.82 | 0.83 |
| 长三角 | 上海 | 1.92 | 1.82 | 1.89 | 1.86 | 1.86 | 1.98 | 1.96 | 2.05 | 2.18 | 2.14 |
| | 杭州 | 1.63 | 1.63 | 1.69 | 1.55 | 1.52 | 1.32 | 1.11 | 1.06 | 1.05 | 1.28 |
| | 南京 | 1.29 | 1.31 | 1.43 | 1.53 | 1.52 | 1.49 | 1.37 | 1.43 | 1.45 | 1.53 |
| | 宁波 | 1.20 | 1.19 | 1.16 | 1.05 | 0.99 | 0.80 | 0.71 | 0.67 | 0.59 | 0.70 |
| | 合肥 | 0.83 | 0.90 | 0.79 | 0.79 | 0.83 | 0.82 | 0.83 | 0.93 | 0.85 | 1.00 |
| | 苏州 | 0.81 | 0.85 | 0.94 | 1.04 | 1.07 | 1.02 | 0.96 | 1.04 | 1.03 | 1.09 |
| 京津冀 | 北京 | 2.11 | 2.12 | 2.17 | 2.17 | 2.14 | 2.10 | 1.96 | 2.01 | 2.09 | 2.23 |
| | 天津 | 0.98 | 1.00 | 1.06 | 1.19 | 1.23 | 1.21 | 1.14 | 1.17 | 1.32 | 1.39 |
| | 石家庄 | 0.59 | 0.67 | 0.71 | 0.71 | 0.82 | 0.82 | 0.80 | 0.86 | 0.98 | 1.25 |
| 长江中游 | 武汉 | 1.01 | 1.01 | 0.94 | 1.01 | 0.97 | 0.95 | 0.91 | 0.99 | 1.03 | 1.11 |
| | 长沙 | 0.62 | 0.61 | 0.57 | 0.55 | 0.56 | 0.57 | 0.59 | 0.73 | 0.82 | 1.00 |
| | 南昌 | 0.90 | 0.86 | 0.82 | 0.80 | 0.91 | 0.92 | 0.88 | 0.98 | 0.92 | 1.07 |
| 成渝 | 成都 | 1.04 | 1.26 | 1.48 | 1.39 | 1.41 | 1.47 | 1.38 | 1.40 | 1.46 | 1.50 |
| | 重庆 | 0.95 | 1.01 | 1.12 | 1.23 | 1.22 | 1.18 | 1.06 | 1.12 | 1.17 | 1.27 |

通过表 7-4 和图 7-3 中基于区位熵的五大国家战略城市群核心城市的金融产业竞争力指数对比可以得到以下结论：

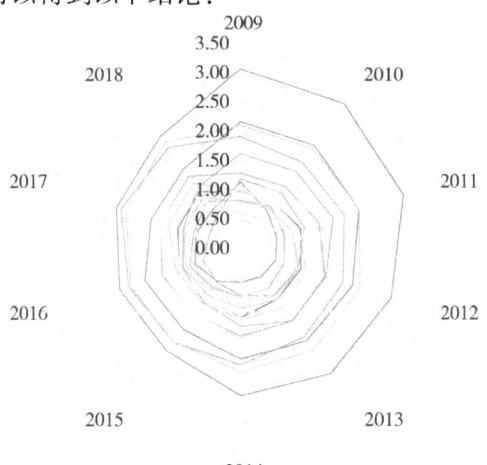

图 7-3　五大国家战略城市群都市圈中心城市近十年金融产业集群水平比较

以 2012 年为例，图中圈层由外往内依次对应的城市为香港、北京、深圳、上海、杭州、南京、成都、重庆等
图中数字已去量纲，即数字越大表示集群水平相对越高

整体来看，根据 2018 年 16 个核心城市的金融产业集群水平可以分成三个梯队。如果按照指数 0.5~1.2，1.2~1.8 和 1.8~2.5 三个区间划分，第一梯队包含金融产业竞争力指数近几年排名的前 3 位，分别是香港、北京和上海，从图 7-3 可以清晰地看出，这三个中心城市金融产业竞争力指数均远高于其他核心城市，而香港也一直保持排头兵的地位，但近年来与北京和上海的差距相比 2014 年以前显著缩小；第二梯队的是历年金融产业竞争力指数基本位于 1.2~1.8 的城市，包含深圳、广州、杭州、南京、天津、石家庄、成都和重庆 8 个城市，这些城市的金融产业竞争力较高，其金融产业在全国范围内比较有优势；第三梯队历年的金融产业竞争力指数处在 1 附近，包括澳门、宁波、苏州、合肥、武汉、长沙和南昌 7 个城市，与第一、第二梯队差距明显，其中，2018 年澳门在所有城市中金融产业集群指数排名倒数第二，为 0.83，最低的是宁波，其区位熵指数为 0.7。

从时间演化来看，香港的金融产业集群区位熵指数尽管一直处于全国领先地位，但自 2012 年后其金融产业集群区位熵指数开始呈现收缩趋势，与此相反，北京和上海的金融产业集聚水平稳中有升，与香港的差距逐渐缩小。深圳金融产业集聚度则是从 2015 年以后相对其他战略城市群中心城市明显收窄，降至第二梯队；广州的金融产业集聚水平相对表现一般，增长较为平稳，2018 年其金融产业集聚水平从第三梯队步入第二梯队；澳门在近几年的金融产业区位熵在 0.8 上下波动，说明澳门当局在发展金融产业方面所取得的效果并不明显。长三角、长江中游和成渝城市群中其他多数都市圈中心城市的金融产业集群水平尽管处于第三梯队，与第一梯队差距较大，但近年来一直在成长当中。总体来看，粤港澳大湾区金融产业集群发展面临着其他城市群培育中的都市圈中心城市如南京、苏州、武汉和成都等的竞争。粤港澳大湾区在供给侧结构性改革背景下需要明确自己的金融产业定位并实现协同发展，发挥中流砥柱的作用。

## 第三节 粤港澳大湾区金融产业竞争力水平测度

《粤港澳大湾区发展规划纲要》明确提出"构建具有国际竞争力的现代产业体系"，加快发展现代服务业，建设国际金融枢纽的目标。"金融业的竞争性属性十分清晰"[①]，金融产业作为服务业的重要组成部分，其竞争力已经成为一个国家或地区综合实力的重要组成部分，提高金融产业的竞争力显然能够促进整个社

---

① 21 世纪经济报道.周小川:金融业的竞争性属性已十分清晰[EB/OL]. http://finance.sina.com.cn/roll/2017-06-20/doc-ifyhfhrt4907341.shtml，2017-06-20.

会资源的有效配置和效率提高。在金融市场竞争愈发趋紧的态势下，较高的金融产业竞争力有利于区域金融产业抢占先机，吸引金融优势资源（王勇等，2018），形成产业集群。

本节参考前人的研究经验，构建粤港澳大湾区金融产业竞争力指标体系，通过层次分析法与熵权法相结合得到各指标的权重。通过与北京、上海等中心城市综合竞争力水平进行测度，形成对大湾区产业竞争力水平的整体认识，依据各指标多方面的横向比较，分析广州和深圳的金融产业竞争优劣势，并依此在第四小节中给出协同发展建议。在上述五大城市群金融产业集群水平的测算结果中，各城市群的中心城市分列于三个梯队，其中澳门的金融产业水平位于 1.0 以下，与其他中心城市差距较大，在提升多元化发展及竞争力上还有较大空间，另外考虑到数据的指标体系值获取的完整性，在此暂且不将澳门纳入金融产业竞争力研究对象，即本节选取考察了香港、北京、上海、深圳、广州、重庆、成都和武汉八个中心城市。香港的金融监管体系与内地有较大差异，在金融机构认可等方面有所不同，为保持可比性，本节只列出香港的相关指标值而不引入竞争力水平测度对象中。

## 一、金融产业竞争力指标体系设计

参见项利华和杨冉（2006）、庄庆（2008）、贾中正等（2014）、王勇等（2018）有关金融业竞争力指标选取，结合杨建辉（2019）构建的城市金融服务体系评价水平指标体系，本书将金融产业竞争力指标体系设计分为两个层级。金融产业指面向区域整体经济的金融体系，其竞争力可以从金融交易规模、金融机构规模和金融生态环境三个方面来测度。二级指标为一级指标下细化的具体度量，综合考虑七个城市的数据可得性，构建了如表 7-5 所示的传统金融产业竞争力评价指标体系，在 3 个一级指标下共设 14 个二级指标。

表 7-5 传统金融产业竞争力评价指标体系

| 一级指标（3 个） | 二级指标（14 个） | 标记 |
| --- | --- | --- |
| 金融交易规模 | 金融机构本外币贷款余额/亿元 | $C_1$ |
| | 原保险保费收入/亿元 | $C_2$ |
| | （境内）上市公司数量/家 | $C_3$ |
| | 证券市场交易额/亿元 | $C_4$ |
| 金融机构规模 | 银行法人机构数量/家 | $C_5$ |
| | 保险公司数量/家 | $C_6$ |

续表

| 一级指标（3个） | 二级指标（14个） | 标记 |
|---|---|---|
| 金融机构规模 | 证券公司数量/家 | $C_7$ |
|  | 证券营业部/家 | $C_8$ |
|  | 期货公司数量/家 | $C_9$ |
|  | 期货营业部/家 | $C_{10}$ |
| 金融生态环境 | 人均GDP/元 | $C_{11}$ |
|  | 从业人员人数/万人 | $C_{12}$ |
|  | 普通高等学校在校学生数/万人 | $C_{13}$ |
|  | 银行不良贷款率/% | $C_{14}$ |

金融交易规模衡量区域金融产业对区域整体经济的支持，可分别从信贷、证券和保险三个方面的金融服务金额总量来测度。信贷方面使用金融机构本外币贷款余额衡量金融体系对社会的信贷支持；保险方面从原保险保费收入衡量该城市的保险发展规模；证券方面考察一级市场中当地的上市公司数量及证券市场交易额。

金融机构规模衡量区域内金融产业集聚的吸引力，用机构数量来衡量。金融机构包括银行、保险、证券及其他机构。由于部分中心城市的基金公司数量之间落差太大，而部分城市之间又缺乏差异，使用熵权法赋权显得不合适，故不将基金公司列入指标体系。

金融生态环境衡量区域内金融产业在经济水平、人力资源和社会信用等要素上的优势。使用人均GDP衡量经济水平；用金融从业人员占比与高校学生数量衡量人力资源竞争力。以银行的不良贷款率为代理指标衡量社会信用。其中，不良贷款率是低优指标，即城市该方面数值越小得分越高。

## 二、金融产业竞争力测度及分析

在确定指标权重方面，参考李旭宏等（2004）关于区域物流发展竞争态势分析方法，即结合层次分析法（analytic hierarchy process，AHP）和熵权法得到各指标的权重。熵权法是一种客观赋权，其基本思路是根据指标变异性的大小来确定客观权重。熵是系统状态不确定性的一种度量，目前已经在工程技术、社会经济等领域得到了非常广泛的应用。一般来说，若某个指标的信息熵越小，表明指标值的变异程度越大，提供的信息量越多，在综合评价中所起到的作用也越大，其权重也就越大。相反，某个指标的信息熵越大，表明指标值的变异程度越小，提供的信息量也越少，在综合评价中所起到的作用也越小，其权重也就越小[①]。但纯粹地使用熵权法容易忽视现实经验，故引入主观上的经验，应用类似 AHP 的思想（有关 AHP 的介绍在许多资料中可以轻易找到，这里不再赘述），分别给一级指标金融交易规模、金融机构规模和金融生态环境 40%、40% 和 20% 的权重——总体权重侧重于最能体现金融产业竞争力的金融交易规模和机构规模，各赋予 40% 权重，金融生态环境作为对区域各行各业的发展环境与发展潜力的衡量，赋予 20% 权重。表 7-6 是上述五大城市群八个中心城市 2018 年各个指标的运行情况。

表 7-6 五大城市群中心城市金融产业竞争力各指标值

| 城市指标 | 金融交易规模（40%） | | | | 金融机构规模（40%） | | | | | | 金融生态环境（20%） | | | |
| --- | --- | --- | --- | --- | --- | --- | --- | --- | --- | --- | --- | --- | --- | --- |
| | $C_1$ /亿元 | $C_2$ /亿元 | $C_3$ /家 | $C_4$ /亿元 | $C_5$ /家 | $C_6$ /家 | $C_7$ /家 | $C_8$ /家 | $C_9$ /家 | $C_{10}$ /家 | $C_{11}$ /元 | $C_{12}$ /万人 | $C_{13}$ /万人 | $C_{14}$ /% |
| 香港 | 77 510 | 4 568 | 1 277 | 222 882 | 186 | 2 680 | 577 | \ | 116 | \ | 334 956 | 387 | 1.09 | 0.55 |
| 广州 | 40 749 | 1 163 | 98 | 122 300 | 25 | 5 | 3 | 284 | 7 | 50 | 155 491 | 897 | 109 | 0.96 |
| 深圳 | 72 550 | 1 192 | 285 | 735 739 | 37 | 27 | 22 | 436 | 14 | 49 | 189 569 | 1 050 | 10 | 0.72 |
| 北京 | 70 484 | 1 793 | 316 | 911 466 | 142 | 72 | 18 | 543 | 19 | 108 | 140 211 | 1 238 | 28 | 0.34 |
| 上海 | 73 272 | 1 406 | 287 | 1 617 934 | 26 | 53 | 25 | 765 | 33 | 121 | 134 982 | 1 376 | 52 | 0.13 |
| 重庆 | 32 248 | 806 | 50 | 37 312 | 44 | 5 | 1 | 207 | 4 | 32 | 65 933 | 1 710 | 83 | 1.08 |
| 武汉 | 28 271 | 621 | 57 | 59 887 | 18 | 4 | 2 | 184 | 2 | 34 | 135 136 | 586 | 97 | 0.84 |
| 成都 | 31 423 | 927 | 76 | 84 000 | 23 | 2 | 4 | 217 | 1 | 46 | 105 399 | 934 | 84 | 1.54 |

注：香港 $C_1$ 指标值 77 510 为金融机构本外币贷款总额，而非余额；金融机构规模下二级指标值为香港认可机构数，这里为持牌法团加注册机构数目之和。成都 $C_4$ 指标即证券市场交易额为 2017 年数据，$C_{14}$ 指标即银行不良贷款率，由于银监局等有关官网并未对其披露，目前已知其不良贷款率在全国平均水平左右，这里采用了成都银行不良贷款率 1.54%。

资料来源：证监会、银保监会等；各城市统计局、银监局、保监局、金融办；Wind 数据库

### （一）金融产业竞争力测算过程

首先将所有指标转化为高优指标（越大越好指标），并将数据进行标准化处理，消除量纲，然后在对一级指标按照主观认识赋予一定权重后，采用熵权法对二级指标进行客观赋权，得到各个指标的权重，进一步得到各个中心城市在不同指标下的得分及竞争力综合指数。

**1. 数据标准化处理**

注意到 $C_{14}$（银行不良贷款率）为低优指标，首先将其取倒数转化为高优指

---

① CSDN 博客. https://blog.csdn.net/qq_32942549/article/details/80019005.

标，记为 $C_{14}'$ 可理解为社会征信水平；对于同一指标，首先使用归一化法对获取的数据进行标准化，采用如下标准化方法。

$$y_{ij} = \frac{x_{ij}}{\sum_{i=1}^{m} x_{ij}}$$

式中，$x_{ij}$ 为第 $i$ 个城市第 $j$ 个指标下的取值（$i=1,2,\cdots,n$; $j=1,2,\cdots,n$）；$y_{ij}$ 为标准化后结果。归一化操作达到去量纲目的，排除不同数据之间的单位差别，衡量某一城市的该指标相对其他城市的大小。标准化后的结果见表 7-7。

表 7-7 各指标值标准化后结果

| 城市指标 | 金融交易规模（40%） | | | | 金融机构规模（40%） | | | | | | 金融生态环境（20%） | | | |
| --- | --- | --- | --- | --- | --- | --- | --- | --- | --- | --- | --- | --- | --- | --- |
| | $C_1$ | $C_2$ | $C_3$ | $C_4$ | $C_5$ | $C_6$ | $C_7$ | $C_8$ | $C_9$ | $C_{10}$ | $C_{11}$ | $C_{12}$ | $C_{13}$ | $C_{14}'$ |
| 广州 | 0.117 | 0.147 | 0.084 | 0.034 | 0.079 | 0.030 | 0.040 | 0.108 | 0.085 | 0.114 | 0.168 | 0.115 | 0.235 | 0.066 |
| 深圳 | 0.208 | 0.151 | 0.244 | 0.206 | 0.117 | 0.161 | 0.293 | 0.165 | 0.171 | 0.111 | 0.205 | 0.135 | 0.022 | 0.088 |
| 北京 | 0.202 | 0.227 | 0.270 | 0.255 | 0.451 | 0.429 | 0.240 | 0.206 | 0.232 | 0.245 | 0.151 | 0.159 | 0.060 | 0.186 |
| 上海 | 0.210 | 0.178 | 0.246 | 0.453 | 0.083 | 0.315 | 0.333 | 0.290 | 0.402 | 0.275 | 0.146 | 0.177 | 0.112 | 0.486 |
| 重庆 | 0.092 | 0.102 | 0.043 | 0.010 | 0.140 | 0.030 | 0.013 | 0.079 | 0.049 | 0.073 | 0.071 | 0.219 | 0.179 | 0.058 |
| 武汉 | 0.081 | 0.079 | 0.049 | 0.017 | 0.057 | 0.024 | 0.027 | 0.070 | 0.024 | 0.077 | 0.146 | 0.075 | 0.210 | 0.075 |
| 成都 | 0.090 | 0.117 | 0.065 | 0.024 | 0.073 | 0.012 | 0.053 | 0.082 | 0.037 | 0.105 | 0.114 | 0.120 | 0.182 | 0.041 |

2. 确定指标权重

有关熵权法确定权重的计算方法的介绍资料很多，这里不再赘述，只给出指标权重处理结果（表 7-8）。

表 7-8 指标权重处理结果

| 一级指标（3个） | 二级指标（14个） | 标记 | 权重 |
| --- | --- | --- | --- |
| 金融交易规模（40%） | 金融机构本外币贷款余额/亿元 | $C_1$ | 0.028 |
| | 原保险保费收入/亿元 | $C_2$ | 0.022 |
| | （境内）上市公司数量/家 | $C_3$ | 0.100 |
| | 证券市场交易额/亿元 | $C_4$ | 0.250 |
| 金融机构规模（40%） | 银行法人机构数量/家 | $C_5$ | 0.061 |
| | 保险公司数量/家 | $C_6$ | 0.118 |
| | 证券公司数量/家 | $C_7$ | 0.090 |
| | 证券营业部/家 | $C_8$ | 0.027 |
| | 期货公司数量/家 | $C_9$ | 0.076 |
| | 期货营业部/家 | $C_{10}$ | 0.027 |

续表

| 一级指标（3个） | 二级指标（14个） | 标记 | 权重 |
|---|---|---|---|
| 金融生态环境（20%） | 人均GDP/元 | $C_{11}$ | 0.012 |
| | 从业人员人数/万人 | $C_{12}$ | 0.014 |
| | 普通高等学校在校学生数/万人 | $C_{13}$ | 0.050 |
| | 社会信用水平（银行不良贷款率倒数） | $C_{14}'$ | 0.124 |

3. 金融产业竞争力水平测算结果

表7-9给出了五大城市群中心城市金融产业竞争力水平的测算结果，包括各个二级指标下的得分及一级指标的得分，最后得到金融产业竞争力水平综合评价结果，在排名上，上海位居第一，其次为北京和深圳，得分分别为0.336、0.262和0.173，其后分别为广州、成都、重庆和武汉，得分均在0.1以下，排名及差距在很大程度上与上节的金融产业集群水平测算结果一致。

表7-9 五大城市群中心城市金融产业竞争力水平测算结果

| | 指标 | 广州 | 深圳 | 北京 | 上海 | 重庆 | 武汉 | 成都 |
|---|---|---|---|---|---|---|---|---|
| 金融交易规模（40%） | 金融机构本外币贷款余额 | 0.004 | 0.005 | 0.006 | 0.006 | 0.003 | 0.002 | 0.003 |
| | 保险原保费收入 | 0.003 | 0.003 | 0.005 | 0.004 | 0.002 | 0.002 | 0.003 |
| | （境内）上市公司数量 | 0.008 | 0.024 | 0.027 | 0.024 | 0.004 | 0.005 | 0.006 |
| | 证券市场交易额 | 0.009 | 0.052 | 0.064 | 0.114 | 0.003 | 0.004 | 0.006 |
| | 合计 | 0.024 | 0.084 | 0.102 | 0.148 | 0.012 | 0.013 | 0.018 |
| 金融机构规模（40%） | 银行法人机构数量 | 0.005 | 0.007 | 0.028 | 0.005 | 0.009 | 0.004 | 0.004 |
| | 保险公司数量 | 0.004 | 0.019 | 0.051 | 0.037 | 0.004 | 0.003 | 0.001 |
| | 证券公司数量 | 0.004 | 0.026 | 0.022 | 0.030 | 0.001 | 0.002 | 0.005 |
| | 证券营业部 | 0.003 | 0.005 | 0.006 | 0.008 | 0.003 | 0.002 | 0.003 |
| | 期货公司数量 | 0.007 | 0.013 | 0.018 | 0.031 | 0.004 | 0.002 | 0.003 |
| | 期货营业部 | 0.003 | 0.003 | 0.007 | 0.007 | 0.002 | 0.002 | 0.003 |
| | 合计 | 0.024 | 0.073 | 0.130 | 0.118 | 0.021 | 0.015 | 0.019 |
| 金融生态环境（20%） | 人均GDP | 0.002 | 0.003 | 0.002 | 0.002 | 0.001 | 0.002 | 0.001 |
| | 从业人员人数 | 0.002 | 0.001 | 0.002 | 0.003 | 0.003 | 0.001 | 0.002 |
| | 普通高等学校在校学生数 | 0.012 | 0.001 | 0.003 | 0.006 | 0.009 | 0.010 | 0.009 |
| | 社会信用水平 | 0.008 | 0.011 | 0.023 | 0.060 | 0.007 | 0.009 | 0.005 |
| | 合计 | 0.024 | 0.016 | 0.030 | 0.070 | 0.020 | 0.023 | 0.017 |
| 金融产业竞争力综合评价 | | 0.072 | 0.173 | 0.262 | 0.336 | 0.0531 | 0.050 | 0.0534 |
| 金融产业竞争力排名 | | 4 | 3 | 2 | 1 | 6 | 7 | 5 |

注：由于每项均单独四舍五入取值，合计存在一定偏差

## （二）金融产业竞争力测算结果分析

根据测算结果，如图7-4所示，上海的金融产业竞争力水平综合排名第一，

在证券业、期货业和人力资源上优势明显；排名第二的是北京，银行业竞争力相对其他城市较为突出，彰显了北京作为首都的政治优势，保险业机构规模亦位于全国前列；深圳和广州金融产业竞争力水平综合排名分别为第三和第四，得益于深圳证券交易所的设立，深圳的证券市场竞争力具有相当大的优势，但在指标方面与上海和北京差距较大；成都、重庆和武汉金融产业竞争力水平相当。

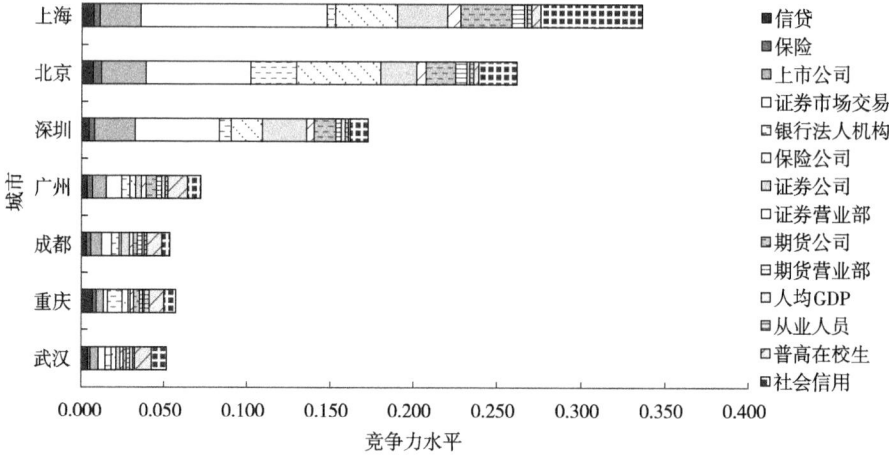

图 7-4　2018 年中国（内地）五大城市群中心城市金融产业竞争力指标测算比较

大湾区内部城市横向对比来看，在各二级指标上，广州大部分落后于深圳与香港（图 7-4），在金融交易规模方面，广州信贷市场、资本市场、保险市场均落后于深圳与香港，但仍有一定的比较优势——广州拥有较好的金融机构规模与金融生态环境。广州的机构规模优势主要来源于银行业，银行营业网点多，基础金融覆盖能力较好。其次在保险业与期货业上的规模也拥有相对深圳的相当优势。广州的金融生态环境优势主要来源于人口资源，即金融从业人员占比与高校学生的数量。金融从业人员占比是广州维持良好金融规模的重要基础；广州作为省会城市培养了大量的金融人才服务本地金融业或对外输出，是湾区重要的人才培养基地。

## 第四节　粤港澳大湾区金融协同发展建议

金融协同发展是一个动态的过程，关键在于金融机构融合情况。为了配合大湾区发展规划逐步实施、内地金融与国际接轨、向全国乃至全球提供更好的金融服务，根据前期已有研究基础，在以下金融领域提出针对性建议与展望。

针对粤港澳大湾区一个国家、两种体制、三个关税区的特点，要在发展巩固一般传统金融政策的同时,充分考虑粤港澳大湾区的实际情况。作为粤港澳大湾区内金融发展最成熟的香港应该继续保持其国际金融中心地位,在维持自由港的基础上,着重注意管控系统性金融风险,特别是巩固发展好全球最大人民币离岸交易中心的地位,以此带动湾区的全球辐射力和影响力。深圳作为粤港澳大湾区大陆内金融龙头城市,要依托政策优势,强化金融创新,以深交所、前海自贸区等为突破口,与香港进一步合作金融、优势互补,引领大湾区金融创新。广州的金融业较香港、深圳而言,相对较弱,但从金融集聚测算结果来看,广州的金融基础较为扎实,并且拥有相对良好的金融生态环境,在整个大湾区内,广州应做好与香港、深圳的协调和互补工作,以此辐射到粤港澳大湾区及更广大的地区。澳门金融业发展相对较弱,要借筹办澳门证券交易所的契机,将澳门证券交易所打造成为人民币离岸市场的纳斯达克,与此同时,在保持自身稳固发展的前提下,可以考虑进一步发展与葡语系国家间的金融、贸易往来。各核心城市金融发展定位,如图 7-5 所示。金融产业政策建议如表 7-10 所示。

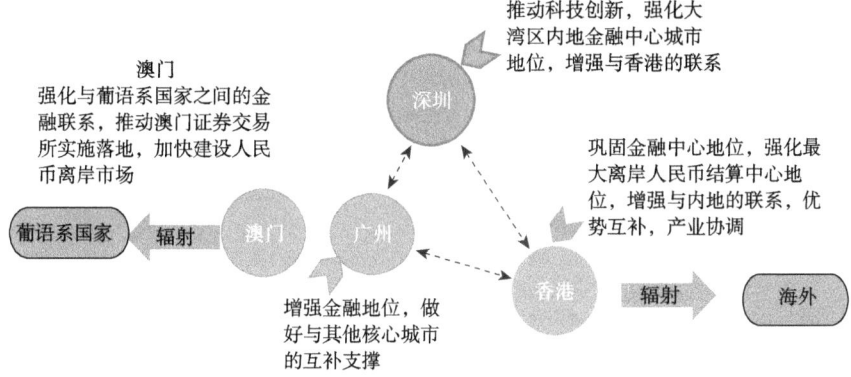

图 7-5　粤港澳大湾区核心城市金融定位框架图

表 7-10　粤港澳大湾区核心城市金融产业政策建议表

| 城市 | 政策支持 | 金融产业集群竞争力测算结果 | 对应建议 |
| --- | --- | --- | --- |
| 香港 | 当前主要的政策支持为推动香港市场资本、技术与信息进入内地,加深两地传统金融机构交流合作 | 1. 作为国际金融中心的香港仍是金融产业集群水平最高的城市,但近年来面临着来自上海和北京的竞争而呈现下降趋势,势差收窄<br>2. 银行、保险、证券机构规模遥遥领先,但在交易规模上并没有绝对优势<br>3. 金融生态环境相对不完善,本地人力资源相对匮乏 | 1. 通过互设机构等方式加强香港与大湾区内地城市的互联互通,发挥香港银行国际业务经验,拓展跨境财富管理和跨境双向贷款等业务,推动三地银行机构协同发展;发挥香港保险机构的专业能力,在内地开展医疗保险和财险业务;深化深港合作,拓展资产管理业务<br>2. 通过资格互认、股权投资等方式推动香港与内地的人才和技术流通,改善金融生态环境 |

续表

| 城市 | 政策支持 | 金融产业集群竞争力测算结果 | 对应建议 |
|---|---|---|---|
| 澳门 | 主要体现在深化与粤港特别是与珠海之间的合作，建立以人民币计价结算的证券市场，与葡语国家建立跨境合作金融平台 | 1. 澳门金融产业集群水平仍较低，金融业发展基础较为薄弱，提升金融产业竞争力任重道远<br>2. 由第六章现状分析可知其无论是金融机构规模还是金融交易规模，与其他中心城市相比都相去甚远 | 1. 与葡语国家加快搭建金融合作平台，通过收购、入股和兼并等方式鼓励内地商业银行和保险机构进入澳门和葡语国家金融市场<br>2. 探索与珠海合作新模式，充分发挥横琴自贸区和澳门自由关税区的政策优势，在发展租赁特色金融方面或可借鉴南沙与香港的合作模式<br>3. 依托地缘优势，借助澳门自身葡语系窗口，推动葡语国家参与"一带一路"，加速人民币国际化进程，构筑人民币计价结算的证券市场的基础 |
| 广州 | 扶持政策覆盖面广，扶持力度大，除落户奖励、经营状况奖励和并购重组奖励外，还针对战略性新兴产业、先进制造业和现代服务业等领域推出各种特色财政政策 | 1. 广州在五大城市群内的核心城市中排名第四，次于深圳，金融机构规模和交易规模都不及深圳，但在金融生态环境上具有明显优势<br>2. 虽然广州传统金融相对较弱，但也具有一定的比较优势，如广州在科教文卫等方面具有较强优势 | 在金融业务领域上与深圳实现差异化发展和优势互补，发展融资租赁、绿色金融等紧密结合自身产业布局和特色的金融业务，建设国际先进制造业基地，并延伸其银行保险业务至佛山、肇庆等地；助力深圳国际科创中心建设，辅之以人才培养和科创孵化器，担负粤港澳大湾区的金融产业后援服务基地的使命 |
| 深圳 | 深圳对金融机构落户、增资、并购重组的奖励力度很大，同时还设立了一系列具体清晰的特色金融产业扶持政策，全面支持在深金融机构增强资本实力 | 1. 总体金融产业集群水平不及北京和上海，在 2016~2018 年与它们的差距有所加大<br>2. 银行和证券业有比较优势 | 1. 发展科技金融，深化深港在金融科技、跨境金融等领域的合作，实现互利共赢；利用自身资本市场优势支持广州科创孵化器建设<br>2. 继续依托特区优势，以自贸区为突破口，把握中国特色社会主义先行示范区建设方向，进行相关探索性金融开放创新研究 |

# 第八章　粤港澳大湾区特色金融产业发展

《粤港澳大湾区发展规划纲要》中明确提出要"大力发展特色金融产业",支持香港打造大湾区绿色金融中心,广州建设绿色金融改革创新试验区,"推进深港金融市场互联互通和深澳特色金融合作,开展科技金融试点"。"建设金融服务重要平台。强化金融服务实体经济的本源,着力发展航运金融、科技金融、飞机船舶租赁等特色金融"①。本章将从科技金融、航运金融、绿色金融和租赁金融四个方面研究粤港澳大湾区特色金融产业的发展,从现状入手,通过大湾区内部城市横向比较等方法分析大湾区内各个城市的特色金融发展特点,提出粤港澳大湾区特色金融产业的发展展望和建设建议。

## 第一节　粤港澳大湾区科技金融产业发展

科技金融指通过信贷市场、资本市场的产品设计和模式创新,在融资和风险管理等方面为高科技企业提供配套服务,助推高科技企业的发展。本节从多方面展现粤港澳大湾区科技金融的发展现状,并参照前人研究文献设计了科技金融发展水平的指标评价体系,在此基础上获取大湾区核心城市的各指标值,希望形成对粤港澳大湾区科技金融较为系统全面的认识,同时通过与其他城市群中心城市的横向对比,分析粤港澳大湾区科技金融发展的优势和不足,最后给出大湾区科技金融发展的建议。

---

① 新华社. 中共中央 国务院印发《粤港澳大湾区发展规划纲要》[EB/OL]. http://www.locpg.gov.cn/jsdt/2019-02/18/c_1210062255_3.htm,2019-02-18.

## 一、粤港澳科技金融发展现状

科技金融落脚于金融,利用金融创新,高效、可控地服务于科技创新创业的金融业态和金融产品。粤港澳大湾区建设有国际科技产业创新中心,正逐步形成科创企业集聚中心,局部形成了支持科技金融发展的专业化体系,拥有境内、境外两个市场的优势,引导金融资源向科技领域配置。

### (一)港澳科技金融发展现状

港澳科技金融发展水平相对不高,这主要是由于港澳科技企业数量少,对科技金融需求不多。产业发展方面,2018年,香港服务业占比高达92.62%,制造业比重持续收缩,占比仅为1%[①]。科技投入方面,香港全社会研发投入占地区生产总值比值严重偏低,2017年仅占地区生产总值的0.8%,同年深圳为4.34%;科研人员占总常住人口的0.4%,不到深圳的1/4,差距甚远[②]。此外,香港在科技创新和研发领域虽有创新优势,但科技成果难以落地转化。高昂的土地、人力等经营成本使初创公司难以在香港生存,进而向珠三角九市转移。类似地,澳门经济发展主要靠博彩业和其他服务业,制造业严重萎缩,比重仅为0.5%左右[③]。因此,尽管港澳金融业十分发达,但其产业结构中服务业占主导、工业急速空心化、科技研发投入相对较低、中小型科创企业难以生存等多方面因素共同导致了科技企业难以落地,科技金融难以发展。

近年来,随着"广州—深圳—香港—澳门"科技创新走廊建设的提出,香港特区政府逐渐开始重视科技创新,并对科创企业给予资金与政策支持。2018年其设立的创新及科技基金共15.649亿港币,为2 075项科创项目提供了资助。资助项目数较上年提高72.6%,金额提高16.9%[④]。2018年3月,香港特区政府拨款500亿港元支持科创项目发展,成立创新和技术风险投资基金,共同投资当地初创企业;并在2018~2019财年中,对私营企业的研发支出实行了高达300%的税收减免。截至2018年末,大约2 600家初创企业落地香港,年增速达18%。这些初创型科技企业的增长将伴随着企业融资需求,进而带动科技金融的发展。

---

① 资料来源:Wind 数据库。
② 资料来源:《2019香港统计年刊》、《2018年广东统计年鉴》,因香港2019年统计年刊中关于研发投入数据仅更新至2017年,因此深圳数据也选取了2017年的数据。
③ 资料来源:Wind 数据库。
④ 《2019香港统计年刊》。

## （二）珠三角九市科技金融发展现状

珠三角九市科技金融发展势头良好，目前已建立起银行信贷、证券市场、创业投资和政府引导基金等覆盖创新创业全链条的多元化科技投融资体系，主要科技金融模式包括：设立政府专项基金；科技金融平台服务体系；科技信贷；科技保险；科技风投和多层次资本市场。

政府方面。广东省政府牵头设立广东省科技创新发展专项基金，各地市也积极设立科技与金融结合专项基金，加速推进科技金融融合，为企业发展寻找有效资本。省专项基金2016～2018年运行情况如表8-1所示。

表8-1 2016～2018年广东省科技创新发展专项基金（产业技术创新与科技金融结合方向）资助项目数与金额（单位：万元）

| 年份 | 总投入金额 | 信贷风险补偿* | | 创投联动 | | 创新创业大赛企业补贴 | | 科技金融服务体系建设 | | 其他 | |
|---|---|---|---|---|---|---|---|---|---|---|---|
| | | 项目数/个 | 金额 | 项目数/个 | 金额 | 项目数/个 | 金额 | 项目数/个 | 金额 | 项目数/个 | 金额 |
| 2016 | 40 505 | — | 14 800 | 18 | 20 100 | 174 | 1 760 | 13 | 3 245 | 2 | 600 |
| 2017 | 10 662 | 1 | 5 000 | — | — | 322 | 4 062 | 5 | 1 000 | 2 | 600 |
| 2018 | 2 345.08 | 11 | 317.05 | 16 | 1 024.03 | 25 | 204 | 4 | 400 | 1 | 400 |

*2016年广东省设立了省级科技信贷风险准备金和省市联动风险准备金；2017年省级科技信贷风险准备金全部下发给广东省粤科金融集团有限公司；2018年主要实行普惠性科技信贷风险补偿

平台方面。广东省各机构积极参与科技金融建设，形成了多个科技金融服务平台，其中，由广东省科技厅牵头成立于2014年的"广东省科技金融综合服务中心"影响力最大、最为权威。该中心在21个地市设立了分中心，通过集聚银行、创投、小额贷款公司等资源，构建综合性科技金融服务体系。截至2017年7月，该中心累计投入超3亿元资金引导银行扩大科技信贷。此外，珠三角九市积极与港澳进行平台合作，2018年粤港澳三地相关机构先后成立了粤港澳大湾区科技金融联盟、粤港澳大湾区科技金融服务中心，推动三地科技金融跨境合作。

科技信贷方面。在省市联动信贷风险补偿机制下，各市加速推进银行信贷资金进入科技企业。广州市通过联合8家合作银行，设立科技型中小企业信贷风险补偿资金池，截至2019年6月，为全市1 352家科技企业提供贷款，授信总额超过182.75亿元，实际发放贷款114.38亿元，其规模居全国第一；2018年广州地区金融机构合计发放科技信贷953亿元，同比增长53%[①]。深圳市在科技信贷方

---

① 东方财富网. 4多年来累计发放114.38亿元！广州科技信贷去向追踪[EB/OL]. http://finance.eastmoney.com/a/201906231158519315.html，2019-06-23.

面勇于创新、积极探索,推行科技信贷产品包括:知识产权质押贷、投贷联动、成长贷、微业贷,从初创、发展到上市,整个生命周期是全覆盖的,有支持中小企业的集合信贷产品,又有利用现在大数据金融方面的技术推出的一些中小科技企业的服务①。截至 2019 年 6 月末,深圳市辖内银行共设立科技金融事业部 6 个、科技(特色)支行 46 家,共为 1.7 万家科技型企业发放贷款,贷款余额 4 388.3 亿元②。其中,辖内已有 18 家银行开展知识产权质押融资业务,累计发放贷款 84.6 亿元。佛山市科技型中小企业信贷风险补偿基金截至 2018 年 11 月累计授信企业 351 户,帮助佛山科技型企业获得贷款授信 31.67 亿元③。

科技风险投资方面。2019 年粤港澳大湾区仅有深圳、珠海两市通过政府引导基金参与科技风险投资(表 8-2),占总政府引导基金的 12.6%。

表 8-2  2019 年粤港澳大湾区政府引导基金参与科技阶段分布

|  |  | 企业数 | 投资金额/万元 | 金额占比 |
| --- | --- | --- | --- | --- |
| 科技风投总量 |  | 6 | 324.13 | — |
| 按地区分布 | 深圳 | 5 | 314.13 | 96.91% |
|  | 珠海 | 1 | 10 | 3.09% |
| 按阶段分布 | 成熟期 | 3 | 214.29 | 66.06% |
|  | 扩张期 | 3 | 110 | 33.94% |

注:主要包括 VC 和 PE

截至 2020 年 3 月,粤港澳大湾区拥有风险投资机构 6 818 家(表 8-3),2019 年对 354 家科技企业进行风险投资,投资金额达 73 180.87 万元人民币(表 8-4),占粤港澳大湾区风险投资总量的 55.8%,其中珠三角九市累计占比超 99%。深圳市创业投资的引导基金作用显著。2008 年,深圳市政府同意由财政出资设立创投引导基金,总规模为 30 亿元,初期投入为 10 亿元,重点投向初创期、成长期企业及科研机构,促进深圳市高新技术产业发展,特别是新能源、生物与互联网这三大新兴产业。此外,本土创业投资最为活跃。深圳市本土创业投资机构数量最多,管理的创投资本总额最大,同时也是中国本土创投最活跃和创业氛围最好的地区。深圳市创投机构有效支持了生物、新材料、新能源等六大战略性新兴产业

---

① 王学龙. 粤港澳大湾区科技金融发展现状、问题与建议[A]. 深圳大学中国经济特区研究中心、一带一路国际合作发展(深圳)研究院、深圳市前海创新研究院、中国建设报. 2018 世界经济特区发展(深圳)论坛——改革开放再出发论文集(中英文双语)[C]. 深圳大学中国经济特区研究中心、一带一路国际合作发展(深圳)研究院、深圳市前海创新研究院、中国建设报:深圳大学中国经济特区研究中心,2018:5.

② 新华网. 深圳银保监局深化金融改革助力经济高质量发展-新华网[EB/OL]. http://www.gd.xinhuanet.com/newscenter/2019-09/23/c_1125028718.htm, 2019-09-23.

③ 佛山科贷在线. 佛山实招缓解民企融资难[EB/OL]. http://fz.foshankj.com:8009/article/78529968.html, 2018-11-08.

的快速发展。

表 8-3 截至 2020 年 3 月粤港澳大湾区风投机构数

| 项目 | 深圳 | 广州 | 香港 | 珠海 | 东莞 | 佛山 | 中山 | 惠州 | 江门 | 肇庆 | 澳门 |
|---|---|---|---|---|---|---|---|---|---|---|---|
| 风投机构数 | 4 698 | 927 | 447 | 329 | 172 | 136 | 50 | 25 | 25 | 7 | 2 |

注：主要包括早期机构、VC、PE

表 8-4 2019 年粤港澳大湾区科技风险投资企业数和金额

| 城市 | 投资企业数/家 | 投资金额/万元 |
|---|---|---|
| 深圳 | 214 | 16 875.18 |
| 广州 | 95 | 10 235.38 |
| 香港 | 14 | 680.5 |
| 珠海 | 17 | 42 856.69 |
| 东莞 | 7 | 1 165.69 |
| 佛山 | 3 | 290 |
| 中山 | 2 | 1 066.56 |
| 惠州 | 2 | 10 |
| 江门 | 0 | 0 |
| 肇庆 | 0 | 0 |
| 澳门 | 0 | 0 |

科技保险方面。2008~2012 年，广东省政府在广州、东莞、佛山等城市设立科技保险试点。2013~2014 年，广州、深圳、东莞等科技保险试点城市积极推动科技保险产品创新，设立了研发类、产品类、融资类等科技保险险种，并尝试创新科技保险服务模式，对购买科技保险的高新技术企业设立科技保险政策性补贴。2016~2019 年，深圳、佛山、东莞等城市开展了专利保险的工作，并为高新技术企业开展小额贷款保证保险业务试点，以解决这些企业的融资问题。2018 年，广东省共计为科技创新型企业提供风险保障 5 375.8 亿元，较上年提高 34.2%[①]。珠三角主要城市科技保险补贴政策比较如表 8-5 所示。深圳和中山给予高新科技企业的科技保险补贴最高额度达 50 万元，广州和深圳的最高科技保险补贴比率达 60%。

表 8-5 珠三角主要城市科技保险补贴政策比较

| 项目 | 深圳 | 广州 | 佛山 | 东莞 | 中山 | 珠海 | 江门 | 肇庆 |
|---|---|---|---|---|---|---|---|---|
| 最高补贴额度 | 50 万元 | 30 万元 | 20 万元 | 20 万元 | 50 万元 | 15 万元 | 3 万元 | 5 万元 |
| 最高补贴比率 | 60% | 60% | 50% | 30% | 50% | 30% | 50% | 60% |

资料来源：广州、深圳、佛山、东莞、中山、珠海各市政府网站

---

① 资料来源：《广东省金融运行报告（2019）》和《广东省金融运行报告（2018）》。

深圳市 2019 年上半年累计承保科技保险保单 2.4 万件，为 8 300 家科技型企业提供 4 700 亿元风险保障。首台（套）重大技术装备保险签单 48 笔，提供风险保障 110 亿元。专利保险服务中小微科技型企业 2 200 家，提供风险保障 30 亿元[①]。首批科技保险试点城市在近五年用于科技保险补贴情况，如表 8-6 所示。

表 8-6　2015~2019 年广州、深圳和东莞科技保险保费补贴情况

| 城市 | 项目名称 | 2015 年 | 2016 年 | 2017 年 | 2018 年 | 2019 年 |
| --- | --- | --- | --- | --- | --- | --- |
| 广州 | 补贴企业数 | 45 | 54 | 123 | 170 | 116 |
|  | 补贴额/万元 | 73.5 | 118.4 | 803.55 | 1 210.73 | 689.23 |
|  | 每单补贴/万元 | 1.6 | 2.2 | 6.5 | 7.1 | 5.9 |
| 深圳 | 补贴企业数 | 4 | 3 | 6 | 5 | 28 |
|  | 补贴额/万元 | 84.6 | 44.6 | 102.6 | 81.21 | 196.44 |
|  | 每单补贴/万元 | 21.2 | 14.9 | 17.1 | 16.2 | 7.0 |
| 东莞 | 补贴企业数 | — | 17 | 40 | 163 | 295 |
|  | 补贴额/万元 | — | 50.3 | 100.7 | 442.6 | 705.4 |
|  | 每单补贴/万元 | — | 3.0 | 2.5 | 2.7 | 2.4 |

资料来源：广州市科学技术局网站公开信息、深圳市科技创新委员会网站公开信息、东莞市科学技术局网站公开信息

东莞市近年来科技保险发展速度较快，科技创新实力不断提升。自 2014 年开展科技保险试点工作以来，东莞市科技保险补贴企业数和补贴金额逐年递增，扶持力度不断加大，2018 年成功推动 163 家企业购买科技保险，保障额度达 202.24 亿元，补贴保费 442.6 万元；2016~2018 年累计为 32 家科技企业补贴专利保险保费 11.47 万元。从科技产出方面看，东莞市 2018 年高新技术企业数量仅次于深圳和广州，高新技术产品产值及占规模以上工业总产值比重不断攀升，2016~2018 年高新技术产品产值年均增长超 30%，赶超佛山和广州，科技创新实力仅次于深圳。

知识产权证券化方面。珠三角九市知识产权数量巨大，证券化融资产品已进入探索实施阶段。目前珠三角九市已探索实施 1 个知识产权证券化产品，即 2019 年 9 月在深交所上市的广州黄埔区、广州开发区的知识产权证券化产品"兴业圆融——广州开发区专利许可资产支持计划"。

---

① 新华网. 深圳银保监局深化金融改革助力经济高质量发展[EB/OL]. http://www.gd.xinhuanet.com/newscenter/2019-09/23/c_1125028718.htm，2019-09-23.

## 二、粤港澳大湾区科技金融发展水平评析

科技金融发展水平可以从科技金融环境、科技金融投入及区域科技产出3个方面来评价。参考周柯和郭凤茹（2019）及王海芸和刘杨（2019）所构建的科技金融指数和科技金融发展水平指标，并综合考虑三个城市的数据可得性，构建了如图8-1所示的科技金融产业发展水平评价指标体系，在3个一级指标下共设计11个二级指标。

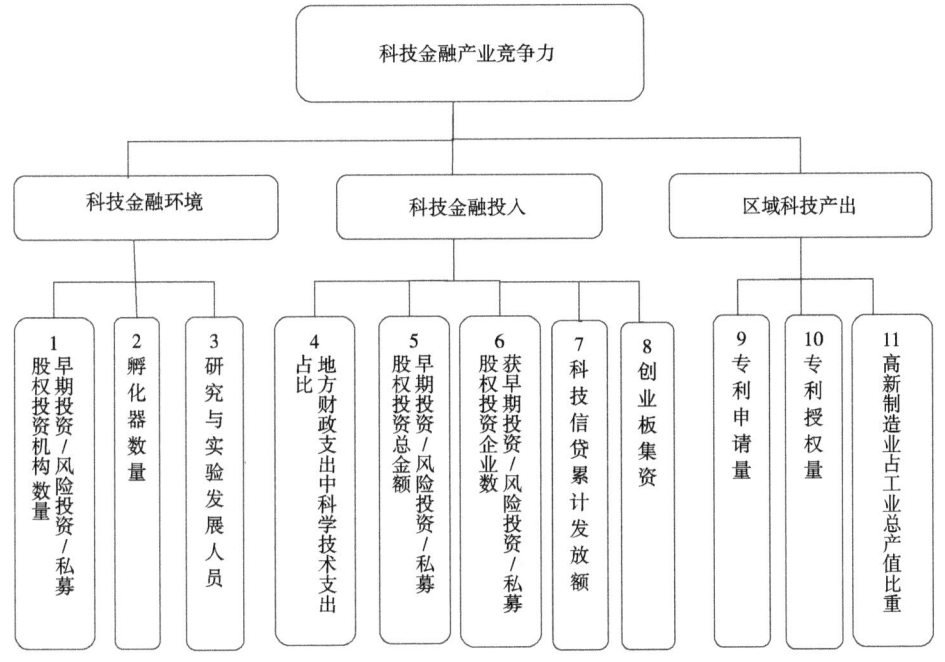

图8-1 科技金融产业竞争力评价指标体系

资料来源：第1、7号指标参考周柯和郭凤茹《中部六省科技金融指数构建与评价》；第2、3、4、5、8、9、10、11号指标参考王海芸和刘杨《区域科技金融发展水平测度与分析》；6号指标为新增

科技金融环境衡量该城市培养科技企业的意愿与能力及科技企业本身的研究能力，可以反映城市的科技金融发展潜力与需求。科技金融环境主要考察股权投资机构数量、创业孵化器数量及企业中的研究人员数量。研究人员数量以当地人口作调整考察每万人口中的规模以上工业企业研究人员数量，其中香港以工商机构研究人员数量作为规模以上工业企业研究人员的替代指标。

科技金融投入衡量城市金融体系对科技企业的金融支持。科技金融投入主要来源有政府、股权投资机构、银行及资本市场。政府的投入以地方财政支出在科学技术支出中的占比衡量，其中香港以政府支出中的创新与科技基金为对

应指标。股权投资机构投入以早期投资、风险投资及私募股权投资的总金额、区域内的被投资企业数及被孵化企业的单位所获风投额衡量。银行的投入以区域的科技信贷累计发放量衡量。资本市场的投入则以区域内的企业在创业板上的累计募资总额衡量。

区域科技产出衡量城市的科技产出能力，一定程度上反映科技推动经济发展的能力。可以用专利申请量及授权量和高新制造业占工业总产值比重来衡量。

表 8-7 列示了粤港澳大湾区核心城市广州、深圳和香港的科技金融产业发展水平各指标的运行情况。总体而言广州的科技金融产业竞争力高于香港，低于深圳，处于中间位置。从投入、环境和产出三个一级指标分别考察，广州全面落后于深圳，只在个别二级指标上存在优势。在科技金融投入方面，广州在科技信贷和单位孵化企业获风投额上有较好的优势，即在债权支持与单家科技企业培养深度上或优于深圳。但是由于高科技企业通常是高风险产业，同时融资需求较大，因此，科技金融的投入更多来自股权投资机构的贡献，深圳在这方面拥有最多的投资额与企业数，科技金融竞争力优势明显，目前广州在此方面较为欠缺。此外，深圳的优势也体现在政府与资本市场对科技金融的重视与支持。在科技金融环境方面，广州拥有更多的孵化器，这是广州发展科技金融的优势所在。区域科技产出方面，广州专利申请数、授权数和高新制造业相对深圳都不占优势。总的来说，广州在科技金融竞争力上拥有更好的孵化器资源及银行贷款资源，但是股权投资资源、政府资源、资本市场资源和科技产出效率相对较弱。

**表 8-7　粤港澳科技金融产业发展指标运行情况的城市间对比**

| | 指标（2018 年） | 广州 | 深圳 | 香港 |
|---|---|---|---|---|
| 科技金融投入 | 研究与试验发展（R&D）经费支出/亿元 | 600 | 1 164 | 184 |
| | 早期投资/风险投资/私募股权投资总金额/万元 | 423.33 | 795.30 | 106.23 |
| | 获早期投资/风险投资/私募股权投资企业数/家 | 395 | 932 | 58 |
| | 科技信贷累计发放额/亿元 | 155.32 | 126.63 | — |
| | 创业板集资/亿元 | 144 | 540 | 174 |
| 科技金融环境 | 早期投资/风险投资/私募股权投资机构数量/家 | 180 | 740 | 114 |
| | 孵化器数量/个 | 368 | 122 | |
| | 研究与实验发展（R&D）人员/人 | 203 600 | 340 899 | 33 576 |
| 区域科技产出 | 国内专利申请受理量/项 | 173 124 | 228 608 | 16 777 |
| | 国内专利申请授权量/项 | 89 826 | 140 202 | 10 414 |
| | 高新制造业占工业总产值比重 | 73.20% | 85.58% | — |

注：表中"—"表示香港科技金融的相关数据缺乏暂未找到

资料来源：广州、深圳和香港的统计年鉴；广东省科学技术厅；广州市天河区人民政府；《深圳市南山区科技金融发展白皮书》；清科研究中心私募通数据库

## 三、粤港澳大湾区科技金融协同发展建议

科技金融在助推科技产业与金融产业的融合发展、促进科技进步等方面发挥着重要的作用。随着粤港澳大湾区建设加速,科技金融的发展将进一步融入粤港澳三地的日常生活,而香港世界一流金融中心的地位,会带动和支撑粤港澳大湾区科技金融的国际化发展。当前,科技金融的发展对人才的要求进一步提高,科技金融的创新发展围绕的是科技开发与创新服务,将更加重视金融资本和人力资本的转化与结合。未来,高等学校、科研机构在科研成果的使用和处置权中将掌握更多的自主权,收益分配机制也将得到进一步优化和改革。结合粤港澳大湾区的一体化建设,区域产学研合作将被进一步推动,朝着高效、务实的纵深层面发展,建立更多协同建设中心,引导高新技术和创新成果来粤进行产业化推广。同时,科技成果转化的服务功能将进一步完善,支持技术转移机构自主创建品牌,并鼓励各地设立种子基金、天使基金、创业投资引导资金和产业基金。

粤港澳大湾区经过多年发展,在科技金融创新方面涌现出以深圳为代表的一批典型城市,湾区内科技企业和金融的良性循环已经初步构建起来。深圳在科技金融产业集群方面优势最为明显,其次是广州,最后是香港。深圳作为龙头城市,要继续发挥政府的积极引导作用,不断完善科技金融发展的支撑体系,继续引领大湾区科技金融发展。广州要更注重高新科技型中小企业的培育,在现有孵化器的平台和银行信贷支撑下,给予适当的政策倾斜,继续向科技领域配置,实施科技信贷行动计划等。澳门在培育本土科技型企业的同时,也应该积极在科技金融方面下功夫,建议与珠海横琴新区共同联动培育科技型中小企业。在制度安排方面,除了货币自由流通外,还要力争在税收、人才引进、风险分担机制等方面做更进一步的优化。图 8-2 展示了各核心城市发展科技金融的定位。根据以上分析及城市定位给出相关政策建议,如表 8-8 所示。

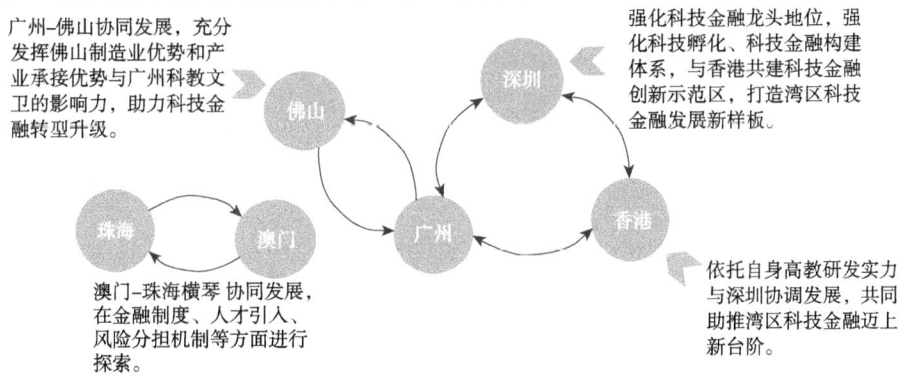

图 8-2 粤港澳大湾区核心城市科技金融定位框架图

表 8-8 粤港澳大湾区核心城市科技金融政策建议分析表

| 地区 | 政策支持 | 现状及测算结果 | 相应建议 |
| --- | --- | --- | --- |
| 香港 | 在科技金融方面，鼓励港深在创业孵化、科技金融、成果转化、国际技术转让、科技服务业等领域开展深度合作，共建国家级科技成果孵化基地和粤港澳青年创业就业基地等成果转化平台[①]。 | 香港近几年才开始重视科技金融，推出科技人才培养计划，有意通过与深圳的合作来推动科技金融的互联互通，研究科技在银行业中的应用，整体测算结果显示，香港在湾区核心城市里表现得相对较弱。 | 重视引进高精尖人才，依托香港本土的高等教育优势，与深圳一道加强制度安排和机制创新研究，为湾区内科技金融创新发展助推动力。 |
| 澳门 | 在科技金融方面，支持澳门与内地合作促进科技成果转化[②]。 | 暂无 | 与珠海横琴新区协同发展，在金融制度、人才引进、风险分担机制等方面进行探索。 |
| 广州 | 在科技金融方面，致力于将广州打造成具有国际影响力的风投创投中心，将50亿元科技成果产业化引导基金通过母子基金架构引导放大至200亿元以上，扩大科技信贷风险补偿资金池规模，推动合作银行累计科技企业贷款金额达到200亿元以上，通过企业重组并购打造20家科技领军企业，努力使上市科技企业累计达到130家[③]。 | 广州在科技金融方面的探索形成了独特的"广州模式"。测算结果显示广州的科技金融发展势头强劲，在湾区核心城市中仅次于深圳。 | 发挥广州科教文卫方面的优势，推进产学研一体化进程。在培育中小科技型企业方面，可以与佛山一道协同发展，充分发挥佛山制造业优势和产业承接优势，构建更紧密的广佛一体化发展格局。 |
| 深圳 | 深圳在科技金融方面，促进企业信托融资和股权投资基金发展，支持符合条件的高新技术企业改制、挂牌、上市、在代办股份转让系统挂牌、通过债券市场融资。 | 深圳建立起了支持科技金融发展的专业化体系。大湾区范围内，深圳的金融产业集群优势最为明显。 | 继续完善现有的科技金融支撑体系，同香港一道协同发展，在人才引入和自由流动、资金流通、企业风险分担机制、监管等方面做进一步的框架性安排。 |

此外，从科技金融整体框架出发，提出以下几点针对性建议。

第一，完善科技金融发展的法律法规体系。加快推动粤港澳大湾区的制度性整合，加快建设基于市场一体化的创新要素跨境流动协调机制，形成一套保障机制包括税收扶持机制、组织机构的保障和协同机制，推动现有的科技创新平台实现深度沟通合作，突破粤港澳三地之间科技合作的局限，构建完善的科技创新合作机制，形成有利于科技金融发展的政策环境。

---

① 新华社. 中共中央 国务院印发粤港澳大湾区发展规划纲要[EB/OL]. http://www.gov.cn/zhengce/2019-02/18/content_5366593.htm#1，2019-02-18.

② 新华社. 中共中央 国务院印发粤港澳大湾区发展规划纲要[EB/OL]. http://www.gov.cn/zhengce/2019-02/18/content_5366593.htm#1，2019-02-18.

③ 广州市科技创新委员会. 广州市促进科技金融发展行动方案（2018-2020）[EB/OL]. http://www.zc.gov.cn/tz/zckfqgjj/zcfg_2647/201812/t20181213_198994.html，2018-12-05.

第二，健全科技金融服务市场体系。加快推进科技信贷、股权投资、资本市场、科技保险四位一体的科技金融服务市场体系，积极培育和发展创业投资、科技企业孵化器天使投资引导基金等，加大推动科技支行建设力度，鼓励创新科技金融产品，支持金融机构创新研究有关知识产权质押、产业链融资、投贷联动、股权质押融资、融资租赁等方面的新型产品，探索科技金融发展新模式，如建立科技金融综合网络、知识产权质押融资、建设科技企业信用服务系统等发展模式，推进大湾区国际创新中心建设。

第三，构建科技金融服务产业链平台。依托粤港澳三地的经济合作优势，整合湾区内部城市群科技金融的产业资源，实现科技服务、孵化服务、众创科技、品牌多点协同创新联动，推动粤港澳大湾区科技金融服务产业链平台的发展。加快打造高效协同的科技金融服务创新平台，依托广州市科技金融平台，构建特色科技企业上市服务链条，鼓励开展国际科技金融服务，增强创新活力，协同推进区域创新能力的提高。

第四，鼓励全国性大型金融机构在广东省设立科技研发中心。拓展基于多币种金融 IC 卡为载体的移动金融在大湾区公共服务、旅游酒店、物业管理等领域的应用，进一步探索银联闪付、刷脸支付等移动支付新金融技术的跨境运用。

第五，应发挥区域私募基金发展优势，加快建设建成国际风投创投中心，把握重点产业，培育优质项目源，建设项目展示平台。

第六，推广落实普惠性科技金融政策，建立面向科技型中小企业的普惠性科技金融工作机制，拓宽小微科技企业贷款适用范围，解决小微科技企业融资难问题。

第七，积极开展金融科技创新，探索金融监管沙盒政策措施。全力支持银行、证券、保险等传统金融机构依托互联网，探索大数据、云计算、人工智能及区块链等技术的应用，搭建统一管理平台，实现数据集中化管理和信息共享，在管控风险的同时提升服务效能，更好地为科技型中小企业的成长保驾护航。

## 第二节 粤港澳大湾区航运金融产业发展

航运金融是航运企业运作过程中发生的融资、保险、货币保管、兑换、结算和融通等经济活动产生的一系列与此相关业务的总称。航运金融因航运业而兴，它在航运基础设施建设、船舶制造、航运管理与交易等方面发挥着不可替代的作用。航运金融在国际金融市场中不仅具有举足轻重的地位，而且还对国际航运市场乃至全球物流贸易格局有着重要的影响。

## 一、大湾区航运金融发展现状

粤港澳大湾区发展航运金融具有得天独厚的地理环境优势及良好的经济发展基础。粤港澳大湾区拥有深圳港、香港港和广州港三个优质港口，拥有航运能力建设水平达世界级的世界第五大港区南沙港区及全球第二大国际航运中心——香港，落地了国内首个线上航运保险平台——广州南沙航运保险要素交易平台。截至2019年11月4日，广深港三地共实现航运保险保费收入1 091 343.64万元，其中货运保险保费收入348 010.22万元，香港贡献35%，船舶保险保费收入743 333.42万元，香港贡献96%，表现突出。这一切都有力地支撑着粤港澳大湾区航运金融不断发展。

### （一）港澳航运金融发展现状

香港是远东及东南亚地区重要的枢纽港，也是亚太地区第三大国际金融中心，国际主要的航运金融银行和机构都在香港设有分行或办事处。根据中国新华社与波罗的海交易所联合发布的2018国际航运中心发展指数（international shipping centers development index，ISCD index），香港首次超越伦敦，成为全球第二大国际航运中心。香港国际贸易蓬勃，港口效率卓越，船东、货主及贸易商云集，过去多年来，香港的航运服务业持续发展，在包括船舶管理、船务经纪、船务融资、航运保险及法律等在内的领域不断深耕。截至2017年底，香港是世界第四大船舶注册地。截至2018年12月，已向香港船舶注册处注册的船舶，合计达1.25亿总吨。

澳门经济结构较为单一，博彩业占据了半壁江山，其在航运业、航运金融方面发展相对较弱。近年来，澳门特区政府也在不断推动经济适度多元发展，为澳门的可持续发展注入新的经济动力。目前澳门航运金融方面还没有出台专门的配套政策。

### （二）珠三角九市航运金融发展现状

珠三角九市航运金融发展主要集中在广州和深圳。2018年，广州港累计货柜吞吐量达2 192万个标准箱，位列全球第五。依托广州港的优势，广东自贸区挂牌后，广州南沙作为海上丝绸之路的重要节点，船舶交易、船舶融资租赁、航运产业基金等航运金融业不断发展。截至2017年底累计完成船舶交易2 540艘、交易额93.3亿元,并已开展人民币交易资金代购代付及结算业务,首创国内航运交易外汇结汇结算业务。南沙航运产业基金目前已正常运作并实现盈利,2017年行业融资金额增至6.8亿元。

深圳港作为优良的深水港,凭借着紧邻香港的区位优势,获得了得天独厚的竞争力。2018年,深圳港累计货柜吞吐量达2 574万个标准箱,位列全球第四。深圳当下正积极推动粤港澳大湾区建设成为亚太高端航运服务的聚集地及航运纠纷解决的首选地。航运金融创新方面,2014年1月成立了深圳前海航空航运交易中心有限公司(简称前海航交所),前海航交所为深圳乃至整个粤港澳大湾区的航运金融服务注入了更大的发展活力。前海航交所为航空航运领域企业提供飞机、船舶现货交易业务,并为其提供现货电子交易平台和市场服务。基于飞机、船舶相关企业发展中衍生出的资金需求,前海航交所以企业优质金融资产、权益为标的进行产品设计,对接广大机构和个人投资者的投资需求,实现融资端与投资端专业、高效、安全的资金撮合,其主要金融服务有:船舶资产交易、航运物流供应链金融服务及航运投融资服务等。经过三年多的发展,前海航交所累计服务个人用户超137.4万人,机构用户1 243家,平台累计交易额已超1 600亿元。

## 二、粤港澳大湾区航运金融发展水平评析

航运金融发展水平可以从船舶融资、航运保险、航运企业及航运基础4个方面来评析。参考钟寒声(2019)、张珺(2018)及王孟欣等(2017)的航运金融指标体系并综合广州航运业和金融业的发展现状,构建了如图8-3所示的航运金融产业发展水平评价体系,在4个一级指标下共设计10个二级指标。

船舶融资方面,目前我国的船舶融资主要是航运企业在各大银行的贷款,其中出口信贷是银行提供船舶融资的重要方式。由于城市总贷款细分投向数据不可得,此处仍用金融机构本外币贷款余额来衡量各个城市在航运金融信贷的相对规模。此外,船舶租约是企业获得银行船舶贷款的充分条件,船舶租赁公司数量与规模可以作为船舶融资发展指标。对此采用各城市在沪深港上市的船舶租赁公司数和其近一年日均市值总量来衡量。

在航运保险方面,我国最具代表性的两个险种为货运险和船舶险,货运险以船上所运输的各类货物为保险标的,船舶险以各类船舶本身为保险标的。两个险种主要由保险公司经营,此处使用货运保险保费收入和船舶保险保费收入来衡量。

航运金融的发展不仅依赖于金融产业的支持,也依赖于航运产业自身的发展,当航运产业规模增大时,航运产业各方面的金融需求也会随之增强,从而寻

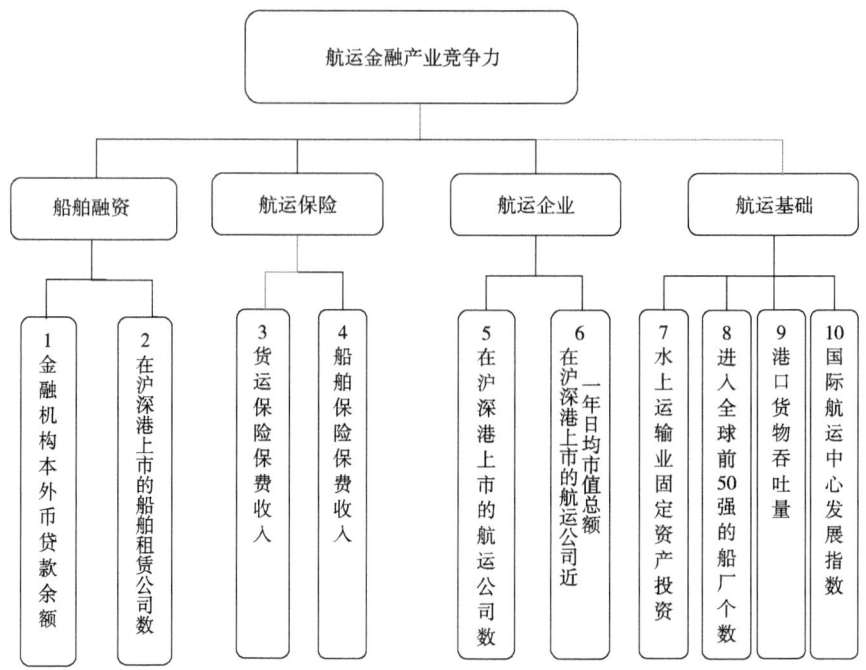

图 8-3 航运金融产业发展水平指标体系

资料来源：第 3、4、7、9 号指标参考钟寒声《上海市航运金融生态评价》；第 5、6 号指标参考王孟欣《基于 BP 神经网络的我国城市航运金融竞争力评估》；第 1、2 指标参考吴建环《2010 年中国航运金融市场发展报告》；第 8、10 号指标为新增

求与金融产业更深入的结合，促进航运金融的产生和发展。因此，对航运金融集群竞争力的衡量还包括对航运产业水平的衡量，分为航运企业方面和航运基础方面。航运企业方面用在沪深港上市的航运公司数目及市值衡量，基础方面用水上运输业固定资产投资、进入全球前 50 强的船厂个数、港口货物吞吐量及国际航运中心发展指数衡量。

表 8-9 列示了粤港澳大湾区核心城市广州、深圳和香港的航运金融产业发展水平各指标的运行情况。

表 8-9 粤港澳大湾区航运金融产业发展相关指标运行情况

| | 指标 | 广州 | 深圳 | 香港 |
|---|---|---|---|---|
| 船舶融资 | 金融机构本外币贷款余额/亿元 | 34 137.05 | 46 329.33 | 77 510.73 |
| | 在沪深港上市的船舶租赁公司数/家 | 0 | 0 | 3 |
| 航运保险 | 货运保险保费收入/万元 | 46 797 | 56 800 | 122 206.61 |
| | 船舶保险保费收入/万元 | 17 122 | 10 500 | 715 711.42 |

续表

|  | 指标 | 广州 | 深圳 | 香港 |
|---|---|---|---|---|
| 航运企业 | 在沪深港上市的航运公司数/家 | 1 | 0 | 11 |
|  | 在沪深港上市的航运公司近一年日均市值总额/亿元 | 79.97 | 0 | 639.60 |
| 航运基础 | 水上运输业固定资产投资/万元 | 488 449 | 312 400 | 639.60* |
|  | 进入全球前 50 强的船厂个数/个 | 2 | 0 | 0 |
|  | 港口货物吞吐量/万吨 | 59 396 | 25 127 | 25 854 |
|  | 国际航运中心发展指数 | 61.00 | 55.36 | 86.11 |

注：由于香港关于航运金融的相关数据缺乏，*标记的数据根据 2017 年水上运输业固定资产投资合理估计填补
资料来源：广州、深圳和香港的统计年鉴；香港保险业监管局；中华人民共和国交通运输部；Wind 数据库（时间截至 2019 年 11 月 4 日）；英国船舶市场研究机构克拉克森；《2018 新华·波罗的海国际航运中心发展指数报告》

对比广州、深圳和香港三地，可以看到，尽管香港港口货物吞吐量并不大，但香港航运信贷、航运保险市场交易规模巨大，远超深圳和广州；相对广州，深圳和香港由于具有较大规模和更健全的金融体系，对船舶企业的资金融通和保险理赔支持力度更大。广州的船舶融资水平和船舶保险水平相较深圳和香港更低，反映了广州金融体系对船舶企业支持较弱，而在航运企业方面广州优于深圳，这表明广州具有更优的航运生态环境和充足的航运金融发展动力；在航运基础方面，广州凭借雄厚的造船业基础和繁荣的港口贸易位居三城中的首位，可见广州具有良好的航运金融发展基础和发展潜力。除此之外，广州航运交易所（简称广州航交所）船舶交易平台作为我国华南地区规模最大、服务功能最完善的船舶交易服务平台，对广州航运金融竞争力的积极影响也是不容忽视的。总的来说，尽管广州在航运金融上竞争力处于中层，但良好的航运企业与航运基础给广州的航运金融提供了广阔的发展空间，广州的航运金融仍有较大发展潜力。

## 三、粤港澳大湾区航运金融协同发展建议

航运金融的发展仍将依托现有的发展模式，依托世界航运中心的发展，互为依托、相辅相成，区域内将形成各具特色的航运金融服务中心。第一，高度信息化、智能化。将来航运金融的发展，将呈现出高信息资源化的特征，对航运大数据的需求日益增加，航运金融的发展依托相关航运信息的搜集与处理分析，将为全球航运经济的发展提供服务，预测未来航运周期、航运市场趋势、船舶信息等相关数据。第二，专业化程度不断提升。未来航运金融的专业化程度也将不断提升，专业性的航运金融人才会参与到航运金融领域，促进新兴的金融市场形成；提升航运金融创新程度，形成各具特色的创新性航运金融产品；航运金融呈现出

本土化与国际化并驾齐驱的发展模式；结合本地航运金融的实际需求，成立专业的研发机构，开发因地制宜的航运金融产品，同时放眼全球，紧抓时代发展特征，提供面向全球的航运金融服务。第三，金融创新多元化。船舶融资模式，将由以往单一的船舶融资模式向多元化的融资模式转变，由单一的服务本土用户逐步向服务于全球转变。未来航运金融租赁市场将不断深化，形成融资与建造船舶产业链条；航运衍生品将成为航运金融的热点，以远期运价协议为代表的航运衍生品将成为航运金融的主阵地，形成新兴的航运防控风险手段。

随着港珠澳大桥的建成通车和粤港澳大湾区珠三角三大自由贸易区的快速发展，粤港澳大湾区的航运金融实现稳步发展，取得了可喜的成就。但是也存在缺少航运衍生品、融资渠道狭窄等问题。从测算的结果来看，香港的航运金融集群竞争力要明显强于广州和深圳，而广州的航运金融集群竞争力要略优于深圳。湾区内各核心城市要充分发挥自身港口和金融相结合的优势，在航运金融创新方面取得更大更新的进展。核心城市定位框架图如图 8-4 所示。

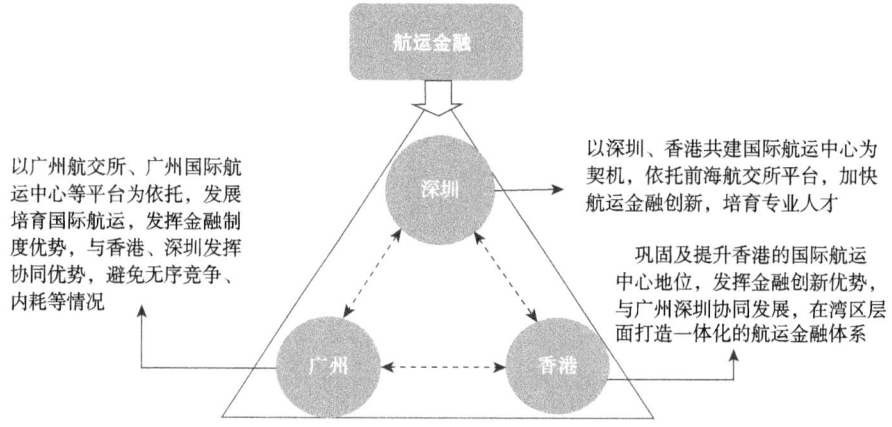

图 8-4　粤港澳大湾区核心城市航运金融定位框架图

此外针对航运金融的现状，从全盘视角提出以下几点针对性的对策建议：

第一，加快航运衍生品的发展。依托广州航交所、香港国际金融和航运中心、深圳前海航空航运交易中心有限公司，探索航运运价指数期货等航运金融衍生品的开发和交易等业务，打造航运衍生品交易市场，推动粤港澳航运金融服务发展，健全航运金融市场产品体系。

第二，推动航运金融中介服务机构的发展。加强航运业与金融中介服务机构的合作，实现包括航运经纪、咨询、代理、法律仲裁、会计审计等航运金融中介服务。推动国内外银行机构在粤港澳大湾区设立专业的发展机构、航运金融相关部门及资金运作、货币结算等功能型的专业机构，积极培育和引进与航运相关的专业保险机构，提高航运金融资源的集中度，提升航运金融资源的配置效率。

第三，拓宽融资租赁渠道。一方面，充分发挥银行系金融租赁企业如工银租赁、招银租赁及非银行系融资租赁企业，如中交融资租赁（广州）有限公司、越秀融资租赁、珠江金融、中国船舶（香港）航运租赁有限公司等企业的带动作用，开展贸易融资服务，支持航运企业抵押、质押等融资业务。另一方面，学习德国KG基金和新加坡海事信托基金的国外先进经验，推动信托基金与融资租赁的结合，降低投资风险。通过拓宽融资租赁渠道减少对商业银行的高依赖性，从而实现银行贷款、租赁、资本市场、基金等渠道的多元化融资。

第四，完善航运金融相关的法律法规。充分发挥自由贸易区的中心政策和功能优势，借鉴学习国际航运中心的先进法治建设经验，构建与国际惯例接轨又具有粤港澳大湾区特色的法律法规和政策体系，加快完善融资租赁法律制度，健全法律监管体系，营造有利于航运金融发展的制度环境。

第五，推动粤港澳世界级航运中心平台的建设。充分发挥广州航运交易所、香港国际航运中心的区位优势，推进航运企业、航运金融机构、航运服务机构三位一体的有机结合，构建航运金融生态系统，打造航运产业链的集群体系、综合航运金融市场体系及高端专业的服务体系，实现航运金融的需求、供给及服务三者的协同发展。

第六，培育壮大航运保险。应充分发挥香港航运金融的标杆作用，争取广州、深圳在航运金融领域享受等同于上海的税收优惠政策，整体降低湾区航运金融成本。大力推进粤港澳航运保险深度合作，引导保险资金参与粤港澳大湾区航运产业发展。推动设立粤港澳大湾区保险投资基金，并下设航运发展专项子资金，专门为建设粤港澳大湾区内港口、码头等基础设施及发展船舶制造、航运管理与交易等产业进行投资。加快培育相关航运保险主体，重点支持在南沙申报设立航运专业保险公司、航运专业自保公司，探索设立航运保险协会、大湾区统一的航运交易所。推动保险资源、平台向大湾区聚集。探索研究在湾区内实现航运保险数据共享。探索三地保险公司在湾区内通过共保等方式进行合作，并鼓励保险公司与香港的保险人加强境外业务合作。加强与香港在金融人才引进和培养方面的合作。

## 第三节　粤港澳大湾区绿色金融产业发展

绿色金融是指将环保作为根本目标的金融服务，在金融业务中加大对自然及环境的维护和整顿，推动资源实现高效分配，促进社会健康平稳发展。绿色金融通过制度安排和金融产品设计引导资金流向节约资源开发和生态环境保护产业，引导企业生产更注重绿色环保，引导消费者形成绿色消费理念和方式，促进环保和经济社会的可持续发展。

## 一、大湾区绿色金融发展现状

粤港澳大湾区拥有庞大的制造业产业集群，绿色发展需求较大，金融配套产业也发展良好，湾区内发展绿色金融方兴未艾、前景广阔。

香港方面。香港作为国际金融中心，其绿色金融发展在大湾区内处于领先地位。当前香港绿色债券发行量较2018年明显上升，发行主体和品种趋于多样化，其绿色债券市场发展步伐显著加快。2018年上半年已有近16笔绿色债券在港发行，发行量达68亿美元，是2017年发行规模的3倍；同时发行主体也从大型商业银行和政策性银行转变为龙头企业，在港发行的绿色债券币种也更为丰富，包括港元、人民币等多种货币。

澳门方面。澳门近年来积极发展多元化经济，高度重视绿色金融发展，正致力于完善金融基建、优化政策配套，与湾区各兄弟城市有序对接，充分利用澳门的中葡平台优势，推动湾区与海外的绿色金融市场互联互通。2019年10月9日，中国银行澳门分行成功完成10亿美元等值三币种绿色债券定价，这也是中资银行澳门地区所发行的首笔绿色债券。可以预见，在不久的将来，澳门绿色金融将迎来更大的发展机遇。

珠三角方面。珠三角九市绿色金融发展主要集中在广州和深圳。在推动绿色产业融资方面，广州作为绿色金融试验区之一，以花都区为核心建设的广州市绿色金融改革创新试验区在绿色金融产品创新、服务创新、体制机制创新方面取得了初步成效。截至2018年6月末，广州地区中资银行业机构绿色贷款余额2 501.6亿元，比2017年6月试验区获批时增长29.80%，高于各项贷款增速20多个百分点。截至2018年底，广州碳排放权交易中心累计成交配额突破9 300万吨，总成交金额超过18亿元，占全国七个试点的比重超过三分之一，位居全国第一、全球第三。

深圳当下正着力打造绿色金融科技创新中心，2019年英国智库Z/Yen集团联合欧洲非营利组织金融观察（Finance Watch）发布第四期全球绿色金融指数（fourth global green finance index，GGFI4），深圳在绿色金融渗透方面排名第21，在国内上榜城市中次于上海、北京、广州；绿色金融质量方面排名第31，在上榜的中国城市中仅次于北京、上海。深圳绿色金融产品数量也正稳步增长。绿色信贷方面，截至2019年9月底，深圳全市存款类金融机构绿色贷款余额逾1 500亿元，同比增长15%。此外深圳还创新推出支持辖内小微绿色企业、绿色项目的再贴现绿色通道"绿票通"业务,截至2019年12月,"绿票通"累计办理业务420笔,共计14.3亿元。绿色债券方面,截至2019年6月末,全市共发行36只绿色债券及绿色债务融资工具,发行总额185.4亿元,债券余额179.8亿元;其中2019年上半年发行19只,较2018年全年发行量增加7只,融资成本较2018年下降2个百分点。绿色保险方面,深圳经济特区金融学会绿色金融专业委员会和平安财险合作发布国内首创承保室内空气环境污染保险产品,截至2019年11月底,深圳全市投保环境污染责任险的企业628家,保额约8.68亿元,保费约1 689.34万元,均居全省全国前列。

## 二、粤港澳大湾区绿色金融发展水平评析

绿色金融产业发展水平可以从绿色贷款、绿色证券、绿色保险、碳金融和生态体系5个一级指标来测算。参考李常武等(2018)及巫剑飞(2019)构建的绿色金融发展指数测度体系并考虑数据的可得性后,构建了表8-10所示的绿色金融产业竞争力指标体系,在5个一级指标下共设计7个二级指标。

表8-10 绿色金融产业发展指标体系及广深运行情况对比

| 一级指标 | 二级指标 | 广州 | 深圳 |
| --- | --- | --- | --- |
| 绿色贷款 | 绿色贷款余额/亿元 | 2 101 | 1 034 |
|  | 绿色贷款占比 | 0.06% | 0.02% |
| 绿色证券 | 绿色债券发行量/亿元 | 44 | 16 |
| 绿色保险 | 农业保险规模/亿元 | 0.76 | 0.01 |
| 碳金融 | 碳排放配额累计成交量/万吨 | 4 825 | 2 333 |
|  | 碳排放配额累计交易金额/亿元 | 7.0 | 6.7 |
| 生态体系 | 地区绿色发展指数 | 81.23 | 84.68 |

注:指标第1-3、5-7参考李常武,蔡永卫,姜涓涓《绿色金融发展指数构建与思考》;第4行指标参考巫剑飞《浙江省绿色金融发展水平测度研究》。因香港暂未找到相关可靠数据,故在表格中不列入香港进行比较

资料来源:统计局统计年鉴、地区人民政府和金融监督管理办公室资讯、中国金融信息网、广州碳排放权交易所和深圳排放权交易所(简称深排所)及相关媒体报道(数据截至2017年末)

绿色贷款指标下的二级指标包括绿色贷款余额和绿色贷款占比。其中,绿色贷款余额衡量一个地区银行业支持绿色金融发展的力度;绿色贷款占比,即绿色贷款余额占地区各贷款余额的比重,反映了信贷市场对绿色金融的支持力度。

绿色证券指标下的二级指标为地区企业的绿色债券发行量,其反映了地区的融资总量和融资水平。

绿色保险指标下的二级指标为农业保险规模，即农业保险保费收入。由于绿色保险的发展较为缓慢，地区内规模较小，缺乏系统、全面的统计数据，而农业受自然环境影响较大，能在一定程度上反映绿色保险对地区绿色金融发展的支持程度，因此采用农业保险规模作为绿色保险的测度。

碳金融指标下的二级指标包括碳排放配额累计成交量和碳排放配额累计交易金额。二者共同反映了地区内碳金融的交易水平。

生态体系指标下的二级指标为地区绿色发展指数。绿色发展指数通过资源利用、环境治理、环境质量、生态保护、增长质量、绿色生活和公众满意程度七个方面对地区的绿色发展水平进行衡量。需要注意的是，该指标每五年测算一次，采用其在2016年公布的最新数据。

根据以上指标体系对广深两市绿色金融发展水平进行分析对比。

金融市场交易规模方面。对比广州和深圳，2017年广州的绿色贷款余额、绿色债券发行量、农业保险规模都远高于深圳，从中可以看出广州绿色金融在绿色信贷、绿色证券、绿色保险方面有更高的发展程度及发展潜力。

碳金融方面。对比广州和深圳，2017年广州碳排放配额累计成交量是深圳的两倍有余，可见广州在碳金融方面的规模相较于深圳而言庞大得多。但从碳排放配额累计交易金额来看，广州和深圳的差距却很小，说明两地碳排放权价格存在明显的差异。从碳排放权交易网的交易数据也可以观察到广州近几年碳排放权价格的波动更为剧烈。与广州和深圳不同的是，在香港排放权交易所交易的品种主要是自愿排放额度（voluntary emission reductions，VER），而不是强制性的碳排放权配额。

生态体系方面。表8-10中列示的是广州和深圳2016年生态文明建设年度评价结果。深圳的绿色发展指数在广东省各市中位列第一，评分为84.68，广州则仅排名第九。具体来看，深圳除了环境质量指数评分较低，在21个城市中排名十九，环境治理、增长质量、资源利用、绿色生活指数都处在第一或第二位。而广州半数指标的排名都处于中部或后部，因此总体评分较低。由此可见，在生态环境建设方面，广州不及深圳，广州在发展绿色金融的同时还应关注生态治理的问题。

## 三、粤港澳大湾区绿色金融协同发展建议

从测算结果来看，广州在绿色金融领域的发展较为突出。广州应以粤港澳大湾区整体战略规划为指引，加快建成以碳排放等品种为特色的创新型期货交易所，加快建设绿色金融创新中心、绿色金融服务中心、绿色金融研究中心等。

香港目前在政府积极引导和金融机构的密切配合下,绿色金融规模广度深度都有了较大的提升,建议香港在出台绿色债券刺激计划的同时,积极与粤港澳大湾区内部密切交流合作,以香港发达的金融业为基础,助力香港加快建成大湾区绿色金融中心,建设国际认可的绿色债券认证机构。深圳在绿色金融方面以尝试探索为主,建议深圳在绿色金融领域加大宣传力度,积极配合广州、香港绿色金融战略规划,形成优势互补的协同发展新格局。澳门在绿色金融方面的探索较少,建议可以结合建成人民币离岸结算中心,来开展相关计价证券探索,与广州和香港形成协同发展格局。核心城市定位框架图如图8-5所示,相关政策建议分析表如表8-11所示。

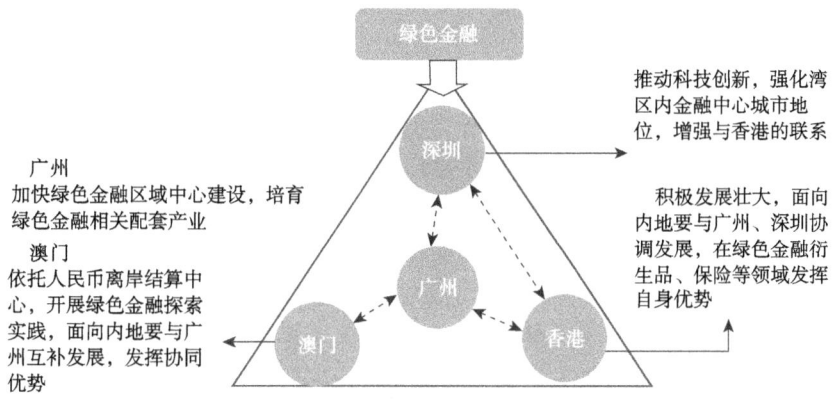

图 8-5 粤港澳大湾区核心城市绿色金融定位框架图

表 8-11 粤港澳大湾区核心城市绿色金融政策建议分析表

| 地区 | 政策支持 | 现状及测算结果 | 相应建议 |
| --- | --- | --- | --- |
| 香港 | 支持香港打造大湾区绿色金融中心[1],推出借款上限为1 000亿港元的政府绿色债券发行计划[2]。 | 得益于香港特区政府的持续推动,绿色债券市场发行规模逐年上升,发行主体和品种趋于多样化。 | 1.港资银行业可以针对在深广交易所交易的企业创新绿色信贷产品,推动港资银行业在粤的发展。<br>2.粤港澳大湾区政府可以考虑合作创建专门的政策性绿色金融机构。 |
| 澳门 | 澳门在绿色金融方面,建立以人民币计价结算的绿色金融平台[1]。 | 澳门以融资租赁为主导的绿色金融显现出蓬勃的生机。 | 1.借助建设人民币离岸结算中心,开展绿色金融相关计价证券探索。<br>2.与广州、香港在绿色金融领域协同发展。 |

---

① 新华社. 中共中央 国务院印发《粤港澳大湾区发展规划纲要》[EB/OL]. http://www.locpg.gov.cn/jsdt/2019-02/18/c_1210062255_3.htm, 2019-02-18.

② 政制及内地事务局. 粤港澳大湾区-政策范畴-金融服务[EB/OL]. https://www.bayarea.gov.hk/sc/opportunities/finance.htm.

续表

| 地区 | 政策支持 | 现状及测算结果 | 相应建议 |
|---|---|---|---|
| 广州 | 在绿色金融方面,研究设立以碳排放为首个品种的创新型期货交易所[1]。已有绿色金融创新中心、绿色金融服务中心、绿色金融研究中心。 | 广州的绿色金融发展质量在全国中处于领先地位。 | 1.建议针对广碳所和深排所设计金融衍生品市场,积极吸引金融机构参与到绿色金融中,缓解非银行金融机构对绿色金融参与度低的局面。<br>2.借鉴欧元区绿色债券的发展经验,金融机构可以考虑将企业碳排放量等指标纳入到贷款申请人的信用评分体系。 |
| 深圳 | 深圳在绿色金融方面,鼓励保险机构持续推进创新型责任险等绿色保险,实施绿色保险保费补贴,完善绿色保险增信机制[2]。 | 深圳金融业近年才开始试水绿色金融。 | 1.以自贸区、深排所等为突破口,探索深圳发展绿色金融的路径,特别是与科技金融等其他方面的交叉融合创新的可行性和必要性。<br>2.积极配合广州建设绿色金融中心。<br>3.积极配合香港的绿色金融配套产业。 |

从金融视角出发提出以下几点针对性的建议:

第一,建议针对广州碳排放权交易所和深圳排放权交易所设计金融衍生品市场,积极吸引金融机构参与到绿色金融中,改善非银行金融机构参与绿色金融不足的现状。鼓励粤港澳金融机构发展碳排放相关的咨询、投融资、信用担保和委托等一系列衍生业务。

第二,港资银行业可以针对在深广交易所交易的企业创新绿色信贷产品,推动港资银行业在广东省的发展。例如,开发特色的个人绿色跨境金融商品,购买绿色环保汽车的优惠贷款、绿色存款、绿色信用卡及购买节能设备的优惠贷款等。

第三,借鉴欧元区绿色债券的发展经验,金融机构可以考虑将企业碳排放量等指标纳入到贷款申请人的信用评分体系。

第四,粤港澳大湾区政府可考虑合作创建专门的政策性绿色金融机构,如成立绿色发展银行来担当绿色金融主体,提升绿色金融的专业化水平,推进绿色金融不断深化发展。

## 第四节 粤港澳大湾区租赁金融产业发展

按照中国银保监会的规定,金融租赁是指出租人购买承租人选定的设备,并

---

[1] 中共中央,国务院.粤港澳大湾区发展规划纲要[EB/OL]. http://www.gov.cn/zhengce/2019-02/18/content_5366593.htm#1,2019-02-18.

[2] 深圳市人民政府.深圳市人民政府关于构建绿色金融体系的实施意见.[EB/OL]. http://www.jr.sz.gov.cn/sjrb/xxgk/zcfg/dfjrzc/jrfzzc/201901/t20190103_15219483.htm,2018-12-27.

将它出租给承租人在一定期限内有偿使用的一种具有融资、融物双重职能的租赁方式。承租人在租期结束后,向出租人支付一定的产权转让费,租赁设备的所有权转移给承租人。承租人对租赁物的所有权也可作其他选择。金融租赁具有融物和融资的双重功能。金融租赁有两大品种：直接融资租赁和出售回租。通过设备租赁,可以直接降低企业资产负债率；通过实物转租,可以直接促进产能转移、企业重组和生产资料更新换代升级；通过回购返租,可以直接提高资金使用效率。金融租赁方式大多用于大型成套设备的租赁,其重点开展的业务包括工程机械、航空、船舶、新能源、医疗器械、印刷设备、电力设备、纺织设备、电力设备和农业机械等领域及其设备的融资租赁。

## 一、粤港澳大湾区租赁金融产业发展现状

粤港澳大湾区具有融资租赁行业发展的基础和样本——广州南沙自贸区、深圳前海自贸区和珠海横琴自贸区。广东三大自贸区先行开展融资租赁业务,定位上实现差异化发展,即南沙新区打造融资租赁资产交易平台,发展飞机、船舶等优势领域融资租赁业务,打造全国首个内外资融资租赁行业统一管理体制改革的试点地区；蛇口片区致力于优化离岸资源配置,推动深港融资租赁业务合作,建设深港跨境融资租赁产业发展生态圈,开展跨境租赁资产证券化试点；横琴新区片区则着重发展产融结合,在飞机、船舶、海洋工程装备、游艇产业、新能源装备和石化通用机械等特色产业发展融资租赁,在大湾区规划战略上支持澳门经济体系多元化发展,引进涵盖融资租赁、财富管理、金融科技等涉澳特色金融类企业及相关行业协会、服务机构等。

粤港澳大湾区无论是金融租赁公司数量还是注册资本,总量都处于全国前列。从广东固定资产投资额及其增速来看,大湾区融资租赁需求空间广阔(图8-6),多年来投资总额实现连年俱增。从融资租赁企业数来看,如图 8-7 所示,截至 2018 年末,广东拥有租赁企业数量 4 215 家,较 2017 年增加 1 067 家,在全国各省区市中排名第一,占全国比重的 35.79%,超过上海和天津；融资租赁企业数占全国比重连续五年实现增长；其中,截至 2018 年末,广东拥有金融租赁公司 6 家,均分布于粤港澳大湾区中,较 2014 年增加了 4 家,图 8-8 显示了截至 2018 年末各省区市金融租赁公司数量及其分布情况,广东在各省区市中排名第三,占全国境内注册的 69 家金融租赁公司的 8.70%；另有一家金融租赁公司——中国金融租赁集团有限公司注册于开曼群岛,其办公地址设于香港,澳门则设有两家融资租赁公司。注册资本方面,大湾区在粤金融租赁公司合计 201.42 亿元,占全国注册总资本的 8.65%,列居第三。

从金融租赁公司业务领域来看，如图 8-9 所示，大湾区内的金融租赁服务领域涉及范围广，且逐渐形成各自的特色；澳门和香港则根据其制度及地域优势致力于船舶和航空领域的租赁业务。

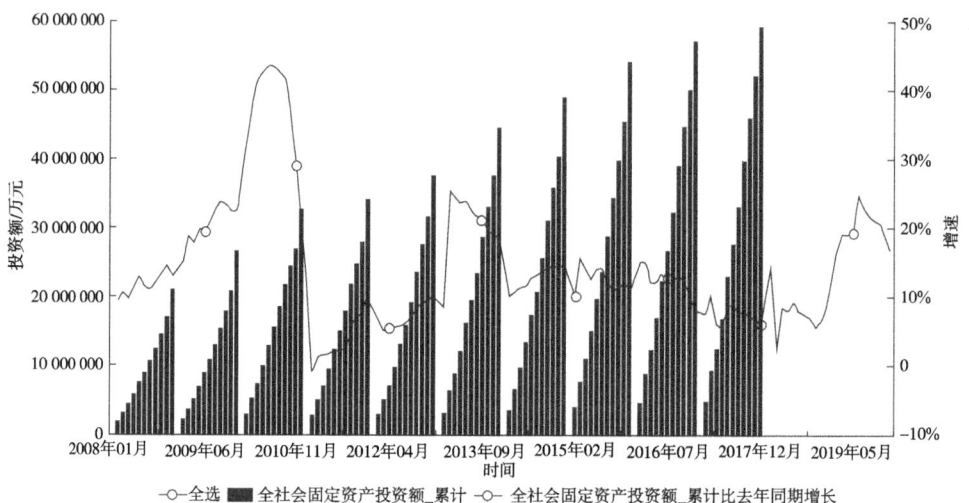

图 8-6　广东固定资产投资额及增速情况

资料来源：广东统计局

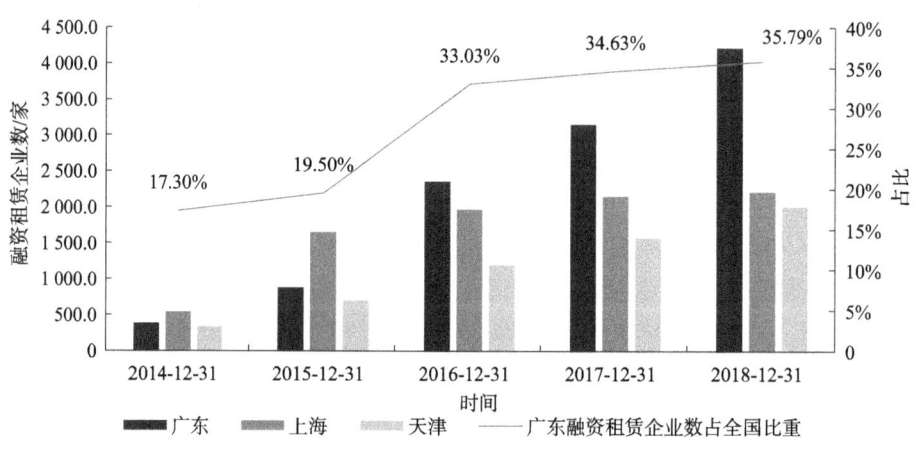

图 8-7　广东融资租赁企业数及其占全国比重变化情况

资料来源：Wind 数据库

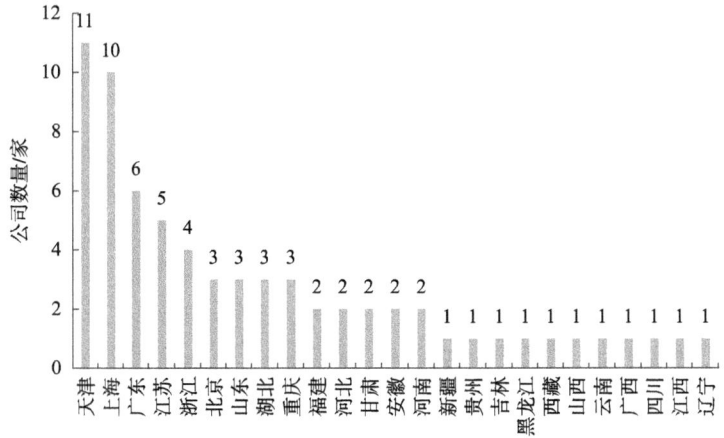

图 8-8 截至 2018 年末各省区市金融租赁公司数量及其分布情况

资料来源：Wind 数据库

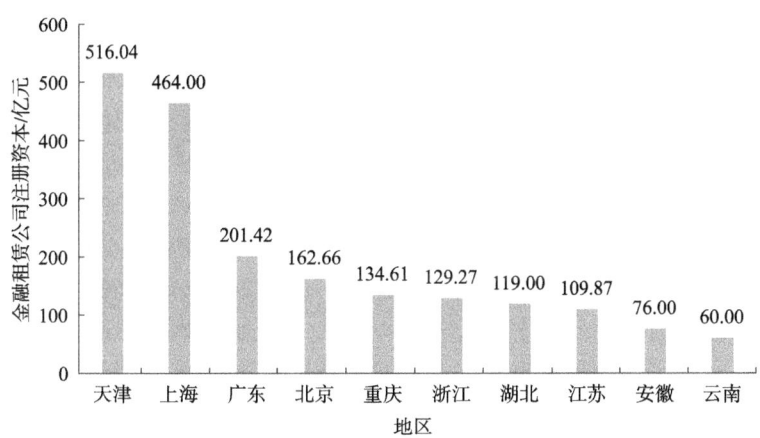

图 8-9 截至 2018 年末内地金融租赁公司注册资本排名前十省市分布情况

资料来源：Wind 数据库

(一)香港租赁金融现状

融资租赁企业在香港被归类为放债人。在香港，相关的监管机构有 3 个，包括牌照法庭(负责就放债人牌照申请做出裁定及发出牌照)，放债人注册处处长(负责处理放债人牌照，牌照续期及在牌照上签注的申请)，以及警务处处长(负责执行放债人条例，以及调查有关放债人的投诉)。

香港融资租赁业务领域的重点在于航空船舶租赁。《粤港澳大湾区发展规划纲要》中指出，支持依托香港金融和物流优势，发展飞机租赁和航空融资等业务。船舶租赁方面，《行政长官 2018 年施政报告》指出就船舶融资而言，其经济贡献在 2014~2016 年每年平均增长百分之十二，较海运服务业整体每年（平均）百分之五的增长幅度为高。为了吸引更多船舶融资公司来港落户，发展香港成为亚太区的船舶租赁中心，香港透过税务措施及深港合作来推动船舶租赁业务的发展；飞机租赁方面，《粤港澳大湾区发展规划纲要》中指出，依托香港金融和物流优势，发展高增值货运、飞机租赁和航空融资等业务。2017年，针对香港飞机租赁业务的专门税务制度修正案通过并生效，通过该税务制度下的税务优惠引导飞机租赁业务；2019 年底，粤港澳大湾区首个"香港+保税港区"飞机跨境转租赁项目落户南沙，将香港的价格竞争力优势与南沙的便捷落地相结合。

（二）澳门租赁金融现状

融资租赁在澳门是指将与资产所有权相关的风险和报酬转移予承租人的租赁业务。目前，澳门金融机构主要以"资金提供者"的模式参与融资租赁，透过对融资租赁公司放款，为企业营运或特定的融资租赁项目提供所需的资金[①]。同时有两家融资租赁公司透过设立外地子公司的形式，经营融资租赁活动——莱茵大丰（澳门）国际融资租赁股份有限公司和工银金融租赁（子公司）澳门股份有限公司。工银金融租赁澳门股份有限公司是自澳门提出大力发展特色金融以来，首家取得澳门融资租赁牌照的金融租赁公司，其将大力发展航空航运船舶设备租赁业务。莱茵大丰融资租赁公司董事长指出，随着澳门会展旅游业的蓬勃发展，商务飞机、豪华游艇、高端游乐设施、不动产、城市公营服务设备，如轻轨、新能源汽车，以及其他现代先进环保的交通设施、装备的投入，将对澳门金融租赁提出必然的要求，使融资租赁成为除银行以外重要的金融工具。

截至 2018 年底，澳门贷款余额及待收租金按年上升 19.9%达到 181 亿元（澳门元，下同）；其中，未偿还的融资租赁相关贷款占有关银行贷款总额的 2.0%。与此同时，未偿还的融资租赁相关贷款及待收租金当中，16 亿元为针对特定融资租赁项目提供的资金，而其余的 166 亿元则是向融资租赁公司提供一般营运资金的放款。澳门金融机构的融资租赁相关业务以"跨境业务"为主，发展方向属"外向型"。如图 8-10 所示，至 2018 年底，借款人及合约承租人均属外地企业；其中，以期末未偿还贷款及待收租金总额计算，内地

---

① 引自《澳门经济适度多元化发展统计指标体系分析报告》2018 年刊。

企业和香港企业分别占 42.90% 及 36.10%[①]。从融资租赁的标的物来看，2018年底，澳门涉及的融资租赁目标物以"飞机"类别为主，其次为"机动车"与"机器及设备"。

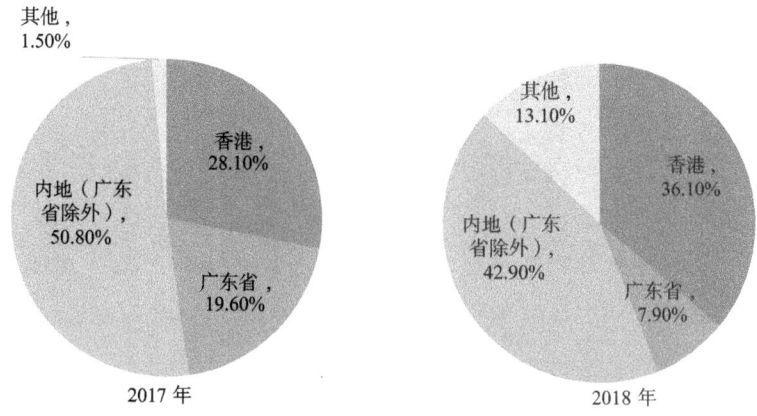

图 8-10　2017 年及 2018 年澳门融资租赁借款人/承租人的常居地
资料来源：澳门统计局

从澳门的政策文件来看，澳门致力于将发展融资租赁业务作为促进其经济适度多元化的战略举措之一。为扩大金融业对经济多元的贡献，澳门特区政府在《2016 年财政年度施政报告》和《澳门特别行政区五年发展规划（2016-2020年）》中，提出发展具有相关制度优势的特色金融业务；2018 年政府施政报告专设一节论述"培育新兴产业成长，促进经济适度多元"，提出积极发展以融资租赁及财富管理业务为重点的特色金融。2019 年 3 月 20 日，澳门通过《融资租赁公司法律制度》与《融资租赁税收优惠制度》法案，通过完善法律支持特色金融发展。

（三）珠三角九市租赁金融现状

珠三角是广东省融资租赁行业的主要集聚地，2018 年珠三角九市固定资产投资增长速度均大于零，其中珠海和深圳增速达 20% 以上（图 8-11）。深圳前海蛇口片区自贸区、广州南沙自贸区、珠海横琴自贸区的设立吸引了全国各省区市大型国企、民企、上市企业及港资企业在此设立租赁企业。2018 年省内 6 家

---

[①] 引自《澳门经济适度多元化发展统计指标体系分析报告》2018 年刊。

金融租赁公司均设立于珠三角地区，其中深圳2家、广州2家，佛山和珠海各1家。

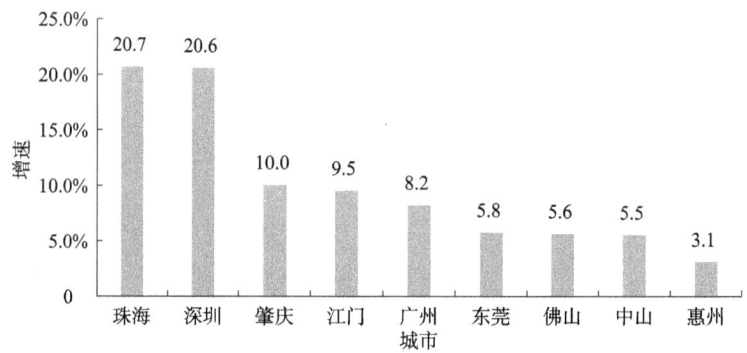

图 8-11　2018 年珠三角九市固定资产投资增长速度
资料来源：广东统计局

深圳辖区方面，设有国银金融租赁股份有限公司和前海兴邦金融租赁有限责任公司两家金融租赁公司。国银租赁从其前身发展至今已有30余年的历史，是国内历史最悠久和最有影响力的金融租赁公司之一，主要服务于航空、基础设施、航运、商用车及工程机械制造业等行业，成功打造了飞机租赁及基础设施租赁两大模式成熟、资产质量优良及发展前景广阔的主要业务板块。兴邦金租挂牌于深圳前海自贸区深港创新中心，是前海第一家、深圳第二家金融租赁公司，其目标是高端制造、交通物流、信息科技、能源环保、医疗健康、文化旅游、城市公用等行业领域。

广州方面。截至2018年底，广州市累计有融资租赁公司1 434家，占全省比重34.02%，全国超过十分之一的融资租赁企业落地于此，其中包括内资试点融资租赁公司15家，外商投资融资租赁公司1 417家，金融租赁公司2家[①]，而这两家金融租赁公司，即珠江金融租赁股份有限公司和粤财金租均设立于南沙区。广州融资租赁业的发展得益于广州南沙自贸区的飞机船舶租赁业务。据2019广州金融白皮书显示，目前各省、市大型国企、民企、上市企业及港资企业在南沙设立的租赁企业已经超过2 100家，占广州市比例达90%，注册资本总额超过5 000亿元，累计完成100架飞机及35艘船舶租赁业务，南沙成为华南地区最大的飞机船舶租赁集聚区。广州市的飞机租赁行业也实现了跨越式发展，成为华南地区飞机租赁中心。广州南沙自贸区结合航运物流服务业、高端装备及新型信息技术产业等方面的优势和布局，不断提升南沙融资租赁业竞争力。全国首单境外船舶租

---

① 2019广州金融白皮书。

赁资产境内美元交易业务产生并完成于此，跨境租赁、离岸租赁等创新租赁业务也已落地，租赁业务涵盖飞机船舶、大型设备，并拓展到城市基础设施建设、风力发电等环保新能源领域，服务范围延伸至全国各省区市及"一带一路"沿线国家城市。

各公司的主要租赁服务领域整理，如表8-12所示。

表8-12 广东（含深圳）各金租公司租赁服务领域

| 金租公司 | 租赁服务领域 |
| --- | --- |
| 国银金融租赁股份有限公司 | 以飞机租赁和基础设施租赁为核心业务，以服务于大中型优质客户为核心客户定位，飞机租赁及基础设施租赁是两大模式成熟、资产质量优良的主要业务板块 |
| 前海兴邦金融租赁股份有限公司 | 将聚焦高端制造、交通物流、信息科技、能源环保、医疗健康、文化旅游、城市公用等行业领域 |
| 珠江金融租赁股份有限公司 | 从资金的投放领域来看，前几大行业分别为教育、文化、体育和娱乐业、卫生、制造业和农、林、牧、渔业，在普惠、绿色等方面初步具备了特色化优势 |
| 横琴华通金融租赁有限公司 | 公司重点发展汽车、清洁能源、健康医疗、旅游、节能环保、教育等六大领域的融资租赁业务，商业和旅游导向 |
| 佛山海晟金融租赁股份有限公司 | 智能制造、医疗器械、节能环保、飞机、船舶租赁 |
| 广东粤财金融租赁股份有限公司 | 聚焦四大行业：高端装备制造、轨道交通通信、基础设施及民生工程、新能源 |

资料来源：各公司官网。

## 二、粤港澳大湾区租赁金融产业政策

为促进融资租赁及金融租赁业务的发展，珠三角多市围绕金融租赁和融资租赁企业落户、经营、物业补贴、风险补贴等方面给予企业及其高管相应的扶持奖励。一是根据金融租赁公司的注册资金给予阶梯式或相应比例的一次性补贴，二是鼓励金融租赁公司并购重组，扩大资产规模。珠三角九市有关金融租赁的相关政策及鼓励措施具体可参见表8-13。

表 8-13　珠三角九市有关融资租赁的相关政策及财税鼓励措施

| 城市 | 相关政策名称 | 主要相关鼓励措施 |
|---|---|---|
| 深圳 | 《深圳市扶持金融业发展若干措施》<br>【2017-10-12】<br><br>《深圳市人民政府关于印发金融业发展最新政策扶持（一）》<br><br>《深圳市人民政府关于印发金融业发展最新政策扶持（二）》<br>【2019-01-17】<br><br>《深圳市支持金融业发展若干规定实施细则》<br>深府〔2009〕6 号<br><br>·《深圳金融发展专项资金管理办法》<br>深财科规〔2011〕2 号 | 1. 在深圳注册设立的金融租赁公司总部，已获得一次性落户奖励的，其增资后累计实收资本达到高一级实收资本规模的，补足奖励差额部分。<br>2. 在深圳注册设立且增资后实收资本达到 40 亿元以上的金融租赁公司金融企业总部，其实收资本满足金融监管规定的要求后，因业务发展需要增加的实收资本金部分，给予增资奖励：实收资本金增加 30 亿元（含）以上的，奖励 1 000 万元；增加 30 亿元以下、20 亿元（含）以上的，奖励 500 万元；增加 20 亿元以下、10 亿元（含）以上的，奖励 200 万元；增加 10 亿元以下、5 亿元（含）以上的，奖励 100 万元。<br>3. 对并购重组深圳市外金融企业，且重组后的企业注册地和主要经营活动地在深圳的金融租赁公司，给予并购奖励：奖励从 1 000 万元、500 万元到 200 万元不等。<br>4. 加快发展金融租赁业，支持金融租赁与先进制造业、高新技术产业融合发展，助推实体经济转型升级。<br>·为本市企业提供融资服务的金融租赁公司，市政府根据其当年为本市企业提供融资总额（不含同业拆借，下同），给予融资总额 1% 的补贴。申请补贴的金融租赁公司当年累计为本市企业提供融资总额应不低于 5 000 万元。<br>·对金融租赁公司当年购入深圳市经认定的高新技术企业生产的设备用于租赁业务的，市政府按照合同实际支付金额的 1% 给予补贴。<br>·对金融租赁公司当年新购入船舶和飞机，市政府按照登记费 100% 给予补贴，单船或单机最高补贴额为 10 万元。<br>·同一金融租赁公司每年获得的上述补贴额最高不超过 500 万元。<br>5. 在深圳新设或新迁入的金融租赁公司专业子公司，实收资本 3 亿元（含）以上的，给予 500 万元一次性落户奖励；3 亿元以下的，给予 300 万元一次性落户奖励；并参照执行金融租赁业务补贴以及金融企业一级分支机构的购房、租房支持政策。 |
| 广州 | ·《广州市融资租赁产业发展专项资金管理办法》<br>[2016 年 6 月]<br>·《广州市金融发展专项资金融资租赁产业发展事项实施细则》<br>[2019 年 9 月]<br>·《关于支持广州区域金融中心建设的若干规定（修订）》<br>穗府规〔2019〕1 号 | 1. 对新设立或新迁入的经国家金融监管部门批准、备案或批复的期货公司等法人金融机构设立的专业子公司一次性奖励 200 万元；<br>2. 对融资租赁企业落户给予重奖：落户增量最高奖 1 000 万元；单个项目最高补 500 万元，对飞机、船舶租赁项目进行一次性奖励；<br>3. 对融资租赁公司按照我市相关政策给予扶持奖励；<br>4. 奖励不限于企业，融资租赁专项资金可奖励个人，包括高级管理人员及专业人才，主要用于个人业务创新、房租补贴、学习培训等支出。 |
| 佛山 | ·《佛山市南海区促进融资租赁行业发展扶持办法》<br>[2017-02-24]<br>·《佛山市南海区促进优质企业上市和发展扶持办法（2018 年修订）》 | 1. 在金融高新区新设或迁入的融资租赁公司按实缴资本规模给予落户奖励，最高可达 2 000 万元；<br>2. 参照融资租赁企业对南海区地方贡献部分给予融资租赁企业经营扶持奖励；给予融资租赁企业办公场地购置补贴或租赁补贴；<br>3. 鼓励融资租赁企业在南海开展业务，给予融资租赁企业及其服务的南海企业租赁补贴和风险补贴。 |

续表

| 城市 | 相关政策名称 | 主要相关鼓励措施 |
|---|---|---|
| 肇庆 | ·《肇庆市促进金融服务业发展的扶持办法》〔2018-07〕<br>·《贯彻落实省政府进一步促进科技创新若干政策措施的实施意见》〔2019-04-30〕 | 重点扶持发展金融法人企业。重点扶持发展的金融企业，包括：财务公司、消费金融公司、汽车金融公司、第三方支付、融资租赁等。金融租赁公司设立机构总部的，按实缴注册资本的1%给予奖励，单家机构奖励最高不超过1 000万元。 |
| 东莞 | ·《东莞市促进融资租赁发展专项资金管理办法》[2017-06-20]<br>·《东莞市人民政府办公室关于印发〈东莞市关于促进加工贸易创新发展全面提升外经贸水平的实施方案〉的通知》[2016-6-29]<br>·《东莞市人民政府办公室关于印发〈关于进一步加快融资租赁业发展的工作方案〉的通知》东府办〔2017〕19号 | 专项资金对"融资租赁"应用项目的资助方式分为新设奖励、增资奖励、办公用房租金补贴和保险保费资助等方式<br>·新设奖励是指对新设、迁入本市注册资本2亿元以上（含2亿元）的融资租赁企业给予新设奖励，奖励金额为注册资本的2‰。<br>·增资奖励是指对已设立的本市融资租赁企业，增资后注册资本达到2亿元以上（含2亿元）的给予增资奖励，奖励金额为新增资本的2‰。<br>·扶持对象注册资本全部到位且新增融资租赁合同金额达到3 000万元以上才可申请上述新设及增资奖励资助资金，每家企业累计获得新设及增资奖励最高不超过100万元。<br>·办公用房租金补贴是指对在我市注册登记并进驻众创金融街的融资租赁企业按照每平方米每月10元的标准给予办公用房租金补贴，每家企业每年补贴不超过10万元，累计补贴不超过30万元。<br>·保险保费资助是指在本市注册登记的融资租赁企业，按照其实缴融资租赁类险种投保的保险费给予30%的资助，每家企业每年累计最高资助50万元。 |
| 惠州 | 《惠州市加快融资租赁业发展实施方案》<br>[2017-10-22] | 实行融资租赁设备产品目录制管理，对融资租赁公司向中小微企业租赁目录中设备的，给予财政贴息等支持。通过融资租赁方式获得农机的实际使用者可享受农机购置补贴。对开展融资租赁业务签订的融资租赁合同（含融资性售后回租），统一按照其所载明的租金总额依照"借款合同"税目计税贴花。 |
| 珠海 | 《横琴新区促进融资租赁业发展试行办法》珠横新办〔2014〕36号 | ·注册资本全额到位的融资租赁法人机构，在横琴新区租赁自用办公用房的，按照实际租赁面积连续3年给予房租补贴；<br>·融资租赁机构开展跨境融资业务的，按照其为境外主体代扣代缴的预提企业所得税形成横琴新区年度财力贡献给予下列奖励：50万元人民币以上的，按贡献额的30%予以奖励；150万元人民币以上的，按贡献额的40%予以奖励；300万元人民币以上的，按贡献额的50%予以奖励。<br>·鼓励融资租赁机构引进精英人才。对在融资租赁机构工作、符合条件的精英人才，享受精英人才安居保障政策。 |
| 江门 | — | — |
| 中山 | — | — |

资料来源：各市政府网、金融工作局

可以看到，粤港澳大湾区珠三角九市租赁金融政策各有侧重，由于地区经济发展差异，各市的奖励力度也表现出较大差距。具体来看，深圳的奖励力度最大，经济特区优势明显，极力引进租赁金融机构，扩大行业发展规模；广州次之，在相关人才支持政策上有较大吸引力；从佛山对融资租赁公司奖励力度上可以看出佛山对租赁金融业的重视，这与其发展高端设备制造业的产业定位一致，而其他几个重要节点城市，在奖励额度细则上略显不明确，奖励力度上自然与其他城市有较大差距，但在支持业务领域上显得更有针对性。如珠海有较多与租赁金融相关的政策，并明确提出针对跨境租赁业务的奖励细则，惠州则重点发展农机租赁，给予财政贴息等支持。江门和中山尚未找到针对租赁金融的政策。

### 三、粤港澳大湾区租赁金融协同发展建议

近年来，中国融资租赁行业增速快，市场发展潜力足，一批优质的融资租赁公司逐步迈向专业化、国际化的发展道路，积极在全球范围内寻找有租赁需求和适合的目标客户，寻找最符合市场需求的租赁物，并积极到国际资本市场上去融资。粤港澳大湾区具有明显优势，香港澳门属于自由经济体，没有资本管制的贸易港，具有稳定健全的货币金融体系，商业运作准则与国际惯例接轨。建设澳门-珠海跨境金融合作示范区是粤港澳大湾区落实《粤港澳大湾区发展规划纲要》精神的一个重要使命。另外，专业化经营也逐步成为融资租赁行业的长期发展趋势，大力深入细分市场，专注并做精做强某几个行业。大湾区内金融租赁公司在发展愿景中都特别强调其聚焦领域。大湾区的租赁金融行业资产分布也呈现多元化特点，不仅涉足飞机、船舶、专用设备等特色领域，高端装备、医疗、基础设施甚至旅游、环保、教育、"三农"方面也有涉及，并初步具备了特色化优势。监管并开启了租赁行业监管新时代，监管趋严背景下，行业门槛将大幅提升，有利于行业规范健康发展，竞争格局将由趋于分散向趋于集中演变，粤港澳大湾区需要更好地发挥规模效应，实现集群式协同发展。

在协同模式上，依托粤港澳大湾区各市产业特点及区位分布等因素，提出以下租赁金融协同发展建议。

（1）发挥广州中心城市作用，助力佛山、惠州和肇庆租赁金融发展。广州-佛山方面，目前广州南沙区集聚了广州大部分融资租赁要素，并推出多项融资租赁创新业务，在租赁金融方面有较多经验。广州除坚持发展自身跨境租赁和飞机航空租赁外，还可加强与佛山合作，进一步壮大融资租赁业务规模，重点发展智能制造装备、新能源装备、节能环保装备等先进装备制造业，共同打造广佛先进装备制造产业示范区。广州-惠州方面，目前有多支面向惠州城市更新的信托计划推出，说明惠州基建市场广阔，基建设备租赁大有作为，可依托惠州政策导向，加速推动广州在惠州布局融资租赁营业网点，同时加速农林领域融资租赁业务的布局。

（2）深圳着重发展信息科技、能源环保、医疗健康等高新技术企业生产设备租赁。深圳98%以上的租赁企业都在前海，前海成为我国融资租赁业集聚发展的重要区域。要充分利用前海自贸区优势，加强香港与深圳之间的产学研合作交流，培养符合自身发展的专业复合型人才，而不是单纯依靠"挖角"解决。引导租赁金融营业机构布局东莞，支持东莞制造业发展。

（3）澳门支持珠海融资租赁业务开展，协同发展诸如豪华游艇、高端游乐设施等旅游租赁，亦是横琴服务澳门产业多元发展的重要抓手。横琴与澳门一水之隔，两者在国际商务和旅游业上强强联手，加大以跨境旅游租赁为载体的建设，这是澳门-珠海协同发展、相互促进的路径之一。

# 第九章 粤港澳大湾区金融产业政策

目前，粤港澳大湾区各个城市都在制定本地区和本部门的发展规划，从不同侧面提出对金融的需求及发展方向，但彼此在金融资源的供给与需求、管理的集中与分散等认识方面存在较大出入，政策上的同质化可能造成不良竞争，因此，有必要对粤港澳大湾区的金融产业政策进行分析。

财税政策对于促进区域经济发展具有不容忽视的作用，且历来都是我国内地政府实现产业引导和产业升级的重要抓手之一。金融财税政策被实践证明是促进金融产业发展行之有效的办法。近年来，粤港澳大湾区各市纷纷因地制宜，出台了一系列财税政策，以达到其金融产业布局的目标。其具体手段包括奖励金融机构设立和入驻、为金融人才提供奖励及绿卡、奖励金融创新等，并对股权投资、融资租赁、小额贷款、融资担保等诸多细分领域进行精细设计，取得了一系列成果。此外，目前上海、天津、福建等各大自贸区和沿海发达城市也基本实施了适用于自身的金融财税政策，促进了地方金融产业建设。

当前，粤港澳大湾区各地政府的金融财税政策亟须进行全局整合。各市金融财税政策的力度和涵盖面参差不齐，部分城市的财税政策依然较为粗糙且力度不够，城市间还存在同质化竞争，这是对财政资源的消耗。大湾区的金融产业集群建设应站在全局角度进行系统规划，各市的相关金融财税政策也应有机协调。因此，开展粤港澳大湾区金融产业集群及其财税政策研究具有重要意义。

本章将从税收优惠和财政补贴两个方面切入进行分析。在我国，税收政策由中央政府出台，各地按统一标准执行；而财政补贴政策方面，地方政府有较大的自主空间。因此，大湾区内的金融税收政策主要体现在中央政府，金融财政补贴政策主要体现在市级政府。通过追溯系列中央政策文件明确对大湾区"9+2"城市的金融产业发展定位，进一步解析和比较大湾区各个城市的金融产业政策，得到对粤港澳大湾区产业政策的评价,并在此基础上提出改进建议。

# 第一节　粤港澳大湾区金融政策定位

## 一、关键政策文件对粤港澳大湾区核心城市的金融政策定位

结合《粤港澳大湾区发展规划纲要》《中共中央 国务院关于支持深圳建设中国特色社会主义先行示范区的意见》《广东省推进粤港澳大湾区建设三年行动计划》《关于构建"一核一带一区"区域发展新格局 促进全省区域协调发展的意见》《中共广东省委全面深化改革委员会关于印发广州市推动"四个出新出彩"行动方案的通知》等重要指导性政策,对大湾区核心四市的政策定位进行了梳理。大湾区核心城市政策定位如表9-1所示。

表9-1　粤港澳大湾区核心城市金融政策定位

| 城市 | 政策定位 | 相关政策文件 |
| --- | --- | --- |
| 香港 | 强化全球离岸人民币业务枢纽地位;巩固提升国际金融、航运、贸易中心和国际航空枢纽地位;发展成为大湾区高新技术产业融资中心 | 《粤港澳大湾区发展规划纲要》 |
| 澳门 | 建设中国与葡语国家商贸合作服务平台 | 《粤港澳大湾区发展规划纲要》 |
| 广州 | 增强国际商贸中心功能;建设区域性私募股权交易市场、全球进出口商品质量溯源中心和产权、大宗商品区域交易中心,加快建设广州国际金融城 | 《粤港澳大湾区发展规划纲要》<br>《中共广东省委全面深化改革委员会关于印发广州市推动"四个出新出彩"行动方案的通知》<br>《广东省推进粤港澳大湾区建设三年行动计划》<br>《关于构建"一核一带一区"区域发展新格局 促进全省区域协调发展的意见》 |
| 深圳 | 科技金融中心;推动深圳建设中国特色社会主义先行示范区,创建社会主义现代化强国的城市范例 | 《粤港澳大湾区发展规划纲要》<br>《中共中央 国务院关于支持深圳建设中国特色社会主义先行示范区的意见》<br>《关于构建"一核一带一区"区域发展新格局 促进全省区域协调发展的意见》 |

## 二、粤港澳大湾区近年金融产业政策汇总

首先梳理粤港澳大湾区各核心城市及重要节点城市2016~2019年的金融政策,包括金融市场、产业金融和金融人才等方面。在此基础上分别提炼出大湾区

核心城市的传统金融业政策和现代金融业政策,传统金融业方面对银行业、证券业和保险业进行分析对比,现代金融业则包括航运金融业、绿色金融业和科技金融业三个新型业态。各核心城市及重要节点城市的金融产业政策归纳梳理如下。

(一)香港金融产业政策

香港的传统金融业已经发展得相对成熟,相关政策主要侧重于推动香港市场资本、技术与信息进入内地,加深两地传统金融机构交流合作。

金融市场有关政策。银行业方面,2018年5月4日《2018年银行业(指明多边发展银行)(修订)公告》刊宪;香港金融管理局与人民银行签订《关于使用债务工具中央结算系统发行中国人民银行票据的合作备忘录》;10月26日香港金融管理局与澳门金融管理局签署《合作备忘录》,共同推行银行专业资历架构的专业培训及资格互认。保险业方面,2018年7月香港保险业监管局与中国银行保险监督管理委员会达成共识,在中国风险导向的偿付能力体系(C-ROSS,简称"偿二代")下,当内地保险公司分出业务予符合要求的香港再保险公司时,该内地保险公司资本额要求可获降低,鼓励更多具备特色或专长企业选择进入大湾区扩展业务,丰富区内市场主体和提升竞争力。证券业方面,香港证监会发布执行的《证券及期货条例》第9类受规管业务资格牌照,即资产管理牌照,允许内地的私募机构直接在香港市场进行募集资金,吸引境外资金来投资内地产品,同时为内地客户提供海外投资渠道,参与境外投资。债券业方面,出台一系列激励措施,包括债券资助先导计划,资助首次在香港发行债券的合资格发债机构,同时,在香港买卖债务票据的投资者也可透过已优化的合资格债务票据计划享有利得税豁免优惠。

产业金融有关政策。金融科技方面,2018年1月13日香港金融管理局推出《金融科技人才培育计划》升级版(FCAS 2.0),加强培育本港金融科技专才,应付业界日益增加的需求。相继与波兰金融管理局、阿布扎比金融管理局等海外金管局签署合作协议,加强金融科技合作,同时加强与内地深圳的人才交流,2018年6月25日金管局与深圳市人民政府金融发展服务办公室启动为香港大专学生而设的首届《深圳金融科技暑期实习计划》。绿色金融方面,2018年6月香港推出绿色债券资助计划,资助符合资格的绿色债券发行机构通过香港质量保证局推出的绿色金融认证计划取得认证,提升绿色金融产品的透明度和认证标准,增强市场对绿色金融的信心,从而推动香港成为全球绿色金融枢纽。2019年9月推出绿色金融认证计划——绿色基金,为绿色基金提供第三方认证服务,提高投资过程透明度。

## （二）澳门金融产业政策

澳门的传统金融政策主要侧重于深化与粤港之间的合作，建立以人民币计价结算的证券市场，共享大湾区经济发展成果。

2016年澳门特区政府在其施政报告中提出研究结合澳门的"一国两制"等优势，推动澳门金融产业发展，在"一带一路"中发挥应有作用，并与澳门作为中国与葡语国家商贸合作服务平台的发展定位结合，在澳门发展特色金融产业。其后，《澳门特别行政区五年发展规划（2016-2020年）》提出了发展特色金融的具体内容。2018年政府施政报告专设一节论述"培育新兴产业成长，促进经济适度多元"，提出积极发展以融资租赁及财富管理业务为重点的特色金融。2019年3月20日，澳门特别行政区立法会大会通过《融资租赁公司法律制度》与《融资租赁税收优惠制度》法案，这是澳门通过完善法律支持特色金融发展的标志性举措。

## （三）广州市金融产业政策

广州传统金融的扶持政策覆盖面广，扶持力度大，不仅设有各类落户奖励、经营状况奖励和并购重组奖励，还针对战略性新兴产业、先进制造业和现代服务业等领域推出各种特色政策。

金融市场有关政策：①《广州市风险投资市场规范发展管理办法》（穗府办规〔2017〕17号）推进广州市风险投资市场创新发展，打造风险投资之都：对股权投资管理企业、创业投资企业实收资本规模满足条件的给予300万~1500万元的管理能力奖励；对私募证券投资管理企业的私募证券投资基金实际规模满足条件的给予300万~500万元的管理能力奖励。为营造良好风险投资市场环境，对风险投资企业制定办公房补贴等相关配套政策。②《促进广州保险业进一步支持实体经济发展工作方案》（穗府办函〔2017〕316号）促进广州保险业进一步支持广州市实体经济发展：新设、引进保险法人机构，支持保险法人机构做大做强，同时与境内外保险机构建立更紧密的合作关系；鼓励支持丰富保险业服务实体经济的手段和产品。③《广州政策性小额贷款保证保险资金管理办法（修订）》（穗金融规〔2018〕8号）规范政策性小额贷款保证保险资金的使用管理，提高财政资金使用效益。④《关于加强金融支持广州市民营企业发展的实施意见》（广州营银发〔2018〕4号）促进广州市民营企业，尤其是小微型民营企业持续健康快速发展：增强对民营企业的信贷支持；通过强化股权融资支持、扩大债券融资规模、支持南沙片区开展跨境资金回流业务、推动股权基金融资和支持融资租赁业务发展等方式丰富民营企业融资渠道，并对相关配套金融措施进行优化。⑤《广州市促进外商投资股权投资类企业集聚发展工作指引》(穗金融〔2019〕11号)促进广州股权投资市场对外开放,吸引更多外商投资股权投资类企业在穗集聚发展:在税收政策上外商投资股权投资类企业按照国家统一规定;扶持政策上给予最高1 500万元人民币的管理能力奖励,给予人才优惠待遇、办公用房补贴等配套政策。

产业金融有关政策:①《广州市推进文化金融融合发展的实施意见》(穗金融〔2017〕11号)促进文化产业与金融产业实现强强联合,建设文化金融综合服务示范区,打造文化资本和岭南文化的示范城市:通过制度、机构、产品、服务等方面的创新,构建文化金融服务组织体系,开发适合文化产业特点的信贷产品,充分利用多层次资本市场融资,完善文化股权投资市场,培育和发展文化保险市场。②《广州市绿色金融改革创新试验区绿色企业与项目库管理办法》(穗金融规〔2018〕3号)发挥绿色金融支持服务绿色产业和产业绿色转型目标:对入库企业和项目,市相关单位引导金融机构和类金融机构与入库绿色企业和项目加强对接。③《广州市关于促进金融科技创新发展的实施意见》(穗金融〔2018〕22号)提高金融机构研发和创新金融产品的能力,推动金融业转型升级:对金融科技类主体给予一次性落户奖励;对金融科技研发投入给予补助;对有关人才给予奖励或补贴等。④《关于推进金融支持广州国际航空枢纽建设的实施意见》(穗金融〔2018〕23号)推进航空金融集聚发展,打造现代航空金融综合服务体系,提升广州国际航空枢纽竞争力:支持符合条件的融资租赁公司在境内保税地区设立项目公司,支持南沙自贸区争取经营性租赁收取外币租金试点,支持政策性银行在风险可控的前提下为通过境外平台完成的飞机离岸租赁业务提供融资支持,拓展航空产业信贷、保险、债券、信托等多种产品融资服务;发挥空港经济区优势和南沙自贸区优惠政策,拓展金融配套服务;优化涉税服务,继续落实融资租赁出口退税试点政策。

金融人才有关政策。《广州高层次金融人才支持项目实施办法(第二次修订)》(穗金融规〔2019〕3号):对重点金融领军人才、金融高级管理人才、金融高级专业人才和金融柔性引进人才,给予相应梯度补贴,安排专项入户指标提供入户等待遇。

(四)深圳市金融产业政策

深圳的传统金融机构落户、增资、并购重组的奖励力度很大,同时,深圳设立了一系列具体清晰的特色金融产业扶持政策,全面支持在深金融机构增强资本实力,提高市场竞争力、风险承担能力和综合经营水平,政策竞争力很强。

金融市场有关政策。综合性金融业扶持政策——《深圳市扶持金融业发展若干措施》(深府规〔2018〕26号)吸引集聚优质金融资源,推动全市金融业可持续均衡发展,加快建设国际化金融创新中心:吸引金融机构在深设立法人总部,鼓励金融总部做大做强,按照实收资本给予最高金额不超过5 000万元的一次性落户奖励,对在深圳新注册设立的财务公司、村镇银行实收资本2亿元及以上的给予200万或500万元一次性落户奖励,对增资5亿元及以上的金融企业给予100万到1 000万元奖励;对跨地区并购交易额10亿元及以上的金融企业给予100万到1 000万元不等的奖励,同时配备企业办公用房购置及租赁等补贴;支持金融企业分支机构落户,给予50万到500万元不等的一次性落户奖励;积极引进股权投资企业并对股权投资管理企业总部给予500万到1 500万元奖励,购置办公用房按购房价格的1.5%给予一次性补贴等;培育引进创新型金融机构,完善配套金融支持体系,对经中国人民银行批准新设或新迁入的非金融支付服务机构注册资本5亿元及以上的给予200万元落户奖励,1亿元及以上的给予100万元落户奖励,对示范性研发创新机构给予100万元一次性奖励。其他专项政策如下。

(1)《深圳市国家中小企业发展专项资金小微企业融资担保业务降费奖补政策申报指南》(深金监担〔2019〕55号),进一步扩大深圳小微企业融资担保业务规模:对政策引导性较强、融资服务效果较好的融资担保机构,特别是对主要服务小微企业且收费较低的融资担保机构给予业务补助、保费补助和代偿补助,按照总额5 894万元不变的原则,按比例统筹安排各项补助奖金金额,单项最多不超过2 000万元。

(2)《深圳市促进创业投资行业发展的若干措施》(深府规〔2018〕27号)着力将深圳打造成为国际风投创投中心城市;按照《深圳市扶持金融业发展的若干措施》(深府规〔2018〕26号)给予优惠政策,通过政府牵头建立和完善创业投资对接平台,对在深圳注册且拟在境内证券交易所上市的,完成股改和辅导两个阶段分别给予最高不超过50万元、100万元的资助,对在全国中小企业股份转让系统挂牌的,给予最高不超过50万元的奖励等。

(3)《深圳市外商投资股权投资企业试点办法》(深金规〔2017〕1号)促进深圳外商投资股权投资企业健康发展。

产业金融有关政策。《深圳市人民政府关于构建绿色金融体系的实施意见》(深府规〔2018〕29号)推动经济发展方式向绿色化转型,加快建设更高水平的国家自主创新示范区和现代化国际化创新型城市:支持绿色信贷,对合作银行向战略性新兴产业项目库内绿色低碳企业发放信用贷款和由合作担保机构提供担保的贷款,单笔最高按照实际贷款本金损失的50%给予合作银行补贴;按照其贷款项目实际支付利息的50%给予企业贴息,按照担保机构承担担保责任所发生的代偿金额的50%给予补偿;通过支持绿色信贷、绿色保险、开展绿色债券试点、绿色资产证券化、设立绿色产业投资基金等途径鼓励资本市场支持绿色产业发展，同时对符合条件的绿色企业给予每家10万元的财政补贴，对成功发行绿色债券的本市企业，按照发行规模的2%，给予单个项目单个企业最高50万元的补贴。《深圳市推进普惠金融发展实施方案（2016-2020年）》（深府金发〔2017〕31号），提高金融服务覆盖率、可得性和满意度，优化普惠金融发展环境：通过充分发挥各类银行机构和保险公司的作用，同时探索和规范小额贷款公司等各类新型金融机构和组织完善普惠金融机构体系；发挥货币信贷政策和金融监管差异化激励作用，同时对有关企业给予税收优惠（参见《关于小额贷款公司有关税收政策的通知》）。

金融人才有关政策。《深圳市支持金融人才发展的实施办法》（深府规〔2020〕3号）：实施百千万金融人才培养工程，包括领军人才提升计划、骨干人才培养计划和青年人才培养计划；完善金融人才培养资源体系，包括成立深圳金融百人讲师团、开展金融人才培养产学研融合并给予奖励和经费资助；为金融人才学习培训实习给予补贴或资助。

（五）重要节点城市金融政策

1. 珠海金融政策

珠海的金融政策主要是针对上市企业及中小微科技型企业的政策，更多的是引导金融机构和类金融机构为以上企业提供融资支持，而不在于吸引金融机构落户和支持其做强做大，也未制定或出台金融市场、产业金融和金融人才有关政策的单独性文件。

（1）《珠海市支持金融机构加强对中小微科技型企业融资服务实施细则》：鼓励商业银行对科技型企业融资，对科技型企业贷款总额累计首次达到10亿元、50亿元的科技型支行，分别一次性给予50万元和200万元扶持资金；每家支行累计获得扶持资金不超过250万元；对成功发行"双创"金融债券的地方法人金融机构，一次性给予发行金额千分之一最高不超过100万元的扶持资金；鼓励融资担保公司开展科技型企业融资担保业务，按年度为科技型企业提供担保发生额的2%每年每家机构最高不超过150万元的标准给予扶持资金。

（2）其他一些相关金融政策还有《珠海市外商投资股权投资企业试点管理暂行办法》《珠海市香洲区促进企业上市和兼并重组奖励实施办法》《珠海高新区鼓励企业上市及新三板挂牌实施办法》和《珠海高新区天使投资资金管理办法》等。

2. 佛山金融政策

佛山市近三年的金融政策重点在于解决民营企业融资问题，通过市、区两级及企业注册地所在地对民营企业通过信贷等其他渠道融资事件给予资金奖励,一定程度上促进了金融业的运行,但缺少实际针对金融业的扶持措施。2016年的金融政策重点则在于扶持促进企业上市。

金融市场有关政策。《佛山市金融促进民营经济高质量发展若干政策措施》着力缓解民营企业融资难、融资贵问题,助力佛山加快建设面向全球的国家制造业创新中心,促进民营实体经济高质量发展:引导银行机构加大对民营经济的支持力度;建立健全具有佛山特色的融资担保体系,包括设立融资担保专项资金、设立政府性融资担保公司,扩大市科技型中小企业信贷风险补偿基金规模;支持民营企业利用资本市场融资,对符合条件的股改企业市、区两级给予最高达330万元的奖励、根据企业首发融资金额给予最高达2 350万元的奖励、对于已上市企业通过直接融资方式实现再融资且符合要求的,由企业注册地所在区给予不低于50万元的奖励;支持民营企业通过发行债券融资,每发行一期,市、区两级给予最高达220万元的奖励;引导聚集股权投资机构等各类基金投资优秀民营企业,给予最高100万元的落户奖励;支持企业以融资租赁方式实现融资,按照相应比例给予利息补贴。

金融人才有关政策。《佛山市高端金融人才引进培育办法(试行)》引进和培育熟悉金融市场规则、掌握先进金融管理理念的高层次金融人才,包括金融领军人才、金融高级管理人才和金融高级专业人才,每年分别享受行业津贴30万元、20万元和15万元,住房补助30万元、15万元和5万元。

3. 东莞金融政策

东莞近三年的金融政策重点在于推动企业上市,促进中小微企业金融服务,相关金融政策包括《关于进一步推动企业上市发展的扶持办法》(东府办〔2018〕83号)、《东莞市促进融资担保和小额贷款行业发展实施办法》(东府办〔2017〕126号)、《东莞市促进股权投资基金业发展实施暂行办法》(东府办〔2018〕9号)和《东莞市鼓励企业利用资本市场扶持办法》(东府办〔2017〕124号),相关资金奖励力度较大。

(1)《东莞市促进融资担保和小额贷款行业发展实施办法》(东府办〔2017〕126号)促进融资担保和小额贷款行业稳健发展:机构奖励上,新设立或外省市新迁入东莞市的两类机构法人总部,注册资本不少于1亿元的,按照其实收资本的2‰给予奖励,最高奖励100万元;一次性增资5 000万元或以上的,按照其实收增资额的2‰给予奖励,最高奖励80万元,且只奖励首次增资。风险补偿上,对融资担保公司和小额贷款公司经营融资担保业务发生代偿损失(只含贷款本金,不含利息)且已经核销处理的,可按实际损失的10%给予风险补偿,单个融资担保公司的代偿损失补偿每年最多不超过 50 万元;评级补贴上,两类机构由商业评级机构进行信用评级的,每年可根据评级机构出具的信用评级报告及发票申请 3 000 元评级补贴。

(2)《东莞市促进股权投资基金业发展实施暂行办法》(东府办〔2018〕9 号):财政资金引导股权投资产业发展;对落户的各类股权投资基金其管理资金规模满足条件的给予最高 1 000 万元的奖励,对股权投资基金及股权投资基金管理人给予税收优惠政策支持及租赁补贴等相关配套政策;政府引导推动基金产业集聚,打造以股权投资基金为主,证券投资基金为辅,各类基金销售、托管、估值、清算及有影响力的中介服务机构为有效支撑的全产业链生态体系。

4. 惠州金融产业政策

惠州市地方金融产业政策出台较少,近几年更是寥寥无几,其工作重点在于推进普惠金融发展并培育企业上市。有关政策包括《惠州市人民政府办公室关于印发惠州市推进普惠金融发展实施方案》(惠府办〔2017〕15 号)、《惠州市进一步发展资本市场的实施意见》(惠府〔2017〕188 号)。

5. 中山金融产业政策

近几年有关金融产业扶持政策文件有《中山市人民政府关于进一步促进企业上市的意见》《中山市融资性担保公司风险补偿补助实施细则》《中山市人民政府关于加快发展现代保险服务业的实施意见》等。

6. 江门金融产业政策

江门市出台的金融政策寥寥无几,目前能从江门金融工作局找到的金融产业政策有三份,一是《关于鼓励我市企业在多层次资本市场上市挂牌的实施意见》,进一步引导和鼓励江门市企业从产品经营型向资本经营型转变,促进企业更多更好地发展和利用直接融资。二是《关于金融服务乡村振兴战略的贯彻意见》(江金〔2019〕2 号),健全和完善农村金融服务体系,如推广"政银企"合作农业贷款业务;通过加强对现代农业园区的金融支持、加强农业信贷担保体系建设、鼓励金融机构加大对特色农业产业的支持,推动金融与乡村产业有机结合。三是企业上市有关政策《支持上市企业、上市后备企业、股权挂牌企业和信用良好级企业开展研发融资的奖补办法》(江金〔2017〕4 号)。

7. 肇庆金融产业政策

肇庆市金融产业政策文件较少。《肇庆市金融促进民营经济高质量发展若干政策措施》是唯一找到的对金融产业有明确扶持措施的金融政策,其着力缓解民营企业融资难、融资贵等问题；引导银行业金融机构加大对民营经济的支持力度，把新增小微企业贷款余额、小微企业贷款增速等作为重要指标权重对辖内银行机构进行评分；支持地方法人银行机构通过发行二级资本债券等创新工具补充资本、通过银行间市场发行资产支持证券和金融债券，用于支持民营经济发展；引导地方法人银行机构专注服务"三农"和小微企业，增加小微企业、民营企业金融供给；支持企业上市，企业在沪、深交易所及经认可的境外证券交易所完成首次公开发行股份，市、县两级根据企业首发融资金额给予 300 万至 700 万元的奖励，对在新三板挂牌的企业奖励 200 万元，对在区域股权交易市场挂牌并成功融资的企业最高补贴 20 万元。引导股权投资机构落户，对符合条件的股权投资基金或股权投资管理企业给予最高达 300 万元的落户奖励；构建政银保资金风险共担机制，支持开展政策性小额贷款保证保险业务等。

### 三、粤港澳大湾区金融业政策归纳分析

汇总粤港澳大湾区核心城市关于银行业、证券业和保险业的主要政策方向及相关政策，如表 9-2 所示。

表 9-2 粤港澳大湾区核心城市传统金融政策对比

| 城市 | 传统金融政策对比 | | | |
|---|---|---|---|---|
| | 银行业 | 证券业 | 保险业 | 相关政策文件 |
| 香港 | 允许在粤香港银行分行设立异地支行；香港银行在内地设立的外资银行营业性机构可建立小企业金融服务专营机构；准许香港银行的内地分行在香港发行人民币债券。 | 降低港资证券公司申请合格境外机构投资者资格门槛；允许港资金融机构在内地设立合资全牌照证券公司；提高港资证券公司在合资证券投资咨询公司中的持股比例。 | 探索建设创新型保险要素交易平台；支持与内地合作开发跨境机动车保险，发展医疗保险和跨境人民币再保险业务。 | 《粤港澳大湾区发展规划纲要》《内地与香港关于建立更紧密经贸关系的安排》补充协议六、七、十》 |
| 澳门 | 允许在粤澳门银行分行设立异地支行。 | 研究在澳门建立以人民币计价结算的证券市场，设立证券交易所。 | 建立出口信用保险制度；参与经营内地交通事故责任强制保险业务；探索澳门社保体系在大湾区内跨境使用。 | 《粤港澳大湾区发展规划纲要》《内地与澳门关于建立更紧密经贸关系的安排》投资协议》《国家发展和改革委员会与澳门特别行政区政府关于支持澳门全面参与和助力"一带一路"建设的安排》 |

续表

| 城市 | 传统金融政策对比 | | | |
|---|---|---|---|---|
| | 银行业 | 证券业 | 保险业 | 相关政策文件 |
| 广州 | 落户奖励、并购重组奖励、建立粤港澳大湾区国际商业银行。 | 推进战略性新兴产业、支柱产业、先进制造业和现代服务业的企业尤其是民营企业上市；支持广州建设区域性私募股权交易市场。 | 落户奖励；经营状况奖励；并购重组奖励；支持保险机构参与知识产权金融服务；支持保险机构推进农产品加工业发展。 | 《广州市人民政府关于印发支持广州区域金融中心建设若干规定的通知》《广州市人民政府办公厅关于加快推进农产品加工业发展的实施意见》《广州市人民政府关于印发广州市创建国家知识产权强市行动计划（2017—2020年）的通知》 |
| 深圳 | 落户奖励、增资奖励、并购重组奖励。 | 落户奖励；增资奖励；并购重组奖励。 | 并购重组奖励；探索政府主导和商业保险运作相结合；研究建立小微企业信用保证保险基金；对购买信用保险和贷款保证保险的小微企业给予贷款优惠政策；支持深圳建设保险创新发展试验区。 | 《深圳市推进普惠金融发展实施方案》《深圳市人民政府关于印发扶持金融业发展若干措施的通知》 |

汇总粤港澳大湾区核心城市关于航运金融、绿色金融和科技金融的主要政策方向及相关政策，如表9-3所示。

表9-3 粤港澳大湾区核心城市现代金融政策对比

| 城市 | 航运金融 | 绿色金融 | 科技金融 | 相关政策文件 |
|---|---|---|---|---|
| 香港 | 巩固及提升国际航运中心地位。建设新型国际贸易中心，打造货权交割地。建设国际高端航运服务中心。 | 打造大湾区绿色金融中心。推出借款上限为1 000亿港元的政府绿色债券发行计划。 | 推进深港开展科技金融试点。支持香港与内地合作促进科技成果转化。 | 《粤港澳大湾区发展规划纲要》 |
| 澳门 | — | 建立以人民币计价结算的绿色金融平台。 | 支持澳门与内地合作促进科技成果转化。 | 《粤港澳大湾区发展规划纲要》 |
| 广州 | 对航运保险公司实行落户土地优惠，创新航运险种。 | 研究设立碳期货交易所。打造绿色金融街项目。鼓励银行增加绿色贷款。 | 打造成具有国际影响力的风投创投中心；扩大科技成果产业化引导基金和科技信贷风险补偿资金池规模；引导科技企业上市，通过企业重组并购打造科技领军企业 | 《广州市人民政府关于印发支持广州区域金融中心建设若干规定的通知》《广州市促进科技金融发展行动方案（2018-2020）》《关于促进广州绿色金融改革创新发展的实施意见》 |

续表

| 城市 | 航运金融 | 绿色金融 | 科技金融 | 相关政策文件 |
|---|---|---|---|---|
| 深圳 | 增进深港互信，全面加强深港物流分工与合作。进一步促进前海深港现代服务业合作区高端航运服务业加快发展，推动高端航运要素快速集聚，推进世界服务贸易重要基地和国际性枢纽港建设。 | 鼓励保险机构通过创新险种和服务、保费补贴和完善保险增信机制，支持绿色产业发展。 | 促进企业信托融资和股权投资基金发展；支持符合条件的高新技术企业改制、挂牌、上市、在代办股份转让系统挂牌、通过债券市场融资；建立深圳科技保险试点，创新科技保险产品；发展科技金融中介服务机构，培育科技金融孵化器；探索高新技术企业和金融机构在香港发行人民币债券；创新财政资金资助方式。 | 《深圳市现代物流业发展"十三五"规划》《深圳市人民政府关于构建绿色金融体系的实施意见》《深圳市人民政府关于印发扶持金融业发展若干措施的通知》《中共中央 国务院关于支持深圳建设中国特色社会主义先行示范区的意见》《深圳市人民政府印发关于促进科技和金融结合若干措施的通知》《深圳市前海深港现代服务业合作区高端航运服务业专项扶持资金实施细则》 |

香港在航运金融方面，巩固及提升其自身国际航运中心地位，发展离岸贸易，打造货权交割地；在绿色金融方面，支持打造大湾区绿色金融中心[1]，推出借款上限为1000亿港元的政府绿色债券发行计划[2]；在科技金融方面，鼓励港深在创业孵化、科技金融、成果转化、国际技术转让、科技服务业等领域开展深度合作，共建国家级科技成果孵化基地和粤港澳青年创业就业基地等成果转化平台[1]。

澳门在绿色金融方面，建立以人民币计价结算的绿色金融平台；在科技金融方面，支持澳门与内地合作促进科技成果转化[1]。

广州在航运金融方面，鼓励建立航运保险公司，创新航运险种；在绿色金融方面，研究设立以碳排放为首个品种的创新型期货交易所，建设绿色金融创新中心、绿色金融服务中心、绿色金融研究中心[1]；在科技金融方面，致力于将广州打造成具有国际影响力的风投创投中心，将50亿元科技成果产业化引导基金通过母子基金架构引导放大至200亿元以上，扩大科技信贷风险补偿资金池规模，推动合作银行累计科技企业贷款金额达到200亿元以上，通过企业重组并购打造20家科技领军企业，努力使上市科技企业累计达到130家[3]。

深圳在航运金融方面，以前海深港合作区为平台，学习和借鉴香港现代物流

---

[1] 中共中央，国务院. 粤港澳大湾区发展规划纲要[EB/OL]. http://www.gov.cn/zhengce/2019-02/18/content_5366593.htm#1，2019-02-18.

[2] 政制及内地事务局. 粤港澳大湾区 - 政策范畴 - 金融服务[EB/OL]. https://www.bayarea.gov.hk/sc/opportunities/finance.htm.

[3] 广州市科技创新委员会. 广州市促进科技金融发展行动方案（2018-2020）[EB/OL]. http://www.zc.gov.cn/tz/zckfqgjj/zcfg_2647/201812/t20181213_198994.html，2018-12-05.

业发展的制度经验，实施深港物流制度、物流政策、物流标准的全面对接[①]；在绿色金融方面，鼓励保险机构持续推进创新型责任险等绿色保险，实施绿色保险保费补贴，完善绿色保险增信机制[②]；在科技金融方面，促进企业信托融资和股权投资基金发展，支持符合条件的高新技术企业改制、挂牌、上市、在代办股份转让系统挂牌、通过债券市场融资。同时，建立深圳科技保险试点，创新科技保险产品，对高新技术企业购买创新科技保险产品予以保费资助，探索利用保险资金参与重大科技基础设施建设制度。此外，发展科技金融中介服务机构，培育科技金融孵化器，探索符合条件的高新技术企业和金融机构在香港发行人民币债券。最后，创新财政资金资助方式，在市科技研发资金设立科技和金融结合计划，通过股权投资、再担保、联保贷款、集合债、银政企合作梯级贴息、委托无息借款等方式，发挥专项资金的引导和放大作用[③]。2019年8月19日，深圳市前海深港现代服务业合作区管理局印发《深圳前海深港现代服务业合作区高端航运服务业专项扶持资金实施细则》，明确要进一步促进前海深港现代服务业合作区高端航运服务业发展，推动高端航运要素快速集聚，推进世界服务贸易重要基地和国际性枢纽港建设。

结合《中共中央 国务院关于支持深圳建设中国特色社会主义先行示范区的意见》《广东省推进粤港澳大湾区建设三年行动计划》《关于构建"一核一带一区"区域发展新格局 促进全省区域协调发展的意见》等重要指导性政策文件，从粤港澳大湾区四个核心城市的传统金融和特色金融主要覆盖领域两方面进行政策梳理，如表9-4所示。

表9-4 粤港澳大湾区核心城市金融产业政策对比分析

| 城市 | 传统金融 | | | | | | | 现代金融 | | | 政策评价 |
|---|---|---|---|---|---|---|---|---|---|---|---|
| | 机构落户 | 机构增资 | 并购重组 | 经营状况 | 小额贷款 | 普惠金融 | 跨境业务 | 航运金融 | 绿色金融 | 科技金融 | |
| 广州 | √ | √ | √ | √ | √ | √ | √ | √ | √ | √ | 涵盖面广，体系健全，力度大 |
| 深圳 | √ | √ | √ | √ | √ | √ | √ | √ | √ | √ | |
| 香港 | √ | | | | | | √ | √ | √ | | 主要目标为加深与内地金融机构的交流合作 |
| 澳门 | √ | | | | | | √ | | | √ | |

注：本表根据表9-2和表9-3分析结果所制

---

① 深圳市交通运输局. 深圳市现代物流业发展"十三五"规划[EB/OL]. www.sz.gov.cn/jw/zwgk/xxgkml/ghjh/fzgh/201701/t20170104_5863174.htm，2017-01-04.

② 深圳市人民政府. 深圳市人民政府关于构建绿色金融体系的实施意见[EB/OL]. http://www.jr.sz.gov.cn/sjrb/xxgk/zcfg/dfjrzc/jrfzzc/201901/t20190103_15219483.htm，2018-12-27.

③ 深圳市人民政府. 深圳市人民政府印发关于促进科技和金融结合若干措施的通知[EB/OL]. http://www.sz.gov.cn/zfgb/2012_1/gb813/201211/t20121120_2066799.htm，2012-11-20.

## 第二节 粤港澳大湾区现行金融财税政策

财税政策主要体现在税收政策、财政补贴政策和财政预算政策这三方面。财政预算政策是政府对各方面收支的统筹结果，具有全局性；具体到一个特定行业（如金融业）的财税政策则主要为税收政策和财政补贴政策。因此，本节金融财税政策主要分为金融税收政策和金融财政补贴政策这两方面。

### 一、香港和澳门的金融财税政策

第一，金融税收政策方面。香港的税项很少，税率几乎是全球最低。在香港，企业利润在 200 万港元以内只需缴纳 8.25% 的所得税（在香港称为"利得税"），超过 200 万港元部分的所得税税率则为 16.5%。香港不征收间接税和流转税，且只有源自香港的利润才须在香港课税，不征收利息税，亏损可以不断结转且无时间限制，直至全部由将来所赚取的利润抵消[1]。自 2018/19 课税年度起，香港特区政府已将利得税可获减半的税务宽减措施实施（由 16.5% 减至 8.25%）。为方便内地与香港的跨境贸易和人才流通，税务总局和香港特别行政区联手推出了《内地和香港特别行政区关于对所得避免双重征税和防止偷漏税的安排》[2]，对在内地的个人所得税和在香港的企业利得税等 5 个税种进行规范。国际方面，香港与全球 40 个税务管辖区签订全面性避免双重课税协定[3]，国际贸易环境日趋完善。澳门税收制度也很简单，金融制度高度自由。在澳门，企业在 60 万澳门元以下的利润豁免征收企业所得税（在澳门对应于"所得补充税"），超出该金额的利润征收 12% 的企业所得税[4]。

第二，金融财政补贴政策方面。港澳特区政府有大量的财政盈余，主要用于补贴纳税人，减轻税费负担；香港也设有创新及科技基金、科技创业培育计划等

---

[1] 香港特别行政区政府投资推广署. 香港税制[EB/OL]. https://www.investhk.gov.hk/zh-cn/setting-hong-kong/tax-basics.html, 2018-04-17.

[2] 中国国家税务总局, 中国香港特别行政区政府. 内地和香港特别行政区关于对所得避免双重征税和防止偷漏税的安排 [EB/OL]. http://www.chinatax.gov.cn/n810341/n810770/c1153751/part/1153753.pdf, 2006-08-21.

[3] 林郑月娥. 香港行政长官 2018 年施政报告：坚定前行，燃点希望[EB/OL]. https://www.policyaddress.gov.hk/2018/chi/pdf/PA2018.pdf, 2018-10-10.

[4] 澳门特别行政区政府财政局. 澳门特别行政区第 19/2018 号法律[EB/OL]. https://www.dsf.gov.mo/regulation/zh_Lei_19-2018.htm#Complementar, 2018-12-19.

对科技企业和中小创企业的扶持基金,但并未发现金融行业的专项扶持政策,这或与其金融已经高度发达有关①。港澳对经济都实行积极的不干预政策,与内地政府差异较大。

## 二、中央政府和广东省政府的金融财税政策

税收优惠和财政补贴一直是中国政府实现产业政策的重要抓手之一。在我国,税收政策由中央政府出台,各地按统一标准执行;而财政补贴政策方面,地方政府有较大的自主空间。因此,大湾区内的金融税收政策主要体现在中央政府,金融财政补贴政策主要体现在市级政府。

第一,金融税收政策方面。中国内地的企业所得税基准税率为25%,非居民企业税率为20%②;而小型微利企业(年应纳所得税额低于50万元的企业)所得按50%计入应纳税所得额,并按20%的税率缴纳企业所得税,即实际税率只有10%③。中国的金融业增值税税率为6%,其中小规模纳税人的增值税税率为3%④。此外,中国政府对金融税收有两个优惠政策:一是为鼓励证券投资基金等产业发展的优惠政策⑤。二是中国对证券投资基金从证券市场中取得的收入和投资者从证券投资基金分配中取得的收入不征收企业所得税。

第二,金融财政补贴政策方面。财政部和税务总局特别发文,按内地与香港个人所得税税负差额,对在大湾区工作的境外(含港澳台,下同)高端人才和紧缺人才给予补贴,这意味着港澳居民在珠三角九市工作也享受香港的个税税率⑥。从中央到市的三级政府的金融财政补贴政策的模式大致是:中央政府制定政策纲要、战略方向、允许范围和政策红线等;中央与广东省政府制定发展方针(如重点发展哪些领域等);各市政府根据上级政府的文件、自身财政资源和产业发展目

---

① 香港特区政府. 对本地及外地企业的支援 [EB/OL]. https://www.gov.hk/sc/business/supportenterprises/funding/,2018-11.

② 全国人民代表大会. 中华人民共和国企业所得税法(中华人民共和国主席令[2007]63号)[EB/OL]. http://www.chinatax.gov.cn/n810219/n810744/n1671176/n1671186/c1706857/content.html,2007-03-16.

③ 财政部,税务总局. 关于扩大小型微利企业所得税优惠政策范围的通知 [EB/OL]. http://www.chinatax.gov.cn/n810219/n810744/n2672992/n2672997/c2660828/content.html,2017-06-06.

④ 国务院. 国务院关于废止《中华人民共和国营业税暂行条例》和修改《中华人民共和国增值税暂行条例》的决定 [EB/OL]. http://www.chinatax.gov.cn/n810341/n810755/c2931048/content.html,2017-11-19.

⑤ 国家税务总局. 关于企业所得税若干优惠政策的通知[EB/OL]. http://www.chinatax.gov.cn/n810341/n810765/n812171/n812725/c1192467/content.html,2008-02-22.

⑥ 财政部,税务总局. 关于粤港澳大湾区个人所得税优惠政策的通知[EB/OL]. [2019-03-15]. http://szs.mof.gov.cn/zhengwuxinxi/zhengcefabu/201903/t20190315_3194004.html,2019-03-14.

标等各自制定具体的金融财政补贴政策。

## 三、珠三角九市的金融财政补贴政策

深圳市的金融财税政策覆盖金融人才、金融创新、金融机构落户、融资租赁、股权投资、小额贷款和普惠金融等。其扶持措施包括奖励引入和培养金融人才的机构、奖励金融创新、奖励股权投资和小额贷款公司、帮助小微企业获得融资担保和续贷、鼓励并购市外金融机构等,且对新设和迁入的金融机构总部、银证保一级分支机构的落户奖励力度非常大。其政策涵盖面广、体系健全,扶持力度大。

广州市的金融财税政策覆盖金融人才、小额贷款、机构落户、资本市场、国际金融城、普惠金融、金融创新和科技金融等。其扶持措施包括对金融人才的待遇和奖励,促进金融服务实业,对小微企业、科技企业和涉农业务的融资予以大力支持,积极打造国际金融城与引入金融市场交易平台,奖励新设或迁入的金融机构和上市公司,鼓励跨地区并购和增资,奖励金融创新等。其政策品类丰富,扶持力度大。

佛山市的金融财税政策侧重金融人才、资本市场、融资租赁、股权投资和债券融资等。对股权投资、金融科技和融资租赁企业予以多方面扶持,鼓励企业上市和上市公司迁入,鼓励企业发行债券,对部分金融机构及其高管予以税收返还等。其政策品类丰富,扶持力度大。

东莞市的金融财税政策侧重融资租赁、融资担保、小额贷款和资本市场。鼓励融资租赁、融资担保和小额贷款公司发挥其为实业融资的功能,也奖励上市公司迁入。其政策主要目标为支持实业融资。

珠海市的金融财税政策侧重科技金融、资本市场、融资租赁和股权投资。政策包括对科技企业融资的扶持、对企业上市和上市公司迁入的扶持、对融资租赁和股权投资企业的税收返还等。其政策较为丰富。

惠州市的金融财税政策侧重金融机构落户与资本市场。政策涵盖对银行分行、金融机构总部和上市公司的落户奖,其中对公司上市和上市公司迁入扶持力度很大。其政策倾向于增加惠州的上市公司数量。

中山市的金融财税政策侧重普惠金融。设置专项担保金与银行分摊小微企业放贷风险,及给融资担保公司风险补偿,双管齐下解决小微企业的融资难题。其政策目标清晰,特别重视对小微企业融资的扶持。

江门市的金融财税政策侧重科技金融、普惠金融和研发资金融资。江门特别重视金融服务实业,对科技企业和小微企业的融资、企业研发资金的融资予以大力支持。其政策扶持方式具有创新意义。

肇庆市的金融财税政策侧重吸引金融机构落户和股权投资。肇庆市对新设立或新迁入的银证保、信托、公募等大型金融机构总部、银行分支机构、股权投资机构进行奖励。其政策内容较为传统。

## 四、粤港澳大湾区内的金融财税政策总结

各市金融财税政策的覆盖领域、主要扶持内容、特色及主要政策文件如表9-5所示。表中城市的顺序为按照金融财税扶持政策的丰富程度和扶持力度进行综合排序所得。从表中可见如下规律。

表9-5 珠三角金融财税政策概要

| 城市 | 金融财税政策领域 | 主要的金融财税政策 | 特色金融财税政策 | 相关政策文件 |
|---|---|---|---|---|
| 深圳 | 金融机构落户、金融人才、金融创新、科技金融、融资租赁、股权投资、小额贷款、普惠金融 | 对培训和引入金融人才的机构最高奖励100万元。设立金融创新奖和金融科技奖，每年奖金1 950万元和600万元。对新迁入或新设立的金融企业最高奖励5 000万元，补贴自购办公用房和租房；一级分支机构或专营机构奖励200万元。给予融资租赁公司融资总额1%的补贴。股权投资机构最高1 500万元奖励。小额贷款公司最高200万元落户奖。30亿元的中小微企业融资担保基金，奖励银行向小微企业放无还本续贷贷款。 | 金融创新奖和金融科技奖；按股权投资机构管理费规模给予奖励；奖励引入人才的机构 | 《深圳市支持金融人才发展的实施办法》《深圳市扶持金融业发展的若干措施》《关于强化中小微企业金融服务的若干措施》 |
| 广州 | 金融机构落户、金融人才、金融创新、科技金融、融资租赁、小额贷款、普惠金融 | 对现有和新引进金融人才补贴最高50万元和100万元。每年安排3 000万元政策性小额贷款保证保险资金。对新设立或迁入的法人金融机构最高奖励2 500万元。对新上市或迁入上市公司奖励300万元。对在国际金融城建设、购置自用办公住房的金融机构最高奖励2 000万元。对小微企业、绿色贷款或涉农贷款余额增量达标的，最高奖励100万元。设立金融创新奖和金融研究成果奖，最高奖励100万元。 | 小额贷款保证保险资金；金融创新奖和金融研究成果奖；奖励交易所入驻；国际金融城 | 《广州高层次金融人才支持项目实施办法（修订）》《广州市政策性小额贷款保证保险实施办法（修订）》《关于支持广州区域金融中心建设的若干规定》《广州金融政策汇编（电子稿）2017》 |

续表

| 城市 | 金融财税政策领域 | 主要的金融财税政策 | 特色金融财税政策 | 相关政策文件 |
|---|---|---|---|---|
| 佛山 | 金融人才、资本市场、融资租赁、股权投资、债券融资 | 对金融人才最高每年奖励100万元。金融机构为中小企业债券融资提供担保则奖励金额的1‰。企业上市最高奖励100万元。成立支持企业融资专项资金，缓解企业"过桥"资金问题。对股权投资基金落户最高奖励2 000万元。对企业每发行1期债券奖励20万元。南海区对"区块链+"金融科技企业最高奖励500万元。三水区对融资租赁企业最高奖励200万元，对企业上市最高奖励2 000万元。 | 支持企业融资基金，助企业解决续贷资金难题 | 《佛山市高端金融人才引进培育办法（试行）》《佛山市促进企业上市扶持办法》《佛山市金融促进民营经济高质量发展若干政策措施》《佛山市促进债券融资发展扶持办法》《佛山市支持企业融资专项资金管理暂行办法》《南海区关于支持"区块链+"金融科技产业集聚发展扶持措施实施细则》《佛山市三水区促进融资租赁行业发展扶持暂行办法》《佛山市三水区促进企业直接融资扶持办法》 |
| 珠海 | 科技金融、资本市场、融资租赁、股权投资 | 向科技型企业提供贷款和担保的商业银行和融资担保公司分别最高奖励250万元和150万元。企业上市最高奖励100万元。横琴区对融资租赁和股权投资返部分税收，给予3年房租补贴。高新区对上市最高奖励300万元，对上市公司迁入最高奖励200万元。 | — | 《珠海市支持金融机构加强对中小微科技型企业融资服务实施细则》《珠海市企业上市挂牌奖励实施办法》《横琴新区促进融资租赁业发展试行办法》《横琴新区促进股权投资基金业发展的实施意见》《珠海高新区鼓励企业上市及新三板挂牌实施办法》 |
| 东莞 | 融资租赁、融资担保、小额贷款、资本市场 | 对迁入或新设立的融资租赁、融资担保和小额贷款公司最高奖励100万元。按业务指标对融资担保、小额贷款和融资租赁公司最高奖励200万元。公司上市最高奖励700万元，上市公司迁入奖励1 000万元。 | — | 《东莞市政府关于加快培育发展新兴金融业态推动实体经济发展的实施意见》《东莞市促进融资担保和小额贷款行业发展实施办法》《关于进一步推动企业上市发展的扶持办法》 |
| 中山 | 中小微企业的融资担保 | 设置2.5亿元担保金，与银行各按50%比例承担小微企业贷款本金损失风险。对中小企业担保贷款的融资担保公司，补贴最高为担保金额的1%的风险补偿。特拨金融业发展专项基金以扶持金融业。 | 双管齐下助中小微企业获得融资担保 | 《中山市小微企业上规上限融资扶持专项资金管理办法》《中山市融资性担保公司风险补偿补助实施细则》《中山市政府金融工作局金融业发展专项资金管理暂行办法》 |
| 江门 | 科技金融、普惠金融、研发融资 | 对为科技企业提供贷款的银行和小贷公司、提供担保的融资担保机构最高补贴50万元。对为小微企业提供和担保贷款的银行机构、小额贷款公司和融资担保公司最高分别补贴50万元、30万元和30万元。对通过债券、股权等多种方式融得研发资金的企业最高奖励30万元。 | 激励企业向银行和小贷公司融得研发资金 | 《江门市支持上市企业、上市后备企业、股权挂牌企业和信用良好级企业开展研发融资的奖补办法》《关于鼓励金融支持小微企业发展扶持办法》《江门市科学技术局关于受理2015年江门市级科技金融扶持资金金融机构风险补偿申报的通知》 |

续表

| 城市 | 金融财税政策领域 | 主要的金融财税政策 | 特色金融财税政策 | 相关政策文件 |
|---|---|---|---|---|
| 惠州 | 金融机构落户、资本市场 | 对金融机构的总部及各级分支机构落户,最高奖励500万元。企业上市最高奖励1 000万元,外地上市公司迁入奖励700万元。 | — | 《惠州市政府关于加快我市金融业发展的意见》《惠州市政府关于惠州市进一步发展资本市场的实施意见》 |
| 肇庆 | 金融机构落户、股权投资 | 对银行、证券业(含期货)、保险业、公募基金和信托等公司设立机构总部的给予最高1 000万元落户奖。新设银行分支机构和股权投资机构最高奖励300万元。 | — | 《肇庆市促进金融服务业发展的扶持办法》 |

第一,广州和深圳的金融财税政策覆盖面广、体系健全、扶持力度大,政策竞争力很强。深圳和广州(尤其是深圳)的金融机构落户奖励力度非常大,其他市难以在扶持力度上与它们直接竞争。

第二,佛山、东莞和珠海的金融财税政策相对来说也较为丰富,也根据自身经济和产业特点制定了金融财税政策,特别是对细分金融领域各有侧重,也有一定竞争力。

第三,中山、江门、惠州和肇庆的金融财税政策都只集中在一两个领域内,且扶持力度相对来说比较单薄。惠州和肇庆的金融财税政策较为传统,仍主要在鼓励金融机构落户方面。而中山与江门的政策则针对性很强,旨在帮助小微企业和科技企业等获得融资,重视金融服务实业。

第四,综合来看,珠三角九市金融财税政策的扶持力度和丰富程度也呈现三个梯队,且与珠三角九市的经济体量所呈现的三个梯队基本重合。更好的金融财税政策吸引更多的金融机构,形成更好的金融集聚,从而发展出更好的金融产业,于是又拥有更多财政资源以出台更好的金融财税政策。这种强者愈强的趋势将导致金融发展不平衡现象进一步加剧。若按照此趋势,在珠三角九市的金融业及金融财税政策竞争中,广深优势将不断突出,而中山、江门、惠州和肇庆的金融实力与广深的差距将会越来越大。

## 五、世界四大湾区的金融财税政策对比

第一,金融企业所得税政策方面。日本的企业税(在日本称为"法人税")的税率在1984~1987年高达43.3%,多次下调后,目前税率为23.2%;其中,年

所得金额 800 万日元以下的企业享受税收优惠，税率为 15%①。美国的税收实行分税制，联邦、州和地方三级政府各自进行征税，其中地方一级征收很少；联邦征收的企业所得税税率曾经最高达 35%，2017 年底税改后，联邦征收的企业所得税税率降为 21%②；此外，加利福尼亚州政府征收的所得税税率为 8.84%③，纽约州政府征收的所得税税率为 6.5%④；因此实际上纽约湾区（参照纽约州的税率）的企业所得税税率大约为 27.5%，旧金山湾区的企业所得税税率大约为 29.84%。粤港澳大湾区内，粤港澳三地各自独立征税，不重复计税。上文已详述中国的金融税收政策及其优惠政策。所查资料显示，东京湾区、旧金山湾区和纽约湾区并无类似的针对具体金融产业的税收减免政策。如表 9-6 所示，粤港澳大湾区的企业所得税税率在四大湾区中处于较低水平。

表 9-6 各大湾区内的金融企业所得税税率

| 湾区 | 东京湾区 | 纽约湾区 | 旧金山湾区 | 粤港澳大湾区 | | |
|---|---|---|---|---|---|---|
| 征税政府 | 日本政府 | 美国联邦政府、纽约州政府 | 美国联邦政府、加利福尼亚州政府 | 中国政府 | 中国香港特区政府 | 中国澳门特区政府 |
| 本国（地区）企业所得税税率 | 23.2% | 27.5% | 29.84% | 25% | 16.5% | 12% |
| 非本国（地区）企业所得税税率 | 23.2% | 27.5% | 29.84% | 20% | 16.5% | 12% |
| 小企业所得税优惠税率 | 15% | — | — | 10% | 8.25% | 0% |
| 小企业标准（应纳税额上限） | 49 万元 | — | — | 50 万元 | 171 万元 | 50 万元 |

注：其中，为方便比较小企业税率优惠门槛，皆已按 2019 年 2 月 11 日的汇率换算为人民币，精确到万元
资料来源：日本、美国、中国、中国香港和中国澳门的政府部门官方数据

第二，其他金融税收政策方面。中国、美国、日本的税收制度差异很大。例如，美国以个人税和直接税为主，而中国以企业税和间接税为主。国际上，除企业所得税外，主要的企业税种还有增值税和营业税。中国的营业税已经并入增值税中，不再征收营业税。美国和日本不征收增值税和营业税，但征收消费税，日

---

① 中国商务部驻日本经商参处. 日本法人税制的基本概况[EB/OL]. http://www.mofcom.gov.cn/article/i/dxfw/cj/201712/20171202681844.shtml，2017-12-07.

② Internal Revenue Service（美国国家税务局）. 2018 Fiscal-year Blended Tax Rates for Corporations [EB/OL]. https://www.irs.gov/pub/irs-drop/n-18-38.pdf，2017-12-19.

③ State of California Franchise Tax Board（美国加利福尼亚州税务部）. Corporation tax guidelines [EB/OL]. https://www.ftb.ca.gov/businesses/Structures/C-Corporation.shtml，2018-08-06.

④ State of New York Department of Taxation and Finance（美国纽约州税务和财政部）. Corporation tax [EB/OL]. https://www.tax.ny.gov/bus/ct/def_art9a.htm#gen，2019-01.

本的消费税税率为 8%①，美国的消费税则较为复杂。消费税和营业税有一定的类似之处，但是，对于金融企业来说，美国和日本的消费税与中国的增值税性质完全不同，差异也较大。由于税收制度的差异，不宜将四大湾区的营业税和增值税进行直接比较，因此四大湾区的企业税收对比主要参考企业所得税的对比。

第三，金融财政补贴政策方面。所查资料未发现东京湾区、旧金山湾区和纽约湾区存在对金融企业的扶持性财政补贴政策。而粤港澳大湾区内各市的金融财政补贴政策非常丰富。

## 第三节 粤港澳大湾区金融财税政策难题及应对

本节首先分析粤港澳金融业现状和金融财税政策。针对财税政策制定的难题，我们借鉴欧洲联盟（简称欧盟）金融一体化进程中的优秀经验，提出解决路径，并在此基础之上提出粤港澳大湾区的金融财税政策建议和配套的综合性金融政策建议。

### 一、粤港澳大湾区金融财税政策面临的难题

通过分析粤港澳金融业现状和金融财税政策，结合粤港澳大湾区两种经济制度、三种货币、三个关税区、三种法律体系及港澳广深四个核心城市的特点，可以发现金融财税政策面临的三方面难题。

一是金融要素自由流动存在障碍。粤港澳三地在关税区、经济、法律和行政制度方面的差异都将会不同程度地阻碍信用工具、信用中介、资金供需者和金融人才等金融要素的自由流动。

二是金融跨境区域协调不足。一方面，前期中央统筹不够导致跨境区域协调深度不足，粤港澳三地政府同是省级行政区政府，彼此之间没有从属关系。另一方面，三地行政体制和发展理念的差异导致协调动力不足。与内地政府通过制定发展计划和财税政策直接干预市场和主导经济发展方向不同，港澳实行资本主义制度，政府权力有限，对经济实行积极不干预政策。

三是大湾区内部的同质化金融化竞争。一方面，珠三角九市的金融财税政策普遍存在抢夺大金融机构总部、上市公司、细分领域金融机构（如小额贷款、融

---

① 驻日本经济商务处. 日本消费税基本概况[EB/OL]. http://jp.mofcom.gov.cn/article/ztdy/201712/20171202681841.shtml，2017-12-07.

资租赁等)迁入等同质化竞争的现象,陷入恶性竞争与"囚徒困境",造成财政资源的整体浪费。另一方面,香港、深圳和广州作为粤港澳大湾区内的经济三巨头,争相投入资源希望建成国际金融中心,造成资源错配。

## 二、欧盟金融一体化进程对粤港澳大湾区的借鉴意义

欧盟地区作为多货币、多地区、多制度下区域融合发展的典型案例,其发展经验对粤港澳大湾区的金融建设具有重要借鉴意义。因此,本文梳理了欧盟金融一体化在平台建设、人才流动和货币一体化三个方面的可借鉴之处。

一是通过设立发展基金建成金融一体化平台。1975年欧盟设立了欧盟地区发展基金,由各国政府共同出资,用于资助生产性投资、基础设施建设、开发本地具有经济潜力的大型项目等。该基金让成员国受益较大,对促进跨国经济合作和金融一体化建设起到了关键作用。粤港澳大湾区可借鉴该经验。

二是通过申根协议促进金融人才自由流动和金融互通。即从一个申根成员国前往另一个成员国无须护照和任何出入境手续,促进了欧盟成员国之间的人员往来和贸易互通。但由于港澳是自由港且意识形态与内地不同,类申根协议牵涉面复杂,可先探索粤港澳间免签政策。

三是通过欧元实现区域货币一体化。一个区域使用统一货币可以降低交易成本、减少汇率波动风险和促进贸易,对区域经济和金融发展的促进作用非常大。但由于人民币国际流通能力不强,人民币成为大湾区内的统一货币牵涉面太广,不利于港澳的经济发展,因而货币一体化仍需从长计议。

## 三、大湾区金融财税政策难题对应的解决路径

针对大湾区金融财税政策的制定所面临的难题和现有政策的不足,本文给出如下解决办法,二者的对应关系如图9-1所示。

### (一)以自贸区为突破口,促进金融要素自由流动

广东自贸区是连接珠三角九市和港澳的桥梁,是打破港澳与内地金融要素自由流通障碍的重要突破口。第一,扩大自贸区内港澳金融机构的业务范围,建议允许注册在自贸区内的港澳金融机构在珠三角九市内开展业务。第二,将自贸区的优秀政策推广至珠三角九市,鼓励部分政策在自贸区先试先行,并尽快将优秀经验推广至珠三角九市。第三,在广东自贸区基础上建成自贸港,让珠三角九市

与港澳接轨,解决金融要素自由流动障碍。

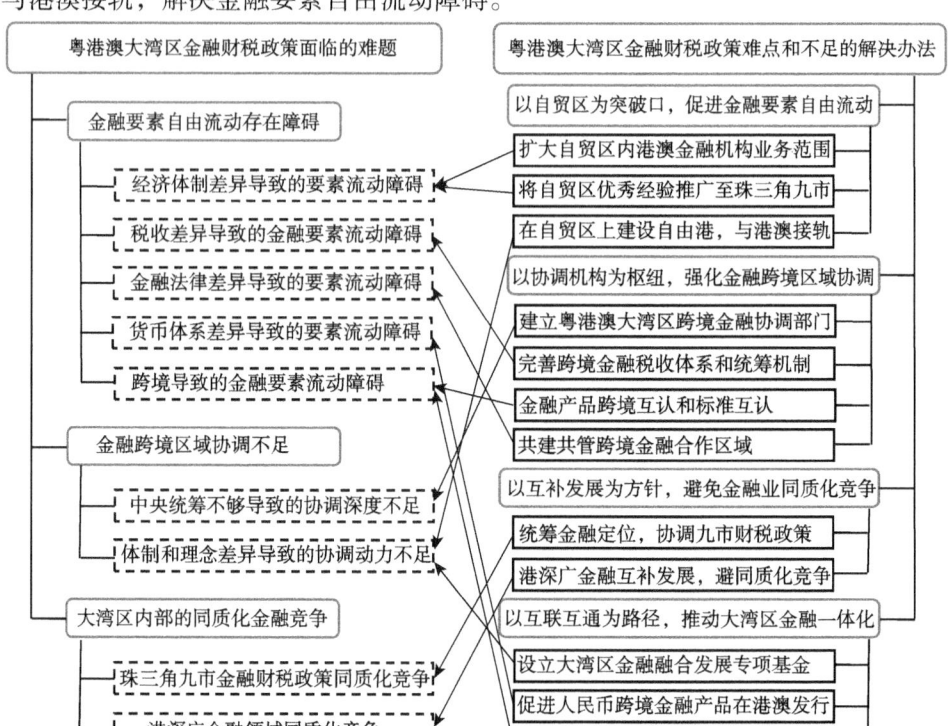

图 9-1 粤港澳大湾区金融财税政策面临的难题及其对应的解决办法

(二)以协调机构为枢纽,强化金融跨境区域协调

第一,建立跨境金融协调部门,协调粤港澳三个省级行政单位,完成粤港澳大湾区的日常金融协调和管理工作。第二,细化跨境税收政策,粤港澳三地需加强沟通,不断完善跨境贸易金融活动所涉及的税项,避免双重征税和偷漏税。第三,金融产品跨境互认和标准互认,通过金融协调部门着力解决金融产品、第三方支付和保险疾病认定等方面的互认问题。第四,共建共管跨境金融合作区域,充分融合双方的体制优势,磨合出两种体制合作发展的模式,促进金融资源的整合。

(三)以互补发展为方针,避免金融业同质化竞争

第一,统筹金融定位,协调九市财税政策。共同培育新兴金融力量,依托香港引入国际金融资源,建议共同取消对从大湾区内其他市迁入的金融机构的落户

奖。第二，港深广金融互补发展。支持香港成为金融中心，相较于广深，香港金融业根基深厚，能有效对接国际金融资源，更好地承接"一带一路"倡议和推动人民币国际化进程。此外港深广应充分协调，实现金融互补发展和错位发展。

### （四）以互联互通为路径，推动大湾区金融一体化

当前粤港澳三地的经济、货币、海关等诸多方面差异巨大，因此实现大湾区金融一体化必定是一个长期的过程，但现阶段的金融政策也应为未来的大湾区金融一体化做好准备。

第一，设立粤港澳大湾区金融融合发展专项基金。建议由中央及广东省政府、珠三角九市与港澳特区政府共同出资设立大湾区金融融合发展专项基金，构建若干公共性的金融平台并对某些跨境金融活动予以财政扶持。第二，促进人民币跨境金融产品在港澳的发行，为大湾区货币一体化打下基础。长期方面，不断推进人民币国际化，提高人民币的国际影响力；短期方面，要通过扩大人民币在港澳的使用、增加人民币金融产品在港澳的发行来减少跨币结算成本。第三，推动海关便捷化以促进金融人才流动，为大湾区海关一体化打下基础。长期方面，需不断简化粤港澳海关手续，探索港澳与内地的免签政策；短期方面，应尽快在粤港澳三地之间推广"一周一行"的签注政策。

## 四、金融财税政策建议

我国税收政策为中央政府制定、全国统一执行，因而粤港澳大湾区内金融财税政策的主要灵活空间为金融财政补贴政策；本文的金融财税政策建议也主要围绕金融财政补贴政策展开。有关金融财税政策建议如下。

第一，建议成立粤港澳大湾区金融融合发展专项基金。粤港澳大湾区的金融融合发展必须构建若干公共金融平台，并对某些跨境金融活动予以财政扶持。

财税政策建议：由珠三角九市的市政府、港澳特区政府、广东省政府和中央政府共同出资成立规模为 100 亿元人民币的粤港澳大湾区金融融合发展专项基金，用于投入大湾区公共性金融平台建设，并对有利于大湾区金融融合发展的金融活动（例如本文提出的以下几条金融财税政策建议）进行扶持。在粤港澳大湾区建设领导小组的统筹之下，出资各方联合组建该基金的管理委员会，负责该基金的管理运作。

政策建议依据：一是欧盟地区发展基金合并后的欧盟结构基金数额曾达 600

亿欧元，1989~1999年结构政策累计支出约为欧盟国内生产总值的6.5%[①]。二是2017年，粤港澳大湾区11市政府一般公共预算收入总和为13 605亿元，广东省一般公共预算收入为11 320亿元，中央政府一般公共预算收入为81 119亿元[②]。三是粤港澳大湾区2017年地区生产总值约10.2万亿元。

第二，建议对在港澳发行人民币金融产品的企业进行补贴。《粤港澳大湾区发展规划纲要》提出要逐步扩大大湾区内人民币跨境使用规模和范围，鼓励金融机构开发更多跨境人民币金融产品，大湾区内企业可按规定跨境发行人民币债券等。本文建议扩大跨境人民币金融产品的范围，允许并鼓励大湾区内企业发行人民币基金，以及在港交所以人民币计价上市，逐渐扩大人民币在港澳各种金融产品中的规模和份额，促进人民币在港澳的流通。

财税政策建议：珠三角九市内的企业赴港澳发行人民币计价的债券、股票，且将所融得资金的50%以上投放于粤港澳大湾区内的经营活动的，按发行金额的1‰予以补贴，每次补贴最高不超过100万元。珠三角九市内的金融机构赴港澳发行人民币计价的基金的，按发行金额的0.1‰予以补贴，每次补贴最高不超过100万元；政策有效期为2019~2024年。

政策建议依据：珠海市对上市公司在境外资本市场通过配股、增发、发行公司债等方式进行再融资，且募集资金50%以上投放珠海市的，按再融资金的1‰进行奖励，奖励资金最高不超过80万元[③]。

第三，建议珠三角九市取消对从大湾区内其他市迁入的金融机构的落户奖。为了避免珠三角九市金融同质化竞争，本书有如下三条综合政策建议。一是"避免内耗"：由粤港澳大湾区建设领导小组统筹，珠三角九市同时取消对从大湾区内其他市迁入的金融机构的落户奖。二是"互补发展"：根据《粤港澳大湾区发展规划纲要》的内容，在粤港澳大湾区建设领导小组的统筹及11个城市的讨论之下，明确各城市在金融领域的定位和分工，避免金融财税政策的同质化竞争。三是"市场导向"：各城市的金融领域定位可以根据一段时间之后的市场真实发展状况进行调整，向市场看齐。

财税政策建议：珠三角九市取消对从粤港澳大湾区内其他市迁入的金融机构和上市公司的落户奖；政策有效期为长期有效。

---

[①] 中国驻欧盟使团经商参处. 欧盟地区政策[EB/OL]. http://eu.mofcom.gov.cn/article/ddfg/l/201706/20170602591923.shtml，2018-06-13.

[②] 财政部. 关于2017年中央决算的报告[EB/OL]. http://www.mof.gov.cn/zhengwuxinxi/caizhengshuju/201806/t20180621_2935796.htm，2018-06-20.

[③] 珠海市金融工作局. 珠海市企业上市挂牌奖励实施办法[EB/OL]. http://www.zhjr.gov.cn/xxgk/tzgg/201801/t20180102_25381827.html，2017-12-29.

政策建议依据：珠三角九市对新迁入金融机构和上市公司的落户奖的同质化竞争现象。

第四，建议惠州和肇庆加强普惠金融的扶持政策。惠州和肇庆的经济和金融体量在大湾区内属于第三梯队，有大量的中小微企业，近年来融资难度上升必然给这些中小微企业带来更大的生存发展压力。因此建议惠州和肇庆效仿同为大湾区第三梯队城市的中山和江门，出台扶持政策，鼓励金融机构帮助中小微企业融资。

财税政策建议：惠州市和肇庆市对融资担保费率不超过 2%的小微企业融资业务，向融资担保公司提供最高 0.5%的风险补偿，每年每个融资担保公司上限100 万元。

政策建议依据：一是中山市设立 2.5 亿元的担保金以帮助小微企业融资，与放贷银行各担 50%风险[1]。二是中山市对融资担保公司提供最高 1%的风险补偿，风险补偿和担保费率之和约为2.8%至3%[2]，每年每个融资担保公司上限150 万元。三是江门市为小微企业贷款服务的金融机构，最高补贴贷款损失额的 5%，上限为 50 万元[3]。

第五，建议对帮助企业融得研发资金的金融机构予以财税补贴。服务于实业发展是金融业的重要功能。研发是企业（特别是科技企业）运行非常重要的一环，然而现实中许多企业却因融资困难而无法持续大力投入研发。江门在这方面的政策值得借鉴。

财税政策建议：企业通过银行机构、小额贷款公司借款，或通过资本市场等方式融资，融得的资金中至少 500 万元投入该企业实际研发的，对该企业和提供该融资服务的金融机构分别奖励投入研发金额的 2%和 0.5%，每次最高分别为 30万元和 10 万元。

政策建议依据：江门市对融资企业在银行机构、小额贷款公司发生研发融资达 600 万元以上，当年实际投入研发项目经费 600 万元以上的，其融资额的利息支出，给予贴息 3 个百分点，最高 30 万元[4]。

---

[1] 中山市人民政府. 中山市小微企业上规上限融资扶持专项资金管理办法[EB/OL]. http://www.zs.gov.cn/jrb/zwgk/view/index.action?did=3018&id=501403，2018-12-25.

[2] 中山市金融工作局. 中山市融资性担保公司风险补偿补助实施细则[EB/OL]. http://www.zs.gov.cn/UserFiles/main//2016/20170725555555.pdf，2017-07-07.

[3] 江门市金融工作局. 关于鼓励金融支持小微企业发展扶持办法[EB/OL]. http://jrj.jiangmen.gov.cn/zwgk/ggl/201807/t20180706_1520949.html，2016-07-05.

[4] 江门市金融工作局，江门市科学技术局，江门市财政局，江门市统计局，中国人民银行江门市中心支行. 支持上市企业、上市后备企业、股权挂牌企业和信用良好级企业开展研发融资的奖补办法[EB/OL]. http://zwgk.jiangmen.gov.cn/xxgk_jrj/201706/t20170612_167032.html，2017-06-09.

## 五、与财税政策配套的综合性金融政策建议

关于扩大开放的综合性金融政策建议。一是允许粤港澳大湾区内的居民自由跨境购买金融产品,特别是允许港澳居民购买珠三角九市的金融产品,促进人民币在港澳的流通。二是扩大自贸区内港澳金融机构开展业务的范围。三是允许自贸区内注册的港澳金融机构在珠三角九市内开展业务,允许自贸区内注册的港资银行和保险公司在珠三角九市开设分行、分公司,并进行营业。

关于新建项目的综合性金融政策建议。其一,建立跨境金融协调部门。建议在珠三角设立一个直属于粤港澳大湾区建设领导小组的跨境协调机构,由粤港澳三地政府派驻专员参与组成;粤港澳大湾区建设领导小组可逐渐将部分行政权力下放给该协调机构,以加快决策效率;该协调机构下设一个跨境金融协调部门,负责大湾区内的金融协调工作。其二,增加共建共管跨境金融合作区域。建议在港深和澳珠开辟多个跨境共建共管的金融合作示范区,并分化发展,为粤港澳三地的金融体制磨合和大湾区金融一体化先行试点积累经验。

关于前瞻性的综合性金融政策建议。以下建议需具备金融政策之外的其他条件才能实现,因而作为前瞻性政策建议。一是在自贸区基础上建立自由贸易港,投资领域开放,金融开放,实现贸易自由化,与港澳接轨。二是简化粤港澳海关通关手续,促进金融人才流动。减少对跨境频次和时间的限制,推行"一周一行"的签注政策;探索实施粤港澳免签政策或整个内地与港澳之间的免签政策。

其他综合性金融政策建议。港深广互补发展金融,避免金融同质化竞争。本文从《粤港澳大湾区发展规划纲要》中梳理港澳广深的金融定位大致为:香港的金融定位于金融中心、金融龙头和投融资中心,广州的金融定位于金融服务,深圳的金融定位于资本市场,澳门定位于中葡金融服务。建议港澳广深在以上定位的基础上进行充分协调磋商,实现金融互补发展和错位发展,避免同质化竞争。

# 参考文献

广州市科技创新委员会. 2018-12-13. 广州市促进科技金融发展行动方案[EB/OL]. http://www.zc.gov.cn/ tz/zckfqgjj/zcfg_2647/201812/t20181213_198994.html.

贾中正, 李伟平, 隋佳, 等. 2014. 城市金融竞争力研究[J]. 金融理论与实践, 415（2）: 30-37.

李常武, 蔡永卫, 姜涓涓. 2018. 绿色金融发展指数构建与思考[J]. 甘肃金融, （9）: 31-35.

李旭宏, 李玉民, 顾政华, 等. 2004. 基于层次分析法和熵权法的区域物流发展竞争态势分析[J]. 东南大学学报（自然科学版）, （3）: 398-401.

王海芸, 刘杨. 2019. 区域科技金融发展水平测度与分析[J]. 技术经济, 38（4）: 50-56.

王孟欣, 张军茹, 王猛. 2017. 基于BP神经网络的我国城市航运金融竞争力评估[J]. 海南金融, （8）.

王勇, 王亮, 任建鄂. 2018. 中国省际区域金融产业竞争力研究——以海南省为例[J]. 海南热带海洋学院学报, 25（1）: 34-43.

巫剑飞. 2019. 浙江省绿色金融发展水平测度研究[J]. 现代商贸工业, 40（30）: 3-6.

吴建环. 2010. 2010年中国航运金融市场发展报告[J]. 新金融, （12）: 8-15.

项利华, 杨冉. 2006. 城市金融竞争力比较研究[J]. 经济研究导刊, （6）: 85-87.

亚洲金融智库. 2018. 粤港澳大湾区金融发展报告（2018）[M]. 北京: 中国金融出版社.

杨建辉. 2019. 广州金融服务体系发展与水平评价研究[J]. 城市观察, （4）: 57-65.

曾刚, 司月芳. 2008. 上海陆家嘴金融产业集群发展研究[J]. 地域研究与开发, （3）: 39-43.

张珺. 2018. 广州航运金融生态环境的评估及建议[J]. 城市观察, 56（4）: 48-55.

钟寒声. 2019. 上海市航运金融生态评价[J]. 广西质量监督导报, 219（3）: 122-123.

周柯, 郭凤茹. 2019. 中部六省科技金融指数构建与评价[J]. 金融与经济, （6）: 88-92.

庄庆. 2008. 城市金融竞争力研究与评价——以江苏省为例[J]. 金融纵横, 357（4）: 52-56.

# 第四篇　粤港澳大湾区金融服务业促进产业发展

金融是现代经济的核心，产业的发展依赖于金融服务的全方位支持，金融产业集群具有集聚效应、外溢效应及创新效应等特点，是粤港澳大湾区金融服务业协同发展的重要组织形式。金融产业集群可以通过聚集大量的金融资源，极大地促进所在地区经济的发展，成为现代区域经济竞争力提高的骨干和中坚力量。推进金融产业集群的发展可以打通粤港澳大湾区各城市之间的资金流通障碍，使整个湾区的企业、科研机构及其他主体得到更精准和优质的金融服务，从而加强产业转型升级，努力实现粤港澳大湾区经济有质量的稳定增长和可持续的全面发展。基于前三篇对粤港澳大湾区基础情况、产业定位和金融服务的介绍分析，本篇将进一步研究分析粤港澳大湾区内金融服务业对产业发展的促进作用。

第十章首先从现有金融服务支持产业发展的现状出发，以我国具体数据为支撑，介绍银行业、证券业、保险业、基金业、信托业、期货业、金融租赁、配套服务业是如何对实体产业进行支持的；其次，通过引入金融与产业的复合系统协同度模型，从粤港澳大湾区中各金融服务业与产业协同发展的角度分析大湾区内各金融服务业与产业发展之间的关系。

第十一章基于纽约湾区、旧金山湾区、东京湾区等国际湾区的金融服务创新经验，将信用评级、跨境人民币业务、科技金融、跨境保险与财富管理中心这五大领域作为切入点，重点分析粤港澳大湾区相关金融服务领域在支持大湾区产业发展方面的现状。

第十二章针对粤港澳大湾区金融服务业促进产业发展的重点研究方向，提出粤港澳大湾区在信用评级方面存在评级不规范、多重监管、交叉监管和监管真空等问题；在人民币跨境流通方面存在无法完全实现跨境双向流动，粤港澳三地协调管理机制不完善及港澳地区人民币应用不普遍等问题；在科技金融方面粤港澳大湾区存在着投融资效率低下，科技信贷与风投缺乏积极性，基于知识产权的融资产品欠缺，科技企业股权和债权跨境投资有障碍等问题；在跨境保险方面存在调解机制不足及信息共享机制缺乏，制度和法律有差异，创新不足等问题；在财富管理中心方面存在离岸金融发展不足，财富管理风险防范体系不完善，管理人才缺口大等问题。在此基础上，本章提出关于粤港澳大湾区金融服务业促进产业发展的若干政策建议。

第十三章在前文分析的基础上，对标《粤港澳大湾区发展规划纲要》和系列政策，分别从城市群产业发展、金融服务业财税政策发展和金融产业协同发展、金融服务业促进产业发展三个方面，提出相关政策建议。在城市群产业发展方面，提出完善产业扶持政策、优化制造业资源配置和加强平台建设三点建议；在金融服务业财税政策发展方面，提出目前大湾区金融财税政策面临的难题和现行政策的不足，并据此提出若干具体可行的金融财税政策建议和配套的综合性金融政策建议。然后，从传统金融、科技金融、航运金融、绿色金融和金融租赁五方面提出促进粤港澳大湾区金融产业协同发展的建议。最后，针对大湾区发展信用评级行业、促进跨境人民币流通、强化科技金融发展、推动跨境保险服务于实体经济及建设财富管理中心五个重点研究方向，提出关于粤港澳大湾区金融服务业促进产业发展的相关建议。

# 第十章　现有金融服务支持产业发展的模式

实体产业经济发展的过程中离不开金融服务业各方面的支持，从传统金融服务到逐步发展的特色金融服务，金融服务的多样性和丰富性也提供了支持产业发展的多种方式和渠道。银行通过对货币的经营方便了社会资金的筹措与融通，证券市场通过对资金配置的优化提高社会资金的使用效率，保险业的风险管理功能能为实体产业转移风险，基金业和信托业通过专业的受托理财使社会资金使用更加合理，期货市场通过价格发现和套期保值功能提高了产业长远发展的可能性，金融租赁通过融资融物提高了经济资源的配置效率，而金融的配套服务业能使产业得到更好的金融服务。金融服务业和实体产业本身是一个复合系统，两者只有相互促进协同发展，粤港澳大湾区才能有序统一地发展。

## 第一节　现有金融服务支持产业发展的现状

本节将介绍银行业、证券业、保险业、基金业、信托业、期货业、金融租赁、配套服务业八个金融相关行业是如何在产业发展过程中起到支持作用的。

### 一、银行业

银行是依法成立的经营货币信贷业务的金融机构，是商品货币经济发展到一定阶段的产物[1]。银行通过经营货币方便了对社会资金的筹措与融通，通过负债

---

[1] 百度百科. 银行[EB/OL]. https://baike.baidu.com/item/银行/392719?fr=aladdin，2020-04-17.

业务、资产业务和中间业务等在社会生产活动中发挥着重要的作用。

一方面,银行作为信贷中心,充当贷款人和借款人之间的信用中介,给经济建设筹集资金和分配资金,是再生产顺利进行的纽带。通过存款业务,银行将巨额的民间资金集中起来,把闲置的零钱变成可投资的整钱,再通过贷款的形式,把集中起来的存款贷给需要资金的生产部门,给企业发展提供了重要的融资渠道,促进了社会生产活动的进行。

另一方面,银行也是国家宏观调控的关键部门。通过存贷款数量大小、信贷资金周转的快慢、转账结算的数量等信息,银行掌握着国民经济各部门和企业的经济状况。根据银行提供的经济信息,国家可以及时灵活地做出正确决策,确保国民经济持续稳定的发展。而中央银行通过制定和实施货币政策,在国民经济宏观调控上发挥着总枢纽的作用。

银行业在产业稳定发展过程中的作用举足轻重,银行稳则金融稳,金融稳则经济稳。银行业的资金如何运用对其支持产业发展有着重要的影响,表10-1显示,银行的资金主要运用在各项贷款、债券投资、股权及其他投资、在国际金融机构资产4个大类中,其中,非金融企业及机关团体贷款、债券投资、股权及其他投资都在产业发展中提供了重要的资金支持。

表10-1  2015~2017年全国存款类金融机构本外币信贷运用方项目表

| 运用方项目/亿元 | | | 2015年 | 2016年 | 2017年 |
|---|---|---|---|---|---|
| 各项贷款 | 境内贷款 | 住户贷款 | 270 313 | 329 544 | 399 669 |
| | | 非金融企业及机关团体贷款 | 687 728 | 727 230 | 789 386 |
| | | 非存款类金融机构存款 | 8 585 | 28 685 | 26 219 |
| | 境外贷款 | | 26 834 | 32 350 | 33 997 |
| 债券投资 | | | 201 209 | 264 991 | 315 916 |
| 股权及其他投资 | | | 136 857 | 220 066 | 216 088 |
| 在国际金融机构资产 | | | 1 513 | 3 521 | 1 313 |
| 资金运用总计 | | | 1 333 039 | 1 606 387 | 1 782 588 |

注:本表机构包括中国人民银行、银行业存款类金融机构

资料来源:国务院发展研究中心信息网统计数据库

此外,银行在贷款发放上,起到了对企业的监督管理作用。通过定期对企业回访,调查企业生产经营手段等措施,银行既监督了企业的经济状况,也保证了自己的收入来源,使国民经济朝着有利方向发展。

《2018年中国银行业社会责任报告》发布暨社会责任百佳表彰大会上指出,我国银行业在重点领域融资支持,服务区域协调发展,助力推进落后产能转型升级,支持"一带一路"建设等方面持续助推经济高质量发展。2018年,中国工商

银行大力支持制造业发展,贷款余额达 1.39 万亿元;中国银行支持京津冀协同发展项目 502 个,贷款余额达 2 600 亿元;中国农业银行压缩钢铁、煤炭等 13 个产能过剩和高风险行业授信额度共计 1 478 亿元[①]。

从图 10-1 可以看出,银行资金的运用逐年上升,其中贷款一直是其主要业务,其中 2017 年各项贷款占运用方项目的 70.08%(图 10-2),而在各项贷款中,占比最高的是非金融企业及机关团体贷款,主要用于企业融资需求,是银行业支持产业发展的主要方向。

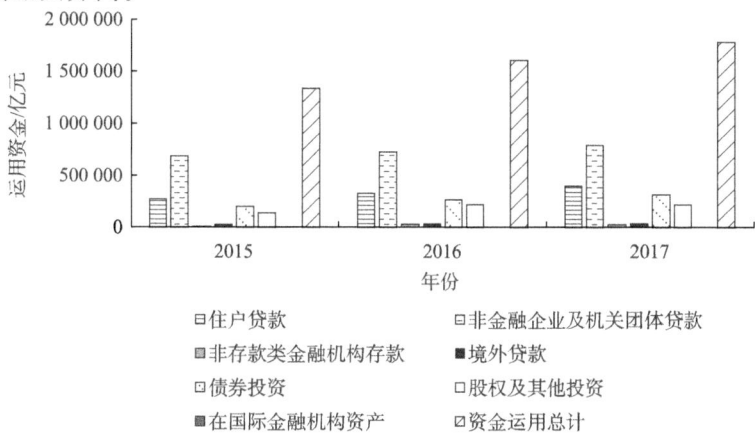

图 10-1　2015~2017 年存款类金融机构本外币信贷运用方项目统计图

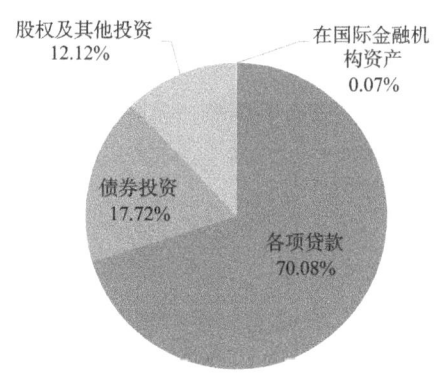

图 10-2　2017 年存款类金融机构运用方项目比例

非金融企业及机关团体贷款分为短期贷款、中长期贷款、票据融资、融资租赁、各项垫款五个部分(表 10-2),其中,短期贷款和中长期贷款是其主要来源

---

① 新华网.《2018 年中国银行业社会责任报告》发布[EB/OL]. http://www.xinhuanet.com/money/2019- 07/17/c_1124765403.htm,2019-07-17.

（图 10-3），这些贷款给非金融企业及机关团体提供了融资支持，促进了社会产业的发展。

表 10-2　2013～2017 年非金融企业及机关团体贷款各项来源

| 非金融企业及机关团体贷款/亿元 | 2013 年 | 2014 年 | 2015 年 | 2016 年 | 2017 年 |
| --- | --- | --- | --- | --- | --- |
| 短期贷款 | 311 772 | 336 371 | 270 106 | 274 584 | 290 254 |
| 中长期贷款 | 410 346 | 471 818 | 356 604 | 395 859 | 458 649 |
| 票据融资 | 19 616 | 29 233 | 45 838 | 54 779 | 38 883 |
| 融资租赁 | 7 890 | 10 271 | 13 104 | 124 | 125 |
| 各项垫款 | 810 | 1 787 | 2 075 | 1 884 | 1 475 |

资料来源：国务院研究中心信息网统计数据库

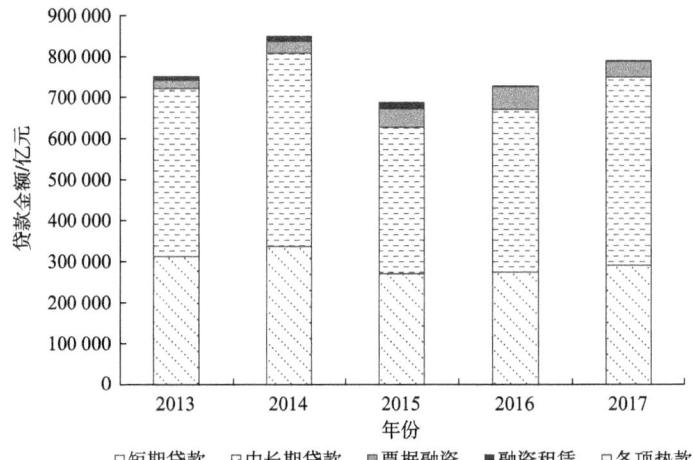

图 10-3　2013～2017 年非金融企业及机关团体贷款各项来源比例

## 二、证券业

证券的本质是种交易合同，合同的主要内容一般有：合同双方交易的标的物，标的物的数量和质量，交易标的价格，交易标的物的时间和地点等①。证券业是在企业规模日益扩大，融资渠道急需拓宽的情况下应运而生的，它随实体产业的发展而产生，其自身在发展的过程中又能促进实体产业经济的发展。证券市场的出现极大地优化了资金的配置，提高了社会资金的使用效率。

证券业对实体产业的促进主要体现在四个方面：一是优化资源配置，提高实

---

① 百度百科.证券业[EB/OL]. https://baike.baidu.com/item/证券业/10840351?fr=aladdin，2020-04-17.

体经济利益；二是提高实体经济的运行效率；三是促进 GDP 增长，提供大量就业机会；四是分散经营风险，降低交易成本（陈建和曹晓飞，2011）。

《2018 年度证券公司履行社会责任情况报告（上）》指出，我国证券业在国家建设、企业发展等各方面持续推动实体经济迈向高质量发展。2018 年，国信证券股份有限公司推出全国首单公共人才租赁住房类 REITs（Real Estate Investment Trust，房地产信托投资基金）产品，总额度为 200 亿元的深创投安居集团人才租赁住房资产支持专项计划，首期发行 31 亿元；申万宏源证券有限公司助力风电新能源企业明阳智能募集资金 13.11 亿元，对粤港澳大湾区的建设提供了绿色发展支持；平安证券采用储架模式分期发行"平安—同煤集团供应链金融资产支持专项计划"，已发行 17.63 亿元，扶持供应商数量 440 户，缓解了中小企业的资金链压力；中信建投证券股份有限公司协助物美集团发行信用风险缓释凭证，发行利率 4.8%，对解决民营企业融资困境具有重要意义[①]。

证券业在支持产业发展的金融服务中一直占据着很重要的位置，根据国家统计局历年的资金流量表，本章统计了 2012～2017 年的金融交易资金来源（表 10-3）。

表 10-3 2012～2017 年金融交易资金来源

| 金融交易资金来源/亿元 | 2012 年 | 2013 年 | 2014 年 | 2015 年 | 2016 年 | 2017 年 |
| --- | --- | --- | --- | --- | --- | --- |
| 证券 | 45 941 | 39 584 | 64 366 | 130 935 | 177 188 | 225 277 |
| 贷款 | 121 940 | 148 308 | 142 212 | 143 292 | 155 173 | 178 597 |
| 存款 | 132 275 | 156 841 | 135 698 | 161 083 | 175 304 | 145 489 |
| 其他 | 51 780 | 54 655 | 59 777 | 170 772 | 156 975 | 66 081 |
| 金融机构往来 | 5 304 | 14 367 | 34 188 | -18 628 | 15 378 | 29 013 |
| 中央银行贷款 | 476 | 413 | 15 665 | -1 038 | 38 686 | 24 731 |
| 证券投资基金 | 5 198 | 1 352 | 15 328 | 23 630 | 11 754 | 21 754 |
| 保险准备金 | 14 274 | 14 001 | 14 248 | 15 416 | 17 936 | 21 065 |
| 直接投资 | 19 851 | 20 443 | 22 529 | 26 467 | 25 756 | 18 239 |
| 未贴现的银行承兑汇票 | 20 998 | 15 511 | -2 396 | -21 137 | -39 062 | 10 762 |
| 准备金 | 23 150 | 14 302 | 20 834 | -17 513 | 26 572 | 10 528 |
| 国际储备资产 | 6 069 | 26 606 | 7 181 | -21 390 | -29 469 | 6 179 |
| 通货 | 3 910 | 3 915 | 1 688 | 2 957 | 5 087 | 2 342 |
| 其他对外债券债务 | 7 569 | 11 417 | 7 738 | -2 435 | 14 975 | 1 916 |
| 库存现金 | 971 | 442 | 742 | -208 | -74 | -148 |
| 证券公司客户保证金 | -685 | -310 | 8 169 | 11 201 | -6 227 | -4 598 |
| 国际收支错误与遗漏 | -5 014 | -4 788 | -8 544 | -11 742 | -14 793 | -14 982 |

资料来源：中华人民共和国国家统计局；2017 年的证券数据为时间序列预测值

---

[①] 中国证券业协会.《2018 年度证券公司履行社会责任情况报告（上）》速览.[EB/OL]. https://www.sac.net.cn/hysj/zxtjsj/gzdt/201909/t20190917_140128.html，2019-09-17.

整体来看，2012~2017年证券在各项金融交易来源中一直处于前四位（图10-4），并且占金融交易来源的比例呈逐年上升趋势（图10-5），从2016年开始跃至第一位，占比达到24%以上，这从侧面说明证券业在支持产业发展的过程中占据着越来越重要的位置，它和贷款、存款都是支持产业发展的主力军。

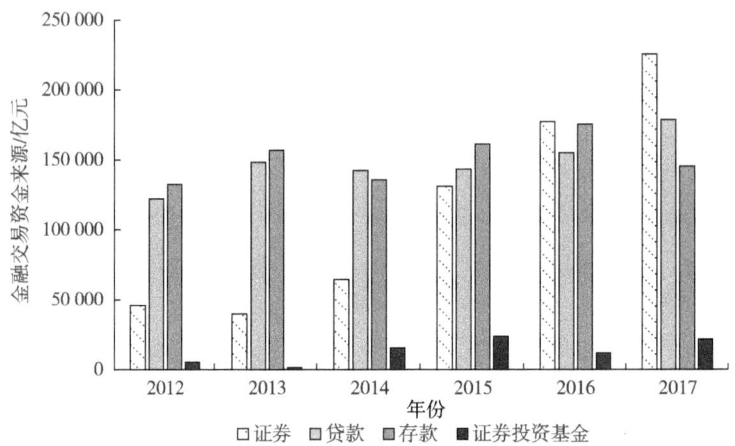

图10-4　2012~2017年主要金融交易资金来源比较

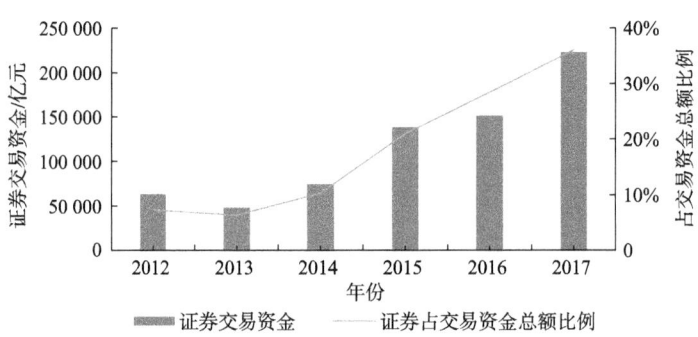

图10-5　2012~2017年金融交易来源中证券历年的变化

## 三、保险业

保险业是指将通过契约形式集中起来的资金，用以补偿被保险人的经济利益业务的行业[①]。保险主要有三大核心功能，即经济补偿、风险管理与资金融通。一方面，保险资金具有长期性的优势，能促进实体产业经济的资金融通；另一方

---

① 保险业[EB/OL]. https://baike.baidu.com/item/保险业/12749076?fr=aladdin，2020-04-17.

面，保险利用专业的风险管理为实体产业经济分散和转移风险。

保险的经济补偿功能能够在产业发展遭遇风险时及时提供充分的补偿，转移产业发展过程中面临的风险，从而支持产业快速恢复生产。保险的风险管理功能能够为家庭、企业和社会防灾减损，减少社会财富的损失。保险的资金融通功能可以通过资金运用和投资支持实体产业经济的发展，优化资本市场的结构。

《中国银行保险报》于2018年4月16日发布的《中国保险业社会责任调研报告》指出，保险业为支持实体经济发展，提高经济增长发挥了积极作用。2016年以来，中国平安保险（集团）股份有限公司及旗下全国各地机构共接受精准扶贫任务近300项，投入资金超过3 000万元；截至2017年8月底，中国人民保险集团股份有限公司累计为1.5万家企业提供总额293亿美元的短期出口信用保险保障，承担境外工作人员意外险保障金额674亿元；截至2017年9月底，中国太平洋保险（集团）股份有限公司宁波分公司累计承保贷款中小企业2 948户，承保贷款金额27.56亿元[①]。

投入产出分析在研究产业关联性及其波及效果与产业定位方面起着不可或缺的作用，如表10-4所示，本章在2017年全国投入产出表的基础上，计算出149个部门的直接消耗系数并根据其他产业对保险业的直接消耗系数的大小进行排序，选出了排名前20的部门，其中保险业对自身的直接消耗系数最大，为0.074，其次是租赁、体育、管道运输、航空货物运输和运输辅助活动、商务服务，6个产业对保险业的消耗均达到1%以上。

表10-4 2017年全国投入产出直接消耗系数

| 部门名称 | 其他产业对保险业的直接消耗系数 | 保险业对其他产业的直接消耗系数 |
| --- | --- | --- |
| 保险 | 0.074 00 | 0.049 74 |
| 租赁 | 0.039 17 | 0.000 53 |
| 体育 | 0.018 93 | 0.000 00 |
| 管道运输 | 0.015 72 | 0.000 04 |
| 航空货物运输和运输辅助活动 | 0.013 39 | 0.000 01 |
| 商务服务 | 0.011 64 | 0.036 42 |
| 水利管理 | 0.009 93 | 0.000 00 |
| 水上旅客运输 | 0.009 26 | 0.000 00 |
| 多式联运和运输代理 | 0.008 44 | 0.000 15 |

---

① 中国银行保险报. 中国保险业社会责任调研报告[EB/OL]. http://xw.sinoins.com/2018-04/16/content_259332.htm，2018-04-16.

续表

| 部门名称 | 其他产业对保险业的直接消耗系数 | 保险业对其他产业的直接消耗系数 |
| --- | --- | --- |
| 航空旅客运输 | 0.008 09 | 0.001 45 |
| 渔产品 | 0.007 71 | 0.000 00 |
| 道路货物运输和运输辅助活动 | 0.007 43 | 0.000 42 |
| 货币金融和其他金融服务 | 0.007 42 | 0.074 12 |
| 城市公共交通及公路客运 | 0.007 24 | 0.002 26 |
| 农、林、牧、渔服务产品 | 0.007 11 | 0.000 00 |
| 专业技术服务 | 0.006 26 | 0.000 00 |
| 林产品 | 0.005 38 | 0.000 02 |
| 社会保障 | 0.004 62 | 0.000 29 |
| 科技推广和应用服务 | 0.004 40 | 0.000 42 |
| 其他服务 | 0.004 30 | 0.000 93 |

资料来源：中华人民共和国国家统计局

整体来说，从其他产业对保险业的直接消耗系数可以看出（图10-6），各产业对保险业的带动作用都不大，说明保险业还有很大的发展空间。对保险业其他各产业的带动作用微乎其微，直接消耗系数基本都不超过0.01。这也说明，保险业对产业发展的支持还不算太大，保险业需要引导各产业对保险产品和服务的消耗需求增强。

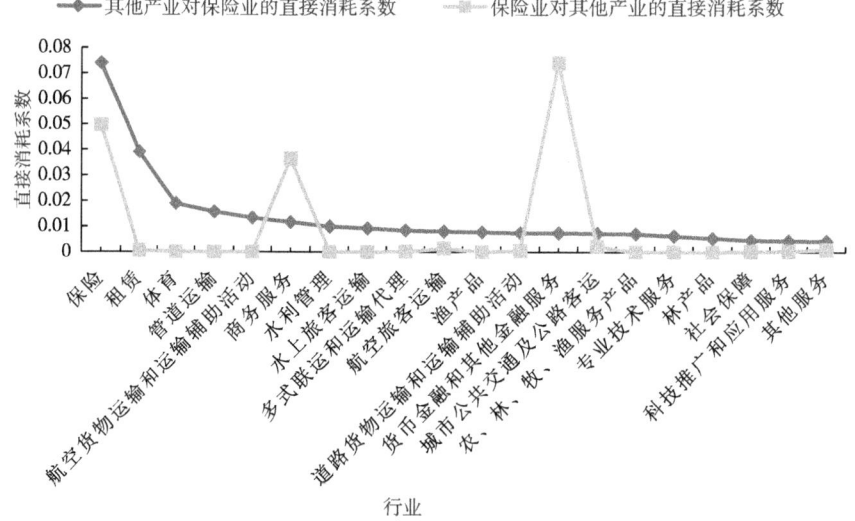

图10-6　2017年全国投入产出直接消耗排名

## 四、基金业

基金广义是指为了某种目的而设立的具有一定数量的资金。主要包括信托投资基金、公积金、保险基金、退休基金、各种基金会的基金[1]。一般来说基金主要是指证券投资基金，是由一定机构通过公募与私募等方式从投资者方募集资金，按照预定的目的对相关产业的企业与项目进行投资以获取较高的收益，再按照合同回报投资者的金融投资方式。

基金的本质是受托理财，从这一点来说，基金业的产生和发展必然离不开服务和促进实体产业经济发展的目的。一方面，基金要为投资者的财产进行管理，回报投资者；另一方面，基金可以进行投资经营，这些投资经营活动的对象大都属于如房地产、机场、电站、铁路以及企业股权等实体经济。

中国基金业协会相关数据指出，基金业有力地支持了实体经济的创新发展。2018年前三个季度，私募基金为境内未挂牌未上市企业新增形成9 656亿元资本金[2]；截至2019年6月底，我国公募基金管理公司、证券公司和期货公司、私募基金管理机构发行的各类基金、资管产品持有上市公司市值5.14万亿元，私募股权投资基金未上市股权6.15万亿元；截至2019年6月底，我国基金管理公司及其子公司旗下产品投资股票规模达2.90万亿元、投资债券10.74万亿元[3]。

证券投资基金是基金业支持产业发展的主要力量，从金融交易资金来源来看，投资证券基金所占比例极小（表10-5），2012~2017年占比均不超过4%，最低为2013年的0.26%；从本身的发展趋势来看，如图10-7所示，证券投资基金波动较大但存在着上升趋势。这从侧面说明了基金业在支持产业发展的过程中还存在不足，需要加快基金业的发展势头。

表10-5 2012~2017年金融交易资金来源中证券投资基金的比例

| 项目 | 2012年 | 2013年 | 2014年 | 2015年 | 2016年 | 2017年 |
| --- | --- | --- | --- | --- | --- | --- |
| 证券投资基金/亿元 | 5 198 | 1 352 | 15 328 | 23 630 | 11 754 | 21 754 |
| 证券投资基金比例 | 0.011 4 | 0.002 6 | 0.028 4 | 0.039 9 | 0.016 1 | 0.034 4 |

资料来源：中华人民共和国国家统计局

---

[1] 百度百科. 基金[EB/OL]. https://baike.baidu.com/item/基金/297414?fr=aladdin，2020-04-17.
[2] 百家号. 聚焦私募基金行业发展与实体经济深度融合发挥重要作用[EB/OL]. https://baijiahao.baidu.com/s?id=1622631007806229573&wfr=spider&for=pc，2019-01-14.
[3] 新浪网. 基金业投资实体经济超10万亿，一二级市场联动输血[EB/OL]. http://finance.sina.com.cn/stock/2019-10-03/doc-iicezzrq9926980.shtml，2019-10-03.

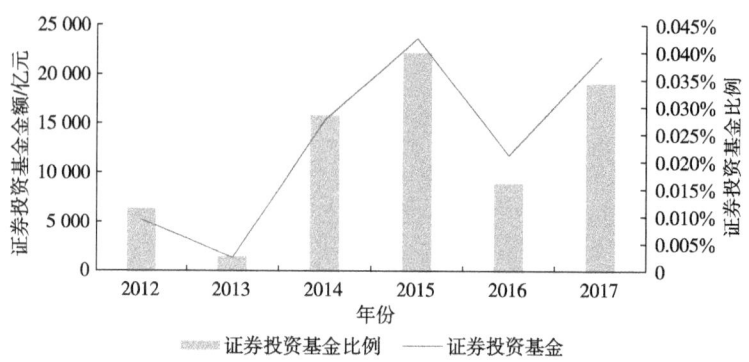

图 10-7 2012~2017 年金融交易资金来源证券投资基金的发展趋势

## 五、信托业

信托是一种理财方式,是一种以信用为基础的法律行为,一般涉及三方面当事人,即委托人、受托人及受益人。信托是委托人基于对受托人的信任,将其财产权委托给受托人,由受托人按委托人的意愿,以自己的名义为受益人的利益或特定目的,进行管理和处分的行为。

目前,信托资产的主要形式为资金信托。资金信托分为集合资金信托与单一资金信托,这一分类是从委托人的数量是否单一出发的。2018年,资金信托的前五大投向领域占比排序分别是工商企业(29.90%)、金融机构(15.99%)、基础产业(14.59%)、房地产业(14.18%)、证券市场(11.59%),体现了信托业努力提升服务实体经济效率,并通过减少同业合作防范化解金融风险[①]。

信托资金的投向会对一个国家的产业结构调整产生重要影响。若信托资金空转虚耗,投入的方向与规模不遵循产业发展的规律,会带来社会财富增长的假象,使更多的企业从事虚拟经济,催生金融泡沫,不利于经济的持续健康发展。信托资金投向比较集中在特定的几个方向,其中的基础产业能为产业发展提供配套服务,工商企业领域也与产业发展密切相关,其发展可以促进产业的多元发展。图10-8 为 2016~2018 年所有新增信托项目的资金投向(金额占比)。

信托资金运用方式的不同也会对产业发展产生不同的影响。例如,长期股权投资形式的资金运用方式,能促进金融资本与产业发展有效融合,更适合企业的长期发展。一方面,信托公司对企业的监督是基于股东的身份,能有效减少信息不对称,降低信息搜集成本及监控成本;另一方面,企业获得的信托资金支持一

---

① 资料来源:Wind 数据库。

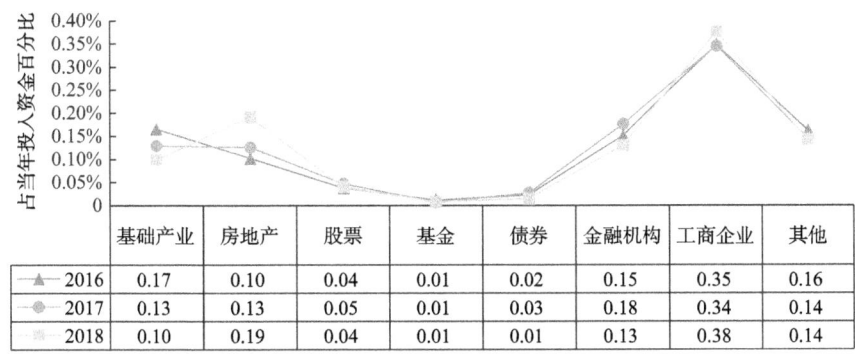

图 10-8　2016~2018 年新增信托项目的资金投向（金额占比）

资料来源：Wind 金融数据库

般较稳定，能节约企业向外寻求资金的成本（马小娟和曹冰玉，2013）。图 10-9 为 2016 年第一季度末至 2018 年第四季度末资金信托的资金运用方式。可以看出，其主要资金运用方式是贷款，在 2018 年第四季度末占比达到了 40%；其次是可供出售及持有至到期投资和交易性金融资产投资，在 2018 年末其占比分别达到了 25.38% 和 11.36%。从图中可看出，长期股权投资这种资金运用方式的占比并不高，但呈逐年上升的趋势，从 2016 年第一季度末的 7.36% 逐步上升至 2018 年第四季度末的 9.79%。

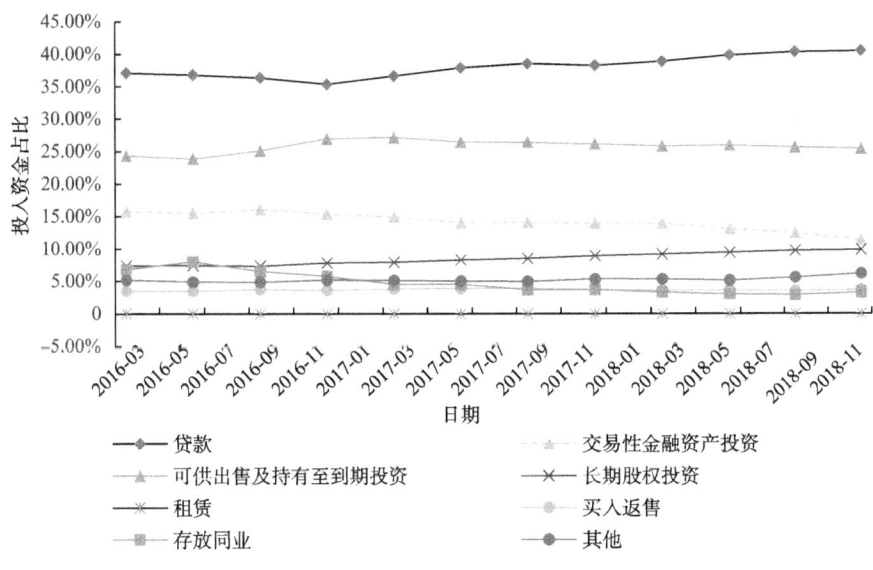

图 10-9　2016~2018 年资金信托的资金运用方式

资料来源：Wind 金融数据库

## 六、期货业

期货市场的基本功能是价格发现和套期保值。期货市场通过交易形成现货即时报价,为即期现货贸易提供定价基准;通过期现联动,规避价格风险,提高套期保值效率,提高企业风险管理水平;规范流通秩序,提高现货流通效率,为大宗商品销售与原材料采购提供高效渠道;同时还有效促进基差交易、仓单串换、期现套利等新业务模式的开展。

期货市场价格发现功能的基础在于它能够在交易的过程中产生大量的、有价值的市场信息,诸如成交量、成交价格、交割量和库存信息等信息产品,同时人和地点的多样性,会对远期价格产生不同的看法。期货市场的价格发现功能可以为实体企业现货定价提供信息,还能为政府制定调控政策提供依据。于前者,期货市场可以形成公正的价格,具有为交易提供基准价格的作用,调节供求,减缓价格波动。期货价格信息综合反映供求双方对未来某个时间供求关系变化和价格走势的预期,具有连续性、公开性和预期性的特点,对标的资产价格未来的价格走势有重要的影响。于后者,以小麦期货市场为例,其价格发现功能可以为国家合理制定宏观调控政策提供可靠依据。

从服务于具体企业客户的角度来说,期货公司主要从以下几个方面支持实体产业发展:一是,进行定向配送服务,由于期货交割仓库往往分布在多个省份,期货公司通过大规模参与交割,能按照不同客户的需要提供指定地区的货物;二是,提供金融支持,如公司的客户采购远期货物时只需要15%的保证金,可以解决客户资金短缺的问题,真正服务于实体经济;三是,提供远期连续报价,由于不活跃合约存在流动性差的问题,通过为客户提供远期报价可以减少企业在库存管理方面的投入,优化企业库存管理,解决流动性问题;四是,锁定远期利润,期货公司提供远期的原材料及成品的报价,帮助生产企业锁定远期利润,同时为企业提供所需的原材料,降低企业的货物购销成本,帮助企业稳定经营;五是,咨询服务,通过为实体企业提供解决策略,逐步提高企业的投资能力和风险规避水平。此外,众多实体企业在参与风险管理业务中均有大量的融资需求,如果期货风险管理公司进行相关风险管理业务时具有融资相关业务资格,在自有资金充足的前提下,可以标准仓单为质押,向产业客户开展融资,这样可以较好地解决实体企业客户和实体企业流动性不足的问题,更高效地服务于实体企业[①]。

---

① 和讯网. 期货行业服务实体经济的痛点和难点剖析[EB/OL]. https://futures.hexun.com/2019-11-11/199212959.html, 2019-11-11.

## 七、金融租赁

作为一种新的融资融物的租赁形式,金融租赁是一种将金融、商业、贸易和产业相结合起来的全新的现代租赁方式,对提升经济资源配置效率、促进宏观经济增长有显著的推动作用。不同于传统租赁的出租方和承租方简单的交易主体结构,金融租赁中还涉及租赁物出卖方,并由此产生两个或两个以上的合同,如承租方和出租方之间的租赁合同及出租方和租赁物出卖方的购买合同。在金融租赁各当事方中,承租方通过向出租方分期支付租金的方式获得所需设备等租赁物,不需要动用大量的流动资金,就达到了既融物又融资的双重目的。当然,承租方在享有租赁资产占用和收益权的同时,还要承担由出租方转移来的与租赁资产所有权相关的所有风险。

从融资租赁行业的结构构成看,目前金融租赁在整个融资租赁行业中的市场份额最大,成为我国融资租赁行业的核心,主导整个行业的发展。图10-10为我国租赁公司合同余额占比。可以看出在2006年内资租赁公司占比高达75%,随后有逐步下降趋势。同时,金融租赁公司合同余额占比逐步上升,于2009年超越内资租赁公司开始主导租赁行业,并在2010年达到最高占比。

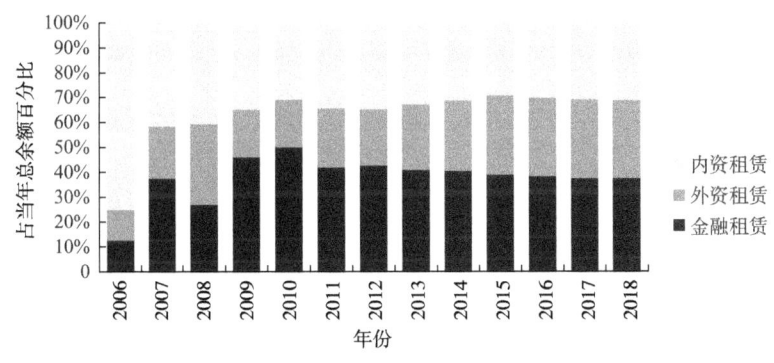

图 10-10 我国租赁公司合同余额占比

资料来源:Wind 金融数据库

考察我国融资租赁行业运营不难发现,金融租赁主导租赁行业的主要原因是:金融租赁能直接进入金融市场进行筹资,业务所涉及的大多是大型央企和跨国公司企业,这种企业的总资产一般都比较雄厚,资金的来源也非常广泛,正好迎合了融资租赁的资金流动性和期限的灵活性,相对的风险也小。而金融租赁公司的风险控制水平位居行业前列,主要依靠母行商业银行的背景,当出现不良资产的时候能够及时采取措施予以化解,在国家放松对融资租赁行业监管的背景下,金融租赁的资金雄厚,也有利于业务的拓宽。

金融租赁支持实体经济发展的核心指标可以通过市场渗透率来考察,包括租赁设备渗透率和 GDP 渗透率。设备渗透率是指年租赁交易总额占固定资产投资总额的比例,GDP 渗透率则指的是年租赁交易总额与 GDP 的比率。表10-6 展示了 2013~2015 年用 GDP 渗透率表示的国际融资租赁渗透率排名。可以看出,排名前十国家的 GDP 渗透率都在 2%~6%,其中爱沙尼亚的渗透率一直是最高的,其次是瑞典,而我国的排名一直在 20 名左右。这就足以说明我国的融资租赁行业看似发展迅速,但从整个国际融资租赁市场看,我国融资租赁的发展与其他国家的差距还是十分明显的,需要进一步提升发展的质量。

表 10-6 融资租赁 GDP 渗透率排名前十的国家

| 年份 | 2013 | | 2014 | | 2015 | |
| --- | --- | --- | --- | --- | --- | --- |
| 排名 | 国家 | 比率 | 国家 | 比率 | 国家 | 比率 |
| 1 | 爱沙尼亚 | 5.91% | 爱沙尼亚 | 4.81% | 爱沙尼亚 | 4.31% |
| 2 | 瑞典 | 3.82% | 瑞典 | 3.3% | 瑞典 | 3.03% |
| 3 | 拉脱维亚 | 3.36% | 英国 | 2.84% | 英国 | 3.02% |
| 4 | 英国 | 2.67% | 拉脱维亚 | 2.47% | 拉脱维亚 | 2.68% |
| 5 | 立陶宛 | 2.65% | 澳大利亚 | 2.47% | 立陶宛 | 2.64% |
| 6 | 丹麦 | 2.5% | 丹麦 | 2.36% | 丹麦 | 2.5% |
| 7 | 斯洛伐克 | 2.48% | 瑞士 | 2.3% | 瑞士 | 2.4% |
| 8 | 芬兰 | 2.31% | 斯洛伐克 | 2.24% | 斯洛伐克 | 2.19% |
| 9 | 瑞士 | 2.19% | 芬兰 | 2.14% | 澳大利亚 | 2.08% |
| 10 | 斯洛文尼亚 | 2.09% | 波兰 | 2.11% | 美国 | 2.08% |
| — | 美国(13) | 1.92% | 美国(12) | 1.95% | 中国(20) | 1.37% |
| — | 中国(26) | 1.11% | 中国(21) | 1.29% | | |

资料来源:《WCG2017 国际租赁报告》(globe leasing report 2017)

## 八、配套服务业

在金融配套服务业支持产业发展方面,涉及的中介机构有承销商(银行和券商)、会计师事务所、律师事务所、评级公司等,这些机构本质上提供的都是中介服务。本书重点涉及的金融配套服务业分为管理咨询和信用评级。如今市场体系逐步完善,市场竞争愈演愈烈,市场空隙越来越少,企业的发展必须靠自己的努力来构建科学的管理体制和经营机制。政策、法律、技术、市场等因素时刻都在影响企业的运营。

## （一）管理咨询业

管理咨询属于咨询行业中的一种，是由具有丰富经营管理知识和实践经验的专家，深入企业现场，运用现代化的手段和科学方法，通过对企业诊断、培训、方案规划、系统设计与辅导，从企业的管理到局部系统的建立，从战略层面的确立到行为方案的设计等，对现代化企业生产经营全过程实施动态分析，协助其建立现代管理系统，以获得强有力的竞争优势的一种专业服务活动。

我国管理咨询业从服务方式上可以简单地分成两大类，跨国咨询公司和本土的中小型咨询公司。前者以规范化的运作体系、全球化的资源共享及高昂的价格来吸引用户；后者以本地化人才为主，以了解和熟悉中国国情和企业的深层次问题及低廉的价格吸引用户。本土咨询又分为学院派咨询和经验派咨询。学院派咨询没有资讯、研发和指导实施的相应环节，咨询模式是导师带领几个学生，特点是有理论高度，方案比较系统、章节分明、条理清楚，咨询报告好看，但缺少实践经验。经验派咨询从业人员实践经验比较丰富，操作程序系统条理，方案跟进措施得体，但企业管理知识欠缺，缺少前瞻性和创新性（张文松和李曙光，2002）。

我国管理咨询业的主要类型包括：发展战略咨询（如麦肯锡、波士顿）、投融资咨询、法律咨询、财务会计咨询（如安达信、普华永道、毕马威、德勤、安永）、税收咨询、市场营销咨询、人力资源咨询、生产管理咨询、工程技术咨询、业务流程重组与管理信息化咨询（如安盛）等。本书主要指与金融事务有关的企业管理咨询业务，如投融资咨询、法律风险咨询、财务风险咨询、市场营销咨询等。

## （二）信用评级

信用评级按照评估对象可分为公司信用评级、证券信用评级、国家主权信用评级和其他信用评级（如项目信用评级）。评级公司作为中立的第三方机构成功参与到金融市场中，评级结果能够基本如实地反映市场的整体情况，在市场上仍有较强的公信力，普遍应用于监管部门制定监管规则和投资者进行投资决策。

企业可以将信用评级作为投资风险管理的依据。信用评级最基本的功能是揭示风险，便于使用者根据评级而做出相应的决策，其中市场参与者既包括投资者、市场主管部门或政府，也包括被评级主体、债券发行人或借款人。资本市场的迅速发展及信息不对称日益严重，使得投资者需要依靠评级结果提供决策依据和支持。在投资过程中不管个人投资者还是企业投资主体，都需要专业化的评级机构为其服务，降低投资成本和风险。

信用评级也可以作为被评级企业降低融资成本的工具。在完善的信用评级体系中,进入资本市场的企业都需要对其进行信用评级,较好的信用评级结果能获得政府和金融机构的优先支持,在融资规模和融资成本等方面可以得到优惠的待遇。企业信用评级的高低,决定企业能否进入资金市场,直接影响企业的融资规模和融资成本。例如,中央银行(简称央行)规定对获得高等级信用认证的企业,各金融机构可优先贴现,优先办理再贴现,特别是人民币利率市场化在未来几年实行后,资信等级高的企业,融资成本将会大幅降低。同时,履约能力强、评级级别高的企业容易受到投资者的青睐。

目前,国内知名的资信评估机构有中诚信国际资信评估有限公司(中诚信)、大公国际资信评估有限公司(大公)、上海远东资信评估有限公司(远东)、鹏元资信评估有限公司和联合资信评估有限公司(鹏元)等。评级业务范围越来越广,包括贷款企业评级、企业债券评级、金融机构评级、基金评级、中小企业高科技企业评级、短期融资券评级、结构性融资产品评级、公司治理评级等。表10-7为国内主要评级机构的业务范围。

表10-7 国内主要评级机构业务范围

| 评级业务种类 | 评级机构 |
| --- | --- |
| 贷款企业评级 | 中诚信、大公、联合、鹏元、远东、新世纪等 |
| 公司债评级 | 中诚信、鹏元、新世纪 |
| 企业债评级 | 中诚信、大公、联合、鹏元、远东 |
| 证券公司债券评级 | 中诚信、联合、远东 |
| 可转换公司债券评级 | 中诚信、大公、联合、鹏元、远东 |
| 商业银行可转换公司债券评级 | 大公、中诚信、远东 |
| 金融机构评级 | 大公、中诚信、远东 |
| 信托产品评级 | 大公、中诚信、远东 |
| 中小企业高科技企业评级 | 中诚信、大公、联合、鹏元、远东 |
| 基金评级 | 鹏元 |
| 短期融资券评级 | 中诚信、大公、联合、新世纪、远东 |
| 结构性融资产品评级 | 中诚信、大公、联合、新世纪、远东 |
| 公司治理评级 | 鹏元 |

资料来源:课题组整理所得

国内证券市场资信评级机构资产总额从2012年的8.65亿元增加到2017年的40.76亿元,评级业务收入也从2011年的0.39亿元增加到2017年的7.46亿元,国内信用评级市场方兴未艾。

## 第二节 粤港澳大湾区现有金融服务支持产业发展的现状

本节将利用金融与产业的复合系统协同度模型,分别测算广东省、香港和澳门三个地区的银行业、证券业、保险业、基金业与产业的协同发展情况。

### 一、金融与产业的复合系统协同度模型

金融与产业的协同度指的是金融子系统和产业子系统之间在发展过程中彼此和谐一致的程度,它反映了复合系统有序发展的程度。本小节借鉴王宏起和徐玉莲(2012)介绍的复合系统协同度模型,构建粤港澳大湾区金融服务与产业发展之间的协同度模型,具体包括粤港澳大湾区产业指标选取、粤港澳大湾区金融行业指标选取、金融与产业的子系统有序度模型、复合系统协同度模型。

#### (一)子系统有序度模型

粤港澳大湾区的金融业和产业在发展演化的过程中已经形成了一个复杂的复合系统 $S=\{S_1,S_2\}$,其中 $S_1$ 为金融业子系统, $S_2$ 为产业子系统。设子系统 $S_j, j=1,2$ 在发展演化过程中的序参量为 $e_j=(e_{j1},e_{j2},\cdots,e_{jn})$,其中 $n\geq 1, i=1,2,\cdots,n.\beta_{ji}\leq e_{ji}\leq \alpha_{ji}$、$\beta_{ji}$、$\alpha_{ji}$ 为系统临界点上序参量分量 $e_{ji}$ 的下限和上限。定义 $e_{ji}$ 的系统有序度为

$$\mu_j(e_{ji})=\begin{cases}\dfrac{e_{ji}-\beta_{ji}}{\alpha_{ji}-\beta_{ji}}, i\in[1,k]\\ \dfrac{\alpha_{ji}-e_{ji}}{\alpha_{ji}-\beta_{ji}}, i\in[k+1,n]\end{cases}$$

这里假定, $e_{ji}, i\in[1,k]$ 为正向指标,其取值与系统有序度成正比; $e_{ji}, i\in[k+1,n]$ 为逆向指标,其取值与系统有序度成反比,可知, $\mu_j(e_{ji})\in[0,1]$,序参量分量 $e_{ji}$ 对系统有序的"贡献"越大, $\mu_j(e_{ji})$ 的值就越大。

从总体的贡献考虑,序参量分量 $e_{ji}$ 对系统有序的"贡献"之和可以由 $\mu_j(e_{ji})$

的集成来反映，本章选用加权求和的方法来进行集成，即

$$\mu_j(e_j) = \sum_{i=1}^n \lambda_i \mu_j(e_{ji}), \lambda_i \geqslant 0, \sum_{i=1}^n \lambda_i = 1$$

定义 $\mu_j(e_j)$ 为序参量分量 $e_j$ 的系统有序度，可知 $\mu_j(e_j) \in [0,1]$，其数值代表 $e_j$ 对子系统 $S_j$ 的"贡献"大小，$\mu_j(e_j)$ 的值越高，子系统 $S_j$ 的有序程度也就越高。权重 $\lambda_i$ 代表了序参量分量 $e_{ji}$ 的重要程度，这里采用相关矩阵赋权法确定指标权重，步骤如下：

首先，为了消除不同指标量纲的影响，本章对所有的原始数据进行标准化，标准化的方法采用均值-标准差法，即

$$x'_{ij} = \frac{x_{ij} - \bar{x}_j}{S_j} (i = 1, 2, \cdots, n; j = 1, 2, \cdots, p)$$

这里 $x'_{ij}$ 为标准化后的数据。

设指标体系中有 $n$ 个指标，计算出它们的相关矩阵 $A$ 为

$$A = \begin{bmatrix} a_{11} & a_{12} & \cdots & a_{1n} \\ a_{21} & a_{22} & \cdots & a_{2n} \\ \cdots & \cdots & & \cdots \\ a_{n1} & a_{n2} & \cdots & a_{nn} \end{bmatrix}$$

令 $A_i = \sum_{j=1}^n |a_{ij}| - 1, i = 1, 2, \cdots, n$，表示第 $i$ 个指标在指标体系中的影响，$A_i$ 的值越大，第 $i$ 个指标应该被赋予的权重就越大，故对 $A_i$ 进行归一化处理得各指标权重为

$$\lambda_i = \frac{A_i}{\sum_{i=1}^n A_i}$$

（二）复合协同度模型

通过子系统有序度模型，可以计算出给定的子系统的有序度。本章中考虑的是粤港澳大湾区金融业和产业两个子系统，对这两个子系统的有序度进行集成就能得到金融业与产业复合系统的协同度。

设 $t_0$ 为复合系统发展的初始时刻，这个时刻粤港澳大湾区的金融业子系统有序度为 $u_1^0(e_1)$，产业子系统有序度为 $u_2^0(e_2)$，当复合系统发展演变到 $t_1$ 时刻时，粤港澳大湾区的金融业子系统有序度为 $u_1^1(e_1)$，产业子系统有序度为 $u_2^1(e_2)$，定义从 $t_0$ 时刻到 $t_1$ 时刻金融业与产业的复合协同度为

$$C = \text{sig}(\cdot) \times \sqrt{|u_1^1(e_1) - u_1^0(e_1)| \times |u_2^1(e_2) - u_2^0(e_2)|}$$

$$\text{sig}(\cdot) = \begin{cases} 1, u_1^1(e_1) - u_1^0(e_1) > 0 \text{ 且 } u_2^1(e_2) - u_2^0(e_2) > 0 \\ -1, \text{其他} \end{cases}$$

由上式可知，粤港澳大湾区金融业与产业复合系统的协同度 $C \in [-1,1]$，其数值越大，表明复合系统协同发展程度越高，反之则越低。协同度 $C$ 为正，说明复合系统处于协同演进状态，协同度 $C$ 为负，表明复合系统处于非协同演进状态。

## 二、产业指标选取

本小节基于粤港澳大湾区金融业与产业复合系统的协同度，首先对粤港澳大湾区产业的指标进行选取，选取原则是选取的产业指标在反映真实的产业发展状态时具有一定的代表性。为了能进一步测算出不同的金融业和不同的产业之间的发展协同性，本小节考虑把产业分为三大产业，分别选取了三大产业的指标并进行协同度的测算，以进一步研究不同金融业对三大产业的支持状态。

### （一）广东省产业指标

本章选取的反映广东省第一产业发展状况的指标有：第一产业地区生产总值、第一产业就业人数、第一产业平均工资。数据显示（图10-11），2014~2018年广东省第一产业地区生产总值除2017年有小幅度回落以外，总体来说稳中有升，2018年升至峰值，第一产业就业人数5年间在逐年下降，下降速率比较稳定，但第一产业的平均工资5年内在逐年上升，上升幅度比较可观，这充分说明了广东省第一产业发展水平的提高，减少劳动力的同时生产效率反而在上升，侧面反映了第一产业的有序性。

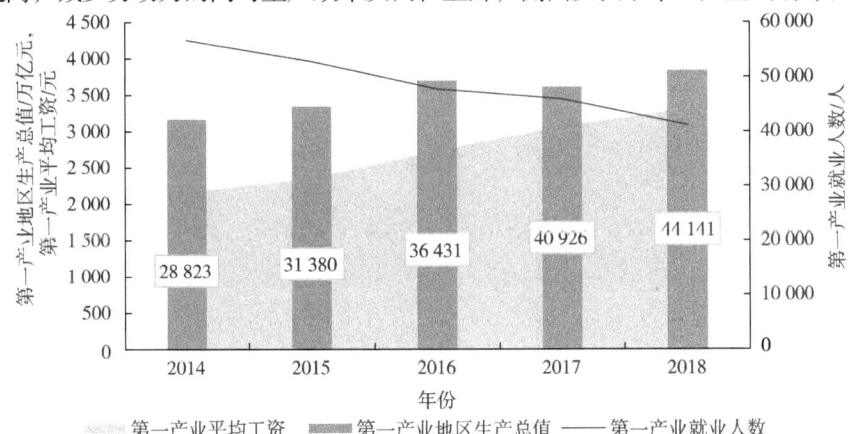

图10-11　2014~2018年广东省第一产业发展状况
资料来源：系作者根据Wind金融数据库整理计算得到

针对广东省第二产业，选取的指标与第一产业一样，数据显示（图10-12），2014～2018年，广东省第二产业地区生产总值和平均工资均在逐年稳定上升，但就业人数有较大幅度下降，说明广东省第二产业发展也十分有序。

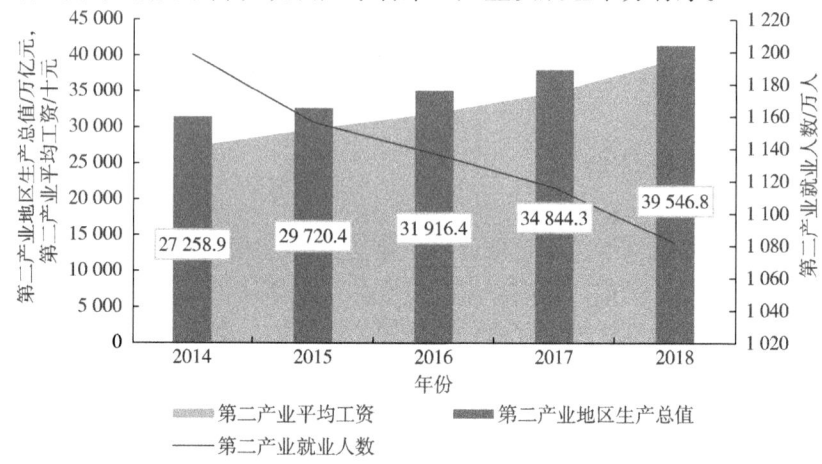

图 10-12　2014～2018 年广东省第二产业发展状况

资料来源：系作者根据 Wind 金融数据库整理计算得到

广东省第三产业的指标同样也是地区生产总值、就业人数、平均工资。数据显示（图10-13），2014～2018年，广东省第三产业的地区生产总值与平均工资均在有序平稳上升，与第一、第二产业不同的是，第三产业的就业人数在逐年上升，这说明广东省在着重发展第三产业,其历年的地区生产总值与平均工资均比第一、第二产业高。

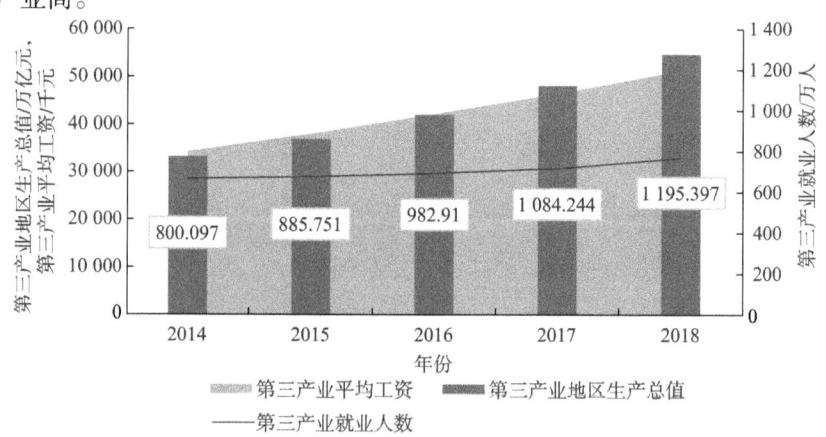

图 10-13　2014～2018 年广东省第三产业发展状况

资料来源：系作者根据 Wind 金融数据库整理计算得到

## （二）香港产业指标

鉴于香港以第三产业为主，不发展第一产业及第二产业稀少的现状，选取香港产业指标时汇总了香港金融服务业、旅游业、贸易、专业服务四个主要行业的数据，最后选取了香港四个主要产业的增加值和就业人口及香港实质平均薪金指数三大指标。数据显示（图10-14），2014~2018年，香港四个主要行业的增加值和香港实质平均薪金指数均有较大幅度的上升，而就业人口基本维持稳定状态，这说明香港主要产业的发展也是有序稳健的。

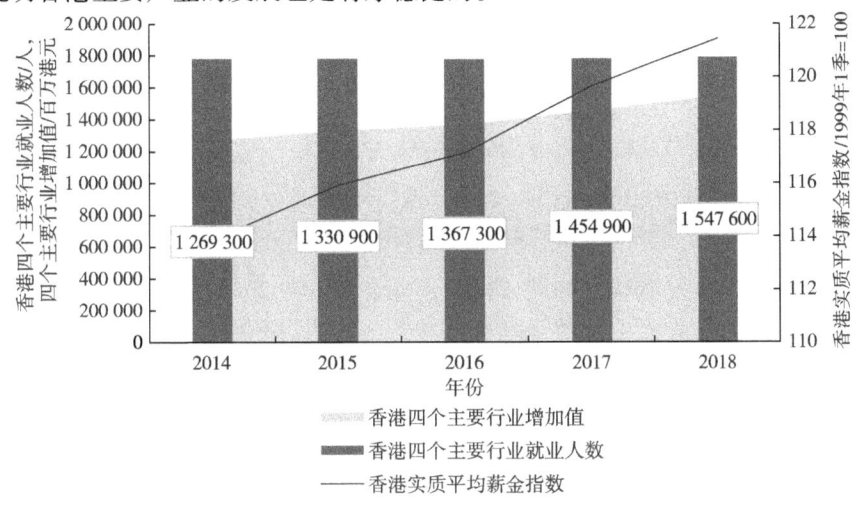

图10-14　2014~2018年香港主要行业发展状况
资料来源：系作者根据Wind金融数据库整理计算得到

## （三）澳门产业指标

基于数据的可获得性，在本章中澳门的产业指标选择澳门三大产业的生产总值、就业人口、月工作收入中位数平均数，由于澳门没有第一产业，因此无法获取第一产业数据，这里只考虑澳门的第二产业和第三产业。数据显示（图10-15），2014~2018年，澳门第二产业的地区生产总值和就业人口都在逐年下降，且下降幅度较大，而第二产业的月工作收入中位数平均数处于波动状态，发展不稳定，这说明澳门的第二产业在逐渐衰落，这与澳门着重发展第三产业而不发展第一、第二产业的现状是相符的。

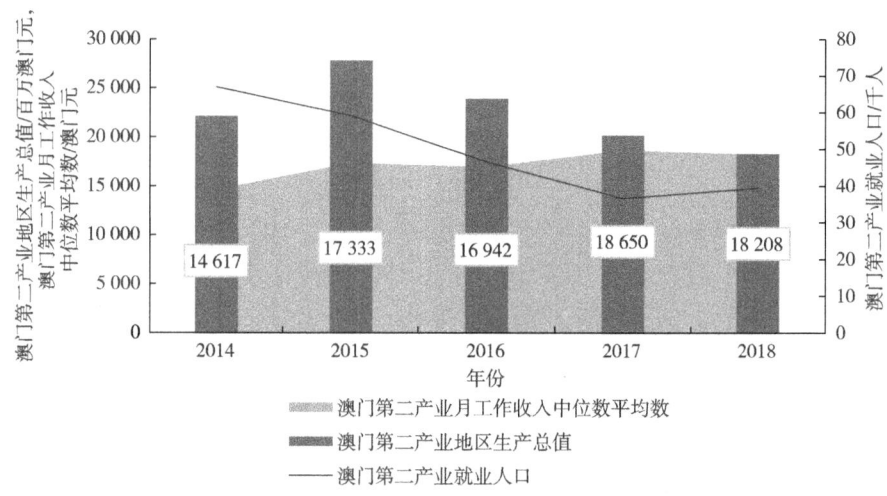

图 10-15 2014~2018 年澳门第二产业发展状况

资料来源：系作者根据 Wind 金融数据库整理计算得到

澳门第三产业发展状况如图 10-16 所示，2014~2018 年，澳门第三产业的就业人口与月工作收入中位数平均数均在逐年上升，其中，就业人口增长较快，月工作收入中位数平均数增长不大，而澳门第三产业地区生产总值在 2015 年出现大幅度下降，之后开始逐年上升并最终超过 2014 年的生产总值，总体来说，澳门第三产业发展稳健有序，发展势头较旺，而 2015 年生产总值的下滑可能是受股灾影响。

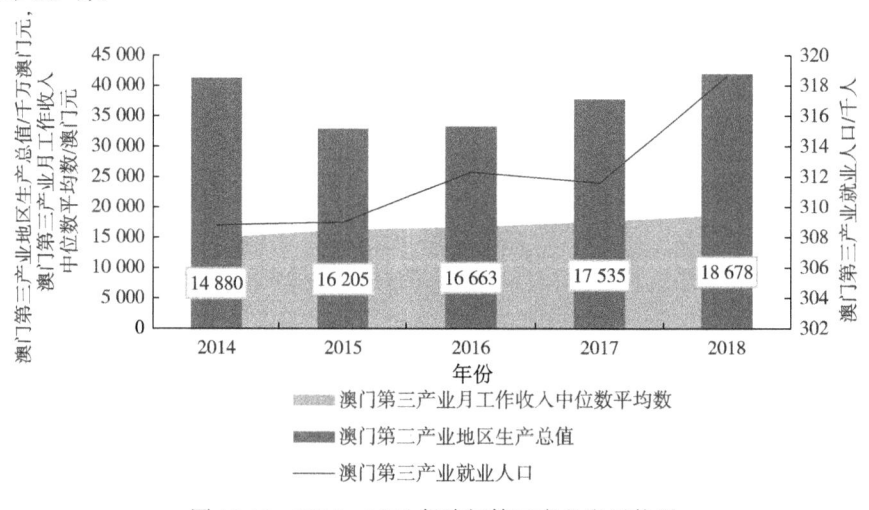

图 10-16 2014~2018 年澳门第三产业发展状况

资料来源：系作者根据 Wind 金融数据库整理计算得到

## 三、银行业与产业协同度

本小节将介绍广东省、香港和澳门的银行业对产业发展进行支持的基本现状并分别测算出三个地区银行业与产业的协同发展水平。

### （一）广东省

2018 年广东省银行业金融机构资产规模稳步上升，但机构数量与从业人员有小幅下降，侧面反映出广东银行业机构主动减负降本，正在主动调整优化组织结构，不断提升创新能力和服务效率。广东省银行业金融机构数量在 2016 年达到峰值，截至 2018 年末，共有 1.73 万个银行业机构，从业人员达 35.13 万人。广东银保监局数据显示，广东（不含深圳）银行业金融机构资产总额 15.54 万亿元，较年初增长 8.41%。其中，农村中小金融机构资产总额 3.13 万亿元，较年初增长 6%；外资银行资产总额 0.25 万亿元，较年初增长 7.62%[①]。图 10-17 反映了广东省（含深圳）2014~2018 年银行业金融机构的资产总额，从业人员与机构个数。

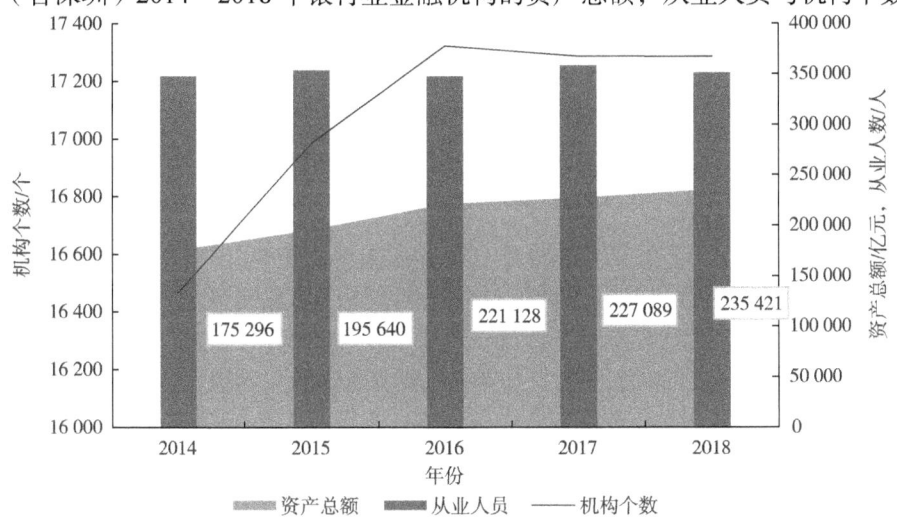

图 10-17　广东省（含深圳）2014~2018 年银行业金融机构基本情况
资料来源：《广东省金融运行报告（2014-2018）》

近五年来，广东信贷持续保持平稳较快增长，本外币各项贷款余额增速始终保持在 10%以上，在建项目融资需求进一步得到保障，小微企业所获贷款增加，

---

① 广东省银行保险监督管理局. 2018 年广东银保监局辖内银行业运行情况简析[EB/OL]. http://www.cbrc.gov.cn/guangdong/docPcjgView/4E17D1D99EAD4502827FADC941BE1EB5/601711.html，2019-01-25.

银行业支持实体经济能力进一步增强。截至2018年12月，广东银行机构本外币各项贷款余额14.52万亿元，同比增长13.2%；各项存款余额20.8万亿元，同比增长6.25%。其中，广东省民营企业贷款余额3.9万亿元，比年初增加4 718亿元，占企业贷款增量的61.8%，同比提高8个百分点；普惠口径小微贷款余额9 367亿元，同比增长29.6%。图10-18展示了2014~2018年广东省本外币各项存款与贷款余额的增长趋势。

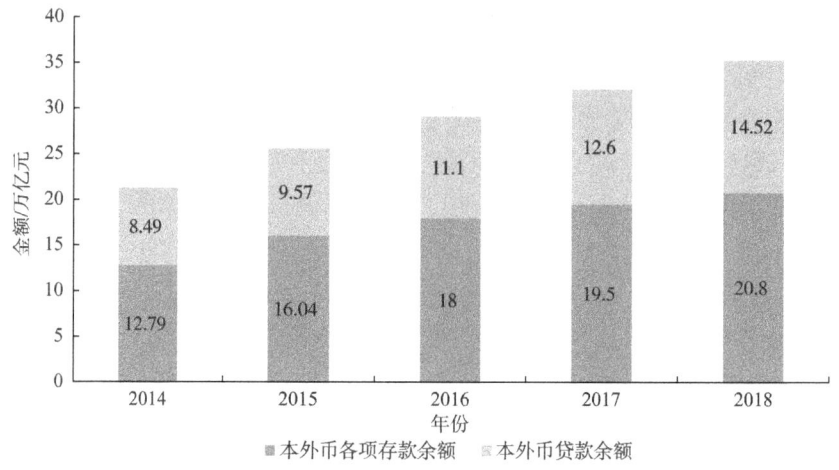

图10-18 2014~2018年广东省本外币各项存款与贷款余额

资料来源：《广东省金融运行报告（2014-2018）》

2019年以来，广东各家银行进一步推动实体经济综合融资成本下降。2019年1~4月广东银行业机构各项贷款占银行业总资产比重的59.52%，同比提高4.27个百分点。其中，投向实体经济领域的贷款占各项贷款比重达61.82%，较去年同期提高26个百分点，制造业贷款为近五年来同期的最高增速，同比增长15.48%。辖内银行机构投向小微企业的贷款余额2.31万亿元，小微企业贷款户数105.93万户（含个体工商户和小微企业主贷款户），较年初增长30%[①]。

与此同时，粤港澳大湾区基础设施建设需求的不断增长和信贷结构的不断优化，打开了金融发展的增量空间，为大湾区产业稳健发展提供了有力支撑。广东银保监会数据显示，2019年一季度全省本外币贷款占社会融资比重较去年同期提高约0.5个百分点。其中，基础设施领域贷款同比多增约500亿元，为基础设施补短板、稳投资发挥了重要作用。截至2019年一季度末，共有来自19个国家和

---

① 广东省银行保险监督管理局. 2019年1-4月广东银保监局辖内银行业保险业运行情况[EB/OL]. www.cbrc.gov.cn/guangdong/docPcjgView/B87F7CED80FF491D95416F63A65809C0/601711.html, 2019-05-16.

地区的45家外资银行在广东（不含深圳）设立166家机构，其中营业性机构157家，使它成为全国首个实现地级市外资银行全覆盖的省份；其中辖内香港、澳门银行营业性机构分别占全国的1/4和4/5以上。联通湾区的辖区内已组成150余个银团贷款，支持大湾区"一桥双港三铁四高速"等重大互联互通项目超700个，授信金额超8 700亿元[①]。

为计算广东省银行业与其产业的协同度，本节针对广东省银行业选取了资产总额、本外币贷款余额、本外币各项存款余额、银行业机构个数4个指标，根据前面选取的广东省产业指标，运用子系统有序度模型分别测算出2014～2018年广东省银行业和其三大产业的有序度，结果如表10-8和图10-19所示。

表10-8　广东省银行业与其三大产业有序度结果

| 年份 | 广东省银行业有序度 | 广东省第一产业有序度 | 广东省第二产业有序度 | 广东省第三产业有序度 |
|---|---|---|---|---|
| 2014 | 0.261 5 | 0.434 3 | 0.454 2 | 0.317 6 |
| 2015 | 0.416 7 | 0.456 5 | 0.446 4 | 0.385 3 |
| 2016 | 0.550 8 | 0.523 1 | 0.482 0 | 0.476 5 |
| 2017 | 0.603 2 | 0.528 4 | 0.529 5 | 0.585 0 |
| 2018 | 0.667 7 | 0.557 7 | 0.587 9 | 0.735 6 |

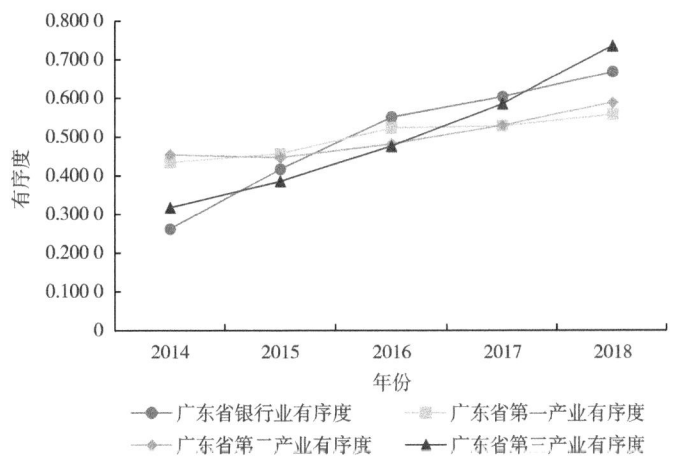

图10-19　广东省银行业与其三大产业有序度结果

由图10-19可以看出，2014～2018年，广东省银行业有序度是逐年上升的，这说明广东省的银行业系统处于逐年稳步发展状态，但从2016开始它的发展势头

---

① 新华社. 建设粤港澳大湾区，金融该扮演什么角色[EB/OL]. https://baijiahao.baidu.com/s?id=1637216096484174186&wfr=spider&for=pc, 2019-06-24.

减缓,有序度增幅不大。

从广东省三大产业的有序度来看,其整体均呈上升趋势。第一产业有序度上升较慢,并逐步落后于其他产业有序度;第二产业有序度在2015年之后上升速度逐年加快,2018年,第二产业的有序度超过了第一产业;第三产业有序度上升较快,由2014年的最末位上升到2018年的第一位。

整体来看,广东省银行业和三大产业的有序度发展趋势较为一致,可以说明,广东省银行业与其三大产业在同步有序发展中。

基于广东省银行业和其三大产业的有序度结果,运用复合系统的协同度模型,计算出广东省银行业与其三大产业之间的协同度指数,如表10-9,图10-20所示。

表10-9 广东省银行业与三大产业复合系统协同度结果

| 年份 | 2015 | 2016 | 2017 | 2018 |
| --- | --- | --- | --- | --- |
| 与第一产业的协同度 | 0.421 2 | 0.448 0 | 0.240 1 | 0.306 2 |
| 与第二产业的协同度 | −0.403 8 | 0.412 0 | 0.316 0 | 0.350 5 |
| 与第三产业的协同度 | 0.472 2 | 0.474 6 | 0.401 1 | 0.463 8 |

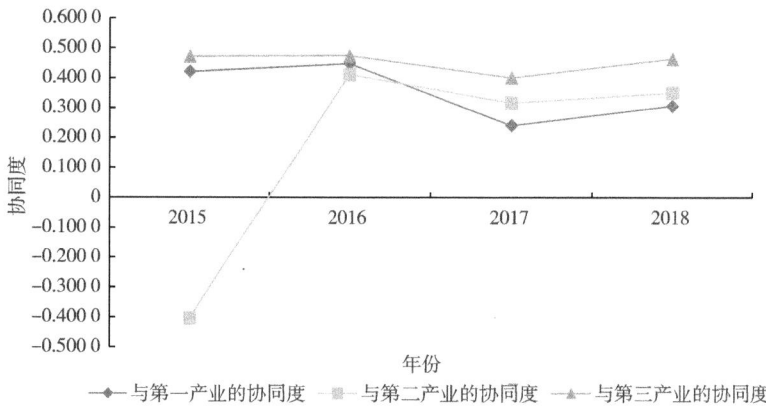

图10-20 广东省银行业与三大产业复合系统协同度结果

如表10-9和图10-20所示,从与第一产业的协同度来看,2015~2018年,广东省银行业与其第一产业之间的协同度在[0.2,0.5]之间震荡,协同度整体不高,其中,2016年协同度最高为0.448 0,2017年协同度最低为0.240 1,2018年协同度有所回升为0.306 2。

从与第二产业的协同度来看,广东省银行业与其第二产业之间的协同度在[−0.5,0.5]之间震荡,其中,2016年协同度最高为0.412 0,2015年协同度最低为−0.403 8,这说明2015年广东省银行业与第二产业协同发展不平衡。

从与第三产业的协同度来看，广东省银行业与其第三产业之间的协同度在[0.4，0.5]之间震荡，震荡幅度较小，说明广东省银行业与其第三产业协调发展机制较为稳定，其中，2016年协同度最高为0.4746，2017年协同度最低为0.4011。

整体来看，历年协同度均未超过0.5，说明广东省银行业与三大产业之间的协同发展水平还需提升。其中广东省银行业与第三产业历年的协同度都最高，其协同发展水平较高，也最为稳定，到2018年，银行业与三大产业的协同度排名为：第三产业，第二产业，第一产业。

## （二）香港

香港银行业的业务高度国际化，海外融资是香港银行业的主要资金来源，其大部分资金也多用于海外投资。香港银行具有资金进出自由和低税率政策等优势，有效为世界各国客户降低融资成本，正逐步发展为重要的银团贷款中心。据统计，内地使用的90%以上的银团贷款由香港安排，70%以上的亚太区银团贷款在香港签署[①]。2018年，香港银行业发展平稳，银行业金融机构共186个，资产总额达24.04万亿港元，较上年增加1.35万亿港元。各项存款总额为13.39万亿港元，同比增长4.74%；贷款总额为9.72万亿港元，同比增长4.21%。图10-21为2014~2018年香港银行资产总额与存贷款总额。

图10-21 2014~2018年香港银行资产总额与存贷款总额

资料来源：Wind金融数据库

---

① 搜狐网. 全面解析香港银行业[EB/OL]. https://www.sohu.com/a/301174035_120005932, 2019-01-25.

《粤港澳大湾区发展规划纲要》旨在促进广东省 9 市与港澳的密切合作，打造具有全球竞争力的城市群。大湾区实体经济的融合发展进一步拉动了跨境投资需求，为香港银行业提供了诸多创新路径与发展机遇，如在跨境与开户业务方面，中国银行（香港）有限公司于 2018 年 12 月提出了电子钱包应用程序 BOC Pay，香港客户无须拥有内地银行账户就可以在当地进行移动支付。除此之外，跨境财富管理也成了香港银行机构关注的焦点。《银行业未来展望：2019 年香港银行业报告》中提到，银行的最终目的应该是为身处广东、香港和澳门三个司法辖区的客户创造无缝全面的体验。对此，需要进一步探寻更优的跨境业务模式，以促进大湾区实体经济高效发展。

由于粤港澳三地的统计口径不一致，为计算香港银行业与其产业的协同度，本节针对香港银行业选取了银行资产总额、贷款及垫款总额、银行存款总计、银行数量 4 个指标，与广东省的指标基本一致，根据前面选取的香港产业指标，运用子系统有序度模型分别测算出 2014～2018 年香港银行业和其主要产业的有序度，结果如表 10-10 和图 10-22 所示。

表 10-10　2014～2018 年香港银行业和主要产业有序度结果

| 年份 | 香港银行业有序度 | 香港主要产业有序度 |
| --- | --- | --- |
| 2014 | 0.413 0 | 0.346 5 |
| 2015 | 0.431 7 | 0.430 3 |
| 2016 | 0.481 3 | 0.421 9 |
| 2017 | 0.573 2 | 0.564 8 |
| 2018 | 0.600 8 | 0.736 5 |

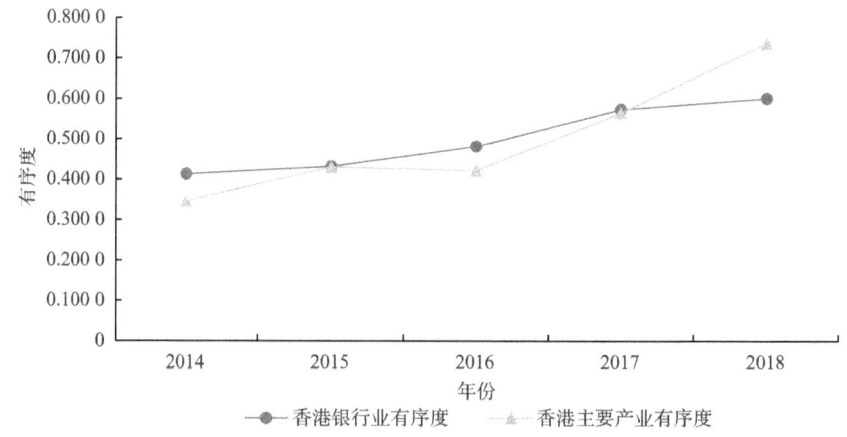

图 10-22　2014～2018 年香港银行业和主要产业有序度结果

由图 10-22 可以看出，在 2014～2018 年，香港银行业有序度是逐年上升的，这说明香港的银行业系统处于逐年稳步发展状态，2018 年其有序度已上升到 0.600 8，且上升趋势仍不小。

从香港主要产业的有序度来看，其整体大致呈上升趋势，且上升幅度很大，2018 年香港主要产业有序度超过了银行业系统，为 0.736 5，但也可以看到，2016 年香港的主要产业有序度有小幅度下滑，随后上升趋势加快。

整体来看，香港银行业和其主要产业的有序度发展趋势较为一致，可以说明，香港银行业与其主要产业在同步有序发展中。

基于香港银行业和其主要产业的有序度结果，运用复合系统的协同度模型，计算出香港银行业与其主要产业之间的协同度指数，如表 10-11，图 10-23 所示。

表 10-11　2015～2018 年香港银行业和主要产业复合系统的协同度结果

| 年份 | 2015 | 2016 | 2017 | 2018 |
|---|---|---|---|---|
| 与主要产业的协同度 | 0.320 1 | -0.241 1 | 0.484 6 | 0.446 4 |

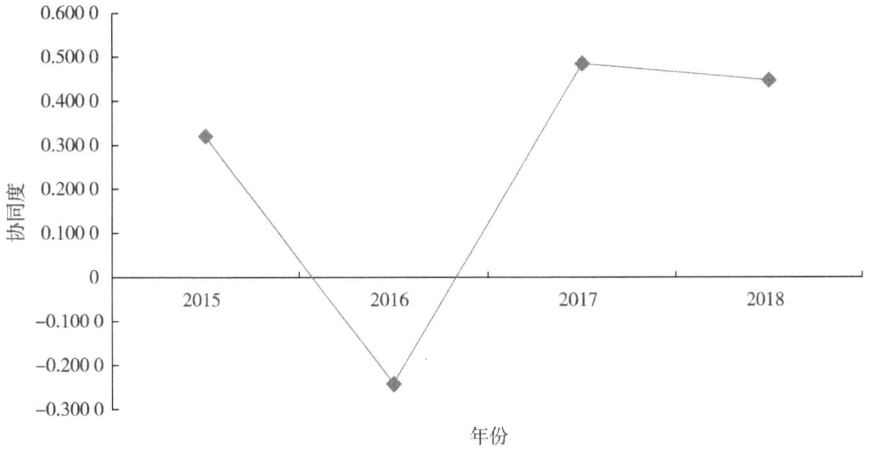

图 10-23　2015～2018 年香港银行业和主要产业复合系统的协同度结果

如表 10-11 和图 10-23 所示，2015～2018 年，香港银行业与其主要产业之间的协同度在[-0.3，0.5]之间震荡，其中，2017 年协同度最高为 0.484 6，2016 年协同度最低为-0.241 1，这说明 2016 年香港银行业与其主要产业的协同发展不平衡，除 2016 年外，其他年份香港银行业与其主要产业的协同度整体来说相对较高，说明其协同发展水平较高。

### (三) 澳门

近五年来，澳门银行业规模不断扩张，盈利持续增长。2015 年澳门本地存款金额为 5.19 千亿澳门元，较 2014 年有轻微下降，下降幅度为 3.43%。随后澳门本地存款金额缓慢增长，由 2015 年的 5.19 千亿澳门元增长至 2018 年 6.35 千亿澳门元。值得注意的是，在 2015~2018 年，澳门本地存款金额增速放缓，分别为 11.2%、9.96%和 9.36%。此外，澳门本地信贷拉动效应明显减弱，2014 年澳门本地信贷增速为 12.85%，至 2018 年降为 9.24%，侧面说明澳门银行业面对本地市场和业务的发展空间十分有限。

粤港澳区域经济融合与金融合作概念的提出，为澳门银行业提供了高质量发展的新机遇。《内地与澳门 CEPA 服务贸易协议》于 2016 年 6 月 1 日起正式实施，不仅提高了内地服务业的对外开放水平，也为澳门银行业发展提供了新的活力。澳门客户贷款金额在 2016 年得到快速增长，每年增长幅度超过 10%，内地市场参与度逐渐提高。

至 2018 年年底，澳门银行业共有 29 家银行金融机构，总资产近 1.8 万亿澳门元。客户贷款 10.11 千亿澳门元，同比上升 11.4%，其中本地信贷 5.05 千亿澳门元。图 10-24 为 2014~2018 年澳门银行业客户贷款与本地存贷款情况。

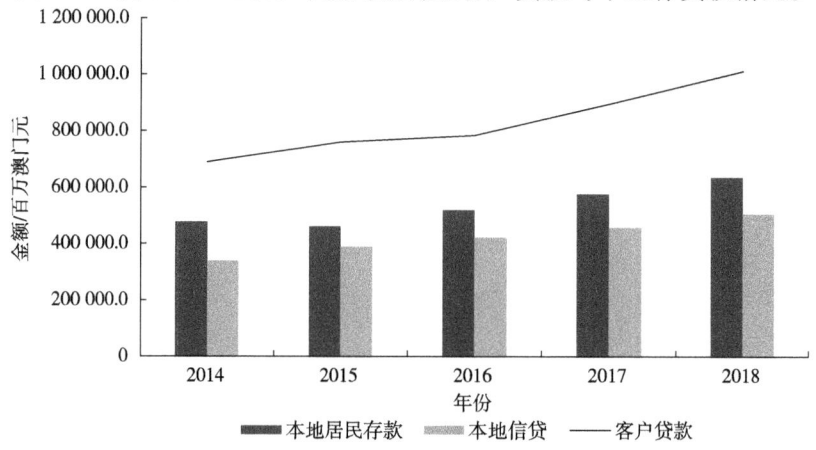

图 10-24　2014~2018 年澳门银行业客户贷款与本地存贷款情况
资料来源：Wind 金融数据库，澳门统计暨普查局，澳门金融管理局

为计算澳门银行业与其产业的协同度，类似于广东省和香港，本节针对澳门银行业选取了银行数量、本地信贷、银行业总资产、本地居民存款 4 个指标，根据前面选取的澳门产业指标，运用子系统有序度模型分别测算出 2014~2018 年澳门银行业和其第二产业、第三产业的有序度，结果如表 10-12 和图 10-25 所示。

表 10-12　2014~2018 年澳门银行业和其第二产业、第三产业的有序度结果

| 年份 | 澳门银行业有序度 | 澳门第二产业有序度 | 澳门第三产业有序度 |
|---|---|---|---|
| 2014 | 0.332 5 | 0.500 8 | 0.391 7 |
| 2015 | 0.387 0 | 0.618 4 | 0.382 8 |
| 2016 | 0.452 3 | 0.491 5 | 0.465 4 |
| 2017 | 0.607 0 | 0.455 4 | 0.525 3 |
| 2018 | 0.721 2 | 0.434 0 | 0.734 8 |

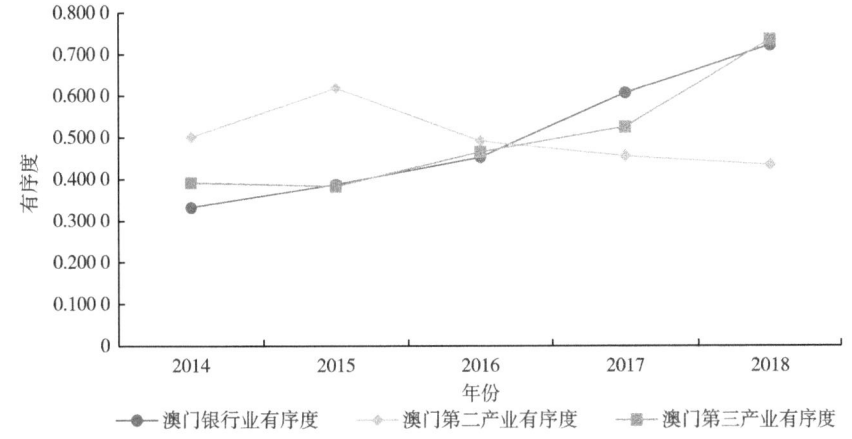

图 10-25　2014~2018 年澳门银行业和其第二产业、第三产业的有序度结果

由图 10-25 可以看出，在 2014~2018 年，澳门银行业有序度是逐年上升的，这说明澳门的银行业系统处于逐年稳步发展状态，且增长速度较快，2018 年澳门银行业有序度已经达到 0.721 2。

从澳门两大产业的有序度来看，第二产业有序度呈逐渐下降趋势，这与澳门着重发展第三产业，第二产业不发达的现状吻合；第三产业有序度呈逐渐上升趋势且上升速度逐渐加快，2018 年第三产业的有序度上升到 0.734 8，有序度较高。

整体来看，澳门银行业和其第二产业的有序度发展趋势完全不同，但是与其第三产业的有序度发展趋势非常一致，这说明澳门已经不发展第二产业了，但澳门银行业与其第三产业一直在同步有序发展中。

基于澳门银行业和其两大产业的有序度结果，运用复合系统的协同度模型，计算出澳门银行业与其两大产业之间的协同度指数，如表 10-13、图 10-26 所示。

表 10-13　澳门银行业与其两大产业的复合系统协同度结果

| 年份 | 2015 | 2016 | 2017 | 2018 |
|---|---|---|---|---|
| 与第二产业的协同度 | 0.414 9 | -0.438 5 | -0.436 7 | -0.368 1 |
| 与第三产业的协同度 | -0.251 9 | 0.384 6 | 0.463 3 | 0.568 9 |

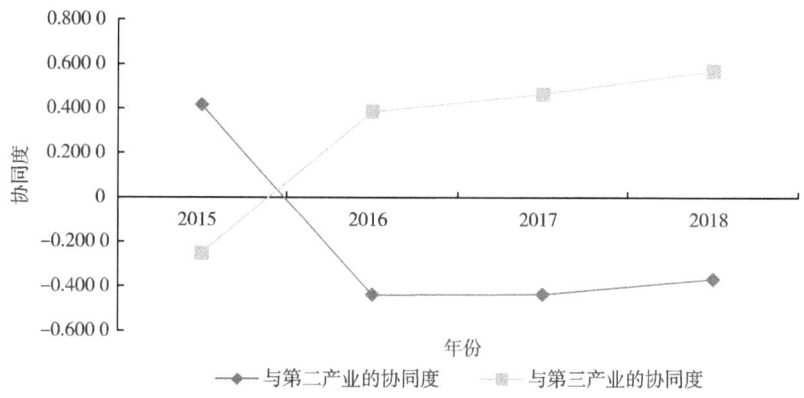

图10-26 澳门银行业与其两大产业的复合系统协同度结果

如表10-13和图10-26所示,从与第二产业的协同度来看,2015~2018年,澳门银行业与其第二产业之间的协同度从2016年开始一直小于零,这说明澳门银行业与其第二产业没有协同发展,处于相互独立状态,也可以进一步看出澳门第二产业在被逐渐淘汰。

从与第三产业的协同度来看,澳门银行业与其第三产业之间的协同度在[-0.3,0.6]之间震荡,除2015年外震荡幅度较小,说明澳门银行业与其第三产业协调发展机制较为稳定,其中,2015年协同度最低为-0.251 9,说明澳门银行业与其第三产业在2015年协同发展出现不平衡,2018年协同度最高为0.568 9,说明当时澳门银行业与其第三产业协同发展水平相对较高。

### 四、证券业与产业协同度

本小节将介绍广东省、香港和澳门的证券业对产业发展进行支持的基本现状,并分别测算出三个地区证券业与产业的协同发展水平。

#### (一)广东省

支持实体经济发展是证券行业的基本职责,证券公司作为服务实体经济的重要金融机构,在推进粤港澳大湾区发展和建设中充当着重要角色。目前,广东省分布的证券营业分支机构十分充足,有利于专业财富管理业务和大额投融资业务的顺利开展。同花顺iFinD数据库数据显示,截至2019年2月,已有100家证券公司入驻粤港澳大湾区广东省9市开展业务,证券分支营业机构共计1 259个。其中,深圳市的分支机构数量最多,共设有483个营业分支机构;其次是广州市,共设有310家营业分支机构；佛山市和东莞市分别共设有138家和110家营业分支机构。此外，珠海市、中山市、江门市、惠州市、肇庆市分别设有64家、55家、42家、41家、17家证券营业分支机构。

债券筹资方面，广东省财政厅于2018年8月16日通过全国银行间债券市场、证券交易所债券市场发行2018年粤港澳大湾区土地储备专项债券（一期）——2018年广东省政府专项债券（二十九期），计划发行面值341.9亿元，期限为5年。本次专项债将东莞、佛山、广州、中山及珠海的土地储备项目集合发行，发行后在银行间和证券交易所债券市场流通，用于上述5个城市的居住、商业、工业等用地的收储，为未来大湾区的发展开拓了空间。2019年粤港澳大湾区土地储备专项债券（一期）——2019年广东省政府专项债券（十七期）已于2019年6月3日在深交所上市交易。另外，随着粤港澳大湾区建设的重大历史性机遇，广东省2018年非金融企业净债券融资额大幅回升至4 456亿元，同比上升90.73%。图10-27为广东省2014~2018年证券公司数量及A股与债券筹资情况。

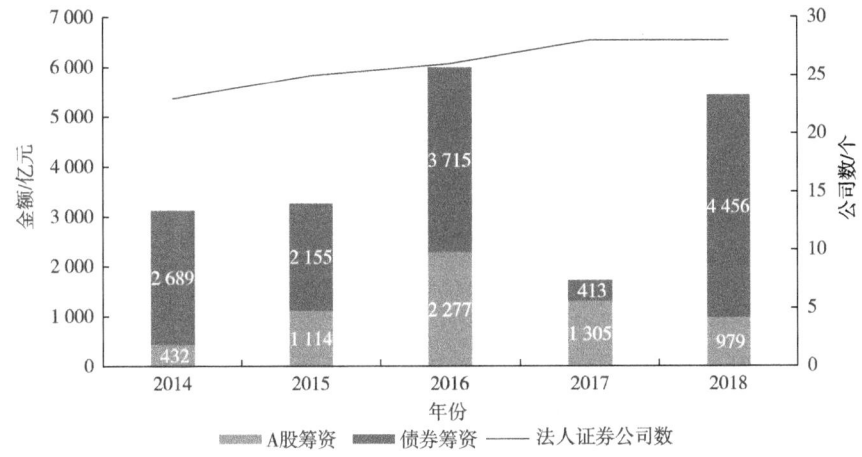

图10-27　广东省2014~2018年证券公司数量与A股/债券筹资情况

当年国内债券筹资指非金融企业净债券融资额；当年国内股票（A股）筹资额指非金融企业境内股票融资

资料来源：《广东省金融运行报告（2014-2018）》

股票筹资方面，广东省2016年非金融企业境内股票筹资额达到五年来的峰值2 277亿元；之后受全球宏观经济波动及监管因素的影响，2017年同比下降74.48%。2018年广东省证券市场共有证券公司28家，数量在所有省份中排名第一，全国占比达21.37%，股票账户数同比增长10.9%，总体发展平稳[①]。根据《2019

---

① 新浪财经. 百家券商入驻粤港澳大湾区广东9城广发布局84家分部[EB/OL]. http://finance.sina.com.cn/roll/2019-02-20-doc-ihqfskcp6740940.shtml，2019-02-20.

年广东省金融运行报告》，截至 2018 年末，广东省共有上市公司 588 家，全年上市公司（含金融机构）通过境内市场累计筹资 2 942 亿元，同比增长 7%；而非金融企业境内股票融资通过境内市场累计筹资额仍在下降，与 2017 年相比减少 326 亿元，下降幅度为 33.3%。其中，新增主板上市公司 18 家、筹资 476.2 亿元。新三板市场受经济下行压力及中小企业经营难度加大等因素影响，全年新三板挂牌企业定向发行股票筹资 75.7 亿元，同比下降 63.4%。

为计算广东省证券业与其产业的协同度，本节针对广东省证券业选取了本年累计股票交易额、本年累计营业收入、本年累计经纪业务收入、本年累计净利润 4 个指标，根据前面选取的广东省产业指标，运用子系统有序度模型分别测算出 2014～2018 年广东省证券业和其三大产业的有序度，结果如表 10-14 和图 10-28 所示。

表 10-14　2014～2018 年广东省证券业和其三大产业的有序度结果

| 年份 | 广东省证券业有序度 | 广东省第一产业有序度 | 广东省第二产业有序度 | 广东省第三产业有序度 |
| --- | --- | --- | --- | --- |
| 2014 | 0.393 2 | 0.434 3 | 0.454 2 | 0.317 6 |
| 2015 | 0.780 2 | 0.456 5 | 0.446 4 | 0.385 3 |
| 2016 | 0.498 3 | 0.523 1 | 0.482 0 | 0.476 5 |
| 2017 | 0.455 8 | 0.528 4 | 0.529 5 | 0.585 0 |
| 2018 | 0.372 4 | 0.557 7 | 0.587 9 | 0.735 6 |

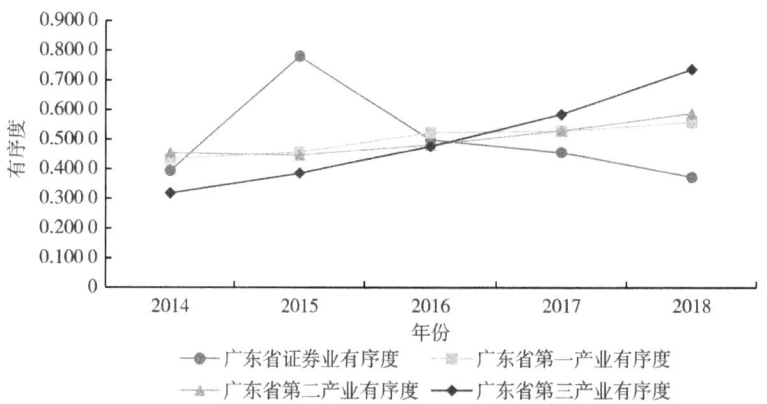

图 10-28　2014～2018 年广东省证券业和其三大产业的有序度结果

由图 10-28 可以看出，在 2014～2018 年，广东省证券业有序度整体呈下降趋势,这说明这几年广东省的证券业发展状态不是很好。

整体来看,广东省证券业和三大产业的有序度发展趋势较为不同,可以说明,广东省证券业与其三大产业在同步发展中出现了一些问题。

基于广东省证券业和其三大产业的有序度结果,运用复合系统的协同度模型,计算出2015~2018年广东省证券业与其三大产业之间的协同度指数,如表10-15、图10-29所示。

表10-15  2015~2018年广东省证券业与其三大产业之间的协同度指数结果

| 年份 | 2015 | 2016 | 2017 | 2018 |
| --- | --- | --- | --- | --- |
| 与第一产业的协同度 | 0.639 7 | −0.590 4 | −0.218 5 | −0.335 7 |
| 与第二产业的协同度 | −0.628 4 | −0.563 5 | −0.300 0 | −0.376 6 |
| 与第三产业的协同度 | 0.674 4 | −0.610 8 | −0.388 6 | −0.483 8 |

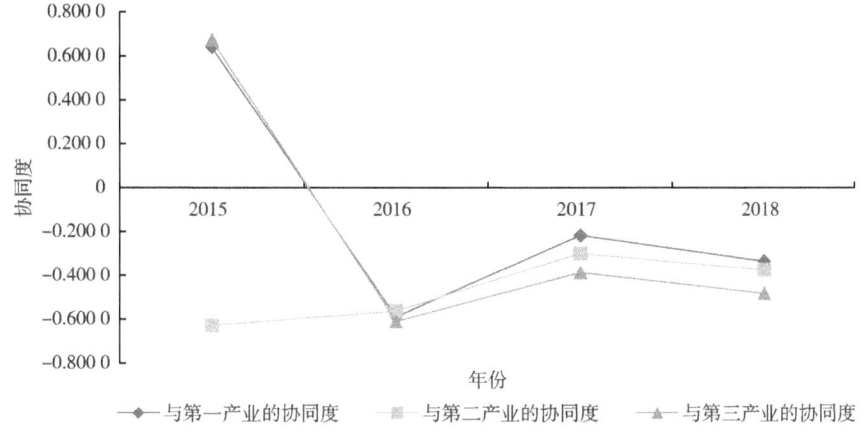

图10-29  2015~2018年广东省证券业与其三大产业之间的协同度指数结果

如表10-15和图10-29所示,整体上,广东省证券业与其三大产业的协同度基本都小于零,这与广东省证券业有序度逐年下降有很大的关系,说明广东省证券业自身的发展还不够健全,与其三大产业之间的协同发展水平还需进一步探索提升。

(二)香港

2018年香港IPO市场交易活跃。为吸引更多的优质新经纪公司资源,港交所于2018年4月底开始针对同股不同权架构公司、第二市场上市公司及未盈利的生物科技公司实施改革新政,香港股票市场新增上市企业218家,总成交金额为26.42万亿港元。与香港IPO市场形成鲜明对比的是港股二级市场,受国际经济形势影响,截至2018年12月27日,恒生指数跌幅高达14.84%,创最近七年来最大年度跌幅，2018年上市公司总市值降幅为13.67%。集资总额也轻微降至554亿港元，下降幅度为6.85%。图10-30为2014~2018年香港证券交易所股票市场交易总额、上市公司数量与市价总值。

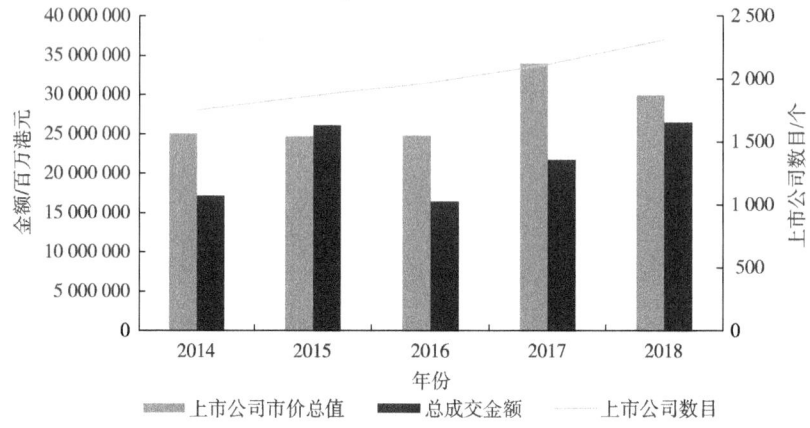

图10-30　2014~2018年香港股票市场交易总额与上市公司基本情况

资料来源：Wind金融数据库

香港拥有与海外市场接轨的监管制度、跨境银行网络及大量具有国际经验的专业金融平台，是内地企业重要的集资中心，大部分寻求在境外证券市场上市的内地企业会选择在香港挂牌。目前港股市场30%的上市公司来自内地，共661家，分布于28个省份、直辖市。2018年港股新增IPO企业218家，来自内地的共111家，占当年香港新上市企业数量的50.9%，超过半数汇集于广东、上海、北京，三地分别有28家、24家和17家，募集资金相应的占比分别为25.2%、21.6%和15.3%。从行业的角度来看，这111家港股上市公司中，TMT（telecommunication、media、technology，电信、媒体、科技）行业募集资金超900亿港元，以36.4%的占比位列第一，其次为交通与基础设施行业、金融与服务行业及地产行业，募集资金占比分别为22.2%、12.6%和11.7%[①]。香港证券市场充分发挥"桥梁"的作用，为内地提供专业金融服务，优化大湾区互通互联机制，进一步推动内资与香港资本市场的协同发展。

广深港高铁、港珠澳大桥、深中通道等基础设施的建设是粤港澳大湾区建设的重要组成部分，其规模庞大、建设周期长、投资回报慢，带来了巨大的债务融资需求。香港在粤港澳大湾区债券市场中扮演的转接点角色，为引入境外资金与多元化投资者提供便利，可以高效对接大湾区基础设施建设与实体企业发展的融

---

① 瑞恩资本. 中国内地企业2018年度香港IPO上市报告[EB/OL]. http://www.ryanbencapital.com/2019/01/07/bb6650dd9a/，2019-01-07.

资需求,是境内资金成本较高时境内企业基建融资的有益补充。例如,2014年12月珠海城投平台珠海大横琴投资有限公司在香港发行了15亿元(超额认购至30亿元)点心债,其中一半募资用于横琴新区的综合交通枢纽等基础设施建设,其票面利率4.75%,比同期内地3年期贷款基准利率低1.25%[①]。

由于相同指标的数据可获得性较差,为计算香港证券业与其产业的协同度,本节选取了港交所的上市公司数目、上市公司市价总值、总成交金额、集资总额4个指标来反映香港证券业的发展状况,根据前面选取的香港产业指标,运用子系统有序度模型分别测算出2014~2018年香港证券业和其主要产业的有序度,结果如表10-16和图10-31所示。

表10-16　2014~2018年香港证券业和其主要产业的有序度结果

| 年份 | 香港证券业有序度 | 香港主要产业有序度 |
|---|---|---|
| 2014 | 0.413 7 | 0.346 5 |
| 2015 | 0.518 1 | 0.430 3 |
| 2016 | 0.394 7 | 0.421 9 |
| 2017 | 0.571 6 | 0.564 8 |
| 2018 | 0.601 9 | 0.736 5 |

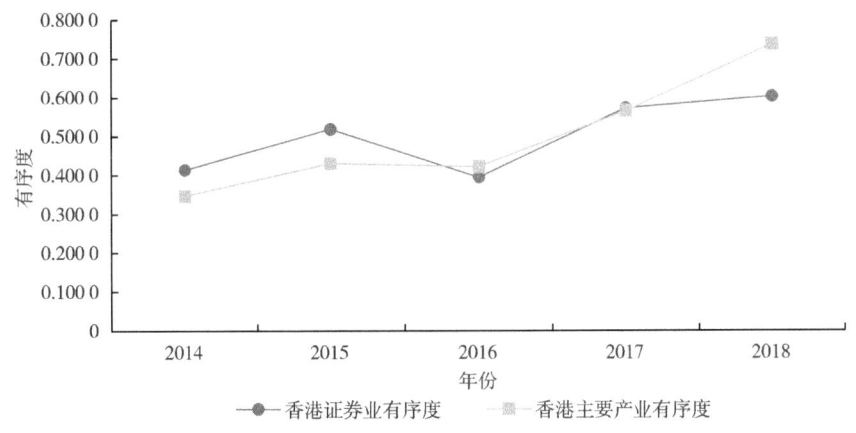

图10-31　2014~2018年香港证券业和其主要产业的有序度结果

由图10-31可以看出,在2014~2018年,香港证券业有序度大体呈上升的状态,这说明香港的证券业系统整体上处于发展状态,但2016年,其有序度有所下降,说明2016年香港证券业发展出现一些问题。到2018年为止,香港的证券业有序度已上升到0.601 9。

---

① 亚洲金融智库.粤港澳大湾区金融发展报告(2018).北京:中国金融出版社,2018.

从香港主要产业的有序度来看，其整体大致呈上升趋势，且上升趋势很大，2018年香港主要产业有序度超过了证券业系统，为0.7365，但也可以看到，2016年香港的主要产业有序度有小幅度下滑，随后上升趋势加快。

整体来看，香港证券业和其主要产业的有序度发展趋势较为一致，可以说明，香港证券业与其主要产业在同步有序发展中。

基于香港证券业和其主要产业的有序度结果，运用复合系统的协同度模型，计算出2015~2018年香港证券业与其主要产业之间的协同度指数，如表10-17，图10-32所示。

表10-17　2015~2018年香港证券业与其主要产业之间的协同度指数

| 年份 | 2015 | 2016 | 2017 | 2018 |
| --- | --- | --- | --- | --- |
| 与主要产业的协同度 | 0.4338 | -0.3631 | 0.5656 | 0.4493 |

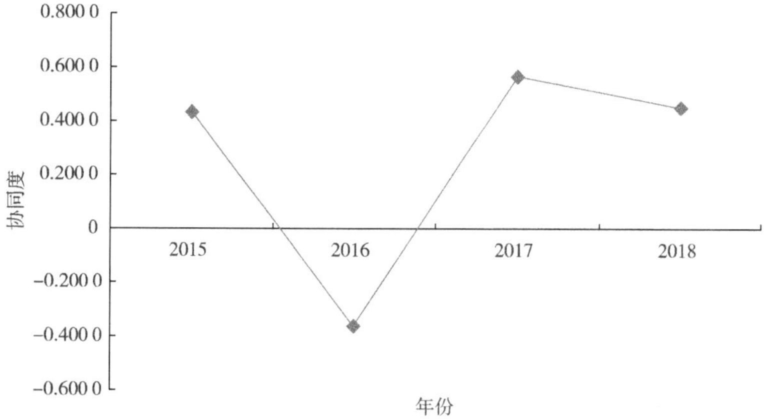

图10-32　2015~2018年香港证券业与其主要产业之间的协同度指数

如表10-17和图10-32所示，2015~2018年，香港证券业与其主要产业之间的协同度在[-0.4，0.6]之间震荡，其中，2017年协同度最高为0.5656，2016年协同度最低为-0.3631，这说明2016年香港证券业与其主要产业的协同发展不平衡，除2016年外，其他年份香港银行业与其主要产业的协同度指数整体来说相对较高，说明其协同发展水平较高。

（三）澳门

澳门经济结构单一，其中，发展证券市场是丰富"澳门特色金融业"的重要途径之一。2018年12月，中华（澳门）金融资产交易股份有限公司成立，成为澳门首家提供债券登记、托管、交易及结算业务的金融机构，主要定位为债券交易平台，并未包含股票交易。2019年10月13日,澳门金融管理局宣布,该局已委托国际顾问公司对在澳门建立证券市场开展可行性研究,希望通过调查与研究认清自身优势,优化澳门金融多元化发展路径,与深交所、港交所错位竞争,有序落实《粤港澳大湾区发展规划纲要》提出的"研究在澳门建立以人民币计价结算的证券市场"。

广东省地方金融监督管理局相关数据显示,广东有4.5万家国家级高新技术企业,上市公司的数量只占1.8%左右,深交所和上交所不能完全满足粤港澳大湾区高新技术企业的上市需求。澳门证券交易所定位于打造离岸人民币的"纳斯达克",旨在为大湾区高新技术企业上市提供一个投融资交易平台,不仅能助力粤港澳大湾区高新技术产业发展,还可以为葡语系企业提供跨境人民币服务,增强人民币在葡语系国家的影响力。

### 五、保险业与产业协同度

本小节将介绍广东省、香港和澳门的保险业对产业发展进行支持的基本现状,并分别测算出三个地区保险业与产业的协同发展水平。

#### (一)广东省

2014~2017年,广东省保费收入高速增长,2016年增速最高达到26.34%。2018年,广东省保险公司共34家,总资产规模不断扩大,保费收入达到4 664亿元,同比增长7.7%,但增速较2017年呈回落趋势,说明广东省保险业开始转入高质量发展阶段。图10-33为广东省2014~2018年保险公司数量与保费收入的变化情况。

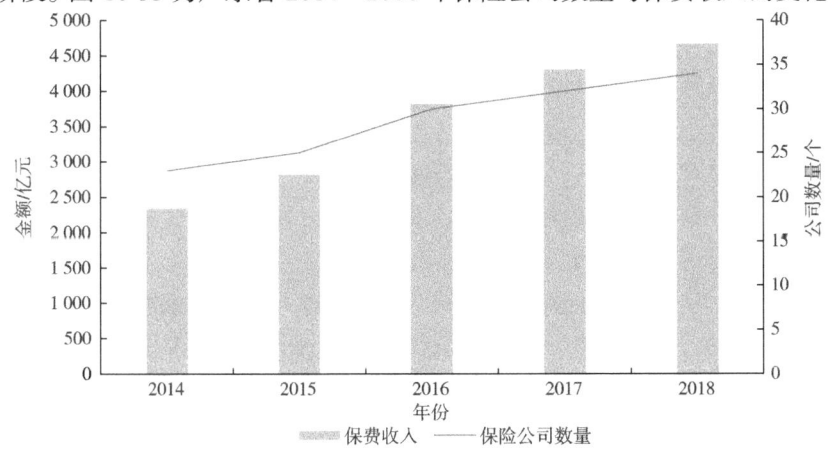

图10-33 广东省2014~2018年保险公司数量与保费收入情况

资料来源:《广东省金融运行报告(2014~2018年)》

大湾区的建设离不开基础设施的互联互通，而基础设施的建设与运行需要大规模、长期稳定的资金，这恰恰与保险资金的属性相匹配。保险资金具有期限长、规模大、成本相对较低等优势，可通过股权、债权、PPP（public-private partnership，政府和社会资本合作）等模式为大湾区内的路桥建设、轨道交通等基础设施提供资金支持和风险保障。在保险的推动下，粤港澳三地的融合发生了明显的变化，广东省共有来自15个国家、地区的外资保险设立的33家机构，320家营业性机构，港资保险营业性机构占全国超40%[①]。

截至2019年一季度末，险资在粤投资规模约9 000亿元。保险资金规模的扩大为大湾区城市建设与基础设施互联互通提供了有力支持，保险业保障功能得到进一步发挥。广东省银行监督管理局的数据显示，2019年前四个月，广东省保险业提供风险保障金额430.94万亿元，同比增长192.22%；保险公司赔付支出354.48亿元，同比增长2.11%；服务重点领域成效明显，极大地支持了实体经济发展。其中，科技保险为科技创新企业提供风险保障1 794.99亿元；出口信用保险支持出口1 667.36亿元；农业保险为111.86万农户的农业生产提供168.94亿元风险保障，支付赔款2.58亿元，受益农户30.09万户。除了提供资金外，保险企业还能为大型基础设施的安全提供保障，如人保财险是港珠澳大桥主体工程的首席承保公司；再如，平安产险为建设深中通道、珠三角城际广佛环线提供的保额超1 000亿元。

在政策红利吸引下，包括保险在内的金融要素纷纷聚集于粤港澳大湾区，对大湾区建设和发展提供了有力的支持。2020年3月13日，深圳银保监局正式对外发布《关于推动深圳银行业和保险业支持粤港澳大湾区和中国特色社会主义先行示范区建设的指导意见》，更是代表着粤港澳三地保险产品与服务互联互通正在一步步变为现实。指导意见明确指出：要积极推进深圳保险创新发展试验区建设，推动设立保险服务中心，有序推进深圳与港澳金融市场互联互通和金融产品互认，支持深圳保险机构与大湾区保险机构合作开发创新型跨境机动车保险和跨境医疗保险产品，联合开展跨境人民币再保险业务。

除此之外，粤港澳大湾区保险产品不断创新，精准对接实体企业需求。以平安产险广东分公司为例，其陆续创新推出的"店家宝"、作品版权维权保险、小微企业进出口信用险等多款小微企业专属产品，有效降低了粤港澳三地小微企业融资成本。"店家宝"是平安产险在业内首次针对个体工商户群体推出的，主要为个体工商户因火灾爆炸、自然灾害造成的店内财产损失，以及全部家庭成员的人身

---

① 南方网. 险资在粤投资超9000亿！大湾区建设，为何要保险先行[EB/OL]. static.nfapp.southcn.com/content/201905/18/c2235909.html?group_id=1，2019-05-18.

意外提供保障；作品版权维权保险是我国版权市场首个创新保险合作模式；小微企业进出口信用险主要为出口额在300万美金以下的出口企业的应收账款提供保障，提升小微企业出口风险保障，帮助小微企业提升融资可能性。目前，平安产险相继推出专利申请费用补偿险、专利被侵权保险等多款产品，为广东省3 000余家科技型企业的专利提供风险保障[1]。

为计算广东省保险业与其产业的协同度，本节针对广东省保险业选取了保险公司数量、保费收入、保险密度、保险深度4个指标，根据前面选取的广东省产业指标，运用子系统有序度模型分别测算出2014～2018年广东省保险业和其三大产业的有序度，结果如表10-18和图10-34所示。

表10-18 广东省保险业与其三大产业有序度结果

| 年份 | 广东省保险业有序度 | 广东省第一产业有序度 | 广东省第二产业有序度 | 广东省第三产业有序度 |
| --- | --- | --- | --- | --- |
| 2014 | 0.305 3 | 0.434 3 | 0.454 2 | 0.317 6 |
| 2015 | 0.390 4 | 0.456 5 | 0.446 4 | 0.385 3 |
| 2016 | 0.476 6 | 0.523 1 | 0.482 0 | 0.476 5 |
| 2017 | 0.641 3 | 0.528 4 | 0.529 5 | 0.585 0 |
| 2018 | 0.686 3 | 0.557 7 | 0.587 9 | 0.735 6 |

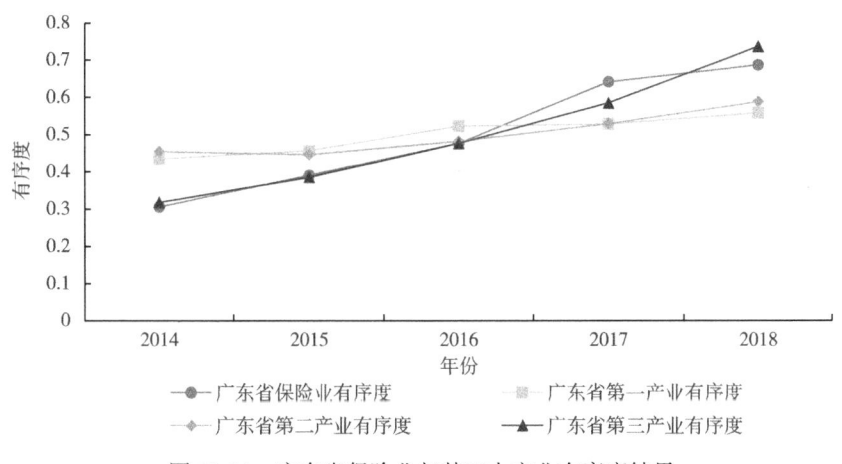

图10-34 广东省保险业与其三大产业有序度结果

由图10-34可以看出，在2014～2018年，广东省保险业有序度是逐年上升的，这说明广东省的保险业系统处于逐年稳步发展状态，且从2016开始其发展势头更

---

[1] 搜狐财经. 粤港澳大湾区基建已吸引险资9000亿车险"一张保单保三地"仍待破局[EB/OL]. https://m.sohu.com/a/315392660_100191068，2019-06-17.

快，有序度增幅较大。

整体来看，广东省保险业和其三大产业的有序度发展趋势较为一致，可以说明，广东省保险业与其三大产业在同步有序发展中。

基于广东省保险业和其三大产业的有序度结果，运用复合系统的协同度模型，计算出广东省保险业与其三大产业之间的协同度指数，如表10-19，图10-35所示。

表10-19 广东省保险业与其三大产业复合系统协同度结果

| 年份 | 2015 | 2016 | 2017 | 2018 |
| --- | --- | --- | --- | --- |
| 与第一产业的协同度 | 0.327 5 | 0.391 0 | 0.412 2 | 0.272 5 |
| 与第二产业的协同度 | −0.304 9 | 0.349 1 | 0.460 6 | 0.321 5 |
| 与第三产业的协同度 | 0.391 0 | 0.421 2 | 0.522 7 | 0.442 2 |

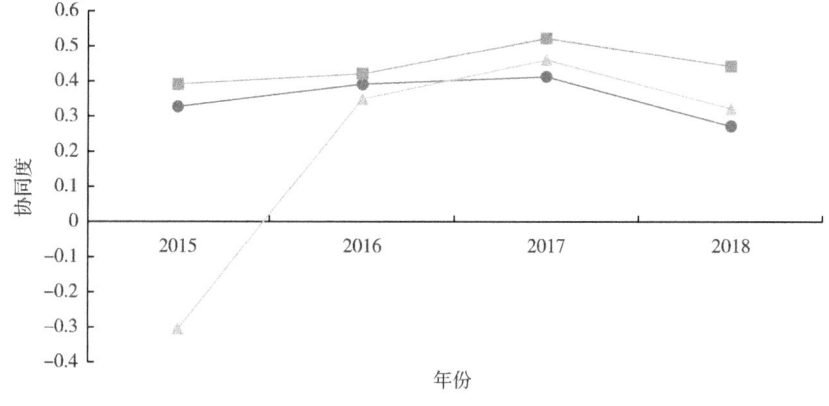

图10-35 广东省保险业与其三大产业复合系统协同度结果

如表10-19和图10-35所示，从与第一产业的协同度来看，2015~2018年，广东省保险业与其第一产业之间的协同度在[0.2, 0.5]之间震荡，协同度整体变化不大，其中，2017年协同度最高为0.412 2，2018年协同度最低为0.272 5，可以看出，广东省保险业与其第一产业的协同发展水平还有很大提升空间。

从与第二产业的协同度来看，广东省保险业与其第二产业之间的协同度在[−0.4, 0.5]之间震荡，其中，2017年协同度最高为0.460 6，2015年协同度最低为−0.304 9，这说明2015年广东省保险业与其第二产业协同发展不平衡。

从与第三产业的协同度来看,广东省保险业与其第三产业之间的协同度在[0.3,0.6]之间震荡,震荡幅度较小,说明广东省保险业与其第三产业协调发展机制较为稳定,其中,2017年协同度最高为0.5227,2015年协同度最低为0.3910。

整体来看,广东省保险业与三大产业之间的协同发展水平相对较高。其中广东省保险业与其第三产业历年的协同度都最高,协同发展水平较高,也最为稳定,到2018年,保险业与其三大产业的协同度排名为:第三产业,第二产业,第一产业。

### (二)香港

《粤港澳大湾区发展规划纲要》提出,支持符合条件的港澳银行、保险机构在深圳前海、广州南沙、珠海横琴设立经营机构,为基础设施建设提供风险保障服务,让大湾区实体经济平稳运行。与内地保险公司相比,香港保险公司发展历史久远,无论是保险深度,还是保险密度均名列世界前茅,服务规范、专业且国际化,可以为内地投保人提供丰富的产品和选购渠道。受台风"山竹"影响,2018年香港保险公司资产总额在2017年下降至876.57亿港元;保险储备金保持在稳定水平,同比上升2.29%,表明台风相关赔付主要影响保险公司利润水平,对资本实力的影响并不大。

针对粤港澳大湾区带来的发展机遇,香港保险业不断扩大在内地的销售和服务区域,为个人及公司客户提供便利的高质量服务。2018年香港一般保险毛保费收入531.01亿港元,与2017年全年相比上升9.12个百分点;已偿付申索毛额291.13亿港元,同比上升11%。其中,向内地访客新单保费全年保持平稳,占个人业务新单保费的29.4%。从保险类型来看,内地访客购买的保险产品有96%与医疗保障有关,如危疾、终身人寿及定期人寿等[①]。图10-36反映了2014~2018年香港保险公司基本发展情况。

为计算香港保险业与其产业的协同度,本节针对香港保险业选取了保费收入、保险深度、保险密度、资产总额4个指标,根据前面选取的香港产业指标,运用子系统有序度模型分别测算出2014~2018年香港保险业和其主要产业的有序度,结果如表10-20和图10-37所示。

---

① 保险资讯网. 2018年内地人去香港买保险总保费 476 亿[EB/OL]. https://baijiahao.baidu.com/s?id=1637216096484174186&wfr=spider&for=pc https://www.hkinsu.com/hkbx/15862.html,2019-03-17.

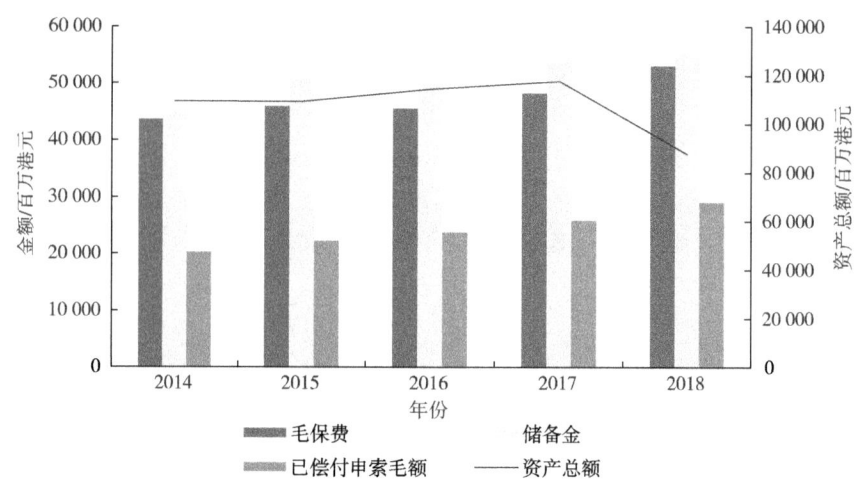

图 10-36  2014~2018 年香港保险公司基本发展情况

资料来源：香港保险业监管局

表 10-20  2014~2018 年香港保险业和其主要产业的有序度结果

| 年份 | 香港保险业有序度 | 香港主要产业有序度 |
| --- | --- | --- |
| 2014 | 0.324 2 | 0.346 5 |
| 2015 | 0.382 2 | 0.430 3 |
| 2016 | 0.557 4 | 0.421 9 |
| 2017 | 0.615 9 | 0.564 8 |
| 2018 | 0.620 2 | 0.736 5 |

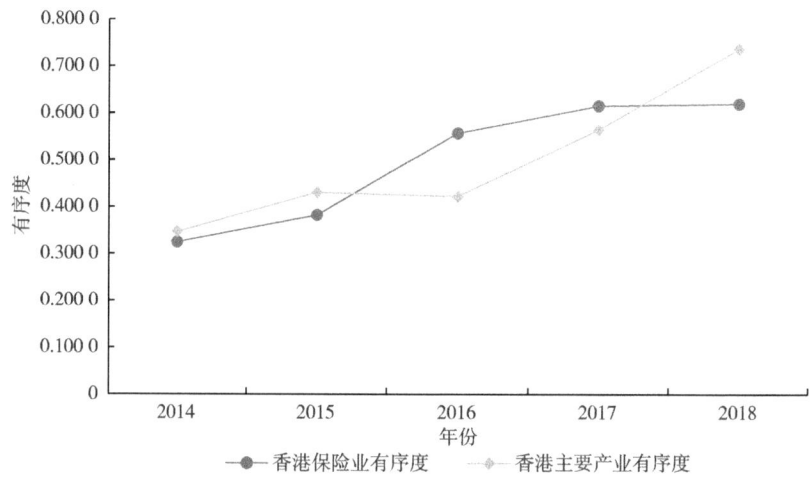

图 10-37  2014~2018 年香港保险业和其主要产业的有序度结果

# 第十章 现有金融服务支持产业发展的模式

由图 10-37 可以看出,在 2014~2018 年,香港保险业有序度呈逐年上升的状态,这说明香港的保险业系统整体上处于发展状态。到 2018 年为止,香港的保险业有序度已上升到 0.620 2。

从香港主要产业的有序度来看,其整体大致呈上升趋势,且上升趋势很大,2018 年香港主要产业的有序度超过了保险业系统,为 0.736 5,但也可以看到,2016 年香港的主要产业有序度有小幅度下滑,随后上升趋势加快。

整体来看,香港保险业和其主要产业的有序度发展趋势较为一致,可以说明,香港保险业与其主要产业在同步有序发展中。

基于香港保险业和其主要产业的有序度结果,运用复合系统的协同度模型,计算出 2015~2018 年香港保险业与其主要产业之间的协同度指数,如表 10-21、图 10-38 所示。

表 10-21　2015~2018 年香港保险业与其主要产业之间的协同度指数结果

| 年份 | 2015 | 2016 | 2017 | 2018 |
| --- | --- | --- | --- | --- |
| 与主要产业的协同度 | 0.376 5 | -0.428 6 | 0.448 8 | 0.419 5 |

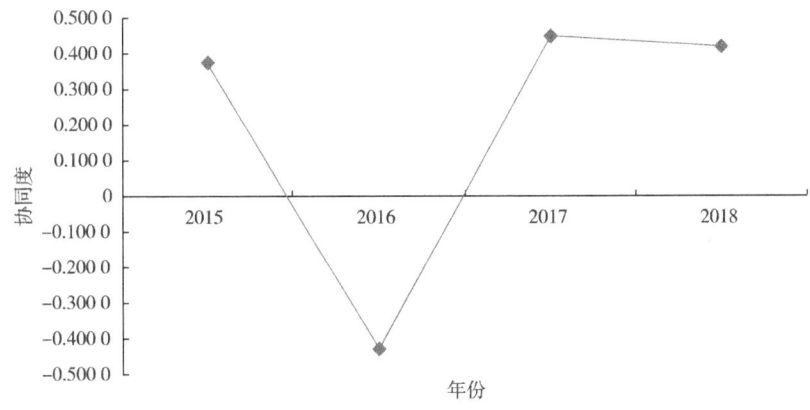

图 10-38　2015~2018 年香港保险业与其主要产业之间的协同度指数结果

如表 10-21 和图 10-38 所示,2015~2018 年,香港保险业与其主要产业之间的协同度在[-0.5,0.5]之间震荡,其中,2017 年协同度最高为 0.448 8,2016 年协同度最低为-0.428 6,这说明 2016 年香港保险业与其主要产业的协同发展不平衡,除 2016 年外,其他年份香港保险业与其主要产业的协同度指数整体来说相对较高,说明其协同发展水平较高。

## (三)澳门

从 2014 年的 88.86 亿澳门元增长至 2016 年的 205.24 亿澳门元,澳门保险收入在两年间实现快速增长,增速分别达到 37.05%和 31.22%。同时,赔偿金额一直稳定于 30 亿澳门元的水平。2017 年澳门保费收入实现 219.21 亿澳门元,总体发展趋于平稳,同比增长 6.37%。受台风"天鸽"影响,2017 年澳门财产损失险、营业中断险和车险索赔大幅增加,赔偿总金额 107 亿澳门元,达到五年来的峰值。

2018 年澳门共有 24 家保险机构,保费收入 221.63 亿澳门元,较 2017 年有轻微下降,下降幅度为 3.58%。同时,赔偿金额回落至较为正常的水平,具体金额为 56.13 亿澳门元,与 2016 年相比增加 20.75 亿澳门元。图 10-39 展示了 2014~2018 年澳门保费收入与赔偿金额情况。

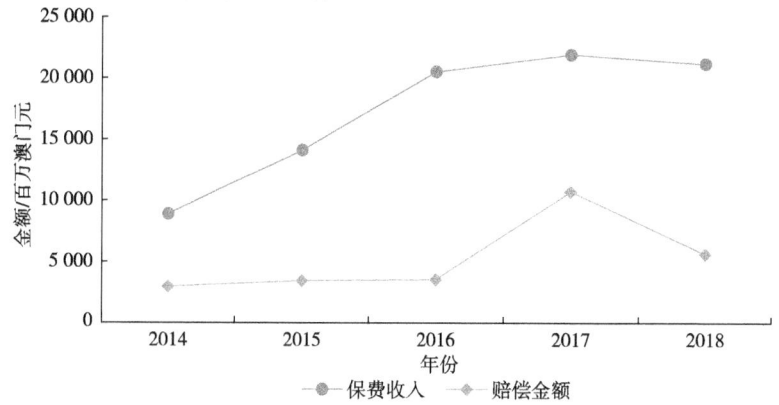

图 10-39 2014~2018 年澳门保费收入与赔偿金额
资料来源:澳门统计暨普查局,澳门金融管理局

为计算澳门保险业与其产业的协同度,本节针对澳门保险业选取了保费收入、保险深度、保险密度、其他净收入 4 个指标,根据前面选取的澳门产业指标,运用子系统有序度模型分别测算出 2014~2018 年澳门保险业和其第二产业、第三产业的有序度,结果如表 10-22 和图 10-40 所示。

表 10-22 2014~2018 年澳门保险业和其第二产业、第三产业的有序度结果

| 年份 | 澳门保险业有序度 | 澳门第二产业有序度 | 澳门第三产业有序度 |
| --- | --- | --- | --- |
| 2014 | 0.266 8 | 0.500 8 | 0.391 7 |
| 2015 | 0.406 0 | 0.618 4 | 0.382 8 |
| 2016 | 0.577 4 | 0.491 5 | 0.465 4 |
| 2017 | 0.650 8 | 0.455 4 | 0.525 3 |
| 2018 | 0.598 9 | 0.434 0 | 0.734 8 |

第十章　现有金融服务支持产业发展的模式

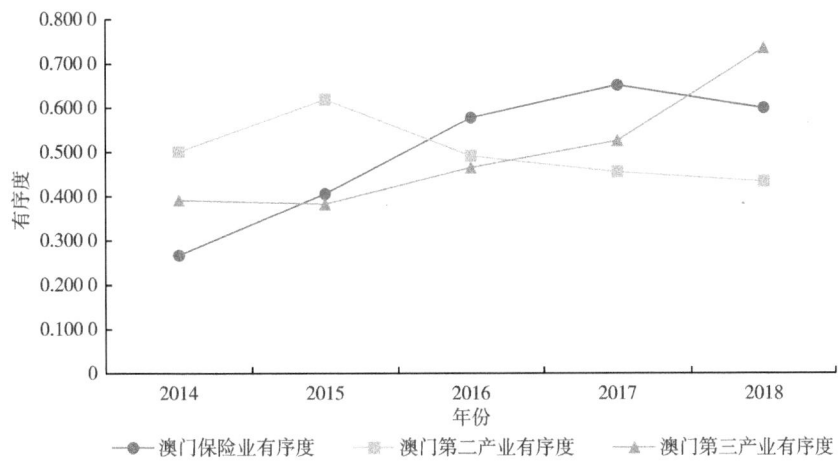

图 10-40　2014~2018 年澳门保险业和其第二产业、第三产业的有序度结果

可以看出，在 2014~2018 年，澳门保险业有序度呈逐渐上升趋势，这说明澳门的保险业系统处于稳步发展状态，且增长速度较快，2018 年澳门保险业有序度已经达到 0.598 9。

整体来看，澳门保险业和其第二产业的有序度发展趋势完全不同，但是与其第三产业的有序度发展趋势非常一致，这说明澳门已经不发展第二产业了，但澳门保险业与其第三产业一直在同步有序发展中。

基于澳门保险业和其两大产业的有序度结果，运用复合系统的协同度模型，计算出 2015~2018 年澳门保险业与其两大产业之间的协同度指数，如表 10-23、图 10-41 所示。

表 10-23　2015~2018 年澳门保险业与其两大产业之间的协同度指数结果

| 年份 | 2015 | 2016 | 2017 | 2018 |
| --- | --- | --- | --- | --- |
| 与第二产业的协同度 | 0.506 8 | -0.546 2 | -0.330 8 | -0.270 7 |
| 与第三产业的协同度 | -0.384 9 | 0.504 0 | 0.365 2 | -0.511 3 |

如表 10-23 和图 10-41 所示，从与第二产业的协同度来看，2015~2018 年，澳门保险业与其第二产业之间的协同度从 2016 年开始一直小于零，这说明澳门保险业与其第二产业没有协同发展，处于相互独立状态，也可以进一步看出澳门第二产业在被逐渐淘汰。

从与第三产业的协同度来看，澳门保险业与其第三产业之间的协同度在 [-0.6，0.6] 之间震荡，震荡幅度较大，说明澳门保险业与其第三产业协调发展机制尚不稳定，其中，2018 年协同度最低为-0.5113，说明澳门保险业受 2018 年金

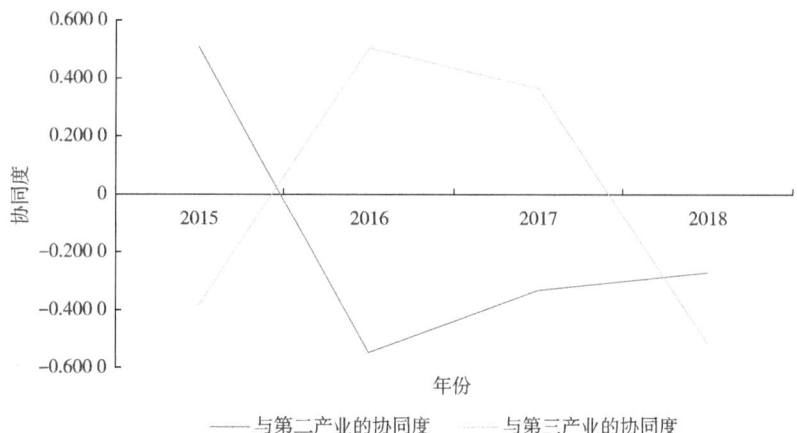

图 10-41　2015~2018 年澳门保险业与其两大产业之间的协同度指数结果

融危机的冲击较大，与其第三产业在 2018 年协同发展出现不平衡。澳门还需进一步完善保险业与其产业之间的协同发展机制。

### 六、基金业与产业协同度

本小节将对广东省、香港和澳门基金业支持产业发展的基本现状进行分析，并分别测算出三个地区基金业与产业的协同发展水平。

#### （一）广东省

基金行业具有将社会资金转化为金融资本服务实体经济的功能，广东省作为国内创业投资行业发展较早省份之一，管理基金数量及规模一直处于全国领先地位。2018 年广东省基金业保持较快增速，新增法人基金公司 1 家，总部设在辖内的基金公司数共有 32 家，基金规模和净值比 2017 年末分别增长 12.1%和 14.6%。根据中国证券投资基金业协会统计数据，2018 年广东省新增 618 家已登记备案的私募股权和创投基金管理机构，机构数量和管理基金数量均居全国首位，占全国的 25.73%和 23.88%，能为大湾区国际科技创新中心和国际风投创投中心的建设提供长期、稳定的资金支持。

私募股权投资是重要的直接融资工具，能有效降低实体经济融资成本。2017 年 12 月，广州市政府办公厅颁布《广州市促进风险投资市场规范发展管理办法》，旨在扩大私募基金发展的政策扶持范围，进一步推动广东省创业投资行业支持实体经济与科技创新的发展。黄埔、南沙、天河等区相继出台各有特色的扶持政策，广州市已成为对私募股权投资基金最有吸引力的城市之一。2018年末,广州市共有434只基金,总体发展平稳,基金规模达11 212亿份,较2017年减少388.64亿份;基金净值为12 712亿元,同比增长7.47%。图10-42为广州市2014~2018年基金数量、基金规模与基金净值的变化情况。此外,广州市政府投资基金总体规模超700亿元,已经投出资金中有70%投向广州地区企业,且主要集中在IAB、NEM等战略性新兴产业领域及城市基础设施建设领域,为全市产业发展、项目建设及科技创新提供了重要的资本支撑[①]。

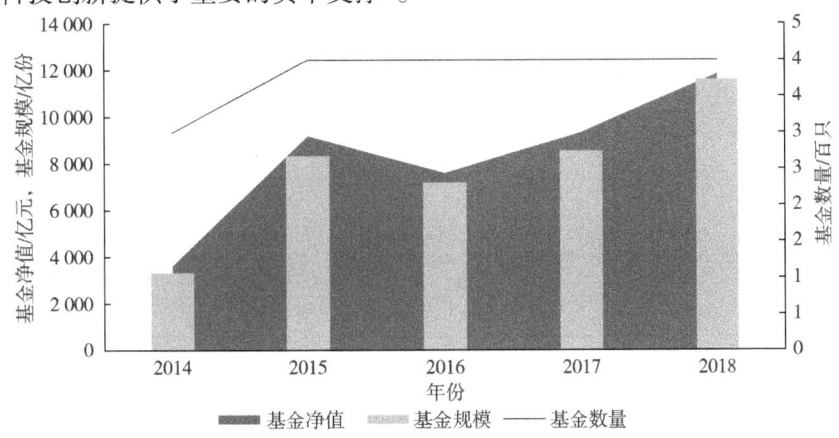

图10-42 广州市2014~2018年基金行业基本情况
资料来源:中国证券监督管理委员会广州监管局

除了资金支持外,私募股权投资机构还能够通过股权纽带与被投资企业形成协同效应,推动企业加快与资本市场的对接,引导被投资企业落户当地孵化器、产业园,形成集群化发展。以广州万博基金小镇为例,目前小镇引入144家私募基金,带动13家初创科技型企业整体落户番禺,完善优势产业链条,利用金融招商带动产业招商,成效明显。

在公募基金方面,粤港澳大湾区聚集了大批科技创新企业,尤其是5G领域,拥有显著的投资价值。早在2017年7月,中证指数有限公司就发布了中证粤港澳大湾区发展主题指数系列。2018年12月,平安中证推出了国内首只粤港澳大湾区主题ETF(Exchange Traded Fund,交易型开放式指数基金)——粤港澳大湾区发展主题ETF,招商基金也于2019年8月上报了跟踪恒生沪深港通大湾区创新精选50指数(以下简称"沪港深通湾创指数")的ETF产品。截至2019年8月,在运作的粤港澳大湾区主题基金已有42只,累计规模达357.41亿元,成立以来

---

① 广东金融网. 广州私募基金市场不断壮大有效助推高质高新高端产业发展[EB/OL]. http://gdjr.gd.gov.cn/jrzx/dfjr/gz/content/post_1123095.html, 2018-03-06.

平均回报率高达40%[①]。

为计算广东省基金业与其产业的协同度，本节选取了基金公司数量、基金数量、基金规模、基金净值4个指标来反映广东省基金业的发展状况，根据前面选取的广东省产业指标，运用子系统有序度模型分别测算出2014~2018年广东省基金业与其三大产业的有序度，结果如表10-24和图10-43所示。

由图10-43可以看出，在2014~2018年，广东省基金业有序度是逐渐上升的，这说明广东省的基金业处于逐年稳步发展状态，且从2016开始其发展势头更快，有序度增幅较大。

表10-24 2014~2018年广东省基金业与其三大产业的有序度结果

| 年份 | 广东省基金业有序度 | 广东省第一产业有序度 | 广东省第二产业有序度 | 广东省第三产业有序度 |
| --- | --- | --- | --- | --- |
| 2014 | 0.245 2 | 0.434 3 | 0.454 2 | 0.317 6 |
| 2015 | 0.512 3 | 0.456 5 | 0.446 4 | 0.385 3 |
| 2016 | 0.498 9 | 0.523 1 | 0.482 0 | 0.476 5 |
| 2017 | 0.572 0 | 0.528 4 | 0.529 5 | 0.585 0 |
| 2018 | 0.671 6 | 0.557 7 | 0.587 9 | 0.735 6 |

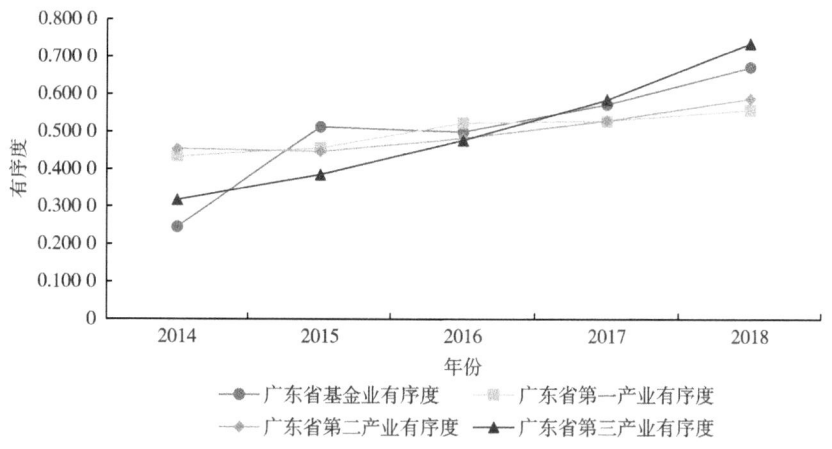

图10-43 2014~2018年广东省基金业与其三大产业的有序度结果

整体来看，广东省基金业和三大产业的有序度发展趋势较为一致，可以说明，广东省基金业与其三大产业在同步有序发展中。

---

① 中证网. 公募捕捉大湾区发展红利[EB/OL]. www.cs.com.cn/tzjj/jjdt/201908/t20190814_5977233.html，2018-03-06.

基于广东省基金业和其三大产业的有序度结果,运用复合系统的协同度模型,计算出 2015~2018 年广东省基金业与其三大产业之间的协同度指数,如表10-25、图 10-44 所示。

表 10-25　2015~2018 年广东省基金业与其三大产业之间的协同度指数结果

| 年份 | 2015 | 2016 | 2017 | 2018 |
|---|---|---|---|---|
| 与第一产业的协同度 | 0.537 9 | -0.283 1 | 0.280 0 | 0.358 9 |
| 与第二产业的协同度 | -0.524 3 | -0.221 7 | 0.347 3 | 0.397 4 |
| 与第三产业的协同度 | 0.578 7 | -0.323 5 | 0.426 2 | 0.500 1 |

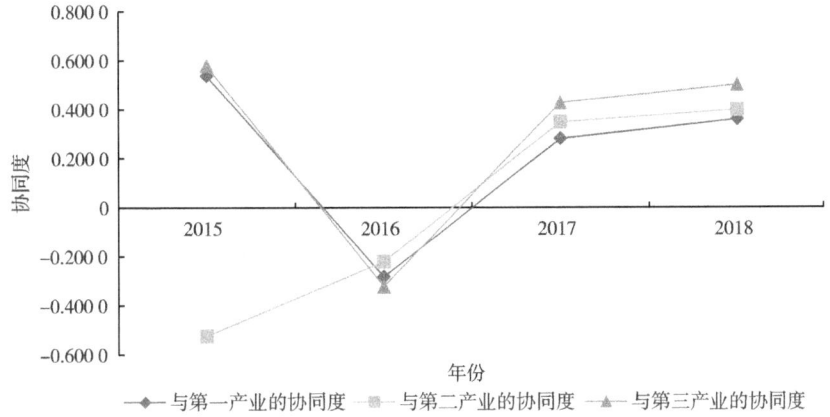

图 10-44　2015~2018 年广东省基金业与其三大产业之间的协同度指数结果

如表 10-25 和图 10-44 所示,从与第一产业的协同度来看,2015~2018 年,广东省基金业与其第一产业之间的协同度在[-0.3,0.6]之间震荡,其中,2015 年协同度最高为 0.537 9,2016 年协同度最低为-0.283 1,可以看出,除去 2016 年,广东省基金业与其第一产业的协同度整体变化不大,发展水平还有很大提升空间。

从与第二产业的协同度来看,广东省基金业与其第二产业之间的协同度在[-0.6,0.4]之间震荡,其中,2018 年协同度最高为 0.397 4,2015 年协同度最低为-0.524 3,这说明 2015 年广东省基金业与其第二产业协同发展严重不平衡,直到 2017 年,广东省基金业与其第二产业之间才出现正向协调发展,但整体上呈现出逐年上升状态,发展趋势较好。

从与第三产业的协同度来看,广东省基金业与其第三产业之间的协同度在[-0.4,0.6]之间震荡,其中,2015 年协同度最高为 0.578 7,2016 年协同度最低为-0.323 5,可以看出,除 2016 年以外,其他年份协同度震荡幅度较小,且协同度相对较高，说明广东省基金业与其第三产业协调发展机制较为良好。

整体来看，广东省基金业与其三大产业之间的协同发展水平参差不齐。其中广东省基金业与其第一产业和第三产业的协同度发展趋势比较一致，与第三产业协同发展水平较高。在 2016 年，广东省基金业与其三大产业的协同度均为负值，说明 2016 年广东省基金业与其三大产业协同发展出现不平衡。

（二）香港

2018 年，香港公募基金（包括证监会认可基金及在其他司法管辖区获认可的基金）占资产管理及基金顾问业务（不含房地产基金业务）的 35%，其次是管理账户占 26%，私募基金占 18%，最后是对冲基金占 6%。

其中，香港的私募股权基金所管理的资金总额（不含房地产基金）于 2018 年达到 1 590 亿美元，位列亚洲第二[①]。图 10-45 展示了 2017 年和 2018 年香港资产管理及基金顾问业务金额。《粤港澳大湾区发展规划纲要》提出，支持香港私募基金参与大湾区创新型科技企业融资，支持丝路基金及相关金融机构在香港设立分支机构。香港投资基金公会的数据显示，大湾区增长及收益独立资产组合表现良好，其一月期收益率（以美元计）为 2.61%，在所有香港证监会认可基金中位列第一；其一年期收益率（以美元计）为 7.17%，排名第七[②]。香港作为卓越的全球金融中心，相信会在今后提供更广泛的大湾区重要领域建设基金产品。

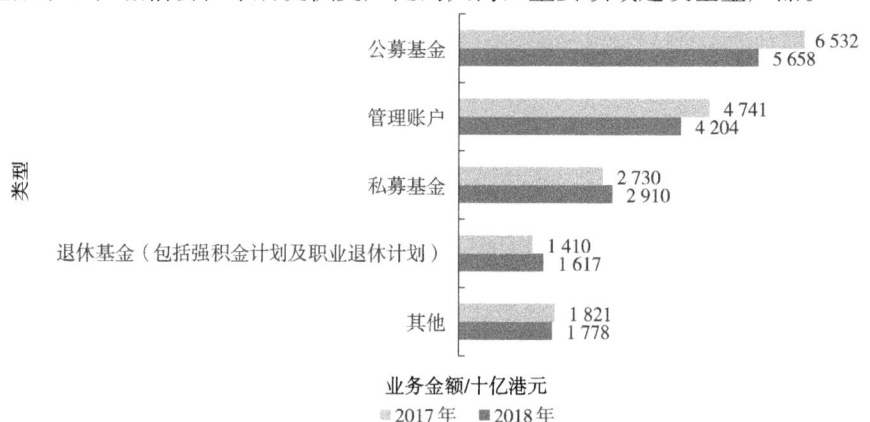

图 10-45　2017 年与 2018 年香港资产管理及基金顾问业务比较

资料来源：香港证券及期货事务监察委员会《2018 年资产及财富管理活动调查》

① 资料来源：2019 年 3 月 25 日《亚洲创业投资期刊》。
② 香港投资基金公会．《Investment Performance Measurement For End February 2020》。

## （三）澳门

为积极响应"一带一路"及粤港澳大湾区建设，由广东省政府和澳门特别行政区政府共同推动建立的广东粤澳合作发展基金于 2018 年 5 月正式投入运作[①]。粤澳合作发展基金通过专业化基金管理平台推动澳门财政资金参与粤港澳大湾区基础设施与重要平台建设，是粤澳深化金融合作的重要创新举措，有助于粤港澳大湾区培育新兴产业，为大湾区居民建立宜居宜业宜游的优质生活圈。在公募基金方面，中国银行澳门分行于 2019 年 4 月推出了首只澳门特色大湾区公募基金，接受澳门元认购，投资标的涵盖澳门元计价资产[②]。该基金将澳门作为首发地区，针对澳门中小投资者，贯彻普惠金融理念，是大湾区规划出台后首只大湾区主题公募基金，更是全球首只澳门元基金，以期推动粤港澳大湾区跨境人民币业务发展，强化三地产业与金融的发展联系。

此外，澳门特区行政会 2019 年 7 月 26 日公布，为有效落实《澳门特区五年发展规划》相关规划，将从财政储备中的超额储备调拨 600 亿澳门元设立澳门投资发展基金管理股份有限公司（以下简称"基金管理公司"），以提高公共财政资源的长期回报率，构建澳门财政储备多元增值体系。有别于粤澳合作发展基金，"基金管理公司"以商业化模式运作，承担市场风险。然而，由于社会上对动用财政储备设立"基金管理公司"存在不同看法，澳门特区政府认为需要启动关于设立"基金管理公司"的公开咨询程序来做更多解说，并于 2019 年 9 月 19 日撤回调拨财政储备中的超额储备的 600 亿澳门元作为设立"基金管理公司"资本的法案[③]。推动"基金管理公司"落地任重而道远。

---

[①] 央广网. 粤澳签约设立合作发展基金助推粤港澳大湾区金融合作[EB/OL]. https://baijiahao.baidu.com/s?id=1599601041040906392&wfr=spider&for=pc, 2018-05-05.

[②] 大湾区发布. 全球首只澳门元基金——澳门大湾区主题公募基金成立[EB/OL]. https://www.sohu.com/a/306674356_100195858, 2019-04-09.

[③] 澳门金融管理局. 澳门金融管理局将就设立澳门投资发展基金管理股份有限公司进行公开咨询 https://www.gov.mo/zh-hans/news/263105/, 2019-09-19.

# 第十一章  粤港澳大湾区金融服务支持产业发展的经验借鉴与重点方向

粤港澳大湾区是我国开放程度较高，经济活力较强的区域之一，具有建成一流城市群和世界级湾区的基础条件，而世界其他三大湾区的成功经验对建设粤港澳大湾区具有重要的借鉴意义。信用评级建设是促进粤港澳大湾区金融要素自由流动和金融创新的重要战略支撑，并在保障大湾区金融安全、促进大湾区金融繁荣稳定方面发挥着显著作用。在大湾区全面推动建设的过程中，需要攻克的是大湾区跨境机制、体系构建上的难题，而建立大湾区统一标准、具有高度适用性的中国特色社会主义信用体系、优化湾区个人及企业征信机制，是解决这一难题的关键。国际金融枢纽是《粤港澳大湾区发展规划纲要》对大湾区的总体金融定位，而大湾区国际金融枢纽内核是人民币国际化，人民币跨境流通是实现大湾区金融互联互通和人民币国际化的坚实基础，因此粤港澳大湾区是承担人民币国际化使命的最适合区域。科技金融创新发展对推动建设全球科技创新高地和新兴产业重要策源地具有重要意义。深圳市人民政府金融发展服务办公室提出："在共建世界级金融科技湾区的进程中，通过加强深港澳三地综合实力强大的金融、科技企业合作，以及完善金融科技产业链和生态链不可或缺的众多创新性企业的联动发展，有利于提升深港澳三地在金融科技领域的前沿科技研发能力和全球资源整合能力，有利于提升粤港澳大湾区整体发展动能。"[①] 广东省尤其是深圳的金融科技发展非常快，凭借香港在金融方面的固有优势，粤港澳三地合作可以产生很好的协同效应，体现优势互补，互惠共

---

[①] 中国日报网. 以金融科技创新助力粤港澳大湾区建设[EB/OL]. https://baijiahao.baidu.com/s?id=1602673021562131792&wfr=spider&for=pc，2018-06-08.

赢。推动保险机构合作与完善跨境保险服务体系，对粤港澳大湾区经济稳定增长和创新发展有着深远影响。建设粤港澳大湾区财富管理中心，是满足国内居民实现财富传承及增值迫切需要的现实选择，在实现深化境内外财富管理一体化服务体系上具有桥头堡的战略意义，有利于提升金融集聚效应，推动粤港澳大湾区金融中心的建设与发展。本章将借鉴国内外金融服务支持产业发展的经验，结合粤港澳大湾区发展特点进行分析，提出粤港澳大湾区金融服务支持产业发展的重点路径选择。

## 第一节 国内外金融服务支持产业发展的经验借鉴与分析

金融是经济的血脉，是区域经济发展和经济整合的重要力量，高效的金融体系能极大促进湾区产业高质量发展。本节将从信用评级建设、货币跨境流通、科技金融、跨境保险、财富管理中心和金融财税政策六个维度对纽约湾区、旧金山湾区、东京湾区、欧盟、美国、日本等的创新经验进行分析，以期为粤港澳大湾区金融服务业促进产业发展提供启示和借鉴。

### 一、国际三大湾区股票市场的经验借鉴

本小节将对世界三大湾区纽约湾区、旧金山湾区和东京湾区，在股票市场方面的部分发展情况与经验进行介绍。

#### （一）纽约湾区

纽约湾区拥有世界上最大的两家交易所——纽约证券交易所和纳斯达克证券交易所。2018年，在纽约证券交易所上市的公司有2 007家，总市值为258 313.87亿美元，发行上市的股票有2 053只；在纳斯达克证券交易所上市的公司有2 628家，总市值为118 415.10亿美元，发行上市的股票有2 707只[1]。虽然纽约证券交易所不是美国上市公司数量最多的交易所，但由于在纽约证券交易所上市的都是大公司，因此它一直是总市值最大的交易所。2010~2018年纽约证券交易所和纳斯达克证券交易所上市公司数量、总市值和上市股票数量，如图11-1和图11-2所示。

---

[1] 资料来源于Wind数据库。

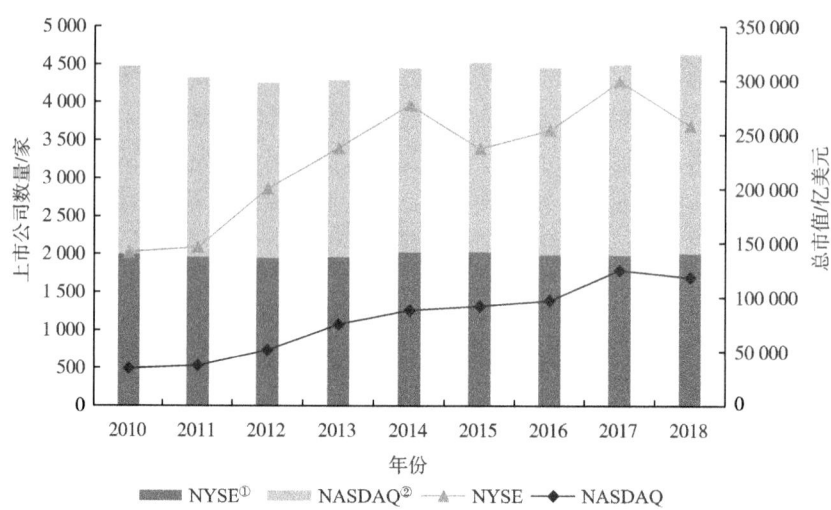

图 11-1　2010~2018 年纽约证券交易所和纳斯达克证券交易所上市公司数量和总市值

资料来源：Wind 金融数据库

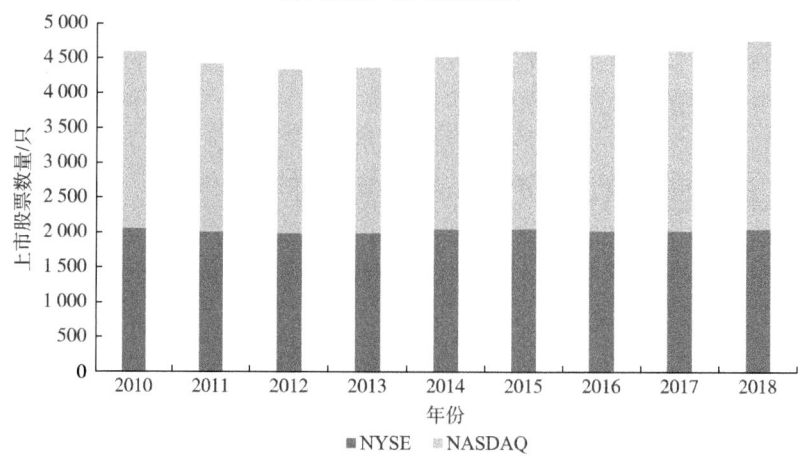

图 11-2　2010~2018 年纽约证券交易所和纳斯达克证券交易所上市股票数量

资料来源：Wind 金融数据库

根据纽约证券交易所披露，来纽约证券交易所上市最多的行业是金融行业，这更凸显出纽约湾区金融产业的聚集程度和金融特点。源于其较为成熟和便利的上市规则、巨量的资本规模及强大的宣传影响力，纽约的金融市场国际化程度较

---

① NYSE, New York Stock Exchange, 纽约证券交易所。

② NASDAQ, National Association of Securities Dealers Automated Quotations, 美国全国证券交易商协会自动报价表, 纳斯达克。

高,除了美国本土企业,更有来自加拿大、英国、以色列、爱尔兰、法国、德国、比利时、中国、韩国、新加坡等各个国家的公司。众多国家的新兴公司,包括中国的不少涉及互联网、高技术和高新制造企业行业的公司都在纽约金融市场上市[①]。纽约证券交易所上市公司主要行业占比情况如图 11-3 所示。

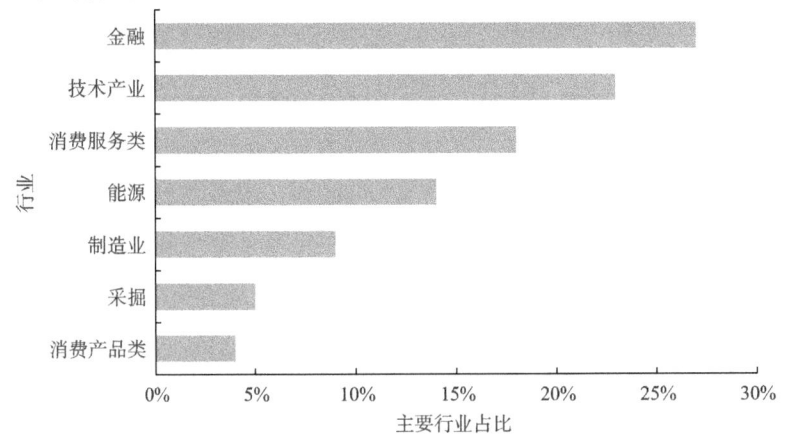

图 11-3 纽交所上市公司主要行业占比

资料来源:亚洲金融智库《2018 粤港澳大湾区金融发展报告》。

### (二)旧金山大湾区

旧金山大湾区是全球科技产业的发祥地,也是硅谷的所在地。科创公司涌现,催生了旧金山大湾区"金融+科技"的市场特色。旧金山大湾区虽没有大量传统的金融机构,也没有大型的证券交易所,但集聚了成千上万家享誉全球、涉及互联网、计算机、通信、新能源、航空航天、生物科技等多个产业的高新技术企业,创新企业、创新要素大量积聚。最为人熟知的硅谷是电子、计算机、软件、互联网产业的圣地,有谷歌、惠普、苹果、英特尔、甲骨文、Facebook 等科技企业。全球市值十大企业有 3 家在旧金山大湾区,分别是苹果、谷歌、Facebook。截至 2019 年 4 月 30 日,苹果、谷歌-A、谷歌-C、Facebook 四家公司的总市值分别为 9 462.15 亿美元、8 335 亿美元、8 262.15 亿美元、5 220.58 亿美元[②]。

### (三)东京大湾区

东京大湾区拥有世界四大交易所之一的东京证券交易所,它的股票交易量占

---

① 亚洲金融智库《2018 粤港澳大湾区金融发展报告》。
② 资料来源于 Wind 金融数据库。

日本全国交易量的80%以上。2013年1月,东京证券交易所、大阪证券交易所合并为日本交易所集团(下文仍称东京证券交易所),2018年7月的总市值为60 764亿美元,上市公司为3 636家。东京证券交易所有4个市场:市场1部、市场2部、外国部和保姆部(创业板),后两个市场对外国公司开放。但日本交易所公布的数据显示,国外上市公司占比不超过0.3%,且绝对数量自2013年的12家下降至2017年的6家,股票市场主要还是围绕日本的大型产业集团[1]。

东京大湾区金融市场同纽约湾区的差异非常明显。纽约湾区的两大交易所,其上市公司除了涵盖美国本土企业,更有来自加拿大、英国、以色列、爱尔兰、法国、德国、比利时、中国、韩国、新加坡等国家的公司。相比之下,东京证券交易所仅6家外国上市公司。从这个角度来看,东京湾区金融市场国际化程度相对较低。东京证券交易所前20大上市公司中,绝大部分都为东京大湾区的公司,湾区企业密布、资源积聚明显。东京证券交易所前10大上市公司如表11-1所示。

表11-1　东京证券交易所前10大上市公司

| 排名 | 股票代码 | 公司名称 | 市值/亿日元 | 行业 |
| --- | --- | --- | --- | --- |
| 1 | 7203 | 丰田汽车公司 | 196 921 | 制造 |
| 2 | 9437 | NTT DOCOMO | 104 820 | 电信 |
| 3 | 8306 | 三菱日联金融集团 | 100 485 | 金融 |
| 4 | 9984 | 软件银行集团 | 92 917 | 金融 |
| 5 | 9433 | KDDI株式会社 | 77 448 | 电信 |
| 6 | 9432 | 日本电报电话公司 | 67 605 | 电信 |
| 7 | 7182 | 日本邮政银行 | 62 415 | 金融 |
| 8 | 7267 | 本田技研工业株式会社 | 58 545 | 制造 |
| 9 | 8316 | 日本三井住友金融集团 | 58 315 | 金融 |
| 10 | 6861 | 基恩士(中国)有限公司 | 54 478 | 制造 |

资料来源:亚洲金融智库《2018粤港澳大湾区金融发展报告》。

## 二、国际三大湾区基金业的经验借鉴

本小节将对纽约湾区、旧金山湾区和东京湾区在基金业领域的部分发展情况和发展经验进行介绍。

### (一)纽约湾区:产业升级转型促成世界级国际金融中心

以金融产业为主要特点的纽约湾区,其金融业市场规模庞大,种类齐全,证

---

[1] 资料来源于亚洲金融智库《2018粤港澳大湾区金融发展报告》。

券市场、保险市场、外汇市场、衍生品等市场，在全国及北美都是首屈一指的。与伦敦、东京、中国香港等其他国际金融中心相比，纽约金融市场也更胜一筹。

据纽约湾区内康涅狄格州对冲基金联合会统计，该州有 420 家对冲基金公司，总资产约为 7 500 亿美元，资金管理规模超过 3 万亿美元，是享负盛名的全球对冲基金之都。其中桥水基金公司是全球最大的对冲基金公司之一，资金管理规模达到 1 220 亿美元，雇员人数超过 1 500 人。

（二）旧金山大湾区：科创公司涌现催生"金融+科技"市场特色

与纽约不同，旧金山大湾区没有大量传统金融机构，也没有大型的证券交易所，但旧金山湾区有着数不胜数的科创企业，创新企业、创新要素大量积聚，如加州著名的 280 高速公路，沿路聚集了苹果、谷歌等科创技术型公司。因为这些科创企业初创期间风险较高，难以从传统的银行渠道或上市渠道进行融资，所以旧金山湾区金融市场更多以风投机构云集为特点，表现出极为明显的科技与金融相融合的特点。

随着科技金融产业环境的不断完善，目前硅谷的新兴技术产业已拓展到生物技术和新能源等行业。针对新兴技术企业不同的发展规模和风险特点，硅谷的风投基金也为之提供相应的金融服务和支持。

全球风险投资最为密集的地区。近五年来，旧金山大湾区每年的风险投资总额超过 200 亿美元，占美国风投总额的 33%以上，美国 40%以上的风投基金普通合伙人（general partner，GP）在该湾区。从 20 世纪 70 年代起，硅谷作为美国风险投资中心的地位不断加强。从 1980 年到 2000 年，硅谷科技企业接受风险投资从 1.09 亿美元上升到历史最高水平的 323 亿美元，占美国当年全部风险投资额的 32%。在 2009 年，硅谷的风险投资额受全球经济形势影响下降到 70 亿美元，但是占美国风险投资额的比重却上升到 40%[①]。

美国重要的财富与资产管理中心。自 1999 年至 2009 年的 11 年间，旧金山大湾区风险投资机构共募集资金 1 503 亿美元。此外，以从事兼并重组为主要业务的私募股权投资（private equity，PE）行业也在湾区得到良好发展，管理资本超过 100 亿美元的 Hellman&Friedman 和 Silver Lake Partners 总部位于湾区。而湾区的高科技企业和富裕家庭则是这些投资机构基金募资的最重要来源，可以说，旧金山湾区是美国的科技财富管理中心。

具有金融服务与科技创新的旋转门文化。旧金山大湾区之所以能孵化出如此

---

① 亚洲金融智库.《粤港澳大湾区金融发展报告（2018）》系列第 8 期. 全球主要湾区金融市场多层资本市场发展特征各异？（中）[EB/OL]. https://mp.weixin.qq.com/s/Pu4-aOJpzlSCq0-gdJoh7g，2019-05-05.

多的科创企业，主要是源于旧金山特有的教育资源和融资方式。VC（venture capital，风投）/PE 正好使得旧金山的科创企业在初创时期急需资金时却由于风险大而无法通过传统的上市和银行贷款进行融资的这一融资痛点得到填补。

硅谷的科创企业与风险资本经过多年发展，已经形成良性互动。一方面，创业企业的大量集聚吸引风投基金跟随集聚；另一方面，创业成功后原有的科创人员会转身成为风险投资人，以其自身更为专业的创业经验扶持其他创业企业成长，助力湾区涌现出更多的创新企业，进而形成了"旋转门文化"。

### （三）东京大湾区：政府主导设计推动金融+产业不断融合

分离式的离岸金融市场模式。东京国际金融市场采用分离式的离岸金融模式，该模式使得国内金融市场与国际金融市场相对隔离。这一制度安排使得东京湾区国内金融市场相对受到国际金融市场波动影响较小。

高效严格的市场监管。日本政府为了保证东京离岸金融市场发展的稳定性和持续性，在市场参与方的准入和具体业务操作方面都设定限制，如限制操作过程、限制交易对象、限制资金的筹集和使用等。

## 三、国际信用评级的经验借鉴

本小节将以美国和欧盟的信用评级体系作为参考对象，分析国际信用评级行业建设的发展措施与经验。

### （一）美国：建设完善的信用评级行业法律法规体系

美国是当今信用评级业发展最成熟的国家，在全球评级行业中占垄断地位的三大评级机构标普、惠誉、穆迪均来自美国。1975 年，美国 SEC（Securities and Exchange Commission，证券交易委员会）制定了全国认可统计评级组织（Nationally Recognized Statistical Rating Organizations，NRSROs）制度，对标普、惠誉、穆迪评级机构资格进行了认可和授权，确立了三大评级公司的垄断地位，结束了此前评级机构偏重行业自律、缺乏监管、无序混乱的状态，成为美国信用评级行业发展的基石。2002 年安然财务造假丑闻引发了政府对评级机构这一角色的质疑，2006 年国会出台了《信用改革评级机构改革法案》，形成了美国信用评级行业监管的主体框架。2008 年金融危机，信用评级机构向市场传递负面信号，导致全球经济局势更加动荡，引发了监管当局对信用评级机构更为严格的监管，由此出台了《多德-弗兰克法案》（表 11-2）。粤港澳大湾区可借鉴美国 NRSROs 制度，创建属于粤港澳大湾区的 NRSROs 概念。

表 11-2 美国《多德-弗兰克法案》十条监管要求内容概要

| 条款 | 概要 |
| --- | --- |
| 信用评级办公室 | 由专家、合规官员及精通公司业务、市政债券和结构性金融产品权威人士组成，专司信用评级行业监管之职；每年至少对信用评级机构进行一次检查，并向公众公布检查结果。 |
| 信息披露 | 要求全国认可的统计评级组织公布其评级方法论、聘用第三方进行尽职调查的情况及各项评级的历史纪录，强化信用评级机构的信息披露义务。 |
| 评级机构独立性 | 要求全国认可的统计评级组织在进行评级时，除被评级机构提供的信息以外，从其他来源获取可信信息。 |
| 利益冲突 | 对合规官员的任职资质提出具体要求，要求评级机构公开披露有关参与评级的主要职员是否在离职后转投被评级公司等信息。 |
| 问责机制 | 允许投资者就评级公司的失误进行民事诉讼，追究信用评级机构对其决定信用评级风险的方法所依赖的重要事实没有进行合理的调查等"故意或草率"的行为的法律责任，全国认可统计评级组织应承担"专家责任"。 |
| 撤销注册资格 | 对于严重违规或多次出现重大评级失误的评级机构，美国证券交易委员会有权撤销其注册资格。 |
| 继续教育 | 评级分析人员要进行持续教育。 |
| 评级依赖 | 减少监管机构对使用全国认可统计评级组织评级的强制性要求，降低对评级的依赖，鼓励投资者进行独立分析。 |
| 独立董事 | 信用评级机构必须建立独立的董事会，至少半数为独立董事，确保独立董事的独立性，独立董事不得从任何一家信用评级机构那里获得顾问费、咨询费或其他费用，也不得与信用评级机构或其附属机构有任何关联和经济利益。 |
| ABS 发行商选择评级 | 美国证券交易委员会要在进行充分的研究和报告国会的基础上，制定新的机制，防止发行商根据所获得评级的高低而选择特定的评级机构。 |

资料来源：和讯财经网. http://bond.hexun.com/2016-09-21/186112938.html

（二）欧盟：引入外部评级机构，构建规范信用评级监管框架

2008 年金融危机后，欧盟一改以往对信用评级机构以行业自律为规范的态度，建立了更加严厉的信用评级监管框架，正式开启了立法层面的监管。法规内容概要如表 11-3 所示。在市场准入方面，欧盟建立了以注册制为主，以认可、认证制为补充的准入门槛，具体来说，欧盟评级机构可以在欧盟设立经营实体申请注册，或者集团内部在欧盟有分支机构，或者来自欧盟认可的第三国的评级机构。在利益冲突解决方面，为保持机构独立性，欧盟在董事会监督管理、股权结构、评级分析师管理、减少利益冲突四个方面做出了相应的法规限制，除此之外，为促进评级行业的竞争和多元化，欧盟不仅引入了标普、惠誉、穆迪三大国际评级机构，还降低准入门槛，引入中小评级机构。信息披露一直是欧盟评级机构监管立法的重中之重，从定期披露信息要求、利益冲突事项，再到评级报告书写细节

都一一做出了细致的规范。在主权评级规范上,欧盟也采取了一系列严格的限制,减少评级对引起市场强烈动荡的影响。欧盟还建立起惩罚性的问责机制,惩戒评级机构失信违法行为。为减少评级机构依赖,欧盟从建立金融机构信用评估体系和审慎审查现有监管规则两方面入手。

表11-3 欧盟法规对信用评级及信用评级机构要求的内容概要

| 条款 | 细则 |
| --- | --- |
| 适用范围 | 在欧盟范围内发布的评级(包括客户订阅),在欧盟用于监管目的欧盟以外的第三国评级,涉及欧盟招股书中涉及的评级(按照是否是欧盟/非欧盟监管的评级)。 |
| 不适用情况 | 评级结果不公开的评级;信用评分;央行不公开披露的评级以及被评级主体不支付费用的评级。 |
| 欧盟以外的第三国评级 | 双重方法:①在欧盟中的信用评级机构/对欧盟具有系统重要性的信用评级机构(如国际信用评级机构)第三国评级可能会"认可",受到严格限制;②在欧盟国家中运营的小型第三国信用评级机构,被视为等同于欧盟的制度,可以在欧盟"注册",并可免除其在联盟建立的一些职责义务,如受到信用评级机构业务的性质,规模和复杂性的限制。 |
| 信用评级机构的公司治理 | 监事会:1/3的成员或至少2名独立成员(固定费用报果+不可以继任的5年任期);大部分监事会成员,包括所有独立成员,应该有"足够的金融服务的专业知识"。如果进行结构融资评级,至少1名独立董事和1名监管会成员是结构融资方面的专家。 |
| 撤销评级 | 由于结构方面的复杂性引发了严重问题;缺乏可靠的数据,则要求撤销现有评级。 |
| 独立分析 | 明确禁止监管机构干涉评级和评级方法。 |
| 监管 | 地主国监管机构可以在其管辖范围内进行监管。 |
| 分析师轮换制度 | 主办分析师每4年轮换;其他进行评级的分析师每5年轮换;评级委员会成员每7年轮换;轮换后2年不得回原职位(对于人数少于50人的信用评级机构,这些规定将有所免除)。 |
| 结构融资评级 | 结构融资评级用特别标识区分,披露评级假设。 |
| 12小时延迟发布 | 评级机构提供对被评对象至少12个小时审查最终评级结果,并且允许对事实错误进行审查。 |
| 主动评级 | 主动评级有单独的标识符号,披露有关信息受限的情况。 |
| 责任 | 承担欧盟成员国的民事责任。 |
| 利益冲突 | 禁止向被评对象或相关的第三方实体提供咨询或顾问服务。如果不存在利益冲突,则允许评级机构提供附加服务。 |
| 法律架构 | 每个欧盟的法律实体有一个"母国监管机构",被要求提供"透明度报告"和成立监管委员会。 |
| 业务外包 | 允许评级机构进行业务外包,但是仍需承担责任,并且不得限制监管者的监管。 |

资料来源:表格摘自《欧盟金融制度》

粤港澳大湾区可借鉴欧盟引入三大评级机构、培育中小评级机构、建立信用评级监管框架的做法。

## 四、国际跨境资金流动的经验借鉴

本小节将以美国和欧盟作为参考,介绍国际跨境资金流动的部分发展措施和发展经验。

### （一）美国：国际银行设施

美国为监管美元跨境流动提出的国际银行设施（international banking facilities，IBFs），是美国境内银行向非居民提供存放款等金融服务所设立的独立账户，属于境内离岸金融市场。为了严格分离国内美元账户与国外美元账户，监管当局对 IBFs 业务对象、期限、额度、可发行的金融工具、资金用途都逐一做了严格规定措施。IBFs 业务不受美国央行法定存款准备金率、贷款利率限制，也不受美国联邦存款保险限制。美国各州更是通过减免地方所得税的方式出台了许多针对 IBFs 的优惠措施。通过 IBFs 建设起美国在岸离岸金融市场，既满足了资金跨境需求，又达到了严格监管美元跨境流动的目的。借鉴美国 IBFs，可建设粤港澳大湾区在岸离岸金融账户。

### （二）欧盟：支付清算体系

泛欧实时全额自动清算系统（The Trans-European Automated Real-time Gross settlement Express Transfer，TARGET）是由欧盟各成员国实时全额清算系统（Real Time Gross Settlement，RTGS）、欧洲央行支付机构（European Central Bank Payment Mechanism，EPM）和相互连接系统（Interlinking System）构成的区域性统一支付结算体系。欧洲央行和各成员国央行负责监督、管理、运行清算系统。欧盟成员国央行是 TARGET 系统的清算成员，成员国内的金融机构通过在所在国央行开设清算账户，在该账户进行资金划拨的支付命令操作，通过 RTGS 系统将支付命令传至本国央行，央行负责核查命令的有效性，TARGET 系统在两国央行之间进行支付命令直接传输和双边结算。借鉴欧盟 TARGET，可建立粤港澳大湾区跨境人民币实时全额清算系统。

## 五、国际科技金融的经验借鉴

本小节将从投贷联动机制和科技金融风险两个方面出发，介绍英国、美国、日本等国家的相关发展措施和发展经验。

### （一）投贷联动机制

投贷联动是一种为缓释科创企业高风险，由商业银行通过旗下投资子公司以

"股权+信贷"形式投资的融资模式。在国际上,投贷联动已逐渐形成一套较为成熟的机制。在风险控制上,如硅谷银行利用风投基金筛选评估项目,通过硅谷资本公司和硅谷银行分别以股权和信贷资金的模式进行投贷,其中硅谷银行风投资金主要由发行股票、债券所得,银行的创投业务与一般信贷业务相分离,从组织架构上将股权风险与债券风险进行隔离。在激励约束上,大力支持的政策和较为宽松的监管环境是投贷联动模式高歌猛进的重要动力,如英国金融政策允许银行对初创企业的投资资本列为权重系数为190%~370%的风险加权资产[1]。在退出机制上,美国投资公司有众多股权交易渠道,可以在纳斯达克证券交易所的二级资本市场出售股权,也可以在Second Market等非上市平台出售股权。

### (二)科技金融风险

科技金融风险补偿主要是从科技贷款、科技保险和风投三方面进行补偿。在科技贷款方面,硅谷银行是通过开展多元化的金融服务进行补偿,如知识产权质押贷款、认股权证、股权投资等。在风投方面,美国是以税收优惠、建立信用担保公司等形式进行补偿,当企业破产时,担保公司承担70%~80%、企业或金融机构分别承担20%~30%。在科技保险方面,主要在于鼓励科技企业参保,如日本保险公司推出知识产权诉讼费用保险。

## 六、中国香港跨境保险的概况与经验借鉴

香港是全亚洲保险公司最集中和保险密度最高的地方,其保险国际化程度高,投资渠道多、保费低、收益高、行业他律加自律的监管体系透明高效、法律制度完善、监管理念先进、行业竞争规范有序。引入香港保险业到整个大湾区内,不仅将有机会带动内地保险业的发展,减小差距,同时也能给香港保险业务的开展带来机遇。

## 七、中国长三角与珠三角城市群财富中心的概况与经验借鉴

财富管理是一种专业型的金融服务管理,通常面向财富人群(家庭),是以资产管理为基础,以投资顾问为核心,提供金融产品的综合服务以实现财富资产的保值增值的管理模式,如图11-4为按功能划分的金融中心分类及财富管理中心

---

[1] 资料来源:中国金融新闻网 http://www.financialnews.com.cn/ll/gdsj/201811/t20181105_148803.html。

所属的位置。

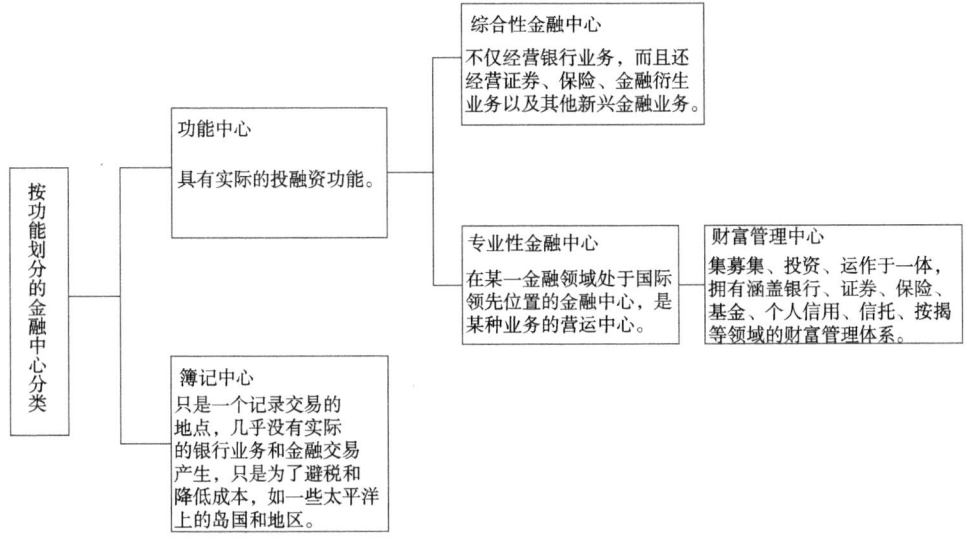

图 11-4　按功能划分的金融中心分类

也有将财富管理对象直接指向高净值人群（家庭），如投行的财富管理业务。台湾金融监督管理委员会在《订定「证券商办理财富管理业务应注意事项」》（金管证二字第 0940003314 号）中定义："财富管理业务系指证券商针对高净值客户，透过业务人员，依据客户需求，提供资产配置或财务规划等服务。"由于财富人群划分口径迥异，在实践中"财富管理""私人银行"的概念称谓经常并用、混用甚至等同。

财富管理中心是指在某一金融领域具有显著的优势，在这一特定金融领域能够集聚大量的金融机构和人才，拥有远超其他金融中心的业务、市场规模和金融创新能力，以及可称为行业标杆影响全球的金融辐射力的专业金融中心（Yeandle et al., 2007）。财富管理中心作为一种专业性金融中心，通常在某区域内汇集了众多的金融机构、金融人才和国民财富等金融资源，加之优越的地理区位优势和良好的政策环境，使得财富管理业务蓬勃发展。财富管理中心集募集、投资、运作于一体，拥有涵盖银行、证券、保险、基金、个人信用、信托、按揭等领域的财富管理体系，并具有促进各类机构投资者和各类财富资本集聚的吸引力。

（一）中国长三角地区

长三角地区的财富中心分布呈现出较为明显的"一超多强"格局，共有 126 处信托公司财富中心。上海的财富中心有 48 处，占长三角地区的 1/3，是第二名杭州的2倍，上海也是全国信托公司财富中心分布最密集的城市[①]。

虽然分布在上海的信托公司较多，但是总体而言，长三角地区的财富中心分布较为均衡，江苏和浙江分别有39处财富中心，其中杭州、南京、苏州分布较多，分别为23、16和14处，宁波和无锡的财富中心也分别接近10处，此外，常州、扬州、绍兴、义乌、温州和金华等6市也有财富中心零星分布（图11-5）。

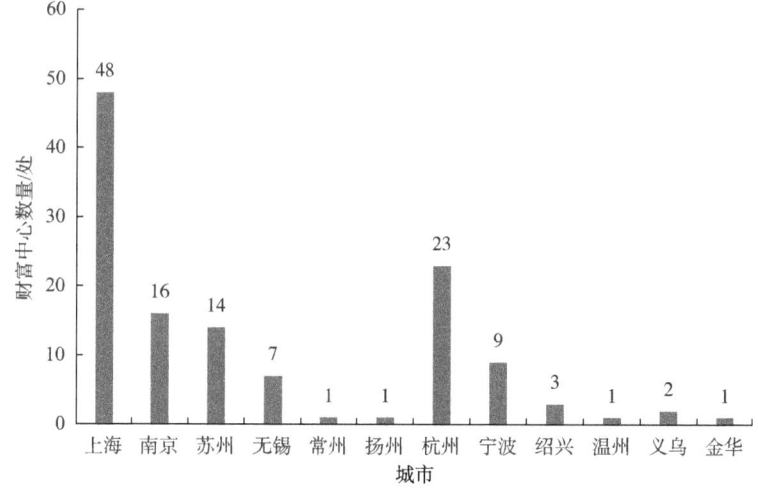

图11-5　我国长三角财富中心城市分布

目前长三角都市圈已经成为我国经济、金融实力最强的城市群和全球第六大都市圈。区域中的上海市历来是我国重要的经济中心城市，杭州、南京、苏州、无锡、宁波等长三角其他城市均具有发达的经济基础。

（二）大珠三角洲城市群

珠江三角洲城市群，位于华南地区，是三个特大城市群之一，是我国乃至亚太地区最具活力的经济区之一，创造了全省近80%的地区生产总值。大珠三角面积18.1万平方千米，人口超过7 000万，2018年国内生产总值8.67万亿元，占全国的9.63%。核心区域包括广州、深圳、珠海、佛山、东莞、惠州、中山、江门、肇庆等9个城市，扩容汕尾、清远、云浮、河源、韶关5个城市，另外加上香港、澳门形成大珠三角洲地区。

珠三角地区财富中心集中度远高于长三角地区且分布呈现出"双核驱动"的

---

① 信托百老汇. 粤港澳大湾区规划出台信托财富中心布局有望加速[EB/OL]. http://finance.sina.com.cn/trust/roll/2019-02-26/doc-ihrfqzka9144068.shtml，2019-02-25.

特点，广州和深圳的财富管理中心数量共 41 处，占整个珠三角的 89%。其中，深圳的财富管理中心数量多达 31 处，而珠海、东莞、佛山和惠州则零星分布较少的财富中心（图 11-6），不与广州和深圳毗邻的域内城市则没有财富中心分布。

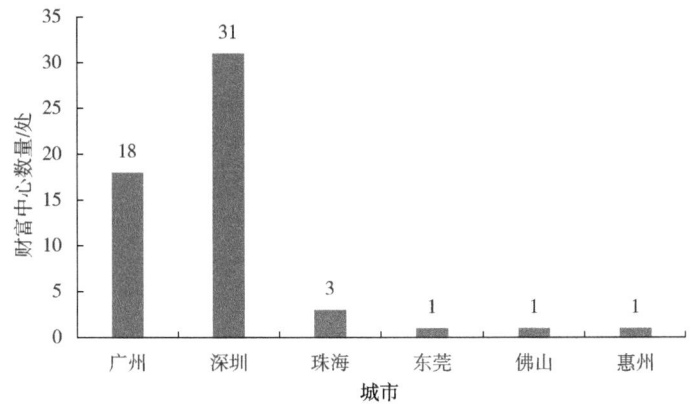

图 11-6　我国珠三角财富中心城市分布

## 八、欧盟金融财税政策的经验借鉴

本小节在金融财税政策上将介绍欧盟在金融平台一体化和金融人才流动方面的相关发展措施和发展经验。

（一）欧盟：金融平台一体化

欧盟地区发展基金设立于 1975 年，形成于欧盟的早期阶段，致力于为区域经济的发展和结构调整、经济转变及欧盟领土合作提供资金支持，以增强经济创新力和竞争力。发展基金主要用于资助：一是，直接援助公司特别是对中小企业的投资；二是，与研究和创新、通信、环境、能源和运输显著联系的基础设施；三是，金融工具（风险投资基金、地方发展基金等），用以支持区域和地方的发展，并鼓励城镇和区域之间的合作；四是，技术援助措施。该基金由各国政府共同出资设立。金融一体化平台的建立让欧盟各成员国受益很大。后来，欧盟地区发展基金与其他基金合并为欧盟结构基金，该基金的累计支出约为欧盟国内生产总值的 6.5%，高达 600 亿欧元，对成员国之间跨国经济合作和金融一体化建设起到了关键作用。建议粤港澳大湾区借鉴欧盟地区发展基金，建设金融一体化平台。

### （二）欧盟：金融人才流动

1985年6月14日，德国、法国、荷兰、比利时和卢森堡五国在卢森堡边境小镇申根签署了《关于逐步取消共同边界检查》协定（又称《申根协定》），其宗旨意在取消各成员国之间边境，自由通行，无限期居住，现共有成员国26个。协议主要内容为：一是在协定签字国之间不再对公民进行边境检查；二是外国人一旦获准进入"申根领土"内，即可在协定签字国领土上自由通行；三是设立警察合作与司法互助的制度，建立申根电脑系统，建立有关各类非法活动分子情况的共用档案库。

《申根协定》已被整合进《欧盟法》，这一政策大大促进了欧盟成员国之间的人员往来和贸易互通，加速了欧盟金融一体化进程。不过，由于港澳是自由港且意识形态与内地不同，类《申根协定》的牵涉面太复杂，仍需从长计议。或可退而求其次，研究粤港澳之间的免签政策。建议粤港澳大湾区借鉴《申根协定》促进金融人才自由流动和金融互通。

## 第二节 粤港澳大湾区金融服务支持产业发展的重点研究方向

粤港澳三地属于不同关税区，金融要素的自由流动存在障碍，加上前期跨境区域协调不足和现有部分领域的同质化竞争，致使粤港澳大湾区传统金融（如银行业、证券业、保险业等）区域发展资源能源约束趋紧，竞争环境压力日益增大，在支持产业发展方面存在瓶颈制约。这些问题是粤港澳三地在经济体制、税收、金融法律和货币体系等方面长期不断融合的过程中形成的，需要结合大湾区区别于全球其他湾区的动态优势不断探索与创新。因此，针对大湾区的发展特点，本节将重点对信用评级、跨境人民币业务、科技金融、跨境保险与财富管理中心在支持大湾区产业发展方面的发展现状进行分析。

### 一、信用评级行业支持产业发展的重要性与现状分析

本小节将分析发展信用评级行业的重要意义并分别介绍全国和粤港澳大湾区信用评级行业目前的发展状况。

## （一）信用评级行业支持产业发展的重要意义

信用评级本质上是为了消除信息不对称，不论是在国际贸易领域还是企业投融资活动中，信用评级都具有重要的参考价值。公正的信用评级结果，可以提升投资者信心，降低企业融资成本，提高金融市场资源配置效率。目前，穆迪、标普和惠誉三大评级机构对我国国家主权评级、企业海外发债评级和国内公司评级依旧在国际市场上有重要影响力。2017年5月，穆迪将中国主权信用级别从Aa3下调至A1，引起人民币汇率、中概股、中国的国债违约互换（credit default swap, CDS）的短期波动。由于信用评级结果有时会受到非经济金融市场因素的影响，我们需要客观理性看待三大信用评级机构评级结果的可靠性和公正性。《粤港澳大湾区发展规划纲要》提出要将粤港澳大湾区建设成为国际金融枢纽，而国际金融枢纽需要广泛认可的制度体系和应对纠纷质疑时的主动权。从促进粤港澳大湾区发展的角度来讲，学习港澳信用评级行业先进的管理经验与评级技术，完善信用评级指标体系，规范国内信用评级标准，提升执业水平与评级质量，是我国推进本土评级机构国际化发展的重要路径。积极培育我国的国际化评级机构，有利于增强我国在国际经济金融市场中的话语权；有利于进一步提升粤港澳大湾区的国际地位；有利于粤港澳大湾区充分发挥在国家经济发展和对外开放中的支撑引领作用，成为国际认可的金融中心。

党的十九大和全国金融工作会议都对金融业防控风险提出明确要求，并将金融安全作为国家安全的重要组成部分。鉴于信用风险具有客观性、传染性、可控性、周期性等基本特征，对公司或个人的利益产生重大影响，而金融安全的首要任务是有效防控金融风险，因此，信用风险管理成了各行业和企业的重要工作。信用风险管理的方式方法多种多样，但准确测量信用风险和信用风险对投资者、发行者和贷款人的影响是信用风险管理的关键与核心。对于大湾区区内的投资者和实体企业而言，由于信用评级结果广泛应用于政府政策的制定，是进行投融资活动的重要评判依据，这将影响投资者的信息不对称风险和实体企业的融资成本。我国信用评级行业发展尚不成熟，在"发行人付费"模式下，往往会出现"评级选购"的情况。有些企业为了达到相关政策的市场门槛要求，会在不同评级机构给出的信用结果中，通过级别竞标的方式选择对自己最有利的信用级别，不仅造成大量人力财力等资源浪费，还会导致诚信的信用评级机构遭受劣质信用评级机构的驱逐，信用评级行业丧失社会公信力，进而影响整个信用评级行业的健康发展，甚至导致市场信息披露机制混乱，整个金融系统风险失控。

广东省金融办公室总经济师余昆明在第七届中国（广州）国际金融交易博览会大湾区中小企业发展·构建国际级征信合作论坛上指出，广东省、广州市首先需要攻克的是湾区跨境机制、体系构建上的难题；而建立湾区统一标准、具有高度适用性的中国特色社会主义信用体系、优化湾区个人及企业征信机制，是解决这一难题的关键[①]。目前，国内大型评级机构的主要业务集中于上市公司和大型公司债券评级，为中小企业提供信用评级的机构截至2019年共有113家，但由于中小企业信息披露机制尚不完善，企业参与评级积极性不高，同时中小企业评级市场竞争激烈，评级结果往往流于形式。广东省是中小企业大省，如若其将境内外信用评级进行有机结合，构建大湾区统一标准的、互联互通的小微企业统一征信平台，最大限度地反映债权类资产信用风险状况，并以此提升实体企业的风险管理能力，缓解中小企业融资难的问题，可以使金融市场安全稳健运行，使广大投资者的切身利益得到保护，使得金融服务业能够更好地服务于国家战略和民生建设的需要。

## （二）信用评级行业支持产业发展的现状分析

我国评级机构中规模较大的有：中诚信国际信用评级有限责任公司（以下简称中诚信）、联合信用评级有限公司（以下简称联合信用）和上海新世纪资信评估投资服务有限公司等。广东省积极引导信用评级行业发展，已培育出一批具有全国影响力的本土信用评级机构，如鹏元资信评估有限公司等。截至2019年8月，粤港澳大湾区珠三角九市的各类信用评级服务机构共113家（图11-7），其中深圳65家，在整个粤港澳大湾区信用评级行业建设中扮演着举足轻重的角色。早在2003年1月，深圳就颁布实施了《深圳市企业信用征信和评估管理办法》。2008年9月，全国首家信用评级行业协会——深圳市信用评级协会在深圳成立。2014年5月，联洲国际信用评级有限公司落户深圳前海，成为全国首家"市场驱动型"发展模式的信用评级公司。

香港不仅有穆迪、标普和惠誉三大国际评级机构，国内评级机构中诚信、鹏元等机构也已经在香港设立分支机构并取得行业牌照。截至目前，澳门地区的评级业务被穆迪、标普和惠誉三大国际评级机构垄断，本土信用评级机构还没有发展起来。

---

① 腾讯大粤网. 专家呼吁建立粤港澳大湾区一体化征信标准[EB/OL]. https://gd.qq.com/a/20180624/000090.htm，2018-06-24.

第十一章　粤港澳大湾区金融服务支持产业发展的经验借鉴与重点方向 ·293·

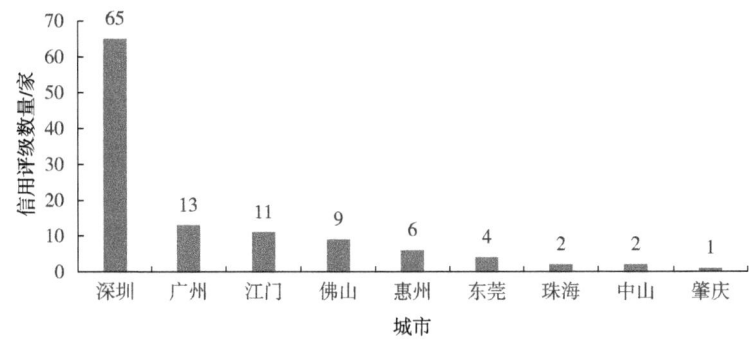

图 11-7　粤港澳大湾区珠三角九市信用评级机构区域分布
资料来源：企业信用网

## 二、粤港澳大湾区跨境人民币业务支持产业发展的重要性与现状分析

本小节将分析发展跨境人民币业务的重要意义并分别介绍广东省、香港和澳门在跨境人民币业务上的发展现状。

### （一）粤港澳大湾区跨境人民币业务支持产业发展的重要意义

人民币在资本项目的兑换及其跨境流动的机制与便利性，在一定程度上决定了粤港澳大湾区资本流动的自由度与成本，因此是大湾区金融市场融合发展的重要影响因素之一。

提到人民币跨境流动，就要提到"离岸人民币"与"在岸人民币"。所谓"离岸人民币市场"是指在高度自由化、国际化的金融体制和优惠税制条件下，主要由非居民参与的、经营可自由兑换货币、在货币发行国境内或境外进行资金融通的市场。1981年，美联储授权建立全球第一家境内国际银行设施，使得区分"离岸人民币"与"在岸人民币"的主要标准不再局限于地域原则和币种选择上，而演变为判断其是否设立于所在国金融体制之外、是否以非居民为主要服务对象、是否享有特殊的税收政策等。

2009年7月，我国外汇局发布《关于境外机构境内外汇账户管理有关问题的通知》，允许所有境内中外资银行为境外机构开立外汇账户，即NRA（Non-Resident Account，境外机构境内外汇账户），并规定NRA与境外来往自由，与境内在岸账户按跨境交易管理，审核相应单证或审批文件。如此，一方面，在一定程度上放开了未取得离岸银行业务资格的中资银行经营非居民业务；另一方面，首次规范了外资银行非居民账户管理，杜绝此类账户与在岸账户随意划转、渗透。目前，在我国开设离岸账户的非居民已经超过 100 万户，其中非居民个人占 80%以上，主要集中在一些侨乡、小商品集散地等，主要目的是满足储蓄和消费需求，进行投融资活动。开设有离岸账户的非居民机构，集中在港澳地区和自由贸易区，对离岸业务的需求以结算贸易收支、资金转移为主，同时还可以享受到我国对非居民离岸账户的税收优惠等。结合我国国情，跨境人民币业务在发展中为国内金融与国际金融接轨、缩短与国外同业差距提供了一条有效途径，为我国金融改革和对外开放积累了丰富的实践经验。此外，跨境人民币业务为积极实施我国"走出去"发展战略的企业，提供了相应的金融支持与服务，充分发挥了跨境人民币流动对经济、金融的积极促进作用。

粤港澳大湾区作为中国与世界的联结枢纽，是人民币走向国际至关重要的出海口。香港拥有庞大的人民币资金池和国际投资者群，在推动以人民币计价产品的丰富和多元化方面发挥着举足轻重的作用；澳门着力打造葡语国家人民币清算中心；广东与"一带一路"沿线国家进出口总额连续三年全国第一，至 2017 年底累计实际投资 45 亿美元，这为与沿线国家在贸易相通和资金融通中使用人民币结算形成了有利条件。

为了强化人民币在国际投融资与衍生金融交易领域中的地位，《粤港澳大湾区发展规划纲要》对大湾区做出国际金融枢纽的总体金融定位，提出应扩大湾区内人民币跨境使用的规模和范围的政策指导。《广东省推进粤港澳大湾区建设》表示广东省将推动出台相关政策，《中共中央 国务院关于支持深圳建设中国特色社会主义先行示范区的意见》指出深圳需在推动人民币国际化上先试先行，探索创新跨境金融监管。充分利用粤港澳三地的发展特色与优势，创新更多与全球配置相适应的跨境人民币产品、管理技术与监管手段，建设便捷高效的跨境人民币清算、托管、支付等服务基础设施，有利于提升人民币在粤港澳大湾区内汇兑与使用的便利性，保障市场主体的合理需求，促进境内外金融市场的融合联通，将粤港澳大湾区打造为国际金融中心。

与此同时，粤港澳大湾区在人民币国际化的过程中也迎来了很多发展机遇。粤港澳大湾区建设需要资金与当地发展需求高效对接，由此催生出许多新的跨境人民币业务需求。跨境人民币业务能够帮助企业减少汇率风险，节约汇兑成本，增加融资渠道，更好地促进投资贸易便利化。例如，在中国有较大业务量的大型跨国企业对人民币贷款的需求；珠三角大量出口企业与沿线国家贸易中使用人民币结算，从而减少汇兑成本及规避汇率风险的需求；重大经济民生跨境基础设施项目和产业项目对于香港离岸人民币市场风险对冲、投资、融资产品与服务的需求，如"一带一路"沿线众多由政府主导的基建项目（"丝路"项目）有在香港利用资产证券化等创新模式融资的需要。由此可见，跨境人民币流通直接影响粤港澳三地金融深度合作，推动跨境人民币业务创新发展对于港澳地区融入国家金融改革发展大局具有重要的战略意义。

### （二）粤港澳大湾区跨境人民币业务支持产业发展的现状分析

粤港澳大湾区跨境人民币业务始终落脚于湾区实体经济发展，主要涉及贸易领域和国际金融市场领域。2009 年广州、深圳、珠海、东莞四个城市被选为第一批开展跨境贸易人民币结算的试点城市，并于 2010 年将其成功经验推广到广东全省乃至全国。2012 年 12 月中国人民银行批准在前海注册和经营的企业可从香港银行借贷人民币资金。2013 年 1 月，15 家香港银行与第一批在前海注册的 15 家公司签订了 26 个离岸人民币贷款项目，进一步拓宽内地企业融资渠道[1]。此外，"债券通"和"深港通"也成了促进粤港澳三地金融更紧密融合发展的重要金融工具。

广东省主要依托于自贸区建设推动资本项目收入支付便利化改革，如允许南沙和横琴两个自贸区内的合规企业资本项目收入直接结汇、允许合规融资租赁公司融资租赁业务收取外币租金、允许蛇口自贸区内合规银行为境外机构办理其境内外汇账户（外汇 NRA 账户）结汇业务等；并允许符合条件的企业贸易外汇收入直接进入经常账户，以提升企业用汇便利性。截至 2018 年末，广东省办理跨境人民币结算业务 17.3 万亿元，占全国总量的 23.5%，占广东省本外币跨境收支总额的 24.9%，高出全国平均水平 3.1 个百分点[2]。其中，深圳人民币跨境收付经常项目金额 2 775.9 亿元，资本和金融项目金额 9 627.1 亿元，占全国人民币跨境收付总金额的比重为 10.3%，位列全国第三[3]。图 11-8 为广东省 2015～2018 年人民币跨境收付情况。

2018 年，香港离岸人民币业务持续稳定增长，香港人民币存款及存款证余额总计 6 577 亿元，较年初上升 6%；经香港银行处理的人民币贸易结算额增至 4.21 万亿元，较年初上升 7.5%。香港人民币 RTGS 系统运作顺畅，可以提供合共 20.5 小时的同日结算支付交易，2018 年内地与香港跨境人民币支付业务的平均每日交

---

[1] 刘越飞. 货币国际化经验与人民币国际化研究[D]. 东北财经大学博士学位论文. 2015.
[2] 资料来源：中国人民银行广州分行《2019 年广东省金融运行报告》。
[3] 中国人民银行《2018 年人民币国际化报告》。

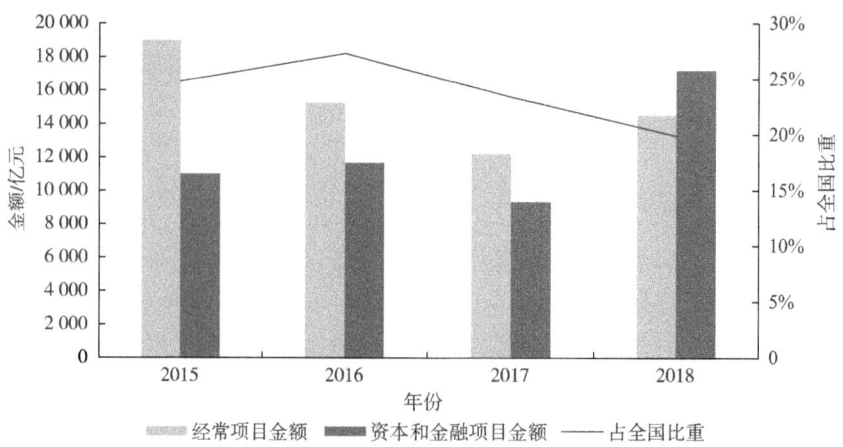

图 11-8　广东省 2015~2018 年人民币跨境收付情况
资料来源：根据 2016~2019 年中国人民银行《人民币国际化报告》整理所得

易额约达 1 490 亿元，占总交易额的 15%[①]。此外，香港离岸人民币债券发行量于 2018 年倍增至 419 亿元。中国人民银行于 2018 年在香港先后三次成功发行了 5 期共计 700 亿元人民币中央银行票据，2019 年又成功发行 11 期共计 1 400 亿元人民币央行票据，建立了在香港发行央行票据的常态机制[②]。与此同时，债券通已成为国际投资者利用香港市场的基建及金融服务投资于内地市场的重要渠道。2018 年，已有 503 个投资者登记为合格债券通投资者，年平均交易额为 36 亿元人民币，较 2017 年 7 月最初推出时的 15 亿元人民币有所增加[①]。

中国银行澳门分行作为澳门人民币业务唯一清算行，积极融入大湾区建设，成功开立了澳门首个葡语国家银行的人民币参加行账户，成为澳门人民币清算基础设施的重要动力，不断推动澳门向建设成为"葡语国家人民币清算中心"的目标前进。2018 年 2 月 26 日，中国银行澳门分行成功在澳门完成 40 亿元离岸人民币债券的发行定价，这也是澳门地区发行的首笔人民币债券。

### 三、粤港澳大湾区科技金融支持产业发展的重要性与现状分析

本小节将分析发展科技金融的重要意义并介绍粤港澳大湾区在科技金融上的发展状况。

---

① 香港金融管理局《2018 年年报》。
② 资料来源：中国人民银行《2019 年第三季度中国货币政策执行报告》。

## （一）粤港澳大湾区科技金融支持产业发展的重要意义

科技创新与产业转型离不开资金支持，科技金融为科技型企业保驾护航，已成为培育科技型企业的有效途径，是建设创新型城市、助推创新驱动产业转型升级和经济发展的重要路径。粤港澳大湾区的建设有助于三地优势互补、互利共赢，在建设粤港澳大湾区的历史进程中，科技金融在促进科学技术交流、创新资源整合、科研成果转化和高新技术产业融合发展等方面发挥重要作用，成为推动大湾区高质量发展的关键动力。大湾区科技创新服务中心董事长兼总经理秦海鸥在接受新浪广东专访时指出，广州集聚了大量优秀的大学和科研院所，在应用基础研究方面优势突出，在科技产业及文化教育医疗方面有较好的优势；深圳在国际化和高端应用研发方面能力较强；香港在生物医药、节能环保领域具有优势；澳门在中医药、物联网、太空技术等领域也有优势。如果把广州、深圳、香港、澳门的优势资源进行有效的配置，并通过港澳对接国际资源，粤港澳大湾区将是世界前列的国际科技创新中心[①]。

随着粤港澳三地的深度融合发展，大湾区优质的营商环境不断吸引高端人才创新创业，催生出大批优秀的高新科技企业。科技金融的最基本作用就是对接普通大众和小微企业融资需求，有效优化金融资源配置，减少无效供给，增加有效供给，提高金融服务效率和劳动生产率。建立统一开放的粤港澳融资体系，是建设粤港澳大湾区的重要目标之一。对于个人而言，科技金融可以通过支持各项创新成果转化间接提高粤港澳三地居民的便捷程度与生活质量，同时有助于建设全球创新人才栖息地，为港澳地区人才在大湾区安居生活提供融资服务。于小微高科技企业而言，通过改善人力资源素质、优化软硬件环境、提高经济自由度，科技金融将普惠金融真正落实于战略性新兴产业，将助推小微科创企业成长，有利于实现内部经营利润和外部社会效应的共赢，提升粤港澳大湾区整体专业优势。

《粤港澳大湾区发展规划纲要》明确指出要将粤港澳大湾区建成为国际科技创新中心。目前，粤港澳大湾区内部产业体系完备，制造业具有强大的竞争优势，拥有以深圳为核心的高新技术产业集群，同时具备香港、澳门两大先进的服务业中心，在"一国两制"背景下，为金融扩大对外开放提供了优越的条件。通过集聚粤港澳优质资源，引导大湾区创新要素充分流动，探索如何营造积极有序的双创氛围，优化湾区科技创新创业生态圈，发展以高新技术为主要

---

① 新浪广东．粤港澳大湾区一站式科技金融服务实现互利共赢[EB/OL]．http://gd.sina.com.cn/news/b/2019-06-17/detail-ihvhiews9460290.shtml?from=，2019-06-17．

内涵的高端制造业,不仅对加强区域专业合作,有效推动粤港澳大湾区产业结构升级具有重要意义,也有助于焕发实体经济新动能,推动建设全球科技创新高地和新兴产业重要策源地。

同时,除小微高新企业外,重大创新平台和重要科研机构也可以通过科技金融获得资金支持,破除科研资金跨境使用和科研设备、数据的流动等障碍,助力科技成果转化。此外,科技金融将科创企业带入创新生态的良性循环中,加强科创企业融资、管理、发展等方面的综合研讨交流,推动科技载体机构集聚,有利于建立以知识产权为核心介质的融资评价体系,建设具有知名度和影响力的大湾区科技金融中心。

### (二)粤港澳大湾区科技金融支持产业发展的现状分析

科技信贷和科技风险投资是科技金融支持实体企业高质量发展的主要方式。截至 2017 年 6 月,银行向高新技术企业贷款余额达 3 258.88 亿元[①]。然而,香港的金融优势对珠三角九市科技企业发展的支撑较弱,香港 195 家银行中仅 15 家在内地设有分支机构。此外,2018 年广东省风险投资规模为 362.9 亿元,占比全国 12.6%,近年来增速下降,且在 2018 年开始呈现负增长。从资金流向上看,大湾区种子期和初创期投资金额仅占比 7% 和 15%,且主要集中在 IT(internet technology,互联网技术)和互联网等新潮行业,在 22 个行业中分别占比 19% 和 14%[②],而重点产业和高新技术制造业方面仍较缺乏。

此外,科技保险也是科技金融的重要板块,且跨境协作需求充足。2007 年,广东省被列为全国首批科技保险试点省份。为支持和促进科技保险政策的实施和发展,广东省政府及广东省科技厅、广东省人民政府金融工作办公室和原广东保监局等部门专门制定了《广东省人民政府办公厅关于促进科技和金融结合的实施意见》《关于发展科技保险支持科技创新的意见》等政策意见,对广东科技保险在产品创新、保费补贴、专项奖励、试点范围等方面给予政策支持,提出稳步扩大科技保险试点,落实创新驱动发展战略,根据科技企业的风险特征和实际需求,丰富科技保险产品,不断健全和完善科技保险服务体系,为科技企业自主创业、融资、企业并购及战略性新兴产业供应链等方面提供全方位保险服务。广东省引进了中国人民财产保险股份有限公司等实力雄厚的保险公司参与试点开展科技保险业务。2015 年,广东省确定了 15 个科技保险基础险种(表 11-4),并支持有科技保险业务的保险公司开发高新科技企业所需的新险种。2018 年,广东省为科技

---

① 资料来源:广东科技金融综合服务中心。
② 资料来源:私募通数据库。

创新型企业提供风险保障 5 375.8 亿元，与上年相比提高了 34.2%[①]。

表 11-4　广东省试点的科技保险产品

| 科技保险类别 | 科技保险产品 |
| --- | --- |
| 财产损失保险 | （1）高新技术企业财产保险<br>（2）高新技术企业关键研发设备保险<br>（3）高新技术企业营业中断保险<br>（4）高新技术企业专利保险<br>（5）高新技术企业项目投资损失保险<br>（6）高新技术企业出口信用保险 |
| 责任保险 | （1）高新技术企业产品研发责任保险<br>（2）高新技术企业产品责任保险<br>（3）高新技术企业雇主责任保险<br>（4）高新技术企业环境污染责任保险<br>（5）高新技术企业董事会监事会高级管理人员执业责任保险 |
| 人身保险 | （1）高新技术企业高管人员和关键研发人员团体健康保险<br>（2）高新技术企业高管人员和关键研发人员团体意外保险 |
| 保证保险 | （1）高新技术企业产品质量保证保险<br>（2）高新技术企业小额贷款保证保险 |
| 其他 | 经过中国保监会广东监管局备案确认的科技保险险种 |

香港产业结构中服务业占主导、工业急速空心化、科技研发投入相对较低、中小型科创企业难以生存等多方面因素导致香港科技企业数量较少，科技保险业务需求不高。香港全社会研发投入占地区生产总值比值严重偏低，在科技投入方面与深圳相比差距甚远，2017 年仅占地区生产总值的 0.8%，而同年深圳为 4.34%[②]。此外，香港的土地、人力等经营成本与珠三角九市相比较为高昂，初创公司难以在香港生存，科技创新和研发领域虽有创新优势，但科技成果难以落地转化。同样地，澳门制造业严重萎缩，经济发展主要靠博彩业和其他服务业。因此，港澳科技保险需求相对珠三角九市更小。从保险种类上看，港澳也尚未有专门针对科技企业开发的科技保险产品。

尽管香港科技保险业发展不如珠三角九市，但作为全球最重要的保险和再保险中心，香港保险业发展水平和保险公司专业化程度有目共睹，未来可发挥香港保险优势拓展科技保险市场。香港保险业投资渠道广，行业竞争规范有序，他律加自律的监管体系透明高效，法律制度完善等优势使保险公司在市场竞争中更趋

---

① 资料来源：《广东省金融运行报告（2019）》和《广东省金融运行报告（2018）》。
② 资料来源：《2019 香港统计年刊》、《2018 年广东统计年鉴》，因香港 2019 年统计年刊中关于研发投入数据仅更新至 2017 年，因此深圳数据也选取了 2017 年。

专业化，能够快速响应市场需求，开发具有针对性、低保费的保险产品。反观珠三角地区，科技保险拥有较大的市场需求。珠三角九市集聚了大量高新技术企业、研发机构和孵化器，汇聚了大量创新人才，而保险业相对港澳欠缺，无法支撑科技研发和科技创新。因此，香港保险业可以科技保险为契机，试点进入珠三角九市，为科技企业提供更具针对性的科技保险产品，更好地实现供需匹配。

广东省拟发展成"一个专项、两个平台、三个体系和多方联动"的特色运行模式。为引导银行扩大科技信贷，截至2017年，广东省科技金融综合服务中心累计投入超3亿元资金。2018年11月，粤港澳大湾区科技金融联盟、大湾区科技金融服务中心揭牌成立，着力打造成"一体系、一联盟、四平台"的"粤港澳大湾区的一站式科技金融服务平台"。但目前平台仅在战略层面，还未具体落实。

## 四、粤港澳大湾区跨境保险支持产业发展的重要性与现状分析

本小节将分析发展跨境保险的重要意义并介绍粤港澳大湾区在跨境保险上的发展状况。

### （一）粤港澳大湾区跨境保险支持产业发展的重要意义

保险业具有风险保障和长期储蓄功能，多年来，保险资金对维护金融市场稳定和服务实体经济具有积极作用。2017年5月，中国保险监督委员会印发了《关于保险业支持实体经济发展的指导意见》，保险行业加快回归本业，保险服务创新力度不断增强，风险保障供给能力显著提升，为保险业服务于粤港澳大湾区建设提供了可行的实践经验。

随着粤港澳大湾区一体化的推进，粤港澳之间的人员往来，企业互动与合作会更加密切，而且跨境活动也会增加，这就要求有相应的配套保险产品。《粤港澳大湾区发展规划纲要》多处提及了保险业对粤港澳大湾区的支持，既有产品创新安排、服务创新指引，也有体制机制创新下的保险保障。上海浦东改发院金融研究室主任刘斌在接受《国际金融报》采访时表示，开展适合粤港澳大湾区的跨境保险创新，是粤港澳大湾区发展中的应有之义，也是发展跨境保险的重大机遇所在[①]。

其一，跨境保险为粤港澳大湾区城市基础设施建设提供风险保障，加强各地大型创新基础设施建设领域的合作，全面提升大湾区发展能力。跨境保险通过债权投资计划、股权投资计划、资产支持计划、融资租赁等多种方式，为大湾区基

---

① 国际金融报. 粤港澳大湾区保险机遇：跨境机动车、跨境医疗险呼之欲出[EB/OL]. https://baijiahao.baidu.com/s?id=1627392063256619612&wfr=spider&for=pc, 2019-02-23.

础设施项目提供长期保险资金支持，积极对接大湾区政府与外部金融机构资源，为大湾区基础设施建设引入更多社会资本。例如，2018年太平财险作为共保体中标港珠澳大桥建设及运营期一揽子保险项目，为港珠澳大桥的健康运营维护提供后援保障[1]。

其二，跨境保险是粤港澳大湾区现代服务业和高端制造业企业的重要融资渠道。通过开展丰富多元的股权、债券投资计划和资产证券化，跨境保险发挥保险资金促进科技成果转化的先天优势，打通粤港澳三地资金，为大湾区产业转型升级提供长期稳定的保险资金支持。目前，围绕粤港澳大湾区产业升级，已有保险企业创新研发出首台套、新材料、工程履约保证险、工程质量潜在缺陷保险等特色产品；为重大装备生产企业促进商务服务、流通服务提供物流保险、健康险、责任险、企财工程类、航运类、保证类等一揽子保险保障；为海洋经济发展企业提供海上保险、船舶保险承保服务等。

其三，在保障粤港澳大湾区民生方面，随着人员在区域内流动更加频繁，跨境车险和跨境医疗保险方面的新需求开始出现。创新型跨境机动车保险和跨境医疗保险产品为跨境保险客户提供便利化承保、查勘、理赔等服务，助推脱贫攻坚和民生改善的力度不断加强。截至2018年一季度末，中国太平旗下太平财险、太平香港、太平澳门联合推出港珠澳大桥跨境车辆保险方案，三地机构累计为超4 000辆跨境车辆的大湾区车主提供了"通保通赔"一站式服务，实现跨境车辆保费1 180万港元[1]。2019年11月5日，太平人寿宣布推出国内第一款精准对接粤港澳大湾区的医疗保险产品——太平粤港澳大湾区共享医疗保险，主要用于解决客户在跨境资源共享和服务方面的就医费用补偿和医疗服务问题，该医疗保险产品不仅打通了境内外优质医疗资源，还实现了医疗服务和费用补偿的无缝对接，进一步发挥了保险业在大湾区民生保障建设中的重要作用[2]。

其四，在参与粤港澳大湾区社会治理方面，跨境巨灾保险整合社会资源，能有效增强粤港澳大湾区抵御风险的综合能力。早在2013年，深圳就率先建立了巨灾保险制度框架，采用风险管理前置、保险服务跟进、理赔客服兜底等方法，现已成为政府社会治理现代化与公共安全风险管理的重要制度安排，为大湾区开展跨境巨灾保险奠定坚实基础。此外，为顺应政府职能转变，跨境保险结合各地发展特色，对接港澳保险先进经验，有助于内地创新设计城市治理、智慧城市建设、河湖治理等保险产品设计。通过政府主导、社会参与的创新模式，新型跨境保险

---

① 金融时报. 助力粤港澳大湾区建设[EB/OL]. http://finance.sina.com.cn/stock/relnews/hk/2019-05-22/doc-ihvhiews3611865.shtml，2019-05-22.

② 证券时报. 国内首款大湾区跨境医疗保险"落地"[EB/OL]. https://baijiahao.baidu.com/s?id=1649361304695037923&wfr=spider&for=pc，2019-11-05.

产品可以充分发挥社会力量在风险评估与管理、灾害防御、医疗救护、卫生防疫、恢复重建等方面的积极作用,为大湾区现代化建设提供再保险合约安排、损失评估、风险预防、理赔服务等服务。

### (二)粤港澳大湾区跨境保险支持产业发展的现状分析

大力发展粤港澳大湾区跨境保险,有利于推动粤港澳大湾区内保险机构业务交流,有利于加快保险产品创新与服务改革进程,有利于粤港澳大湾区保险业创新发展,对大湾区经济稳定增长及港澳进一步融入大湾区都有重要意义。目前,在跨境医疗保险与跨境机动车险方面已有产品创新。

中国太平是目前国内唯一一家总部设在香港的金融中央管理企业,也是唯一一家在粤港澳三地都设有保险机构的公司,跨境经验优势突出,现已推出港珠澳大桥跨境车辆保险方案。其旗下太平财险、太平香港、太平澳门联合开创了创新型跨境车辆保险产品,统一业务数据与销售推广,为跨境车辆提供"一张保单保三地"服务,实现了粤港澳三地车辆通保通赔。平安产险广东分公司也在 2018 年 5 月联合港澳兄弟公司推出了跨境车险服务,制定了"三地合作"一站式跨境车辆保险服务方案,车主在内地、香港、澳门任意一地即可购买另外两地车辆保险,并可以"多币种结算"。目前,平安产险已为逾 13 000 辆港澳跨境车辆提供车险保障服务。但由于受到相关政策法规的限制,目前一张保单只能对应一个区域,同时不同地区的保单会按照各地标准来计算,费率可能存在较大差别,想真正实现"一张保单保三地"的方案还存在一定难度。

车辆左右舵及相关牌照的切换比较复杂,相比之下三地医院就诊趋于市场化,便于打通境内外优质医疗资源,具有开展跨境医疗保险业务的现实基础。中国太平整合境内境外机构资源优势,着力打造中国太平大湾区医疗通。2019 年 11 月 5 日,太平人寿推出了国内第一款精准对接粤港澳大湾区的医疗保险产品——太平粤港澳大湾区共享医疗保险,其年保障额度最高达 1 000 万元,而保费最低还不到千元,进一步发挥了保险业在大湾区建设中的重要作用。该产品覆盖 6 种重症,借鉴香港医疗保险产品的设计可以实现直付和自动续保,在合同约定范围内的医疗费用不需要客户掏钱支付,无论客户的健康状况是否发生变化,或投保后是否发生理赔,都依然享有续保权益。此外,在保障范围内,客户不仅可以获享北上广三地的优质医疗资源,还可选择香港指定的私立医院接受治疗。

由于粤港澳三地经济体制与政策不一致,更大范围的创新还需要跨境保险行业体制机制的改变。2020 年 3 月 13 日,深圳银保监局正式对外发布《关于推动深圳银行业和保险业支持粤港澳大湾区和中国特色社会主义先行示范区建设的指导意见》,积极推进大湾区跨境保险监管的信息交流与协调合作,推动设立保险服务中心。随着政策的进一步明确,在内地设立港澳保险服务中心正在逐步变为现实。

**五、粤港澳大湾区财富管理中心支持产业发展的重要性与现状分析**

本小节将分析建设财富管理中心的重要意义并介绍粤港澳大湾区在财富管理中心建设上的发展状况。

(一)粤港澳大湾区财富管理中心支持产业发展的重要意义

财富管理是近年来国际上各金融机构争相发展的新兴业务,是全球各主要金融中心和金融服务行业最具盈利能力的核心产业之一,也是金融服务行业最具盈利能力的领域之一。中国改革开放以来,国民财富不断积累,富裕人士的总数快速增长,居民对财富管理的需求成为经济发展过程中的必然要求,中国的财富市场已成为世界上增长最快速的市场之一。贝恩《2019中国私人财富报告》显示,截至2018年末,中国个人可投资资产1 000万元以上的高净值人群数量达到197万人,较2016年增加了约40万人,其中可投资资产超过1亿元的超高净值人群规模约17万人。从财富规模看,2018年中国高净值人群共持有61万亿元的可投资资产,年均复合增速为12%。

党的十七大和十八大报告提出的"创造条件让更多群众拥有财产性收入"和"多渠道增加居民财产性收入"的政策亮点都充分体现了党中央对财富问题的高度重视,也为财富管理指明了方向。目前,金融机构纷纷开始涉足财富管理业务,成立财富管理部门,外资银行开始进入国内财富管理市场,部分大城市也提出建设各自的财富管理中心。图11-9展现了2018年全国高净值人群的分布情况。截至2018年末,全国有23个省市的高净值人群人数已经超过2万,山东首破10万人进入广东、上海、北京、江苏和浙江所在的第一梯队,而广东列居第 梯队首位。在此背景下,粤港澳大湾区建设财富管理中心显得极为迫切。广东与港澳地区优势互补、相互依存的金融合作和发展格局不断促进三地经济的繁荣发展,使珠三角地区成为亚太最活跃的金融区域之一,在区域财富快速增长和粤港澳自贸区成立的背景下,构建珠三角财富管理中心势必将发挥其经济金融优势及独特的区位优势,打造出独具特色的辐射粤港澳三地甚至东南亚地区的财富管理中心。研究如何推动建设粤港澳大湾区财富管理中心具有重要的实践意义。

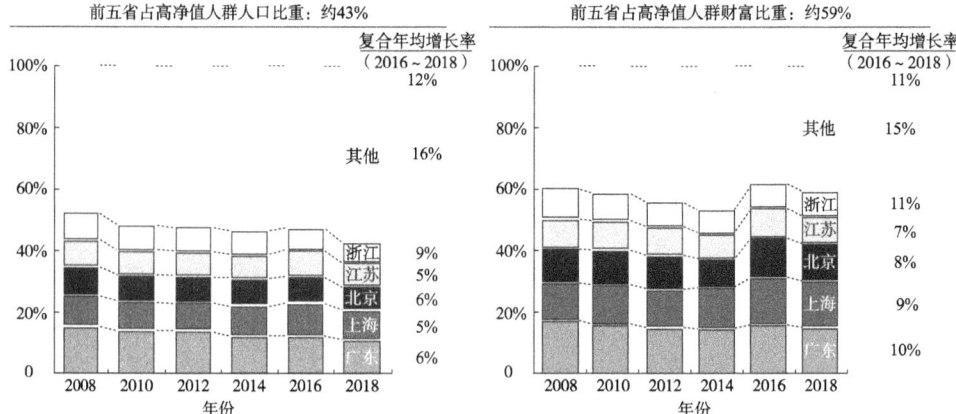

图 11-9 2018 年排名前五的省市高净值人群及其所拥有的可投资资产占全国比重

资料来源：贝恩公司高净值人群收入-财富分布模型

其一，建设粤港澳大湾区财富管理中心对实现深化境内外财富管理一体化服务体系具有重要的战略意义。在动荡的国际形势下，高净值人群境外配置意愿有所降温，他们更倾向于选择在境内外使用同一家银行进行财富管理，其中一半高净值人士看重境内外同一机构带来的联动效应，包括境内境外服务、语言和文化上的连贯性，以及中资银行能更深入全面地理解客户的需求和风险偏好，因而更好地满足客户境外资产的管理需求和目标。近年来，国内各大商业银行陆续在香港、澳门等地区设立私人银行中心或私人财富中心，以打造私行全球化布局。粤港澳大湾区必须充分利用其地理、政策等多方面的优势建设具有大湾区特色的财富管理中心，尽可能满足国内居民实现财富传承及增值的迫切需要，在全国范围内形成示范效应。

其二，财富管理中心是成熟和有效率的金融中心体系的重要组成部分，建设财富管理中心有利于提升金融集聚效应，推动粤港澳大湾区金融中心的建设与发展。珠三角地区是改革开放的先行区和重要的经济中心区域，经过改革开放40多年的发展，珠三角地区实现了经济社会发展的历史性跨越，经济建设取得了显著成效，积累了大量财富，在一定程度上给财富管理业务的发展和创新带来了机遇。财富管理必将成为大湾区金融发展的新方向，财富管理中心的建设有利于形成人才、信息、资金的"聚宝盆"，为广东省金融中心的建设与发展提供新动力，助推澳门邮轮游艇、私人飞机、公务机等休闲旅游产品与财富管理产业结合，促进经济适度多元化发展，便于香港扩大双向资金池的使用，开展跨境业务及促进跨境投融资活动。建立大湾区财富管理中心将该地区的财富管理业务专业化、集中化、规模化，有利于提高区域财富的整体配置效率，促进财富管理行业的发展水平与居民财富的增长相协调。

其三，建设财富管理中心有利于继续推动地方金融机构改革发展，全面提升金融业发展水平。财富管理业务是未来金融机构的重要利润来源之一。通过打造粤港澳大湾区财富管理中心，吸引各类金融机构入驻，提升金融服务竞争水平，进而加快推进金融机构战略转型，转变盈利模式。同时，财富管理中心的建设将会带动和推进金融机构业务的扩展和金融工具的创新，进而带动科技、资讯、多层次市场及现代服务业等方面的创新。建设粤港澳大湾区财富管理中心是落实《粤港澳大湾区发展规划纲要》关于推动大湾区内基金、保险等金融产品跨境交易，不断丰富投资产品类别和投资渠道，建立资金和产品互通机制的重要举措之一，具有重要的实践意义。

（二）粤港澳大湾区财富管理中心支持产业发展的现状分析

目前，粤港澳大湾区的经济成长高于全国平均水平。2018 年大湾区的生产总值超过十万亿元，比上年增长 7.43%[①]。而在高净值人数上，广东多年来位于第一梯度首位，在全国各省区市中稳居第一。2018 年福布斯中国富豪 400 强榜单显示，来自粤港澳大湾区的富豪共有 33 位。这些富豪主要来自深圳（21 位）、香港（5 位）、佛山（4 位）和广州（3 位）。此外，2019 年中国胡润百富榜中，粤港澳大湾区上榜企业家达 425 位，其中深圳多达 191 位。

粤港澳大湾区金融业发达，分布有两大证券交易所，拥有三套金融市场监管体系，具有较为完备的多功能、多层次的市场体系，对接全球金融生态圈，为金融资产高效配置提供基础平台。

粤港澳大湾区具有较好的金融机构规模和金融生态体系，能够为打造财富管理中心提供优质高效的配套服务。财富管理中心的建设离不开财富管理机构为其提供专业化、多样性的资产配置支持。特别是在当前复杂的投资环境及日益涌现的专业人士、新富人群的情况下，财富管理机构的专业性被更加看重，要求进一步提升产品筛选、资产配置、风险控制和客户体验四大专业能力。图 11-10 显示了 2015～2019 年中国高净值人群境内可投资资产配置组合情况，可以看到，高净值人群对单一资产依赖度下降。2015 年高净值人群财富相对集中在股票和公募基金；2017 年财富主要集中在银行理财产品、信托和股票；2019 年，最大单一资产占比进一步下降，高净值人群依据市场情况和监管影响做出分散和调整。根据前面对大湾区金融产业集群水平的测算结果，粤港澳大湾区金融产业集群水平过去

---

[①] 注：这里港元、澳门元已按年平均汇率换算为人民币。资料来源于 Wind 金融数据库。

10年在全国范围都处于领先地位,且大湾区层面的金融产业集群指数正处于逐年稳步增长的状态,目前已经形成了银行、证券、保险、信托、基金等大量金融机构集聚的格局,能够为高净值人群的资产多元化配置及加快打造财富管理中心提供良好的金融服务支持和客户资源支撑。

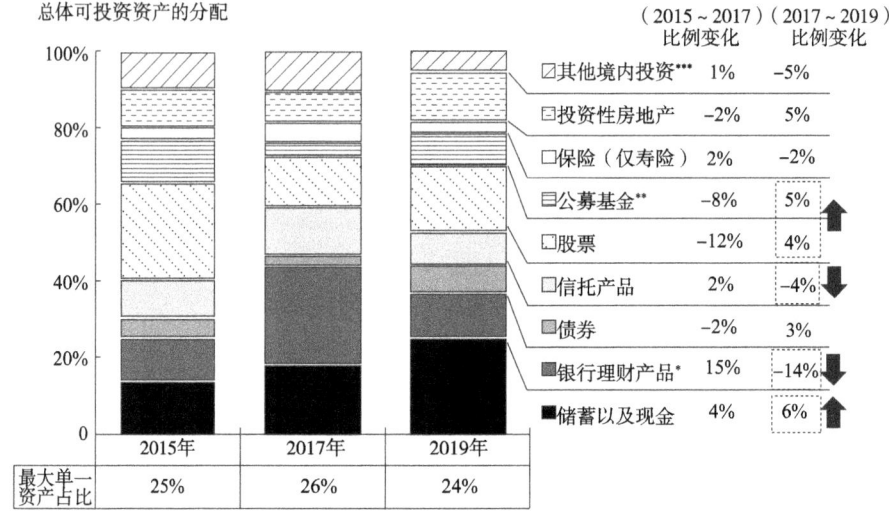

图11-10  2015~2019年中国高净值人群境内可投资资产配置比例

*银行理财产品包括净值型理财产品(浮动收益)和非净值型理财收益(稳定/预期收益,含结构性存款)
**公募基金包括货币型基金、债券型基金、股票型基金和混合型基金
***其他境内投资包括私募股权基金、私募债券投资基金、黄金、对冲基金及收藏品等
资料来源:招商银行-贝恩公司高净值人群调研分析

香港是一个成熟的私人财富管理(private wealth management,PWM)产业所在地,它在服务中国和亚洲其他地区的高净值个人(high net-worth individuals,HNWIS)方面有着深厚的经验。目前,香港是全球离岸人民币业务的枢纽和国际资产管理中心,是亚太地区中最大的离岸财富管理中心。如图11-11,2018年香港证监会资产及财富管理活动调查数据显示,2018年香港32%的PWMAUM(private wealth management assets under managment)来自香港以外的地方,其中大部分来自亚太平洋地区,占总私人财富管理资产的6%,中国(不含港澳台)、欧洲、北美洲分别占有5%、2%和1%。

PWM产业是香港地区生产总值的重要贡献者。毕马威调查研究显示,PWM产业及其相关的供应链,在2017年间贡献了246亿至200亿港元的增加值[①],占

---
① 增加值等于国内生产总值减去税收和补贴。香港特区政府通常使用它来评估经济影响。

# 第十一章 粤港澳大湾区金融服务支持产业发展的经验借鉴与重点方向

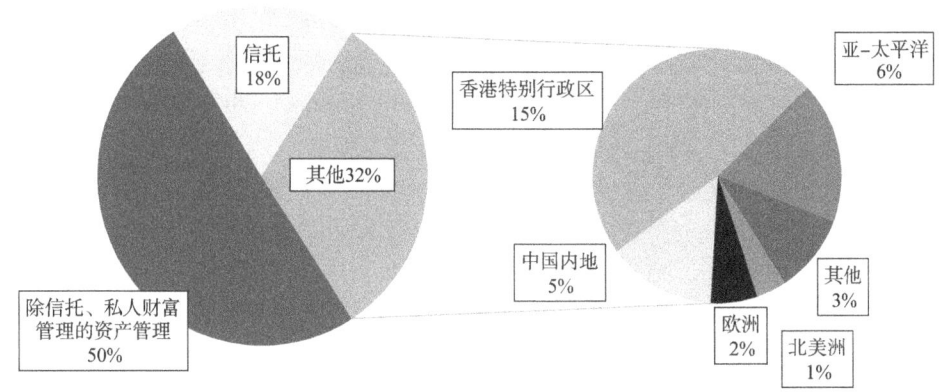

图 11-11　2018 年 12 月，香港资产和财富管理资产规模
资料来源：证监会 2018 年资产及财富管理活动调查

地区生产总值比重的 1%~1.2%，并为香港人提供了至少 10 000 个就业机会。该行业管理着 7.8 万亿港元的资产（1 万亿美元），占香港资产和财富管理行业总资产的 32%[①]。香港证监会《2018 年资产及财富管理活动调查》显示，虽然由于资产表现疲弱，私人财富资产管理规模在 2018 年下降 2%，至 7.6 万亿港元，但资金净流入强劲，达 3 790 亿港元。2018 年，普华永道资产的总投资回报率也优于主要市场指数，表明即使在不确定时期，该行业也为客户提供了价值。

2018 年，中国毕马威和香港私人财富管理协会联合发表白皮书，其目标是将香港打造为全球领先的财富管理中心，并为此分 7 个主题提出了 13 个具体的建议。白皮书中指出，中国内地已被确定为 PWM 的最大增长点，在粤港澳大湾区规划背景下将产生更多的机会（《粤港澳大湾区发展规划纲要》中明确了广州、深圳、香港、澳门是推动大湾区发展的四个"核心城市"，强调支持香港强化其国际金融中心和资产管理中心地位）。因此，为增强香港的地位，首要的离岸财富管理中心至关重要。白皮书建议，在大湾区推行新的共同理财计划。跨境计划既有助于中央政府实现人民币国际化的目标，又有助于巩固香港的国际金融中心地位。大湾区代表了一个大的潜在领域，有大约 50 万的高净值人士。建立共同财富管理计划的互惠倡议将有助于中国内地和香港推动该产业的发展。

值得一提的是，香港作为中国境外投资市场的窗口，受关注程度明显提升。与 2017 年相比，2019 年香港作为境外投资目的地的提及率从 53% 提升至 71%，上升了 18 个百分点。香港在自身具备语言与文化沟通优势的基础上，更进一步加快了上市制度创新，成为过去两年境外资金的主要聚集地（图 11-12）。目前，香

---

① 证监会 2017 年资产与财富活动调查。

港将家族理财办公室确定为增长的关键引擎。为了帮助引导高净值客户群体在香港建立家庭理财办公室，白皮书建议建立一个投资办公室联络中心，提供信息和指导。同时，基于税收优惠，如扩大离岸基金免税额或引入新的免税额来促进家族理财办公室的发展，确保非居民 HNWIS 免征香港税。

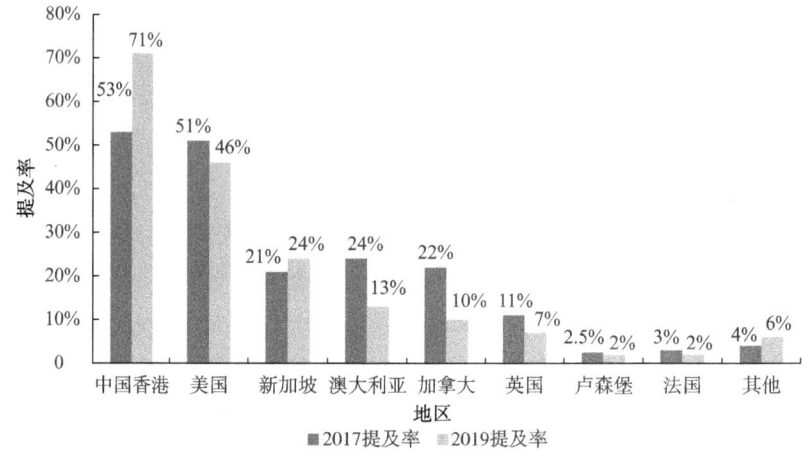

图 11-12　2019 年中国高净值人群境外投资地区偏好
资料来源：招商银行-贝恩公司高净值人群调研

财富管理业务目前是澳门重点发展的两大特色金融之一（为"培育新兴产业成长，促进经济适度多元"，2018 年政府施政报告专设一节论述并提出积极发展以融资租赁及财富管理业务为重点的特色金融），其主要业务内容是推动邮轮游艇、私人飞机、公务机等休闲旅游产品与财富管理产业结合，引进国外信托机构发展大湾区家族信托产业，引进人民币国际投贷基金等新型财富管理机构，开发面向大湾区高净值人群的理财产品。截至 2018 年底，澳门共有六家银行报称有提供财富管理业务。澳门银行的财富管理客户共 278 195 个；投资组合的市场价值达 1 984 亿元，按年增长 11.9%。在 2018 年，从财富管理相关业务所获取的手续费及佣金收入达 3 亿元，占整体银行非利息收入的 4.1%。

从澳门财富管理客户常居地来看，澳门财富管理的客户主要来源于澳门本地居民（包括特区政府），2018 年底的客户数目占比为 93.3%，而跨境客户仅占 6.7%，其中非居民客户主要来自广东省（4.7%），其次为香港（1.7%）；与 2017 年相比，2018 年澳门居民占澳门财富管理业务客户的份额有所增加，而相应的来自广东和香港的居民则减少（图 11-13）。

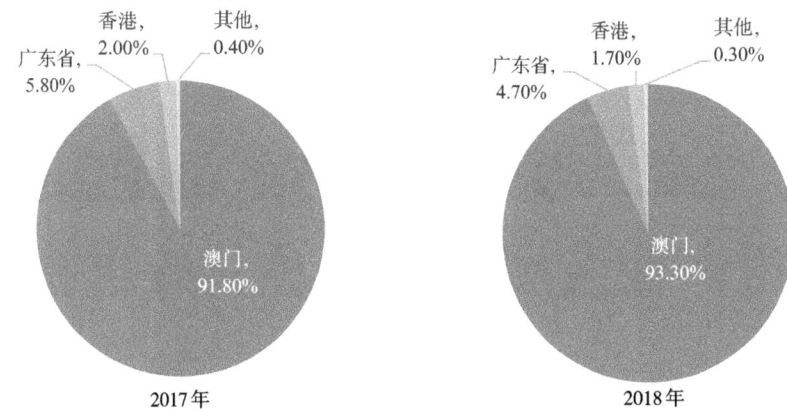

图 11-13　2017 年及 2018 年澳门财富管理客户的常居地
资料来源：澳门金融管理局

在投资组合方面，澳门的财富管理客户偏向投资在流动性较高的资产类别。在非澳门居民客户当中，"一带一路"沿线国家的财富管理客户共 243 个；投资组合的市场价值为 6 亿元。当中，客户主要来自东南亚国家联盟成员国[①]。

在区域合作方面，澳门在中央支持下与横琴开展全面深度合作，澳门与地理上一水相隔的横琴自贸片区合作，在金融开放领域能够实现特别行政区与自贸区的政策创新优势双区叠加。一直以来，横琴在积极建设粤澳跨境金融合作示范区，目前在横琴注册的港澳金融机构达到 182 家，注册资金超过 800 亿元。2019 年 3 月，横琴推出跨境办公试点，初期以横琴总部大厦为载体发展跨境金融，引进涵盖融资租赁、财富管理、金融科技等涉澳特色金融类企业及相关行业协会、服务机构等。

---

① 资料来源：澳门金融管理局。

# 第十二章　粤港澳大湾区金融服务业促进产业发展的不足及其改进措施

从国内外的成功经验反观粤港澳大湾区，在信用评级方面，粤港澳大湾区基本被国际评级机构垄断，缺乏国内评级机构，且评级机构存在利益冲突问题导致评级不规范，而评级机构的多头监管导致了多重监管、交叉监管和监管真空的问题。在人民币跨境流通方面，国际市场对美元、欧元的流通惯性、路径依赖，阻碍了人民币获得与中国经济和贸易地位相匹配的货币地位，人民币国际化进程放缓，还无法完全实现跨境双向流动，这给港澳居民使用人民币造成了不便，并且粤港澳三地协调管理机制不完善及港澳地区人民币应用不普遍也阻碍了人民币的跨境流通。科技金融方面，粤港澳大湾区存在投融资效率低下，科技信贷与风投缺乏积极性，基于知识产权的融资产品欠缺，科技企业股权和债权跨境投资有障碍等问题。在跨境保险方面，调解机制不足及信息共享机制缺乏阻碍了资源的有效配置，制度和法律的差异导致了三地保险互认困难，创新不足满足不了粤港澳大湾区的现实需求，这些都阻碍了粤港澳三地保险市场的深度融合。财富管理中心方面，离岸金融发展不足，财富管理风险防范体系不完善，管理人才缺口阻碍了粤港澳大湾区财富管理中心的建设。在前文分析的基础上，本章提出有关大湾区金融服务业促进产业发展的瓶颈与具体政策建议。

## 第一节　推进粤港澳大湾区信用评级行业建设

信用评级建设是支撑粤港澳大湾区金融要素自由流动和金融创新的重要战略，本节将剖析粤港澳大湾区在产业发展过程中信用评级行业出现的不足与发展瓶颈,并据此提出在信用评级行业上粤港澳大湾区应该选择的重点路径,最后针对发展路径提出关于大湾区发展的政策建议。

## 一、粤港澳大湾区信用评级行业促进产业发展的瓶颈

在港澳地区,评级业务被穆迪、标普和惠誉三大国际评级机构垄断,面临国内外的竞争环境,信用评级行业如何有效支持大湾区产业发展,依旧存在诸多问题。

### (一)国内信用评级机构评级不规范,评级虚高

如表12-1所示,2010~2018年每年国内的信用债券AA及以上评级占比都在80%以上,甚至在债券违约频发的2018年,大量债券仍旧被给予了高评级,由此产生了不少债券评级断崖式下降的恶性事件。例如,联合信用在2018年4月跟踪评级中将新光集团的公司主体和"15新光01、02"的信用评级从AA上调至AA+。在当年9月25日债市曝出新光集团违约之后,联合信用随即将该公司主体和对应债券的信用评级由AA+下调至CC,垂直下调了17个子级,并将评级展望从稳定调至负面。

表12-1 国内信用债券AA及以上评级占比变化

| 项目 | 2010年 | 2011年 | 2012年 | 2013年 | 2014年 | 2015年 | 2016年 | 2017年 | 2018年 |
| --- | --- | --- | --- | --- | --- | --- | --- | --- | --- |
| 比例 | 83.24% | 83.24% | 83.93% | 85.80% | 88.56% | 91.84% | 91.28% | 92.89% | 91.17% |

资料来源:Wind金融数据库

2016年12月到2019年8月,广东省内企业共发行信用债3 153次,其中债券违约事件35起,可获取信用评级信息的违约债券中,首次债务评级和首次主体信用评级均为AA-及以上。

造成国内信用评级行业评级普遍偏高的主要原因是债券发行人的"评级挑选"行为和信用评级机构的"主观放水"。评级行业来源于信用评级业务的收入超过85%,这为债券发行人进行"评级挑选"带来了可能性,为了生存,评级机构也乐意给出符合发行人主观意图的高评级。此外,我国债券监管核准一直采取的是评级核准制度,这意味着信用评级的高低对于债券是否能够正常核准发行起到了至关重要的作用,这也在一定程度上驱使发行人进行"评级挑选"行为。

### (二)信用评级机构利益冲突问题

向评级对象收费是国内外信用评级行业的通行规则,但这也很容易产生利益

冲突。即便是国际三大评级机构,也曾因为违规收费给予次级债过高的评级,使得不少投资者损失惨重。信用评级机构赖以生存的客观独立性在面对利益挑战时,难免丧失,造成评级结果有失公允。尤其是在当下还不健全的国内信用评级市场中,识别虚高评级的成本较高,信用评级机构给予虚高评级的行为未得到应有的惩罚。目前我国中债资信评估有限责任公司已有投资者付费模式的评级业务,但该模式在行业内并未普及。

（三）国内信用评级机构多头监管问题

现行的信用评级监管模式由央行、证监会和发改委作为债券准入监管机构,审核评级公司承担具体评级业务的资格层面。信贷市场的信用评级由中国人民银行各省级分支机构按属地原则实施监管。这样的监管模式很容易导致多重监管、交叉监管和监管真空问题。表 12-2 为 2001 年以来我国有关信用评级的法律法规及公告汇总表。

表 12-2 2001 年以来我国有关信用评级的法律法规及公告

| 年度 | 颁布机构 | 法律法规及编号 |
| --- | --- | --- |
| 2019 | 中国人民银行国家发展改革委财政部中国证监会 | 《信用评级业管理暂行办法》（银发〔2019〕5 号） |
| 2019 | 中国银行间市场交易商协会 | 《银行间债券市场非金融企业债务融资工具信用评级业务信息披露规则》（〔2019〕7 号） |
| 2019 | 中国银行间市场交易商协会 | 《银行间债券市场非金融企业债务融资工具信用评级业务利益冲突管理规则》（〔2019〕6 号） |
| 2018 | 国家发改委 | 《国家发展改革委办公厅关于充分发挥信用服务机构作用加快推进社会信用体系建设的通知》（发改办财金〔2018〕190 号） |
| 2018 | 中国银行间市场交易商协会 | 《银行间债券市场信用评级机构注册评价规则》（〔2018〕6 号） |
| 2018 | 中国人民银行中国证监会 | 《中国人民银行中国证监会公告》（〔2018〕第 14 号） |
| 2016 | 中国证券业协会 | 《证券市场资信评级机构评级业务实施细则（试行）》 |
| 2015 | 国家发展改革委 | 《国家发展改革委办公厅关于简化企业债券审报程序加强风险防范和改革监管方式的意见（发改办财金〔2015〕3127 号）》 |
| 2015 | 中国证券业协会 | 《证券资信评级机构执业行为准则》 |
| 2014 | 国务院办公厅 | 《关于印发社会信用体系建设规划纲要（2014—2020 年）的通知》（国发〔2014〕21 号） |
| 2013 | 国家发展改革委中国人民银行中央编办 | 《关于在行政管理事项中使用信用记录和信用报告的若干意见》（发改财金〔2013〕920 号） |

续表

| 年度 | 颁布机构 | 法律法规及编号 |
|---|---|---|
| 2013 | 中国银保监会 | 《中国保监会关于加强保险资金投资债券使用外部信用评级监管的通知》（保监发〔2013〕61号） |
| 2013 | 中国人民银行 | 《关于推进信贷市场信用评级管理方式改革的通知》（银发〔2013〕243号） |
| 2013 | 中国银行间市场交易商协会 | 《非金融企业债务融资工具信用评级业务自律指引》（[2013]1号） |
| 2012 | 中国证监会 | 《证券资信评级机构执业行为准则》 |
| 2008 | 中国人民银行 | 《中国人民银行关于加强银行间债券市场信用评级作业管理的通知》 |
| 2007 | 中国证监会 | 《证券市场资信评级业务管理暂行办法》（中国证券监督管理委员会令第50号） |
| 2006 | 国务院办公厅 | 《国务院办公厅转发发展改革委等部门关于加强中小企业信用担保体系建设意见的通知》（国办发〔2006〕90号） |
| 2006 | 中国人民银行 | 中华人民共和国金融行业标准JR/T0030-2006《信贷市场和银行间债券市场信用评级规范》 |
| 2005 | 中国人民银行 | 《中国人民银行信用评级管理指导意见》（银发〔2006〕95号） |
| 2005 | 中国人民银行 | 《全国银行间债券市场金融债券发行管理办法》 |
| 2004 | 中国人民银行 | 中国人民银行公告〔2004〕第22号 |
| 2003 | 中国证监会 | 《资信评级机构出具证券公司债券资信评级报告准则》（证监发行字〔2003〕106号） |
| 2001 | 中国证监会 | 《上市公司发行可转换公司证券公司证券实施办法》（中国证券监督管理委员会令第2号） |
| 2001 | 财政部 | 《财政部关于印发〈中小企业融资担保机构风险管理暂行办法〉的通知》（财金〔2001〕77号） |

资料来源：系本书作者整理所得

## 二、推进粤港澳大湾区信用评级行业建设的重点路径选择

本小节针对粤港澳大湾区信用评级行业发展中的不足，提出了成立信用评级协调机构和建立统一黑白名单制度的重点路径。

### （一）成立大湾区信用评级协调机构，完善监管服务措施

目前粤港澳大湾区信用评级监管机构主要为证监会、人民银行和发改委。为促进粤港澳大湾区信用评级市场规范化和一体化发展，必须健全大湾区信用评级市场协调管理机制。建议由广东省政府牵头、粤港澳三地政府共同成立粤港澳大湾区信用评级行业协调机构。该协调机构的职责包括协调帮助各部委管理大湾区评级市场、规范大湾区信用评级市场。该协调机构将协调信用评级机构的利益冲

突、提高多头监管的效率、构建粤港澳大湾区信用评级监管体系，助力粤港澳大湾区早日实现金融市场互联互通。逐步完善粤港澳大湾区信用评级监管体系，有助于推动粤港澳大湾区金融市场融合发展，加快一体化进程，还可以为"一带一路"沿线国家金融信用评级配套服务提供更便捷的支持，更好地服务于国家"一带一路"建设。

具体来讲，建议该信用评级行业协调机构按照"政府推动、人行引导、市场主导、行业自律"的指导方针行使好协调和服务职能。第一，贯彻实施严格的监管和处罚制度。联合有关监管部门成立督查组，不定期开展督查行动。如果评级机构与被评级对象之间存在不合法利益输送，一经发现，直接将评级机构纳入信用评级行业黑名单，依据情节轻重提请有关监管部门给予相应的处罚，并及时向全社会进行信息公示。第二，引导信用评级机构拓展营收渠道和业务类型，逐步改变传统单一的发行人付费模式。建议推广试点"中债资信"的投资人付费业务模式。投资人付费模式的立场更加客观公正，在风险揭示、正向引导评级行业发展等方面发挥着积极作用。引入投资人付费模式，能更好地为投融资双方服务，更有利于建立信用评级市场公信力。第三，要重视引导信用评级机构培养行业自律，重视管控机构负责人、实际控股人的信誉情况。积极引导信用评级机构完善自查报备制度，与人民银行征信系统、其他各类风险管控机构加强合作沟通，对信用评级机构实际控制人的个人信誉进行管控，建立突发事件响应机制。一旦发生实际控制人信誉污点事件，视事件情节轻重，联合监管部门，及时对信用评级机构采取相应的管控措施。第四，借鉴欧盟搭建信用行业统一平台的经验，协调建立粤港澳大湾区信用行业统一平台。将所有已注册并认证的信用评级机构的评级信息、评级展望情况融合到统一平台，方便投资人低成本地获取信用评级信息，以此来遏制信用评级机构的恶性虚高评级行为。

## （二）"引进来"与"走出去"结合，建立大湾区内统一的黑白名单制度

2019年1月28日央行发布公告，对标普在北京设立的全资子公司——标普信用评级（中国）有限公司予以备案，这是国际信用评级机构第一次正式进驻中国市场。2019年7月20日，国务院金融稳定发展委员会办公室发布的文件中宣布"外资机构在华开展信用评级业务时，可以对银行间债券市场和交易所债券市场的所有种类债券评级"。广东省应抓住此契机，吸引权威评级机构落户，做到"引得进、留得住、做得强、出得去"。引进权威评级机构还能激发"鲶鱼效应"，积极引导本土信用评级机构对接国际信用评级市场的先进运营管理经验，倒逼本土

信用评级机构升级转型。在粤港澳大湾区内建立信用评级行业黑白名单制度并实现三地共享。建议广东省向国务院相关部门申请允许境外信用评级机构落户珠三角九市，积极主动吸引境外权威金融机构落户珠三角九市，积极鼓励粤港澳大湾区内本土信用评级机构拓展海外业务。

### 三、推进粤港澳大湾区信用评级行业建设的政策建议

本小节针对粤港澳大湾区信用评级行业应该选择的重点路径，提出了关于规范评级机构行为和促进境内评级市场发展的相关政策建议。

#### （一）建立大湾区内统一的黑白名单制度，规范评级机构行为

在大湾区内建立三地共享、数据融通的信用评级行业黑白名单制度。第一，将粤港澳大湾区信用评级机构纳入统一监管数据库。第二，建立不定期督查与评级机构自主报备相结合的监管机制。将未尽其应尽职责且过错性质恶劣的评级机构纳入黑名单，将优质评级机构纳入白名单，并及时在大湾区统一信息平台进行公示。第三，针对纳入黑名单的机构，联合监管部门，加强对机构开展业务的监管，从开展业务类型、开展业务权限、执照资质资格等方面采取不同层级的限制措施。对于纳入白名单的机构，在同等条件下，协调监管部门，优先批准其开展更灵活的实验性业务，探索信用评级改革创新经验，优先为其办理各项审批事项，在一定范围内简化监管流程，并按相应的奖励办法予以表彰。

#### （二）"引进来"与"走出去"结合，促进境内评级市场发展

"引进来"方面。第一，建议广东省向国务院相关部门申请允许境外信用评级机构落户珠三角九市。第二，积极主动吸引境外权威金融机构落户珠三角九市，并通过调整人才引进等方面的优惠政策，吸引它们落户开展业务。第三，强化信用评级行业配套建设，全面提升法律、审计和监管服务等对信用评级市场的配套支持。第四，强化信用评级行业生态建设，加强对行业从业资质的考核与管理，稳步提升行业从业人员素质，营造健康清朗的行业氛围。第五，允许珠三角九市的金融机构采纳港澳居民在境外权威信用评级机构开具的征信报告，促进港澳与珠三角九市的个人征信互通。

"走出去"方面。积极鼓励粤港澳大湾区内本土信用评级机构拓展海外业务。一是以财政补贴为扶助手段。对大湾区企业在港澳发债时仅使用本土信用评级机构评级报告的，予以适度补贴，并向国家外汇管理局（简称外管局）等相关部门

申请加快其境外发债审批流程。二是以"双评级"为过渡方式。在境内评级机构的国际认同度不高的情况下，对大湾区企业在港澳发债时使用本土信用评级机构作为第二评级机构的，予以适度补贴。

## 第二节 促进人民币跨境流通

人民币跨境流通是实现大湾区金融互联互通和人民币国际化的坚实基础，本节将剖析粤港澳大湾区在产业发展过程中人民币跨境流通表现出的不足与发展瓶颈，并据此提出在促进人民币跨境流通上粤港澳大湾区应该选择的重点路径，最后针对发展路径提出大湾区促进人民币跨境流通的政策建议。

### 一、粤港澳大湾区人民币跨境流通促进产业发展的瓶颈

目前人民币国际化仍存在三方面的问题。首先，货币交易惯性。国际市场对美元、欧元的流通惯性、路径依赖，阻碍人民币获得与中国经济和贸易地位相匹配的货币地位。其次，国际政治影响。2018年美国以贸易战为名实施了一系列极限施压政策，试图扼杀中国的发展机会，对人民币国际化产生影响。最后，内地和香港汇差和利差。由于中国流通在岸人民币和离岸人民币两种体系的汇率，两者存在的差价使离岸人民币市场成为套利市场，阻碍了政府放松金融管理。这些问题在大湾区的表现可具体概括为以下三点。

（一）人民币跨境双向流动还需进一步加强

十多年来，中国已循序渐进地建立了人民币跨境流通的政策框架体系，但离实现人民币跨境双向流动的目标即既能"走得出去"又要"回得来"尚有差距。因为目前中国的人民币只在经常项目完全开放，部分资本项目仍不可兑换。近年来受国际形势影响，人民币国际化进程有所放缓。虽然"沪港通""深港通""债券通"的稳步发展已有效促进了人民币的跨境双向流动，但与国际水平相比，中国对于跨境金融衍生工具的管理仍相当严格。已经放开交易的人民币债券、人民币计价证券、人民币计价金属期货产品等人民币金融产品的交易量目前都在一定程度上受到了人民币汇率波动的影响，交易金额相比国际水平偏低。此外，目前珠三角九市居民可以在境内中资银行办理"见证开户"业务，在境内即可开通中资银行的港澳分行的人民币结算账户；然而，目前政策尚不允许港澳居民在中资银行的港澳分行见证

开户、开通境内中资银行的账户，这给港澳居民使用人民币造成了不便。

### （二）人民币跨境流通三地协调管理机制不足

跨境人民币业务的启动和迅猛增长给跨境资本流通拓展了新渠道，并且因为跨境人民币业务的特殊性和独创性，在有效区分跨境人民币项目资金来源等问题上的管理难度比外币更大，而且三种不同的货币和金融制度更加大了大湾区内人民币跨境流通的管理需求，所以目前大湾区内人民币跨境流通协调管理机制的缺乏会制约人民币跨境流通规模和范围的扩大。

### （三）人民币在港澳地区应用不普遍

目前跨境金融服务的多项内容均已在大湾区陆续落实，如2017年6月启动的粤港跨境电子支票联合结算、2018年8月开展的粤港跨境电子账单直接缴费业务、2018年9月实现的港澳与内地、港澳之间的跨境应用港澳银联云闪付APP、2018年10月及2019年3月实现了与内地的跨境联通的港版微信支付与港版支付宝等。但这些跨境金融服务使用的多为人民币与外币的同步收付业务，未能更充分地促进人民币的跨境流通。此外，跨境金融服务在大湾区内尚有较大发展潜力，截至2018年底，港澳移动支付用户比例不到43%，相比内地超过60%的水平明显偏低，并且港澳地区支持移动支付的商户数目也有限，这均说明港澳地区的人民币应用尚不普遍。

## 二、促进人民币跨境流通的重点路径选择

本小节针对粤港澳大湾区在人民币跨境流通上的不足，提出了引导人民币跨境双向流动、建立大湾区跨境人民币协调管理机制和推进跨境金融服务使用人民币的重点路径。

### （一）引导人民币跨境双向流动

第一，进一步开放资本项下人民币跨境个人业务。随着粤港澳大湾区境内境外逐步发展的金融一体化进程，湾区居民逐步提升了对于人民币跨境业务的需求，目前在政策允许范围内，港澳居民可以在湾区境内置办房产，但是人民币跨境资本项业务目前的放开程度仍然受到不少限制，建议进一步开放跨境人民币业务，逐步打破人民币跨境流通双向障碍。可以考虑把资本项下人民币跨境个人业务作

为突破口,一方面,开放资本项下人民币跨境个人业务;另一方面,提升湾区居民每日人民币跨境流通额度。

第二,逐步开放大湾区资本项下人民币跨境对公业务。为引导人民币在粤港澳大湾区内跨境双向流动,可以从两个角度制定逐步开放资本项下人民币跨境对公业务的相关政策。首先,引导人民币流入港澳,适当政策扶持已有人民币产品。例如,建议银行与顾客在购买"点心债"和"莲花债"等人民币债券时同步办理远期结售汇业务,借以规避汇率风险,甚至筹建人民币外汇期货;对在香港发行人民币计价基金、人民币计价证券等人民币金融产品的境内企业给予适当政策支持等。此外,促进人民币回流内地,在湾区试点稳妥有序实现资本项目开放。降低可兑换资本项目的限制条件,如对全口径跨境融资的境内客户放松准入条件,降低跨境双向人民币资金池的参与企业门槛,简化"债券通"外币投资者进行人民币资金兑换的审批流程,扩大"深港通"等跨境证券投资新模式的每日额度。在湾区试点探讨金融开放与风险管理并行操作的基础上,稳妥有序地实现其他人民币资本项目开放的政策思路,如"债券通"的南向通等。

## (二)建立大湾区跨境人民币协调管理机制

粤港澳大湾区内人民币的跨境流通涉及广东、香港和澳门三地政府的监管。目前,粤港澳大湾区内的跨境人民币监管机构包括人民银行广州分行跨境人民币结算试点工作小组办公室、人民银行深圳中心支行跨境人民币结算试点工作小组办公室、香港金融管理局和澳门金融管理局。要促进大湾区内人民币的跨境流通,需健全大湾区跨境人民币三地协调管理机制。因此,在已有的跨境人民币管理机制的基础之上,建议由广东省政府牵头、粤港澳三地政府共同建立粤港澳大湾区跨境人民币联席协调机构。该机构负责推动及协调监管人民币在大湾区内的跨境流动,从而解决三地金融体制不同导致的协调困难。

## (三)推进跨境金融服务使用人民币

为推进跨境金融服务使用人民币,可从三个方面开展工作。第一,在港澳建设人民币支付结算体系和人民币的个人支付工具并加以推广。第二,对人民币跨境业务予以政策支持。对优先选择人民币进行跨境金融服务的境内企业给予适当政策支持。例如,对跨境电子支票联合结算、跨境支付工具等予以财政补贴或开启绿色通道等。第三,构建湾区跨境金融服务生态圈。建议加快拓展湾区内跨境金融服务的生态圈,使得湾区内移动支付流通范围逐步涵盖餐饮、购物、娱乐、交通、医疗等多个领域,吸引更多的港澳同胞成为移动支付的新用户,方便内地游客在港澳旅游，为人民币跨境流通奠定基础。

### 三、促进人民币跨境流通的政策建议

建议以资本项下人民币跨境个人业务为突破口，逐步打破人民币跨境流通双向障碍，具体政策建议如下。

#### （一）开放资本项下人民币跨境个人业务

目前湾区居民对于人民币跨境业务的需求逐步提升，政策已允许港澳居民在湾区境内置办房产，建议进一步开放跨境人民币业务。一是，允许港澳居民在珠三角九市购买人民币理财产品，促进人民币"北向"回流。二是，先允许珠三角九市居民在港澳的中资金融机构（如四大国有银行的香港分行）购买人民币理财产品，实现闭环管理，再逐步允许珠三角九市居民在港澳其他金融机构购买人民币理财产品。三是，允许港澳居民通过"见证开户"手续开通境内银行账户，即允许港澳居民在中资银行的港澳分行开通中资银行境内人民币结算账户，方便港澳居民使用人民币，有利于人民币的"北向"流通。同时，由中资银行的港澳分行进行开户的完整合规程序，包括代为采集反洗钱信息等，也充分规避了"见证开户"流程中的风险。四是，打通人民币支付工具，在港澳建设并推广人民币支付结算体系和人民币的个人支付工具。

#### （二）提升湾区居民每日人民币跨境流通额度

个人跨境投资一般数额较小且便于管理，且人民币的跨境流通对外汇储备的影响较小。目前香港和澳门居民每日可以往内地汇入的人民币额度分别为8万和5万元，无法满足跨境理财需求；而珠三角九市居民往港澳的人民币跨境汇款也受到严格限制。因此，建议广东省政府向人民银行申请大幅提升港澳居民往珠三角九市的每日人民币跨境流通额度（如初步提升至30万元），并适当提升珠三角九市居民每日往港澳的人民币跨境流通额度。

## 第三节　强化粤港澳大湾区科技金融发展

科技金融的发展对提升粤港澳大湾区整体发展动能有很大的作用，本节首先

分析粤港澳大湾区科技金融在科技型企业发展过程中出现的不足与发展瓶颈，在此基础上提出粤港澳大湾区在科技金融上应该选择的重点路径，最后提出强化大湾区科技金融发展的相关建议以支持选择的路径。

## 一、粤港澳大湾区科技金融促进产业发展的瓶颈

粤港澳大湾区在科技金融发展上，表现出投融资效率低下，科技信贷与风投缺乏积极性、投贷保多方联动不足，基于知识产权的融资产品欠缺等问题（季昱丞等，2018），具体信息如下。

### （一）科技企业信息分散导致投融资效率低下

科技企业信息分散导致投融资效率低下体现在以下三点：一是，科技企业融资涉及信息广而分散，缺乏规范健全的信息数据。科技企业除基本企业信息和财务信息外，还包括拥有知识产权数量、承接政府合作项目数、已获政府补贴及外部融资情况、是否属于重点支持高新技术行业等特有信息，而这恰是金融机构进行科技投资的重要指标。这些信息分散至省科技厅、行业协会、高新技术园区等各个门户网站，不便收集与核查。二是，现有平台功能不全。广东省现有服务中心与对接平台科技企业不统一，入驻机构数量少，部分功能形如虚设，平台间信息不连通，导致投融资效率低下和资源浪费。三是，部分数据未对金融机构统一开放。例如，许多银行、风投和股权私募机构没有政府平台数据查询权限，想获得科技企业各方面准确、真实的信息手续极其复杂，难度较大。

### （二）科技信贷与风投缺乏积极性，投贷保多方联动不足

科技创新活动的高风险特征更适合风险投资机构，然而中国的金融资源集中在银行业，目前风险投资机构对科技企业的帮助也有限，具体表现如下。

一是科技信贷风险补偿低。银行因受制于我国商业银行禁止持有企业股权或股票期权的严格分业经营约束，商业银行及其国内科技支行只能对科技类企业发放信贷，无法获得股权或认股权证收益。种子期、初创期企业科技信贷业务的风险补偿极低，银行参与积极性不高。二是风投资金向低风险聚集。风险投资本该是科技企业的主要融资渠道，然而大湾区风险投资总量不足，且不愿意介入高风险重点发展行业和科技企业前期融资。三是金融机构多方联动不足。目前仅有10个试点银行可进行投贷联动业务，而没有权限的银行一般通过设立境外子公司或与VC/PE合作两种模式实现投贷联动，与保险、担保机构合作更

是少之又少。合作流程烦琐、责任分摊难、难以达成共识，进一步限制了多方联动业务创新。

### （三）基于知识产权的融资产品欠缺

知识产权是科技企业的发展核心，也是科技企业融资的资产支撑。目前我国仅有两个知识产权证券化产品，其中一个在广东省。我国知识产权证券化发展水平较低的具体原因如下。

一是知识产权潜在价值难以衡量。与设备、房屋等固定资产不同，知识产权并非独立资产，其价值依附于创业者、科技研发人员、运营模式等企业内在因素，不易评估。二是知识产权质量有待提高。粤港澳大湾区知识产权证券化有着庞大的市场载体，2017年湾区发明专利总量共计25.8万件，是东京湾区的1.9倍。但专利施引次数仅为7 317次，近五年粤港澳大湾区施引专利数仅为旧金山湾区的27%、东京湾区的23%，知识产权质量仍有待提高。三是缺乏互认共享的知识产权专业评估体系与法律保障体系。珠三角九市专业性的知识产权资产评估公司及中介服务机构不多，而粤港澳三地在知识产权法律体系上存在较大差异，在知识产权咨询代理等运用服务深度合作方面有待加强，服务互通性有待提高。

### （四）科技企业股权和债权跨境投资障碍

目前的外汇管理政策对于境内企业参股境外企业的审核非常严格，信贷资金和境内科技企业的资金对外流动还存在较大的障碍。一方面，内地资本管制和宏观审慎的外汇管理使跨境互投业务受限，复杂的操作审批流程不利于跨境投资。中国企业进行海外投资，需要取得发改委、商务部和外管局三个部门的核准、备案或登记；境内企业及金融机构汇出境外的前期累计汇出额原则上不超过300万美元且不得超过中方投资总额的15%；这不利于科技企业的技术水平提高和与国际接轨。另一方面，考虑到外汇稳定和国家安全，也决不能完全放开管制，任由境内企业自由投资到境外。这形成了一个难以破解的矛盾。

## 二、强化粤港澳大湾区科技金融发展的重点路径选择

本小节针对粤港澳大湾区在科技金融发展上的不足，提出了构筑粤港澳大湾区科技金融发展新平台、完善多方联动机制、推进知识产权证券化等重点路径。

## （一）构筑粤港澳大湾区科技金融发展新平台

粤港澳大湾区科技金融发展新平台的建设包含以下三个方面：

一是，打造科技金融对接平台。联合金融机构、科技企业、科研单位与中介组织等多种主体入驻平台，为科技企业提供一揽子综合化的科技金融服务。系统引进港澳优质金融机构与服务机构，探索港澳在科技金融产品创新、基础研究技术等优势领域的深层次合作交流。推动信贷资金、风投资金和产业资金聚集大湾区，为创新要素在科技研发、成果转化和产业化阶段提供有力支撑。

二是，推进科技企业信息数据库建设。通过整合金融机构、政府等内外部资源，重点将科研专利成果、获奖项目等科技创新实力数据、承接政府合作项目数量、已获政府补贴及外部融资情况和政府对科技中小企业评价结果等信息纳入到数据库中。开放对金融机构的核查权限，为科技金融对接提供关键信息支撑。

三是，搭建科技企业海外创新平台。鼓励和引导科技龙头企业携手中小科技企业设立海外创新基地，组建以产业为主导的创新联合体，发挥大企业与平台对创新的辐射带动作用，通过海外研发机构与科技企业激发创新活力。

## （二）完善多方联动机制，降低金融机构投资风险

一是，鼓励投贷联动、投贷保联动等多方联动机制。提高银行风险忍耐度，依托粤港澳大湾区投贷风险准备金，加强推进投贷联动机制；鼓励投贷保联动业务创新及推广，对保险机构参与投贷联动给予一定比例补贴；以税收优惠方式支持参与联动的金融机构。

二是，构建庞大的金融机构集群。借助香港金融优势，允许部分外资、港资银行、保险机构和风投机构在自贸区试点设立科技分支机构，推动参与多方联动机制创新，专为本土科技企业提供国际化的科技金融产品与服务；鼓励金融机构进行跨境多方合作，探索跨境投贷、投贷保联动机制。

三是，树立多方联动合作标杆。借助科技金融发展平台实现业务交流和信息交换，引导金融机构建立贷前调查、贷后管理、风险控制、违约索赔等全过程长效合作机制，简化规范合作流程。

四是，联合政府力量多方联动支持重点产业。湾区各地市设立政府基金，结合各地市重点发展产业，对高新技术企业、种子期和初创期企业给予重点投贷联动等多方联动支持。

### (三)加快建设粤港澳大湾区知识产权交易中心,推进知识产权证券化

一是,在深圳设立粤港澳大湾区知识产权交易中心,发挥引领示范作用。深圳科技要素活跃度为湾区之最,在深圳建立知识产权交易中心最为合适。建议学习香港在知识产权领域的优秀经验,完善知识产权交易规则和机制,引进优质服务机构进驻深圳,开展知识产权相关的高端配套服务,促使珠三角九市知识产权服务水平逐步与国际接轨。

二是,联合深交所,推进知识产权证券化。借鉴欧美国际经验,探索整体业务资产支持债券模式、科技资产可转换债券等模式创新。

三是,探索建立一套科学的知识产权价值评估体系。培养一批专业的知识产权资产评估机构和人才,着力提升大湾区知识产权质量。

四是,建立粤港澳三地知识产权跨区域合作机制。依托粤港澳大湾区知识产权合作联盟,支持三地知识产权服务机构开展知识产权保护、仲裁、纠纷调解等方面的合作。鼓励三地合作开展知识产权融资产品创新,探索合力促进知识产权国际贸易。

### (四)探索建设"科技通",实现资金互投互通

参考"债券通"和"深港通"的机制,设立"科技通",借助大湾区科技金融发展平台,实现风投私募资金、信贷资金在湾区内互投互通,建立以香港为支点的科技资本跨境投融资体系。

"科技通"的设想,一方面,能保障资金充分回流境内、防止外汇流失,形成资金闭环,有效地规避风险;另一方面,又为境内科技企业与境外科技企业的深度合作和海外科技并购开放了通道。它实际上是一个代持平台,代境内科技企业持有境外科技企业的股权。此外,当人民币升值、需重点监控流入境内的国际热钱时,也可反向应用"科技通",构造境外机构参股境内企业的通道,形成资金闭环,便于监控。

### (五)大湾区国际科创中心建设助力科技保险发展

截至2018年3月31日,广东省国家级高新技术企业从6 652家增加到3万余家,跃居全国第一。珠三角地区科技企业的蓬勃发展为大湾区建设国际科创中心打下了坚实的基础,同时也对科技保险在新时期的发展提出了更高的要求。大湾区国际科创中心的建设带来的政策利好有益于科技保险突破现在的瓶颈,取得

更大的发展。同时，科技保险更好的发展将反过来推动大湾区科创中心的建设，最终，在大湾区建设与科技保险发展中形成正向的反馈环。

想要突破瓶颈，科技保险必须更多地借力粤港澳大湾区的建设与发展，借力政策利好，抓住大湾区建设国际科创中心的机遇。《粤港澳大湾区发展规划纲要》中提出，在依法合规的情况下鼓励基金与保险等金融产品的跨境交易，并重点提到，支持符合条件的港澳银行及保险机构在深圳前海、广州南沙、珠海横琴等自贸区设立经营机构，这为科技保险在大湾区的发展带来了机遇。同时，《粤港澳大湾区发展规划纲要》进一步提出支持深圳建设保险创新发展试验区，推进深港金融市场互联互通。为解决区域协调问题与创新要素流动障碍带来了政策基础。此外，港澳地区保险机构的到来，可以促进内地保险业的升级，有助于内地保险业的进一步规范化，资本、人才及信息的流通则为内地保险业的发展带来助力。

第一，《粤港澳大湾区发展规划纲要》鼓励相关部门积极探索创新要素跨境流动和区域融通的政策举措，鼓励区域一体化与协调发展，在此背景下，应当鼓励和支持港澳保险公司在内地开办科技保险与再保险业务。此外，由于大湾区不同区域内，产业分布和科技创新发展的方向不完全相同，这就要求科技保险在险种设计、定价等方面更具针对性。鼓励大湾区不同区域的保险公司结合当地特色与优势开发相应的科技保险险种，如澳门可以建立针对葡语国家的科技企业出口信用保险制度。

第二，广东省应抓住机遇加速专业科技保险公司的报批与落地。在当前构筑"广州—深圳—香港—澳门"科技创新走廊、加快粤港澳大湾区国际科技创新中心建设的形势下，广东省内对科技保险的需求将愈加强烈，综合性保险公司在科技保险品种和数量上的供给开始显得不足。因此，急需专业科技保险公司落地。

第三，《粤港澳大湾区发展规划纲要》提出支持粤港澳共建大湾区大数据中心和国际化创新平台。这为解决科技保险风险测算与定价的难题带来了技术上的利好。广东省保险业应借助大湾区大数据中心建设的东风，利用三地资本、技术、人才、信息等创新要素，推动科技保险数据库的建设，同时，加快建设粤港澳科技企业数据库与风险评价体系。

综合本节内容，图12-1描绘了大湾区科创中心建设与科技保险发展之间相辅相成的关系。

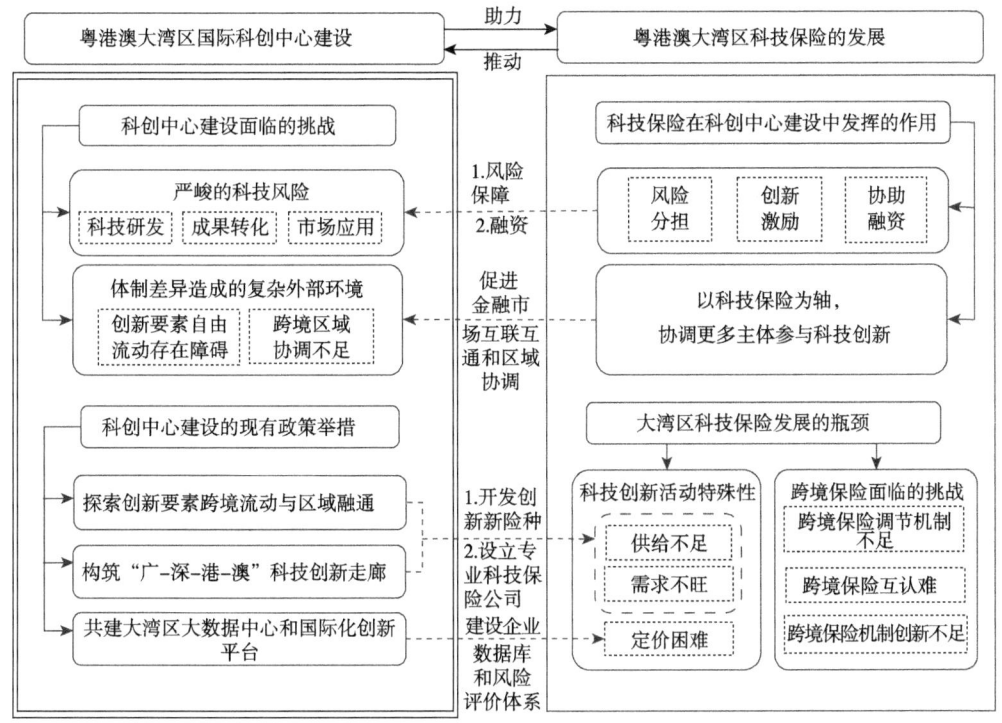

图 12-1　科技保险发展与大湾区科创中心建设的互动关系

## 三、强化粤港澳大湾区科技金融发展的政策建议

本小节针对粤港澳大湾区科技金融应该选择的重点路径，提出了设立"科技通"和建立科技保险与科创中心建设之间的良性互动的相关政策建议。

### （一）设立"科技通"，建立境内科技企业海外并购的便捷通道

本书提出设立"科技通"的设想（工作流程如图 12-2 及下文所示），一方面，可以促进境内科技企业与境外科技企业的深度合作，另一方面，可以促进大湾区先进制造业和高新技术企业的技术水平和国际接轨。建议在珠三角九市设立"科技通"业务试点，由广东省政府向发改委、外管局和商务部等相关部门申请，建立境内科技企业海外并购的便捷通道。

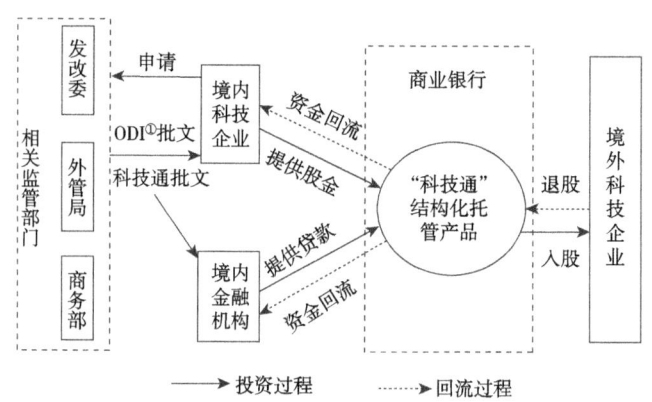

图 12-2　粤港澳大湾区"科技通"建设关键操作流程图

如图 12-2 所示,首先,境内科技企业向相关部门提出通过"科技通"参股境外科技企业的申请,得到批准后在有"科技通"资质的商业银行成立"科技通"托管产品。其次,境内科技企业将股金转入所成立的托管产品,由该托管产品向境外科技企业支付股金并且参股,从而实现代境内投资方持有境外科技企业股份的目的。当退股时,该托管产品将退出境外科技企业并把所获股金转予境内科技企业。在银行成立"科技通"结构化托管产品可为自有资金不足的境内科技企业提供并购资金,由金融机构提供贷款并直接将款项转入所成立的结构化托管产品中,保证贷款资金的"专款专用"。该股权投资所产生的盈亏均由投资方境内科技企业负责。

(二)建立科技保险与科创中心建设之间的良性互动

粤港澳大湾区科技保险与科创中心建设之间的良性互动主要从六个方面建立,具体信息如下:

针对不同科创环节在粤港澳大湾区探索开展科技保险业务。构思、研发、成果转化和生产是科技创新的四个环节。对于构思和研发环节,由于其对场地限制的要求较低,粤港澳三地的保险企业可在其各属地开展科技保险业务。对于成果转化和生产环节,由于其对场地限制的要求较高,珠三角九市可充分利用地理优势承接生产需求,建立科技创新园区。科技创新中的成果转化和生产环节是科技保险企业重点开展的业务,此时珠三角九市政府应发挥科技保险补贴的职能作用。

积极探索科技保险模式创新与服务创新。鼓励粤港澳三地的商业银行、保险

---

① ODI,outbound direct investment,对外直接投资。

公司、天使基金、风投基金等金融机构开展"保贷联动""投贷保联动"等服务创新，提高科技企业运营管理水平，改善科技型企业融资环境。为提高科技创业公司的运营管理水平，积极探索并推动粤港澳三地的保险公司与其他专业机构合作成立创业投资公司，并直接参与大湾区中心科技创业公司的投资和孵化。积极鼓励相关投资创业机构研究科技企业的行业领域并参与科技风险管理。

实现科技保险标准化管理。通过建立科技保险评价指标体系对科技企业进行量化评价，运用层次分析法确定各个指标的影响权重，运用科学合理的评价方法确定风险评价等级，提供移动客户端功能，收集科技企业常规的数字等结构化数据及文字、视频、图片等非结构化数据，优化科技保险信息云服务平台界面设计，提升系统性能，拓展科技保险信息平台服务内容，优化平台综合服务质量。

加快科技保险历史数据库和人才队伍建设。收集和积累科技保险业务历史数据，建立科技保险历史数据库，这不仅有利于科技保险业务的追踪分析、责任界定，更有利于科技保险产品的定价及未来业务开展。此外，培养既懂得科技保险精算定价技术，又熟知各行业科技创新所面临的种种技术风险的人才，加快科技保险人才队伍建设才能设计出科学合理的科技类险种破解我国当前科技保险供求不足的现状。

实现科技保险精准化、智能化管理。科技保险综合服务平台基于互联网"云服务"连接政府、科技企业和保险企业，提供线上和线下服务相结合的全新模式，实现资源整合与共享。通过科技保险综合服务平台，科技企业可以享受专业的线上咨询、企业状况评测等服务（Emanuel et al., 2018）；以在线咨询服务为突破口，配合所积累的大数据，科技保险信息综合服务平台可以应用于科技保险产品的设计、精算等服务，智能地为科技企业提供个性化的科技保险方案并自动计算保费，激励社会创新活动，促进创新资源优化配置及高效利用。

建立专门的科技保险信息综合服务平台。根据"标准化、智能化和精准化"的要求，建立专门的科技保险信息综合服务平台，不仅能与其他有关科技企业的数据系统联网，实现大数据科技保险管理体系，避免信息孤岛和信息不对称风险，也有利于科技企业征信体系的建立，避免道德风险。

## 第四节　推动跨境保险服务于实体经济发展

推动跨境保险服务对粤港澳大湾区经济稳定增长和创新发展有着深远影响，本节将剖析粤港澳大湾区在产业发展过程中跨境保险服务出现的不足与发展瓶颈,并据此提出在跨境保险上粤港澳大湾区应该选择的重点路径,最后针对发展路径提出推动大湾区跨境保险服务的相关建议。

## 一、粤港澳大湾区跨境保险行业促进产业发展的瓶颈

粤港澳大湾区跨境保险发展还有较大的合作空间和发展空间,其主要制约因素为信息共享不足、跨境协调不足、三地法律差异和创新不足等。

### (一)跨境保险协调机制不足,跨境保险信息共享机制缺乏

港澳法律规定保单签发地必须为保险公司所在地,如果内地居民在内地购买地下保单,往往会因为无法提交相关的入境证明被保险公司拒绝赔付。此外,在发生纠纷和投诉时,购买香港保险的内地居民只能向香港保险投诉局进行投诉,无法获得内地的司法支持。

粤港澳三地的监管部门、保险机构与其他金融机构之间的信息互联互通和资源共享是大趋势,而沟通与协调平台的缺失会导致三方信息不对称,直接阻碍资源有效配置和三地保险市场深度融合。目前,友邦保险、汇丰人寿等具有香港背景的保险机构相继进入内地市场,但还没有港澳地区的保险机构在广东设立保险机构。

### (二)三地制度和法律的差异导致跨境保险互认困难

一是,港澳的保单不受内地法律保护,内地居民需要亲赴港澳体检和申报,增加了保单持有人投保、续保和行使相关权利的时间与资金成本。因为内地和港澳是不同的法律体系,内地居民赴港澳投保涉及纠纷时,跨境法律诉讼极为不便。二是,内地与港澳拥有不同的汇率制度,内地的资本项目还没有完全开放。内地居民购买港澳保险及续保、理赔和分红等都涉及跨境资金流动,也面临汇率浮动风险和汇率政策风险。三是,三地产品标准不一致,以甲状腺癌为例,在内地重疾中属于重症,而在香港则属于轻症。另外,三地之间疾病生命表、发生率估算及产品条款表述的差异易引发合同纠纷,阻碍三地保险产品互认。四是,三地保险治理框架和监管要求存在差异。港澳地区的监管体制设计相对于内地而言更加人性化,应用程序更加灵活。

### (三)跨境保险机制的创新不足

跨境保险行业存在理论创新突破不大、产品创新周期过长、产品同质化严重、

服务创新张力不够等问题。粤港澳大湾区跨境保险领域方面尚未有较大的理论突破，仅仅停留在借鉴模仿上海自贸区经验的阶段。大湾区跨境保险的产品与服务创新也依旧是以传统保险为中心进行衍生，险种开发不够，开发周期长，导致跨境保险覆盖面不足。跨境车险只是在传统车险的基础上为境外购买者增设便捷式条款，并未实现两地间车险标准互认互通，港珠澳大桥通车后车流量不高的原因之一就是需分别购买两地车险。跨境保险体制机制的创新落后于粤港澳大湾区建设的现实需求，无法充分发挥保险资金规模大、期限长、安全性高的优势，难以有力地连接政府、企业和消费者。

## 二、推动粤港澳大湾区跨境保险发展的重点路径选择

针对粤港澳大湾区跨境保险发展中的不足，本小节提出了建设粤港澳大湾区跨境保险协调、司法、服务和信息等平台，提出要推行跨境"保险通"，提出了要建立跨境保险产品创新协同机制的重点路径。

### （一）建设大湾区跨境保险协调、司法、服务和信息等平台

跨境保险是粤港澳大湾区实现跨境互联互通的重要渠道之一，急需建设粤港澳大湾区跨境保险协调机构、信息平台、司法中心和服务中心，形成"1+1+2"的服务保障体系，促进三地保险互认与信息共享。具体建议如下。

第一，建议成立由三地政府的保险部门联合组成的粤港澳大湾区保险融合发展与服务协调机构。该协调机构将推动大湾区跨境保险融合发展，牵头推进跨境保险发展。

第二，建议成立专门处理大湾区境外保单的司法机构"粤港澳大湾区跨境保险司法中心"，可以为三地跨境保险事务提供三地互认的，比较规范的司法解决途径。目前，珠三角九市中最发达且有先行示范优势的是深圳保险业，建议深圳作为该司法中心选址。该司法中心的建成将加快跨境保险法律事务的处理效率，也将极大地节省粤港澳三地的司法资源。

第三，建议成立"粤港澳大湾区跨境保险服务中心"，聚集三地保险机构集中开展服务，帮助小规模保险企业在大湾区内顺利开展跨境业务。建议选择深圳作为服务中心试点区域。

第四，建议成立覆盖监管部门、政府和银行保险机构的保险信息的"粤港澳大湾区跨境保险信息平台"，其中包括建立粤港澳跨境机动车辆保险产品库等。该平台的建成将极大地方便跨境保险各参与主体进行查询，为三地保险跨境合作奠

定平台基础，促进信息沟通。

（二）借鉴欧盟经验推行跨境"保险通"

"保险通"的设想提出已有好几年，但由于外汇监管等因素一直未能落地。本书建议，在长期探索推行"保险通"的过程中，可以借鉴欧盟的"单一通行证"制度。三地可以根据自身不同的发展水平，在统一的监管框架下制定差异化通行证指标，为达标险企发放"跨境通行证"，实现产品与业务标准互认。此外，应积极推进高水平的保险信息共享平台建设，即时共享粤港澳及"一带一路"沿线国家保险信息。建立跨境保险统计监测、发展激励与容错机制，建立跨境和跨市场的风险防火墙，在创新发展、有序运作的同时，确保居民信息安全，系统风险可控。

（三）建立跨境保险产品创新协同机制

中国精算师协会于2020年11月5日正式发布《中国人身保险业重大疾病经验发生率表（2020）》，首次形成了粤港澳大湾区病种合计经验发生率专属参考表，中国银保监会同时配套制定了2020版定义粤港澳大湾区专属重疾险产品监管规则，对粤港澳大湾区创新开发专属产品具有重要作用。互通合作方面，允许并鼓励港澳和内地的银行通过自己的渠道拓展保险业务，主动向创新经济业态看齐。标准对接方面，建议探索推进粤港澳三地电子保单使用规格的一致化，进一步提高服务效率。产品创新方面，建议在此基础上探索建立跨境保险产品协同创新机制，合理运用财政扶持等手段，鼓励保险公司开发保单条件一致、仅币种不同的、能够同时面向粤港澳三地的跨境人民币、汽车分时租赁、车辆代驾等新保险产品。

### 三、推动粤港澳大湾区跨境保险发展的政策建议

本小节针对粤港澳大湾区跨境保险发展应该选择的重点路径，提出了建设大湾区跨境保险协调、司法和信息等平台、推行保险业"单一通行证"制度和建立跨境保险产品创新协同机制的建议。

（一）建设大湾区跨境保险协调、司法和信息等平台

2019年10月，深圳发布了《前海跨境保险创新服务中心设立方案（征求意见稿）》，拟成立"前海跨境保险创新服务中心"，为拟购买港澳保险产品的内地居

民提供服务。该征求意见稿的观点与本书的部分研究结果一致，本书赞成这一方案，建议加快落实建成前海跨境保险创新服务中心。更进一步地，建议在此基础上成立以下三个平台。第一，建议成立"粤港澳大湾区保险融合发展与服务协调机构"，该协调机构由三地政府的保险部门联合组成，其将协调三地政府的工作，有计划地推动大湾区跨境保险发展，牵头推进粤港澳大湾区保险业融合发展。第二，建议成立"粤港澳大湾区跨境保险司法中心"，作为专门处理大湾区境外保单的司法机构，为三地跨境保险事务提供规范的、三地互认的司法解决途径。鉴于深圳保险业为珠三角九市中最发达且有先行示范的优势，建议该司法中心选址于深圳。该司法中心将大大加快跨境保险法律事务的处理效率，节省粤港澳三地的司法资源。第三，建议成立"粤港澳大湾区跨境保险信息平台"，覆盖监管部门、政府和银行保险机构的保险信息，方便跨境保险各参与主体查询。其中包括建立粤港澳跨境机动车辆保险产品库等。该平台将为三地保险跨境合作奠定平台基础，促进信息沟通。

（二）逐步推行保险业"单一通行证"制度

欧盟经过多年探索和逐步迭代升级，发展出了保险业"单一通行证制度"。在该制度下，各成员国放开保险机构限制，允许成员国内任何一家保险公司无须成立分支机构即可在所有成员国内开展保险服务[1]；各成员国废止在产品设计、条款费率等领域的审批制度，按照自由、公开、对等的原则对区域内所有保险公司实施统一监管，废除不公平的准入和经营障碍，建立统一营业执照制度[2]；加强欧盟各成员国保险监管机构协调，建立欧盟层级的保险监管机构，并赋予其更多职权以推动欧盟保险法律法规、监管政策和监管机制趋同化[3]。在当前阶段，粤港澳大湾区跨境保险发展可借鉴欧盟保险业的"单一通行证"制度形成过程中早期阶段的措施，待试点成熟再逐步加大开放力度。从风险可控的角度考虑，建议先在车险、意外险、医疗险、重疾险和延期年金等部分险种的范围内进行"单一通行证"制度试点，允许香港和澳门的保险机构直接在珠三角九市面向内地和港澳居民开展上述指定险种的保险业务。港澳的保险市场及保险市场监管都较为成熟，由港澳金融监管部门审核有助于风险控制和引领珠三角九市保险业与国际接轨。此举既拓展了港澳保险机构的业务范围，又增加了珠三角九市的居民购买保险的渠道，更为珠三角九市的保险市场注入了港澳的优秀经验。

---

[1] 欧共体 1988 年第 357 号指令和 1990 年第 619 号指令。
[2] 欧共体 1992 年第 49 号指令和 1992 年第 96 号指令。
[3] 欧盟 2009 年第 79 号指令和 2009 年第 716 号指令。

## （三）建立跨境保险产品创新协同机制

一是鼓励保险公司开发同时面向粤港澳三地的保险产品，在三地同时销售，保单条件一致，仅币种不同；有部分保险公司已经推出这样的三地保险产品，但仍属小众；将这样的保险产品推广，有助于三地保险市场的一体化发展。二是通过财政扶持等手段，鼓励和奖励跨境人民币保险产品的发行；跨境人民币保险产品有利于人民币在港澳的流通及人民币国际化，也有利于资金监管。三是推广粤港澳三地使用规格一致的电子保单，这将为三地的保险互联互通打下基础，并提高服务效率。四是开发汽车分时租赁和车辆代驾等新保险产品，让保险主动向创新经济业态看齐。五是允许并鼓励港澳和内地的银行间渠道拓展保险业务，通过银行的渠道将保险业务扩大。

# 第五节　建设粤港澳大湾区财富管理中心

建设粤港澳大湾区财富管理中心是满足国内居民实现财富传承及增值迫切需要的现实选择，本节将剖析粤港澳大湾区在财富管理中心建设中出现的不足与发展瓶颈，并据此提出在粤港澳大湾区建设财富管理中心应该选择的重点路径，最后针对发展路径提出相关建议。

## 一、粤港澳大湾区财富管理中心促进产业发展的瓶颈

粤港澳大湾区在财富管理中心建设上，表现出离岸金融发展"不均衡不协调"、大湾区财富管理国际话语权薄弱，财富管理风险防控体系尚不完善和财富管理人才缺口大等问题，具体信息如下。

### （一）离岸金融发展"不均衡不协调"，大湾区财富管理国际话语权薄弱

长三角、珠三角、环渤海三大经济区都提出要打造区域的财富管理中心，如青岛是我国最早提出要建设财富管理中心也是呼声最高的城市，而在长三角地区，

财富管理建设也是上海国际金融中心建设的重要战略之一[①]，各地应结合自身发展优势，打造各具特色的财富管理中心。

粤港澳大湾区聚合了珠三角的资源、产业、科技优势与港澳的人才、资金、管理优势，具有建设我国离岸财富管理中心的理想条件。然而，粤港澳大湾区由于诸多制约发展的政策壁垒，存在离岸金融发展不均衡的问题。除香港具有一定的人民币离岸交易平台功能外，粤澳地区离岸金融业并无太大进展，如自由贸易账户已在上海自贸区落地，但广东仍未取得相关资质。同时，大湾区缺乏有关财富管理信息传递与资源调配的顶层设计，各地居民与企业的财富管理意识也存在较大差异。目前，三地尚未就如何错位发展财富管理达成共识。香港的一枝独秀并不能增强大湾区作为一个整体的识别度，粤港澳大湾区在国际财富管理领域的话语权还需要进一步加强。

（二）财富管理风险防控体系尚不完善

粤港澳大湾区金融体系一体化进程加深加快是一把"双刃剑"。一方面，大湾区金融体系一体化可以为粤港澳三地财富管理行业增长提供新动能。随着金融改革和行业创新的不断推进，深港通、债券通、自贸区等渠道将逐步缩小境内外金融市场差异，使跨国别跨市场的财富管理产品进一步有效对接大湾区多元化的投资需求。另一方面，金融一体化增加了产品的多样性和复杂性，内外部风险同步与风险交织的特征逐渐显现，放大了国家利益流失风险和市场风险。粤港澳大湾区税收制度复杂，涉及不同的法律体系和法律规定，大湾区财富管理业务的融合发展推动三地银行、证券、保险、信托等行业相互渗透，对现有监管规范如产品设计、信息披露要求等提出了新的挑战。

在理论研究层面上，风险因子、风险度量、风险控制等都是今后在财富管理领域需要进一步研究的方向；在政策制度层面上，相关监管机构如何进一步完善合格投资人制度、加强和改进信息披露，增强各类投资产品的透明度，在降低投资门槛的同时如何严格把控风险是今后长期需要考虑的问题。

（三）国际竞争与技术变化加剧财富管理人才缺口

财富管理行业正转向新兴技术以实现法规遵从性和服务效率的提升，未来所需的技能可能与私人财富从业者过去的要求不同，粤港澳大湾区正面临来自国内

---

[①] 广州市人民政府.关于加快建设广州区域金融中心的实施意见[EB/OL]. http://www.gz.gov.cn/zfjgzy/gzsrmzfbgt/zfxxgkml/bmwj/qtwj/content/post_4436015.html，2011-05-19.

其他区域和全球竞争对手日益激进的挑战及存在技术、人才等方面的缺口。新加坡通过监管创新、人才供应、需求刺激和活跃的业务发展等金融服务转型方案"致力使新加坡成为财富管理技术和创新的卓越中心";在内地的财富管理布局上,香港又面临着来自上海作为内地金融创新者的挑战。相比之下,大湾区 CFA（chartered financial analyst,特许金融分析师）约 8 000 人,其中香港 7 000 多人,广东省 600 多人,在常住人口中的比例非常低,熟悉法务、会计、税务、金融、资产管理的人才储备及人才培养远远不够[①]。想要实现由区域中心地位到成为全球财富管理中心的愿景,粤港澳大湾区还需要进一步加强财富管理人才招聘与保留方案,联合粤港澳三地高层次专家,加大产品和技术创新,从而强化大湾区财富管理文化。

## 二、建设粤港澳大湾区财富管理中心发展的重点路径选择

通过对粤港澳大湾区各地经济金融的发展及其财富管理特点的分析,建议以深圳为国内财富管理中心,以香港为粤港澳大湾区国际财富管理中心,并推进两个中心的互补融合发展来打造全球领先的财富管理中心。香港作为国际财富管理中心是毋庸置疑的,而深圳的财富管理中心的发展潜力也是大湾区内其他城市无法赶超的。广州则可根据自身与深圳的差异化发展特点,建立以银行、保险为主导的区域性财富管理中心,并培育输出金融专业人才配合大湾区全球财富管理中心的建设;澳门则联合珠海横琴助力金融科技和财富管理特色金融的发展,服务当地高净值人群。

以香港为主体的国际财富管理中心和以深圳为主体的国内财富管理中心,互补融合,打造大湾区全球财富管理中心,顺应境内外财富管理服务一体化国际潮流。《2019 中国私人财富管理报告》数据表明,高净值人士更加注重财富管理机构的专业能力,同时更看重境内外同一机构带来的联动效应,其中包括境内境外服务、语言和文化上的连贯性,以及中资银行能更深入全面地理解客户的需求和风险偏好。以深圳为国内财富管理中心,引进香港的全球财富管理产品,凭借香港的境外市场投资经验,能更好地满足高净值客户产品筛选、资产配置、风险控制和客户体验的四大服务需求,而香港则凭借深圳的科技赋能和人才梯队建设进一步提高财富管理专业能力。

港深互补融合共同打造全球财富管理中心是两地发展财富管理业务的战略选择。尽管香港已被确立为全球离岸人民币业务的枢纽和国际资产管理中心,

---

① 环球网. 粤港澳大湾区面临六大金融挑战[EB/OL]. https://www.sohu.com/ a/316608963_162522,2019-05-26.

但近年来其面临着来自区域和全球竞争对手的日益激进的竞争和挑战。新加坡是香港最直接的竞争对手,而在内地的财富管理布局上香港又面临着来自上海作为内地金融创新者的挑战,同时香港财富管理也面临技术、人才等方面的缺口。调查结果显示,近三分之二的 PWM 机构认为,他们的数字产品不能满足客户的期望,而越来越多的监管要求减缓了进展。该行业正转向新兴技术并制订解决方案,以实现法规遵从性和效率提升。深圳以创新引领经济发展,是科技研发、法律、文化创意、金融服务等现代服务业的代表。但由于财富管理业起步较晚,当前深圳的财富管理业尚未完全形成成熟的专业管理体系,同时还受到自身资金、业务实力和监管的制约,境外市场经验积累不足。在此背景下,港深互补融合,打造全球财富管理中心将是港深两地发展财富管理业务的战略选择之一。

港深互补融合,共同打造粤港澳大湾区全球财富管理中心是落实《粤港澳大湾区发展规划纲要》的重要举措。《粤港澳大湾区发展规划纲要》中明确提出,在大湾区建设国际金融枢纽,发挥香港在金融领域的引领带动作用,巩固和提升香港国际金融中心地位,同时支持深圳依规发展以深圳证券交易所为核心的资本市场,加快推进金融开放创新。支持香港与内地居民和机构进行跨境投资,稳步拓宽两地居民跨境投资渠道。"在依法合规前提下,有序推动大湾区内基金、保险等金融产品跨境交易,不断丰富投资产品类别和投资渠道,建立资金和产品互通机制"[①]。香港在金融业和现代物流业上具有相对优势,若能充分发挥深圳在金融创新方面的优势,加之广州作为大湾区金融产业后援服务基地不断培养和输出人才,那么实现粤港澳三地的协作,就会构成大湾区独特的国际竞争力。

在具体建设模式上,本书认为,香港或可通过入股方式入驻深圳,将其成熟的财富管理体系和经验带入深圳,培育境内财富管理市场,助力深圳成为国内财富管理中心,共享粤港澳大湾区乃至全国的高净值人群财富管理红利;或以深圳为基地设立投资办公室联络中心,将其研发的全球财富管理产品带进内地,充分发挥深圳的金融产业集群水平优势,并使其优秀的金融配套服务实现推广。而深圳则以向香港输出移动支付、金融科技等数字产品为主,为香港财富管理技术和创新水平赋能,支持香港的国际财富管理中心建设,以应对来自新加坡等地的挑战,同时也进一步提升深圳的国际科创中心地位。香港国际财富管理中心和深圳国内财富管理中心在粤港澳大湾区规划背景下深度互补融合,共同打造在全球领先的财富管理中心。广州辅之以人才培养和科创孵化器,作为粤港澳大湾区的金

---

① 新华社. 中共中央 国务院印发《粤港澳大湾区发展规划纲要》[EB/OL]. http://www.locpg.gov.cn/jsdt/2019-02/18/c_1210062255_3.htm,2019-02-18.

融产业后援服务基地。

## 三、建设粤港澳大湾区财富管理中心发展的政策建议

粤港澳大湾区财富管理中心发展主要分为四个阶段：起步发展阶段、快速发展阶段、成熟稳定阶段、后续发展阶段。每个阶段相关的政策建议如下。

### （一）起步发展阶段

此阶段的工作重点是制定财富管理中心发展的方针和中长期规划，设定好财富管理中心的布局和定位，积极培育和发展财富管理机构，由小做大，由浅入深。在这个过程当中，聚集机构、完善金融政策和监管、优化金融投资环境应该全面铺开，但工作的重点仍是积极培育和发展财富管理机构。引进并聚集一批国内外优秀的财富管理机构，同时为新生的本土财富管理机构提供发展空间。对于需要重点引进和培育的财富管理机构要提供优惠的政策，在中心圈内形成各金融机构的竞争合作机制。

### （二）快速发展阶段

快速发展阶段的工作重点是积极为财富管理中心创造良好的发展环境，提高财富管理的聚集度，包括机构和人才的聚集。在建设硬环境方面，要认真规划财富管理中心的片区，在片区内创造便利优越的服务环境和配套设施。在软环境方面，由于财富管理服务存在区别于一般金融服务的特有保密性、低税性、宽监管的特征，所以在不违反国家相关政策法规的条件下，中心内应适当放松监管，简化审批手续，加强信息保密，降低税负水平。另外，广州地区高校云集，并不缺乏新生的金融人才，所以要制定相应的人才引进优惠政策，留住拔尖的人才，培养具有高层次素质和优秀创新能力的财富管理队伍，以高端人才优先发展引领区域金融的发展。

### （三）成熟稳定阶段

成熟稳定阶段的财富管理中心已初现规模，形成了稳定有效的运营模式，众多财富管理机构和人才在中心内聚集并有序地展开业务，已无须把主要精力放在建设上，而应注重维持现有的稳健有序的营运状况，更重要的是要充分利用较为成熟的财富管理手段去服务区域的实体经济，扩大财富管理中心的辐射范围。从

长期来看，发展财富管理业务的最根本目的就是合理调整国民经济结构，让财富管理帮助实体经济实现更好的发展，增加财富，留住财富。

（四）后续发展阶段

深入挖掘金融创新能力，鼓励金融发展逐步对外全面开放，扩大国际影响力。让成熟的财富管理带动金融产业的创新和发展，在合适的时机颁布合适的金融开放政策，让区域金融逐渐融入国际金融，站在更高更开放的平台上打造具有区域特色的金融市场环境。

# 第十三章 粤港澳大湾区产业集群与金融服务业发展政策建议

粤港澳大湾区的发展要充分发挥金融对实体经济发展的支持和服务作用,助力产业转型升级,着重解决实体产业企业融资难、融资贵问题,以有效抑制社会资本"脱实向虚",实现有质量的稳定增长和可持续的全面发展。金融对利率和政策非常敏感,粤港澳大湾区金融业的发展离不开有效的金融财税政策,而金融产业有效的协同发展机制,能充分发挥各地区的优势,配合粤港澳大湾区发展规划逐步实施,内地金融与全球接轨,向全国乃至全球提供更好的金融服务。要充分发挥粤港澳大湾区金融对实体经济发展的支持和服务作用,可以通过推进信用评级行业建设,强化科技金融发展,建设财富管理中心来优化实体产业的营商和投融资环境,通过促进跨境人民币流通和推动跨境保险发展来促进实体产业的融合发展。本章在前文的基础上,重点梳理了本书在各个方面对粤港澳大湾区提出的发展建议。

## 第一节 优化粤港澳大湾区城市群产业结构的建议

本书在优化粤港澳大湾区城市群产业结构上提出了三点优化建议(图13-1),具体如下。

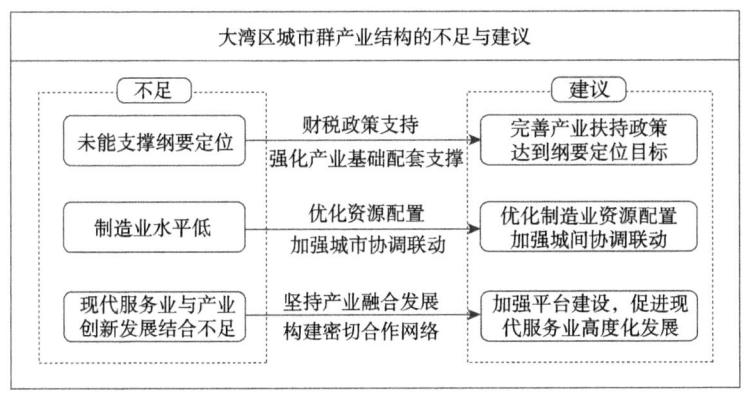

图 13-1 大湾区城市群产业结构的不足与建议

## 一、完善产业扶持政策，达到纲要定位目标

加大对重点产业的财税政策支持。通过出台相关财税政策，引入龙头企业、高水平科研平台，带动中山、江门和肇庆的先进制造业和高技术制造业的项目建设、技术升级和关键技术突破。

依托各自产业优势，强化产业基础配套支撑。第三梯队城市应强化交通基础设施建设，在融资、用地、用能、用人等方面给予支持，营造高效透明的营商环境，吸引优质项目、战略性新兴企业落户，提升产业配套协作能力，更好地对接核心城的产业转移。

## 二、优化制造业资源配置，加强城间协调联动

优化先进制造业的资源配置。保障制造业用地，坚决遏制制造业用地被直接或变相用于房地产开发的现象，引导经济资源流入制造业；打造大湾区科技创新企业大数据平台，优化信息资源共享机制，撮合各类科技企业的生产服务合作需求；依托广深港澳科技创新走廊，实现大湾区制造业协同创新。

加强城市之间的协调联动。粤港澳三地企业、公共技术平台、高校、科研院所围绕重点细分产业领域共建大湾区创新合作示范区；优化城市群制造业产业链分工，鼓励城市根据湾区各市主体功能定位、优势制造业及未来发展要求划分城市组合，构建核心城与节点城市的一体联动空间格局，合理布局产学研产业链上下游，增强核心城市的创新辐射力，实现各城市制造业互补发展。

## 三、加强平台建设，促进现代服务业高度化发展

在战略方向上，应坚持现代服务业与先进制造业、信息消费、新型健康技术、高技术服务业等战略新兴产业融合发展，同时融合互联网、人工智能、物联网、区块链等现代信息技术，推动服务业智能化。

在具体实施层面，建议广深港澳在高端服务业领域构建密切合作网络，推动创意设计、软件、科技、金融、物流服务等行业的资源与信息交流。打造大湾区现代服务业综合平台和大湾区现代服务业人才供需对接平台，有序引入港澳金融、物流、会计审计、法律及争议解决服务、管理咨询、检验检测认证、知识产权等专业服务机构，建立合理科学互通互认的人才引进、考核、退出机制，完善科技创新人才社会保险、子女教育等社会保障制度。

# 第二节 粤港澳大湾区金融财税政策与金融产业协同发展建议

本书基于欧盟在金融一体化进程中的优秀发展经验，提炼出了粤港澳大湾区的金融财税政策建议和配套的综合性金融政策建议。为了配合粤港澳大湾区发展规划逐步实施、内地金融与全球接轨，向全国乃至全球提供更好的金融服务，本书提出了粤港澳大湾区金融产业协同发展的建议。本节涵盖本书提出的金融财税政策与金融产业协同发展的所有相关建议。

## 一、粤港澳大湾区金融财税政策建议

针对大湾区金融财税政策在制定方面所面临的难题和现有政策的不足，本书提出了以下金融财税政策建议和与财税政策配套的综合性金融政策建议。

### （一）金融财税政策建议

建议成立粤港澳大湾区金融融合发展专项基金。建议由珠三角九市的市政府、港澳政府、广东省政府和中央政府共同出资，成立规模为100亿元人民币的粤港澳大湾区金融融合发展专项基金。该专项基金专用于大湾区公共性金融平台的建设投入，以及对有利于大湾区金融融合发展的金融活动（例如本文提出的以

下几条金融财税政策建议）的扶持。建议该专项基金在粤港澳大湾区建设领导小组的统筹之下运作，由出资各方联合组建该专项基金的管理委员会。

建议对在港澳发行人民币金融产品的企业进行补贴。第一，对珠三角九市内企业赴港澳发行人民币计价的债券、股票，且将所融得资金的50%以上用于粤港澳大湾区内的经营活动的企业，按其发行金额的1‰予以补贴，每次补贴最高不超过100万元；第二，对珠三角九市内的金融机构赴港澳发行以人民币计价的基金，按其发行金额的0.1‰予以补贴，每次补贴最高不超过100万元。政策有效期为2019至2024年。

建议珠三角九市取消对从大湾区内其他市迁入的金融机构设置的落户奖。第一，建议由粤港澳大湾区建设领导小组统筹珠三角九市的金融机构落户奖励；第二，建议明确粤港澳大湾区各市在金融领域的定位和分工，避免金融财税政策的恶性竞争；第三，建议各市根据市场真实发展状况调整金融领域定位。

建议惠州和肇庆加强普惠金融的扶持政策。建议惠州和肇庆对融资担保费率不超过2%的小微企业的融资业务提供扶持，向融资担保公司提供最高0.5%的风险补偿，每年每个融资担保公司上限为100万元。

建议对帮助企业融得研发资金的金融机构予以财税补贴。通过银行机构、小额贷款公司借款，或通过资本市场等方式进行融资的企业，若企业将其融得的资金中至少500万元用于投入该企业实际研发的，对该企业和为该企业提供该融资服务的金融机构分别予以投入研发金额的2%和0.5%的财政补贴，每次最高补贴上限分别为30万元和10万元。

（二）与财税政策配套的综合性金融政策建议

关于扩大开放的综合性金融政策建议。第一，允许港澳居民购买珠三角九市的金融产品，以促进人民币在港澳的流通。第二，扩大自贸区内的港澳金融机构开展业务的范围，允许自贸区内注册的港资银行和保险公司在珠三角九市开设分支机构，扩大在内地的营业范围。

关于新建项目的综合性金融政策建议。第一，建立跨境金融协调部门。建议在珠三角设立跨境协调机构，人员由粤港澳三地政府派驻专员参与组成，并下设一个跨境金融协调部门，专门负责大湾区内的金融协调工作。第二，增加共建共管跨境金融合作区域，开辟多个港深、澳珠跨境金融共建共管示范区。

前瞻性的综合金融政策建议。第一，建议在自贸区基础上建立自由贸易港，开放投资领域，开放金融，以实现贸易自由化，与港澳接轨。第二，简化粤港澳海关通关手续，促进金融人才流动。建议减少对跨境频次和时间的限制，推行"一周一行"的签注政策;探索实施粤港澳免签政策,或整个内地与港澳之间的免签政策。

此外,建议港深广互补发展金融,在《粤港澳大湾区发展规划纲要》对大湾区金融定位与布局的基础上进行充分协调磋商,避免同质化竞争。

## 二、促进粤港澳大湾区金融产业协同发展的建议

金融协同发展是一个动态的过程,关键在于金融机构的融合情况。本书拟在以下领域提出金融产业协同发展的针对性建议与展望。

### (一)对传统金融的建议

充分发挥港资银行和澳资银行跨境业务的平台优势。内地应在管控住系统性金融风险的前提下,适当放宽设立分行制度和外资并购的规定,放宽控股份额,推动粤港澳大湾区资金高效融通。

推进港澳保险业在内地开展医疗保险和财险业务。建议内地的保险公司与港澳的保险公司加强合作,同时监管机构应在境外险种、险资审核授权、出险认定和险资结算等方面加紧研究,出台完备的管理文件和监管政策,推动优质的、多元化的港资、澳资保险产品进入内地市场。相关政策建议分析表如表13-1所示。

表13-1 粤港澳大湾区核心城市传统金融政策建议分析表

| 地区 | 对应建议 |
| --- | --- |
| 香港 | 1.发挥港资银行跨境业务经验,推动三地银行机构协同发展。<br>2.推进港澳保险业在内地开展医疗保险和财险业务。 |
| 澳门 | 1.借助澳门自身葡语系窗口优势发展区域金融合作,促进大湾区金融协同发展。<br>2.推动澳门证券交易所打造成人民币离岸市场的纳斯达克,推动人民币国际化进程,服务国家"一带一路"倡议,助力大湾区金融开放迈向新台阶。<br>3.依托中资银行在澳门的金融基础,支持内地商业银行和保险机构等各类金融机构以收购、入股、兼并等方式进入澳门和葡语国家金融市场。 |
| 广州 | 1.加快交通建设,增强粤港澳大湾区人才互通水平,给人才流动提供便利。<br>2.与香港、深圳优势互补,做好相关产业接洽,协同发展。 |
| 深圳 | 推动科技创新,强化湾区内金融中心城市地位,增强与香港的联系,继续依托特区优势,以自贸区为突破口,大胆进行相关探索性金融实验研究。发挥深圳金融辐射力,带动粤港澳大湾区特别是大陆区域的经济发展。 |

### (二)对科技金融的建议

完善科技金融发展的法律法规制度。有关部门应加快推动粤港澳大湾区的制

度性整合，建设基于市场一体化的创新要素跨境流动协调机制，从而形成法理层面的逻辑闭环，助力现有的科技创新平台实现深度沟通合作，突破粤港澳三地间科技合作的局限。

健全科技金融服务市场体系。加快构建以科技信贷、股权投资、资本市场、科技保险为重点的科技金融服务市场体系，以更大的支持力度鼓励有条件的金融机构发行创新科技金融产品，如知识产权质押、产业链融资、投贷联动、股权质押融资、融资租赁等新型产品，探索科技金融新业务。

构建科技金融服务产业链平台。有关部门要全面梳理在产业链视角下科技金融联动发展的短板和不足之处，结合粤港澳三地各自的经济优势，组合大湾区内城市群的科技金融产业优势和资源，破除全产业链视角下的科技金融壁垒，使三地间的科技金融活力竞相迸发。

落实有关普惠性科技金融政策。有关部门要成立专班协调小组，建立面向科技型中小企业的普惠性科技金融工作机制，重点解决好小微科技企业融资难等实际问题，研究拓宽小微科技型企业贷款适用范围，不断探索小微科技型企业的风险分担机制，为科技型中小企业的发展保驾护航。

探索金融监管新模式。监管部门应充分利用互联网、云计算、人工智能等新技术新理念，探索搭建统一的监管服务平台，实现数据集中化管理和信息共享，在管控风险的同时提升服务效能，探索面向未来的金融监管服务新模式。相关政策建议分析表如表13-2所示。

表13-2 粤港澳大湾区核心城市科技金融政策建议分析表

| 地区 | 相应建议 |
| --- | --- |
| 香港 | 引进高精尖人才，为其提供相应的优惠政策<br>借助香港本土的高等教育优势，与深圳一道加强制度安排和机制创新研究 |
| 澳门 | 与珠海横琴在金融制度、人才引进、风险分担机制等方面进行合作探索和研究 |
| 广州 | 发挥广州科教文卫优势，推进产学研一体化进程<br>与佛山一道协同发展，构建广佛一体化发展格局 |
| 深圳 | 完善现有的科技金融体系，同香港在人才引入、资金流通、企业风险分担机制、监管等方面做进一步的研究和安排 |

（三）对航运金融的建议

加快推动航运金融衍生品的发展。根据大湾区现有航运业务，研究开发大湾区航运运价指数期货等航运金融衍生品，健全粤港澳航运金融市场产品体系，打造航运衍生品交易市场。

推动航运金融配套服务的发展。鼓励粤港澳大湾区内航运业金融中介服务机构加强合作与交流,畅通大湾区内航运金融配套服务路径,推动包括航运经纪、咨询、代理、法律仲裁、会计审计等相关航运金融配套服务不断发展。

完善航运金融相关的法律法规。构建既能国际通行又具湾区特色的航运金融法律法规和政策体系,营造有利于航运金融发展的政策制度环境。

引导保险资金参与粤港澳大湾区航运产业发展。推动设立大湾区专项航运保险投资基金,重点参与投资建设港口、码头等航运基础设施及船舶制造、航运管理和交易等重点产业;加快培育相关航运保险主体,探索设立大湾区航运保险协会和大湾区统一的航运交易所;推动探索在大湾区内实现航运保险数据集成共享,建立统一的数据风控和监管服务平台。相关政策建议分析表如表13-3所示。

表13-3  粤港澳大湾区核心城市航运金融政策建议分析表

| 地区 | 相应建议 |
|---|---|
| 香港 | 在保持现有航运金融政策的同时,积极探索同广州、深圳的协同发展,积极出台航运金融引导政策,促进粤港澳大湾区核心城市间航运金融一体化发展 |
| 澳门 | — |
| 广州 | 以广州航交所船舶交易平台为基础,拓宽发展思路,在航运金融创新领域进一步突破,协调香港、深圳在航运金融方面的资源,增强大湾区整体航运金融协同力 |
| 深圳 | 大力支持深圳前海航空航运交易中心等龙头机构、企业有序发展,构建全方位的航运金融体系。在湾区层面,与广州、香港协调支撑发展,避免无序竞争,增强整体协同性,发挥1+1+1>3的力量 |

### (四)对绿色金融的建议

推动绿色金融衍生品不断创新。依托广碳所和深排所等平台,积极吸引金融机构参与到绿色金融衍生品市场建设中。重点支持粤港澳金融机构发展与碳排放相关的咨询、投融资、绿色期权、绿色期货、信用担保和委托等一系列衍生业务。

推动绿色金融与信用评价等其他金融服务相融合。金融机构可以考虑将企业碳排放量等指标与贷款申请人的信用评分体系挂钩,完善贷款审批制度,让绿色发展理念真正成为财富创造的驱动力。

成立专门的绿色金融机构和行业协会。粤港澳三地政府可考虑合作创建专门的政策性绿色金融机构,如成立绿色金融银行,以担任绿色金融服务主体,进一步提升绿色金融的专业化水平,同时积极推动绿色金融相关机构建立绿色金融行业协会,拓宽粤港澳三地绿色金融相关机构的行业沟通交流渠道,推动绿色金融不断发展深化。相关政策建议分析表如表13-4所示。

表 13-4　粤港澳大湾区核心城市绿色金融政策建议分析表

| 地区 | 相应建议 |
|---|---|
| 香港 | 可以针对在深广交易所交易的企业提供创新的绿色信贷产品,推动港资银行业在粤的发展<br>粤港澳大湾区政府可以考虑合作创建专门的政策性绿色金融机构 |
| 澳门 | 建设人民币离岸结算中心,并据此开展绿色金融相关计价证券的探索<br>与广州、香港在绿色金融领域协同发展 |
| 广州 | 建议金融机构将企业碳排放量等指标纳入贷款申请人的信用评分体系,针对广碳所和深排所的业务来设计金融衍生品市场,吸引金融机构更多地参与到绿色金融中 |
| 深圳 | 探索深圳绿色金融与科技金融等方面的交叉融合创新的可行性和必要性<br>积极配合广州建设绿色金融中心 |

### (五) 对租赁金融的建议

发挥广州中心城市作用,助力佛山、惠州和肇庆租赁金融的发展。广州可以在广佛先进装备制造产业示范区的规划下,加强与佛山在智能制造装备、新能源装备、节能环保装备等先进装备制造业领域的合作。可依托惠州政策导向,加速推动广州在惠州布局融资租赁营业网点,同时加速农林领域融资租赁业务的布局。

充分利用前海自贸区优势,加强香港与深圳之间的产学研合作交流,培养符合自身发展的专业复合型人才,引导租赁金融营业机构布局东莞,支持东莞制造业发展。

支持澳门-珠海从国际商务和旅游业中强强联手,加大以跨境旅游租赁为载体的建设,协同发展诸如豪华游艇、高端游乐设施等旅游租赁。

## 第三节　粤港澳大湾区金融服务业促进产业发展建议

优化实体产业的营商环境和投融资环境,能充分发挥金融对实体经济发展的支持和服务作用,促进产业的融合发展。本节建议结构如图 13-2 所示。

### 一、优化产业营商及投融资环境的金融政策建议

信用评级行业能加强金融监管,科技金融与财富管理中心都能对粤港澳产业的发展提供资金支持,本书提出了以下建议来优化产业营商及投融资环境。

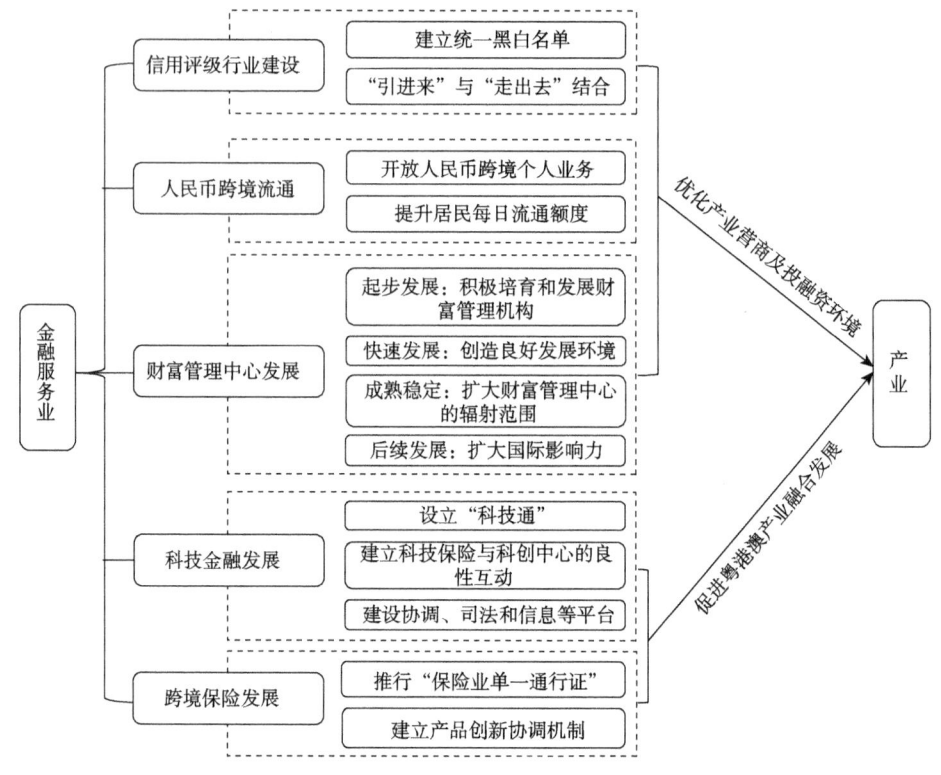

图 13-2　金融服务业促进产业发展模式示意图

## （一）推进粤港澳大湾区信用评级行业建设的政策建议

建立大湾区内统一的黑白名单制度，规范评级机构行为。第一，建立信用评级黑白名单制度，将粤港澳大湾区信用评级机构纳入统一监管的数据库。第二，建立不定期督查与评级机构自主报备相结合的监管机制，及时在大湾区统一信息平台进行公示监管结果。第三，针对纳入黑名单的机构，与监管部门一起加强对机构开展业务的监管。从开展业务类型、开展业务权限、执照资质资格等方面采取不同程度的限制措施。对于纳入白名单的机构，在同等条件下，协调监管部门，优先批准其开展更灵活的实验性业务，探索信用评级改革创新的经验，允许其各项审批事项优先办理，在一定范围内简化监管流程，并按相应的奖励办法予以表彰。

"引进来"与"走出去"结合，促进境内评级市场发展。"引进来"方面。第一，建议广东省向国务院相关部门申请，允许境外信用评级机构落户珠三角九市。第二，通过调整人才引进等方面的优惠政策，积极吸引境外权威金融机构来珠三角九市设立公司开展业务。第三，强化信用评级行业的配套建设，全面提升法律、审计和监管服务等对信用评级市场的配套支持。第四，强化信用评级行业生态建设，加强对行业从业资质的考核与管理，稳步提升行业从业人员素质，营造健康清朗的行业氛围。第五，允许珠三角九市的金融机构对港澳居民进行征信评价时，采用境外权威信用评级机构开具的征信报告，促进港澳与珠三角九市的个人征信互通。"走出去"方面。积极鼓励粤港澳大湾区内本土信用评级机构拓展海外业务。一是，以财政补贴为扶助手段；对于大湾区在港澳发债时使用本土信用评级机构的评级报告的企业，予以适度补贴，并向外管局等相关部门申请加快其境外发债审批流程。二是，以"双评级"为过渡方式；在境内评级机构国际认同度不高的情况下，对大湾区在港澳发债时使用本土信用评级机构作为第二评级机构的企业，予以适度补贴。

（二）强化粤港澳大湾区科技金融发展的政策建议

设立"科技通"，建立境内科技企业海外并购的便捷通道。为促进大湾区高新技术企业和先进制造业的技术水平与国际接轨、促进境内与境外科技企业的深度合作，本书提出了"科技通"的设想。建议广东省政府向发改委、商务部和外管局等相关部门联合申请，设立位于珠三角九市的"科技通"业务试点，建立起境内科技企业海外并购的便捷通道。

当境内科技企业向有关部门提出申请通过"科技通"参股境外科技企业，在获得批准后，境内科技企业将在有"科技通"资质的商业银行成立一个"科技通"托管产品。境内科技企业的股金将转入该托管产品，境外科技企业的股金将由该托管产品支付，并且该托管基金将参股该境外科技企业，从而达到代境内投资方持有境外科技企业股份的目的。如果境内科技企业决定退出境外科技企业，该托管产品将退出境外科技企业并将所获股金转予境内科技企业。当境内科技企业缺少自有资金、需通过银团融资等方式来获得并购资金时，可在托管银行成立"科技通"结构化托管产品，向金融机构贷款并将其直接转入该结构化产品中，确保贷款资金的"专款专用"。该境内科技企业负责该股权投资产生的盈亏。

在粤港澳大湾区探索如何针对不同科创环节开展科技保险业务。科技创新包括四个环节，分别是构思、研发、成果转化和生产。在构思和研发环节，有较低的场地限制要求，粤港澳三地保险企业可开展各属地的科技保险业务。在成果转化和生产环节，有较高的场地限制要求，珠三角九市可发挥其地理优势，建设科技创新园区，承接生产需求。科技保险企业致力于开展科技创新中成果转化和生产环节的科技保险业务，与此同时，珠三角九市政府相应发挥科技保险补贴职能作用。

积极探索科技保险服务与模式创新。以优化科技型企业融资环境为宗旨,以提高科技企业运营管理水平为目标,积极鼓励粤港澳三地的商业银行、保险公司、天使基金、风投基金等金融机构开展"投贷保联动""保贷联动"等服务创新。研究并推进粤港澳三地的保险公司与其他专业机构合作建设创业投资公司,直接参与大湾区中心科技创业公司的投资与孵化,提高科技创业公司的运营管理水平。鼓励相关投资创业机构进行科技企业行业研究并积极参与科技风险管理。

实现科技保险标准化管理。通过建立科技保险评价指标体系,量化评价科技企业,通过层次分析法,确定各个评价指标的影响权重,确定科技企业的风险评价等级,改善科技保险信息云服务平台的界面设计,提供移动客户端功能,收集科技企业的结构化数据,以及文字、图片、视频等非结构化数据,拓展科技保险信息平台服务内容,优化系统性能,提高科技保险平台的综合服务质量。

加快科技保险历史数据库及人才队伍建设。进行科技保险业务历史数据的收集与积累,建立科技保险历史数据库,有利于追踪、分析科技保险业务;有利于划分科技保险业务的责任;更有利于为科技保险产品定价,以及开展未来科技保险业务。另外,加快建设科技保险人才队伍,培养既懂得科技保险精算定价技术,又熟悉各行业科技创新所面临技术风险的人才,才能设计出可破解我国当前科技保险供求不足现状的科学合理的科技类险种。

实现科技保险精确化、智能化管理。基于互联网"云服务"的科技保险综合服务平台,连接政府、保险企业、科技企业,提供线下与线上结合服务的全新模式,实现资源整合与共享。科技企业通过科技保险信息综合服务平台,可以享受专业的线上咨询、企业状况评测等服务(Emanuel et al., 2018);科技保险信息综合服务平台可以在线咨询服务为突破口,结合所积累的大数据,提供科技保险产品设计、精算等服务,为科技企业提供个性化的科技保险方案,自动计算保费,有效激励社会创新活动,促进创新资源优化分配和高效利用。

建立专门的科技保险信息综合服务平台。在"标准化、智能化和精准化"的基础上,建立专门的科技保险信息综合服务平台,建立大数据科技保险管理体系。与其他有关科技企业的数据系统联网,避免信息孤岛,有利于建立科技企业的征信体系,避免科技企业的道德风险。

(三)建设粤港澳大湾区财富管理中心发展的政策建议

起步发展阶段。财富管理中心发展方针和中长期规划的制定、布局和定位的设定及由小做大、由浅入深的积极培育和发展财富管理机构是这一阶段的工作重点。在这个过程中，聚集机构、完善金融政策和监管、优化金融投资环境等工作应该全面铺开，但工作的重点仍是积极培育和发展财富管理机构，引进并聚集一批国内外优秀的财富管理机构，同时为新生的本土财富管理机构提供发展空间。对重点引进和培育的财富管理机构给予优惠政策，促进中心圈内各金融机构竞争合作机制的形成。

快速发展阶段。积极为财富管理中心创造良好的发展环境，提高机构和人才等财富管理的聚集度是这一阶段的工作重点。在硬环境的建设上，在规划好财富管理中心片区的同时在片区内打造优越方便的服务环境及配套设施。在软环境的建设上，由于财富管理服务不同于一般金融服务，具有私密性、低税性和宽监管的特征，因此在不违反国家相关政策法规的条件下，可在中心内适当放松监管，简化审批手续，加强信息保密，降低税负水平。此外，制定人才引进的相关优惠政策，培育具有高素质和创新能力的财富管理队伍，从而以高端人才优先发展引领区域金融发展。

成熟稳定阶段。该阶段的财富管理中心已经初具规模，众多人才和财富管理机构聚集于中心内有序地开展业务，形成了稳定有效的运营模式。此时应当注重维持现有的运营状况，并充分利用较为成熟的财富管理手段服务区域实体经济，扩大财富管理中心的辐射范围。从长远的角度来看，发展财富管理业务最根本的目的是使国民经济结构进行合理调整，使实体经济实现更好的发展，增加并留住财富。

后续发展阶段。对金融创新能力进行深入挖掘，鼓励金融发展逐渐对外全面开放，扩大国际影响力是这一阶段的工作重点。以成熟的财富管理业务带动金融产业的发展与创新，在恰当的时机颁布金融开放政策，让区域金融逐渐向国际金融融入，打造具有区域特色的金融市场环境。

## 二、促进粤港澳产业融合发展的金融政策建议

人民币跨境流通与跨境保险的发展，为粤港澳大湾区的产业融合提供了人民币支持和风险保障，本书针对这两个方面有如下建议。

（一）促进人民币跨境流通的政策建议

建议以资本项下人民币跨境个人业务为突破口，促进人民币在香港和澳门的流通使用，逐步打破粤港澳地区人民币跨境流通双向障碍，助力"一带一路"，特别是21世纪海上丝绸之路的建设，具体政策建议如下。

开放资本项下人民币跨境个人业务。目前政策已允许港澳居民在湾区境内置办房产，建议进一步开放跨境人民币业务，进一步发挥人民币在"一带一路"，特别是 21 世纪海上丝绸之路建设中的资产配置功能。第一，为促进人民币"北向"回流，允许港澳居民在珠三角九市购买以人民币计价的理财产品。第二，先实现闭环管理，放开珠三角九市居民在港澳的中资金融机构（如四大国有银行的香港分行）购买人民币理财产品的限制，再逐步放开其购买港澳其他金融机构的人民币理财产品的限制。第三，准许港澳居民通过办理"见证开户"的手续开通境内银行账户，即准许港澳居民在中资银行的港澳分行开通境内人民币结算账户，方便其使用人民币，促进人民币"北向"流通。此外，由中资银行的港澳分行进行开户的包括代为反洗钱信息的采集等完整合规程序，也将"见证开户"手续中的风险充分规避了。第四，在港澳建设并推广人民币个人支付工具和人民币支付结算体系，从而打通人民币支付壁垒。

提升大湾区居民每日人民币跨境流通额度。目前，港澳居民的人民币跨境汇款额度无法满足跨境理财的需求，港澳居民每日可往内地汇入的人民币额度分别为 8 万元和 5 万元；此外珠三角九市居民往港澳的人民币跨境汇款也受到严格限制。因此，建议大幅提高港澳居民往珠三角九市的每日人民币跨境流通额度（如初步提升至 30 万元），并且适当提高珠三角九市居民往港澳的每日人民币跨境流通额度。

### （二）推动粤港澳大湾区跨境保险发展的政策建议

建设大湾区跨境保险协调、司法和信息等平台。2019 年 10 月，深圳发布了《前海跨境保险创新服务中心设立方案（征求意见稿）》，提出建设"前海跨境保险创新服务中心"，据此吸引更多保险中介机构入驻，从而更好地服务于拟购买港澳保险产品的内地居民。本书赞成这一方案，更进一步地，本书建议在此基础上成立以下三个平台。首先，建议由粤港澳三地政府保险部门联合建立"粤港澳大湾区保险融合发展与服务协调机构"，有计划地推动大湾区跨境保险发展，牵头促进粤港澳大湾区保险业的相互融合。其次，建议成立"粤港澳大湾区跨境保险司法中心"来专门处理大湾区境外保单，为三地跨境保险事务提供规范且互认的司法解决途径。最后，建议成立"粤港澳大湾区跨境保险信息平台"，全面覆盖监管部门、政府和银行保险机构的保险信息，为跨境保险各参与主体查询信息提供便利。其中包括建立粤港澳跨境机动车辆保险产品库等。

逐步推行保险业"单一通行证"制度。以欧盟保险业设立的"单一通行证制度"为例，各成员国之间解除保险机构限制，允许成员国内任何一家保险公司在所有成员国内开展保险服务，无须在其他成员国成立分支机构[①]；此外，各成员国还废止了在产品设计、条款费率等方面的审批制度，遵循自由、公开、平等的原则统一监管区域内所有保险公司，废除不公平的准入和经营限制，建立统一的营业执照制度[②]；加强欧盟各成员国保险监管机构的协调，建立并赋予欧盟层级的保险监管机构更多职权，从而推动欧盟保险法律法规、监管政策和监管机制一致化[③]。在当前阶段，粤港澳大湾区跨境保险发展可借鉴上述欧盟保险业的"单一通行证"制度形成过程中的一些早期措施，待试点成熟后逐步加大开放力度。基于风险可控的角度考虑，建议先在车险、意外险、医疗险、重疾险和延期年金等部分险种范围内进行"单一通行证"制度试点。在港澳金融监管部门的审核之下，允许港澳保险机构直接在珠三角九市内面向内地和港澳居民开展上述指定险种的保险业务，推动珠三角九市保险业对标国际水平。

建立跨境保险产品创新协同机制。一是，鼓励保险公司开发更多币种不同但保单条件一致、同时面向粤港澳三地销售的保险产品。虽然有一些保险公司已经推出这样的三地保险产品，但仍属小众，推广此类保险产品，能够推动三地保险市场的一体化发展。二是，通过财政扶持等手段，鼓励和奖励跨境人民币保险产品的发行，从而促进人民币在港澳的流通及人民币国际化，同时也有利于资金监管。三是，在粤港澳三地推广使用规格一致的电子保单，这将在提高服务效率的同时为三地保险的互联互通打下基础。四是，开发汽车分时租赁和车辆代驾等新型保险产品，让保险主动向创新经济业态看齐。五是，允许并鼓励港澳和内地的银行间渠道拓展保险业务，通过银行渠道扩展保险业务。

---

① 欧共体 1988 年第 357 号指令和 1990 年第 619 号指令。
② 欧共体 1992 年第 49 号指令和 1992 年第 96 号指令。
③ 欧盟 2009 年第 79 号指令和 2009 年第 716 号指令。

# 参 考 文 献

陈建，曹晓飞. 2011. 证券业的市场结构及其对实体产业的作用[J]. 生产力研究，（2）：40-42.

季昱丞，徐维军，赵琪. 2018. 科技型企业的运营决策与融资均衡：保险在其中所扮演的角色[J]. 保险研究，（8）：91-100，110.

金融读书会. 2019-02-23. 巴曙松等：粤港澳大湾区的跨境人民币业务发展[EB/OL]. https://www.sohu.com/a/293106462_481741.

马小娟，曹冰玉. 2013. 信托对产业发展支持的有效性研究[J]. 中南林业科技大学学报（社会科学版），7（6）：55-58.

千龙网. 2019-10-14. 澳门对建证券市场开展可行性研究[EB/OL]. https://www.sohu.com/a/346800536_161623.

搜狐网. 2019-06-04. 刘军：科技金融是粤港澳大湾区发展的关键引擎[EB/OL]. https://www.sohu.com/a/318474088_660408.

王宏起，徐玉莲. 2012. 科技创新与科技金融协同度模型及其应用研究[J]. 中国软科学，（6）：129-138.

新浪财经. 2019-10-31. 持续丰富期货市场服务产业模式[EB/OL]. https://finance.sina.cn/futuremarket/qszx/2019-10-31/detail-iicezuev6313438.d.html?wm=28330018.

用益信托网. 2019-02-26. 粤港澳大湾区规划出台，信托财富中心布局有望加速[EB/OL]. http://www.yanglee.com/Information/Details.aspx?i=60524.

张文松，李曙光. 2002. 对我国管理咨询业的剖析及其发展定位[J]. 科研管理，（2）：5，47-50.

中保网. 2018-04-16. 中国保险业社会责任调研报告[EB/OL]http://xw.sinoins.com/2018-04/16/content_259332.htm.

中国保险资产管理业协会. 2017-12-06. 曹德云：关注国际信用评级变化提升风险管理能力服务实体经济发展[EB/OL]. https://www.sohu.com/a/208881469756396.

中国经济时报. 2019-02-23. 保险业支持实体经济成效显现[EB/OL]. https://www.sohu.com/a/193635224_115495.

Emanuel S, Christian D, Falk U. 2018. Exploring characteristics and transformational capabilities of Insur Tech innovations to understand insurance value creation in a digital world[J]. Electronic Markets, 28（3）：287-305.

Yeandle M, Mainelli M, Harris I. 2007. The Global Financial Centers Index[R]. The City of London.